KB068908

Agricultural Futures and Options

농산물 선물·옵션

이론 및 실무

윤병삼 지음

박영사

우리나라는 매년 1,500만 톤 이상의 곡물(옥수수, 소맥, 대두, 쌀)을 해외에서 수입하는 곡물 순수입국이다. 우리나라가 수입하는 곡물의 가격은 전 세계 수급요인에 의해 영향을 받기 때문에 불안정성이 클 뿐만 아니라 과거에 비해 가격변동성이 심화되고 있는 추세다.

그동안 우리는 국제 곡물가격의 급등으로 초래된 세계 식량위기를 여러 차례 경험한 바 있다. 그리고 국제 곡물가격의 급등에 따른 국내 대응방안을 논의할 때마다 선물거래의 활용을 제고하여야 한다는 의견이 빠짐없이 제시되어 왔다. 그러나 농산물 선물거래에 대한 이해를 증진하고 활용을 제고하기 위한 진지하고도 지속적인 노력을 찾아보기는 어려운 실정이다.

국제 곡물시장에서 가격변동의 위험을 관리하기 위한 다양한 거래기법들이 존재하지만, 가장 널리 이용되고 있는 것은 바로 선물거래다. 선물거래는 가격위험을 관리하는 수단으로 가장 폭넓게 이용되고 있을 뿐만 아니라 선물시장에서 거래되는 가격은 국제 곡물거래의 기준가격으로 활용되고 있다. 따라서 선물시장에 대한 체계적인 이해가 없이는 국제 곡물시장 및 곡물거래의 메커니즘을 제대로 이해할 수가 없다.

이 책은 농산물 선물 및 옵션거래에 대한 전반적인 이해를 돕는 데 목적을 두고 있다. 이 책은 저자가 과거 선물업계에서 일했던 경험과 대학에서 학생들을 가르치면서 사용해온 강의 자료를 바탕으로 한 것이다. 이 책은 농산물 선물 및 옵션에 대해 배우는 대학생, 곡물업계에서 구매업무를 담당하는 실무자, 파생상품 관련 업무에 종사하는 금융인 등 다양한 독자들을 대상으로 한다. 이 책은 농산물 선물 및 옵션거래의 이론 및 실무에 대한 풍부한 사례를 제시함으로써 독자들의 이해를 최대한 돕고자 하였다.

이 책은 여러 사람들의 도움에 힘입어 만들어졌다. 강의와 연구로 바쁜 가운데도 기꺼이 시간을 할애하여 원고를 정독해준 충북대 농업경제학과 김선웅 교수와 애그스카우터(Agscouter) 김민수 대표께 깊이 감사드린다. 그리고 본문에 나오는 그림을 그리는 작업을 맡아준 변세윤 학생에게도 고마움을 표한다. 아울러 (주)박영사에서 기획, 편집 및 교정을 맡아준 김한유 대리와 전채린 과장께도 깊은 감사를 표한다. 마지막으로, 이 책을 집필하는 동안 아낌없는 격려와 용기를 북돋아준 사랑하는 아내, 아들(승원)과 딸(채원)에게도 각별한 고마움을 표한다.

2019년 5월
저자 윤병삼

차 례 ───────────────────────────────◆

CHAPTER 04 선물을 이용한 헤징(Hedging)

CHAPTER 05 선물을 이용한 거래전략

CHAPTER 06 선물시장을 이용한 곡물 거래전략

CHAPTER 07 선물거래의 실무

CHAPTER 08 선물가격의 분석

CHAPTER 09 옵션거래의 개요

CHAPTER 10 옵션가격의 이해

CHAPTER 11 옵션을 이용한 헤징(Hedging)

CHAPTER 12 옵션을 이용한 거래전략

CHAPTER 01 선물거래의 개요

SECTION 01 선물거래의 개념

선물거래(先物去來; futures trading)는 한마디로 선물계약(先物契約; futures contract)을 사고파는 거래를 말한다. 그리고 선물계약은 일정한 품질과 수량의 특정 상품을 현재시점에서 결정한 가격으로 미래의 일정 시기 및 장소에서 인수도하기로 하는 약정(約定; commitment)을 의미한다. 선물거래는 미래에 주고받을 상품의 가격을 현재시점에서 미리 결정한다는 특징을 가지고 있다.

선물거래는 농산물의 생산 및 유통과정에서 발생하는 여러 가지 위험(risk) 가운데 특히 가격위험(price risk)을 관리하기 위한 수단으로 생겨났다. 가격위험을 느슨하게 정의하면, 예상치 못한 가격변동으로 인해 손실을 입을 가능성이라고 할 수 있다. 농산물 가격이 예상치 못하게 하락하거나 상승하여 손실이 우려될 경우 선물거래를 이용하면 가격변동으로 인한 손실을 최소화할 수 있다.

SECTION **02 선물거래의 역사**

1. 일본

일본에서 선물거래가 처음으로 시작된 것은 도쿠가와 막부(德川幕府; Tokugawa shogunate; 1603~1867년), 즉 에도 막부(江戶幕府) 시대로 알려져 있다. 당시에는 쌀이 가장 핵심적인 경제수단으로, 세금을 쌀로 거두었을 뿐만 아니라 쌀의 수확량을 바탕으로 논의 면적을 표시하였다. 막부정권은 세금으로 징수한 쌀을 오사카에 위치한 곡물창고로 운송한 후 도지마쌀시장(堂島米市場; Dojima rice market)에서 판매하였는데, 여기서 판매된 쌀은 중간상인들의 손을 거쳐 소비자들에게 유통되었다.

일본의 막부정권이 운영한 곡물창고는 미곡증권(米穀證券; rice bill; rice ticket)으로 불리는 약속어음을 발행하였는데, 이 증서는 해당 창고에서 보관중인 일정 수량의 쌀을 지정일에 특정인에게 인도할 것을 약속하였다. 미곡증권은 두 가지 유형으로 나뉘었는데, 하나는 이미 수확해서 현재 보관중인 쌀을 담보로 발행되는 증권이고, 다른 하나는 장차 수확할 쌀을 담보로 발행되는 증권이었다. 미곡증권이 점차적으로 양도 가능한 유통어음의 형태로 거래되기 시작하면서 투기적인 수요까지 가세하여 거래량이 급증하였다. 이러한 현실을 받아들인 도쿠가와 막부가 마침내 1730년에 도지마쌀시장을 공식적으로 인정함으로써 쌀 선물시장으로 발전해 나갈 수 있는 토대가 마련되었다.

2. 미국

현대적인 의미에서 선물거래의 시작을 논할 때 그 역사는 1800년대 초 미국 시카고(Chicago)로 거슬러 올라간다. 오늘날 시카고는 뉴욕, 로스앤젤레스에 이어 미국에서 세 번째로 큰 도시지만, 1833년에는 약 200명의 인구가 사는 마을에 불과하였으며, 1837년에 이르러 인구 4,107명의 시(市)로 승격되었다. 시카고는 오대호(Great Lakes) 연안에 위치하여 수상운송의 전략적 거점이었을 뿐만 아니라 중서부(Midwest)의 비옥한 곡창지대를 가까이에 두고 있어 곡물의 집산지로 급속히 성장하였다. 그러나 곡물 수급의 불안정, 수송 및 저장의 문제 등으로 말미암아 곡물 유통과정에서 혼란스런 상황이 오랫동안 지속되다가 마침내 선물시장이 탄생하는 계기가 마련되었다.

　　1800년대 초에 미국의 농부들과 가공업자들이 겪는 수급상의 대혼란은 매우 흔한 일이었을 뿐만 아니라 오늘날과는 비교가 되지 않을 만큼 극심한 것이었다. 매년 일정한 수확기가 되면 농부들은 수확한 곡물을 마차에 싣고 인근시장으로 몰려들었다. 그러나 비슷한 시기에 수확된 곡물이 한꺼번에 홍수 출하되면서 공급과잉으로 가격이 폭락하였고, 이러한 상황을 익히 잘 아는 가공업자들은 터무니없는 가격을 제시하기 일쑤였다. 그마저도 구매자를 찾지 못한 경우는 애써 싣고 온 곡물을 길거리에 쏟아버릴 수밖에 없었다. 반면 흉작이 든 해나 재고가 바닥나는 단경기(端境期)에는 곡물 가격이 천정부지로 치솟는 바람에 제때 원료를 구하지 못한 가공업자들이 공장 문을 닫거나 파산하는 일이 빈번하게 발생하였다.

　　한편 수송 및 저장의 문제는 곡물 수급 불안정만으로도 야기되는 수많은 문제점들을 더욱 악화시켰다. 주변지역의 농장에서 시카고로 연결되는 비포장 흙길은 비나 눈으로 인해 연중 대부분 통행이 불가능하였다. 진흙탕 위에 나무판자를 깔아놓은 도로(plank road)를 이용하여 마차에 실은 곡물을 도시로 운반할 수는 있었지만, 그 비용이 실제 만만치 않았다. 1840년대에 마차 한 대분의 소맥을 60마일(≒97km) 떨어진 곳에 수송하면 겨우 본전치기하는 정도였는데, 그 이유는 무엇보다도 수송비가 생산비만큼이나 비싸게 들었기 때문이다. 한편 도시에서는 구매자들이 저장 공간이 부족하여 많은 양의 곡물을 한꺼번에 구매하여 보관하기가 어려웠다. 또한 항구시설이 발달되지 않아 곡물의 수요가 많은 동부지역으로 수송하는데 장애가 되었을 뿐만 아니라 필요한 공산품을 서부지역으로 가져오는데도 많은 걸림돌이 되었다.

　　이러한 유통 상의 어려움들을 타개하기 위한 노력이 다방면으로 나타나면서 곡물의 유통방법도 선도거래(先渡去來; forward trading)의 형태로 한 단계 진화하였다. 최초의 선도계약(先渡契約; forward contract)은 강변지역에서 옥수수를 거래하던 상인들에 의해 생겨났다. 늦가을이나 초겨울에 농부들로부터 옥수수를 인수한 상인들은 옥수수를 운송해도 좋을 만큼 수분(moisture) 함량이 충분히 낮아질 때까지, 그리고 얼음이 완전히 녹아서 강과 운하로 수상운송이 가능해질 때까지 한동안 옥수수를 저장해야만 했다. 그런데 상인들은 겨우내 옥수수를 저장하는 동안 옥수수 가격이 급락할 경우 큰 손해를 입을 수밖에 없었다.

　　상인들은 옥수수를 저장하는 동안 발생할 수 있는 가격 하락의 위험을 회피할 방안을 모색하던 끝에 직접 시카고로 가서 가공업자들을 만나 이듬해 봄에 옥수수를 인도해주기로 하는 계약을 체결하기에 이르렀다. 이와 같은 선도거래 방식을 통해 상인들은 구매자를 미리 확보하는 것은 물론 옥수수의 판매가격도 미리 결정해 놓을 수 있었던 것이다. 기록상으로 존재하는 최초의 옥수수 선도거래는 1851년 3월 13일에 이루어졌는데, 계약내용은 3,000부셸(bushel; bu)의 옥수수를 3월 13일의 가격보다 부셸(bu)당 1센트 낮은 가격으로 6월중에 인도하는 것이었다.

한편 농부들의 곡물 판매방식에도 선도거래가 도입되었다. 농부들은 예전처럼 수확한 곡물을 무턱대고 도시로 싣고 나가기보다는 수확기가 다가올 무렵 마을에서 대표자를 선발한 다음 도시로 파견하여 미리 구매자들을 물색하게 하였다. 이들을 가리켜 "negotiator(협상자; 교섭자)"라고 불렀는데, 이들의 역할은 도시에 나가 곡물 구매자들을 물색한 후 수량, 품질, 인도시기, 가격 등에 대한 흥정을 마치고 돌아와서 나중에 수확한 곡물을 실어 보내게 하는 것이었다.

곡물거래가 점진적으로 확대됨에 따라 1848년에는 82명의 상인들이 모여서 조직한 집중화된 시장, 즉 시카고상품거래소(CBOT; Chicago Board of Trade)가 만들어졌다. 시카고상품거래소(CBOT)가 공식적으로 문을 연 것은 1848년 4월 3일이다. 시카고상품거래소(CBOT)의 설립 목적은 시카고의 상업 발전을 도모하는 한편 구매자와 판매자가 만나 상품을 거래할 수 있는 장소를 제공하는 데 있었다. 시카고상품거래소(CBOT)가 설립된 초창기에는 주로 현물거래와 선도거래가 이루어졌다.

곡물 선도거래가 확대되는 과정에서 수많은 분쟁이 생겨나고 여러 가지 문제점들이 나타났다. 첫째는, 곡물의 품질을 둘러싼 분쟁이 빈발하였다. 가공업자들이 막상 곡물을 받아놓고 보면 negotiator나 상인들이 선도계약을 체결할 때 구두로 설명했던 품질과는 사뭇 다른 경우가 비일비재했다. 둘째는, 곡물의 수량이나 인수도 시점을 둘러싼 분쟁이 자주 발생하였다. 곡물의 품질 문제와 마찬가지로, 계약한 수량대로 곡물이 인도되지 않거나 약속한 기간 내에 정확히 곡물이 인도되지 않는 경우가 많았다. 더욱 심각한 문제는 농부나 상인들이 계약 체결 후 가격형성의 유불리(有不利)에 따라 선도계약을 아예 이행하지 않는 경우도 많았다는 점이다.

이러한 문제점들을 해결하기 위해 마침내 시카고상품거래소(CBOT)는 1865년 선물계약으로 불리는 표준화된 계약을 도입함으로써 선물거래를 공식화하는 조치를 취하였다. 선물계약의 도입은 거래 대상인 곡물의 품질, 수량, 인수도 시기 및 장소 등 제반 거래조건의 표준화를 의미한다. 선도계약에서는 거래당사자(즉, 매도자와 매입자)끼리 가격을 비롯한 제반 계약조건에 대하여 일일이 교섭을 벌여야만 한다. 그러나 선물거래에서는 가격을 제외한 나머지 계약조건들이 미리 정해져 있기 때문에 제반 계약조건을 놓고 일일이 교섭을 벌여야 하는 수고를 덜 수 있다.

시카고상품거래소(CBOT)는 계약조건을 표준화하는 동시에 계약 불이행의 문제를 해결하기 위해 증거금제도(margining system)를 도입하였다. 증거금제도는 거래자들이 선물계약의 이행을 보증하기 위한 자금, 즉 이행보증금(performance bond; p-bond)을 거래소에 예치하도록 함으로써 계약 불이행에 따른 신용위험을 미연에 제거하기 위한 장치이다.

계약조건을 표준화하고 증거금(margin)을 도입하는 등 시카고상품거래소(CBOT)가 취한 일련의 기념비적인 조치들은 오늘날 우리가 알고 있는 선물거래에 대한 대부분의 기본원칙들을 확립시켜 놓았다. 그러나 이 당시만 하더라도 이제 막 걸음마를 시작한 선물시장이 다음 세기에 걸쳐 어떤 변화와 성장을 거듭할지 아무도 예견하지 못했다.

3. 한국

우리나라에서도 일제 강점기에 쌀과 콩을 거래대상으로 하는 선물거래가 흥행했던 적이 있었다. 당시 선물거래는 흔히 미두거래(米豆去來)로 불렸고, 선물거래소는 미두장(米豆場)으로 불렸으며, 1896년 인천미두취인소(仁川米豆取引所; 1896~1939년)가 일본인에 의해 설립되면서 시작되었다.

미두거래(米豆去來)는 일반적으로 미두(米豆) 또는 기미(期米)라고 불렸는데, 최소 거래단위는 100석(石)이며, 미곡가격의 10%에 해당하는 보증금(증거금)을 걸고 거래하였다. 결제월(delivery month)은 당월 말에 청산하는 당한(當限), 다음달 말에 청산하는 중한(中限), 그리고 다음 다음달 말에 청산하는 선한(先限)이 있었는데, 거래는 가격 변동 폭이 가장 큰 선한(先限)에 집중됐다. 최종결제일에는 쌀과 현금을 주고받는 실물인수도(physical delivery)방식이 아니라 차액만큼 현금을 주고받는 현금정산(cash settlement)방식으로 정산이 이루어졌다.

당시 일제가 인천, 군산 등에 미두취인소(米豆取引所)를 운영했던 이유는 미곡의 품질과 가격의 표준화를 꾀한다는 명분이었다. 일제는 우리나라의 쌀을 수탈해가는 방편으로 미두시장을 이용한 한편 우리나라 사람들은 광적(狂的)인 투기에 몰두하였다. 당시에 유행했던 말 중의 하나가 "화투는 백석지기의 노름이요, 미두는 만석꾼의 노름이다"라고 할 만큼 투기적인 미두거래가 사회문제화되기도 하였다.[1]

---

1 채만식의 『탁류(濁流)』, 조정래의 『아리랑』에는 당시 미두장(米豆場)을 둘러싼 인간 군상(群像)들의 생활상이 잘 묘사되어 있다. 그리고 신동아(新東亞)에 실린 "전봉관의 옛날 잡지를 보러가다 19편-미두왕(米豆王) 반복창의 인생유전"(신동아 2007년 1월호, 통권568호, pp.580-596)에도 당시

이러한 어두운 역사를 뒤로 한 채 현대에 이르러 선물거래의 필요성이 본격적으로 제기된 것은 1973년 제1차 석유파동(oil shock)을 겪고 난 후이다. 당시 배럴(barrel; bbl)당 2달러 수준에 불과하던 원유가격이 배럴당 29달러 수준으로 폭발적인 상승을 기록하였다.2 이를 계기로 해외 원자재의 안정적인 확보와 국내물가의 안정이란 측면에서 선물거래의 필요성이 절실히 대두되었다. 이에 따라 1974년 12월 대통령령으로 「주요물자해외선물거래관리규정」이 제정되고, 이듬해 조달청훈령으로 「주요물자해외선물거래관리규칙」이 제정되면서 농림축산물, 귀금속, 비철금속, 유류 등 주요 원자재를 대상으로 해외선물거래가 시작되었다.

그 후 우리나라의 경제규모가 커지고 대외개방의 폭이 확대되면서 금융시장의 위험관리 수단에 대한 필요성이 크게 제기되면서 1995년 12월 선물거래법이 제정되었다. 그리고 이 법을 근거로 마침내 1999년 4월 한국선물거래소(KOFEX; Korea Futures Exchange)가 설립되었다. 2005년 1월에는 증권거래소, 선물거래소, 코스닥증권시장 및 코스닥위원회의 4개 기관이 통합하여 한국증권선물거래소가 탄생하였으며, 2009년 2월에 한국거래소(KRX; Korea Exchange)로 상호를 변경하였다.

표 1-1 **한국거래소(KRX)의 파생상품(선물 및 옵션) 상장 현황**

부류	상장품목
주가지수상품	코스피200 선물, 코스피20 옵션, 코스닥150 선물, 코스피200 섹터지수 선물, 유로스톡스50 선물
개별주식상품	개별주식 선물, 개별수식 옵션
채권/금리상품	3년국채 선물, 5년국채 선물, 10년국채 선물
통화상품	미국달러 선물, 미국달러 옵션, 엔 선물, 유로 선물, 위안화 선물
일반상품	금 선물, 돈육 선물

주: 2019년 1월 기준
자료: 한국거래소(www.krx.co.kr)

한국거래소(KRX)는 주식회사 형태의 지주회사(持株會社; holding company)로 유가증권시장본부, 파생상품시장본부, 코스닥시장본부 등을 자회사로 두고 있다. 〈표 1-1〉에서 보는 바와 같이, 한국거래소에 상장되어 있는 파생상품은 주가지수상품, 개별주

의 실상이 흥미롭게 잘 묘사되어 있다. 한편 KBS1 역사스페셜 98회 – "그때 투기가 시작되었다, 미두(米豆) 열풍"(2012년 2월 23일 방영)에서는 당시 미두거래에 대한 이야기를 영상으로 생생하게 재연하였다.

2 1배럴(barrel; bbl) = 41.976939갤런(gallon; gal) = 158.9리터(liter; ℓ)이다.

식상품, 채권 및 금리상품, 통화상품, 그리고 일반상품의 5개 부류이며, 금융상품이 주류를 이루고 있다. 일반상품 가운데는 금 선물과 돈육 선물이 있으나, 돈육 선물(2008년 7월 21일 상장)의 거래량은 극히 미미한 실정이다.

SECTION 03 선물거래의 경제적 기능

첫째, 선물거래는 가격위험 관리수단으로서의 기능을 수행한다. 현물거래 시 가격 하락으로 인한 손실이 우려될 경우 선물계약을 매도하는 반면, 가격 상승으로 인한 손실이 우려될 경우에는 선물계약을 매입3함으로써 가격위험을 관리할 수 있다. 농산물 현물가격과 선물가격은 서로 같은 방향으로 오르거나 내리는 경향을 보이는데, 이때 현물시장과 선물시장에서 서로 상반된 포지션을 취하게 되면, 현물시장에서의 손실(이익)을 선물시장에서의 이익(손실)으로 상쇄할 수 있다. 그 결과 가격이 오르든 내리든 상관없이 현재시점에서 목표한 가격수준을 달성해 낼 수 있게 된다. 이와 같은 거래를 흔히 헤징(hedging)이라고 부르며, 현물시장의 가격변동 위험을 선물시장으로 전가(轉嫁)한다고 표현하기도 한다.

선물시장에는 가격위험을 회피하기 위해 참여하는 사람들 외에도 위험을 무릅쓰고 이익 기회를 추구하려는 투기적 거래자들도 무수히 많다. 투기자들은 가격 변동의 방향 및 타이밍을 잘 포착할 경우 이익을 실현할 수 있는 기회에 이끌려 선물시장에 참여한다. 투기자들은 선물시장에 유동성(流動性; liquidity)을 제공함으로써 위험의 전가(risk transfer)가 용이하도록 도와준다. 선물시장의 유동성(거래량)이 풍부하면, 거래자들은 아무 때나 원하는 가격에 선물계약을 사거나 팔 수 있을 뿐만 아니라 매입/매도의 호가 차이(bid/ask spread)가 가장 작게 벌어져 최소한의 비용으로 거래할 수 있다. 즉, 유동성이 풍부한 시장일수록 거래비용이 최소화되어 효율적인 시장으로 기능할 수 있게 된다.

둘째, 선물거래는 가격발견(price discovery) 또는 가격예시(forward pricing) 기능을

---

3 매입(買入)과 매수(買收)는 서로 같은 의미를 지니는 단어로 혼용(混用)되는 경우가 많다. 본서에서는 용어의 통일성을 기하기 위해 매수보다는 매입이라는 표현을 일관되게 사용하기로 한다.

수행한다. 특정 시점에 형성되는 선물가격은 미래 인수도 시점의 가격에 대한 매입자와 매도자의 예측이 합치되어 형성되는 것이기 때문에 미래의 현물가격에 대한 예시 기능을 수행한다. 향후 가격이 오를 것이라고 예측하는 매입자의 수가 우세하면 선물가격이 상승하게 되고, 반대로 가격이 내릴 것이라고 예측하는 매도자의 수가 우세하면 선물가격은 하락하게 된다. 이와 같은 메커니즘을 통하여 선물가격은 농산물의 생산과 소비가 균형을 이루는데 이바지한다. 그러나 선물가격은 하나의 가격에 오래 머물러 있지 않고 농산물의 수요와 공급에 관한 새로운 정보가 반영될 때마다 끊임없이 변동하는 특성을 가진다.

셋째, 선물거래는 농산물 시장의 정보 효율성(informational efficiency)을 제고하는 기능을 수행한다. 선물시장은 매우 다양한 부류의 시장참여자들에 의해 전 세계 수요와 공급에 관한 정보가 끊임없이 집약되는 곳이다. 그리고 선물가격은 농산물 수급에 관한 새로운 정보가 생겨날 때마다 지체 없이 반영하여 계속적으로 변동한다. 요컨대, 선물거래는 신속한 정보 전달과 가격 조정을 통하여 농산물 시장의 정보 효율성을 높이는데 크게 기여한다.

SECTION **04 선도거래**先渡去來**와 선물거래**先物去來

선물거래하면 흔히 '밭떼기 거래'로 불리는 포전거래(圃田去來)를 떠올리는 사람들이 많다. 그러나 엄밀한 의미에서 밭떼기 거래는 선도거래의 일종으로 선물거래의 특성을 온전히 갖추고 있지 못하다. 선도거래는 거래당사자들끼리 특정 상품을 미리 합의한 가격으로 미래의 일정시점에 인수도하기로 약정하는 거래로 정의된다. 우리나라에서 성행하고 있는 배추 포전거래를 예로 들어 선도거래와 선물거래의 차이점을 비교해 보도록 하자.

배추 포전거래에서는 일반적으로 농가가 배추 모종을 본밭에 정식하고 나면 산지 수집상들이 포전매매를 제안해오기 시작한다. 포전거래는 말 그대로 밭에서 재배되는 배추를 통째로 다 넘기는 것을 말하는데, 가격은 $3.3m^2$(1평)당 얼마로 거래되는 것이 일반적이다. 포전거래 계약 시 서면으로 작성한 표준계약서 사용이 권장되고 있지만, 농촌 현장에서는 아직도 관행적으로 구두계약(口頭契約)이 이루어지는 경우가 많다.

선도거래를 이용하면 생산자(판매자)는 계약가격에 판매가격을 미리 고정시킬 수 있는 한편, 상인(구매자)은 계약가격에 구매가격을 미리 고정시킬 수 있다. 따라서 선도거래는 거래당사자 모두 사전에 거래가격을 고정시킬 수 있다는 측면에서 선물거래와 동일한 경제적 기능을 수행한다. 예컨대, 어떤 농가가 1ha(3,000평)의 배추를 재배하는데, 3.3㎡(1평)당 10,000원에 포전거래 계약을 체결하였다고 가정하자. 포전거래가 계약대로 충실히 이행된다면, 농가는 수확기에 배추가격이 얼마가 되든 상관없이 3.3㎡(1평)당 10,000원에 배추를 판매하여 3,000만원(=3,000평×10,000원)의 총수입(총수익; 조수입; 조수익)을 올릴 수 있게 된다.

선도거래와 선물거래의 가장 큰 차이점 중 하나는 선도거래의 경우 거래당사자 간 개별 교섭에 의해 모든 거래조건이 결정되지만, 선물거래의 경우는 모든 계약조건이 표준화되어 있다는 점이다. 배추 포전거래의 경우 계약가격, 대금 정산방법(계약금, 중도금 및 잔금의 비율, 지급시기 등), 출하기한 등 개별 거래조건에 대해 일일이 합의가 이루어져야 한다. 반면 선물거래의 경우는 수량, 품질, 실물 인수도 장소 및 기간, 거래시간 등 모든 거래조건이 미리 결정되어 있고, 가격만이 거래과정에서 결정되는 유일한 변수이다.

둘째는, 선도거래의 경우 장외(場外)에서 거래당사자가 직접 만나 계약을 체결하는 것이 일반적이지만, 선물거래의 경우는 조직화된 거래소(organized exchange)를 통해 모든 거래가 이루어진다는 점이다. 따라서 배추 포전거래에서 거래상대방이 누구인지 명확히 알 수 있는 반면, 선물거래에서는 거래상대방이 누구인지 알 수도 없고 알 필요조차 없다.

셋째는, 선도거래의 경우 반대매매(offsetting transaction)를 통한 선도계약의 청산이 불가능하지만, 선물거래의 경우는 반대매매를 통해 만기 이전에 얼마든지 선물계약을 청산할 수 있다. 배추 포전거래에서는 계약에 정한 기한에 배추를 수확하여 인도하고 대금을 정산함으로써 계약이 이행된다. 반면 선물거래에서는 선물계약을 먼저 매입했다가 나중에 다시 매도(전매; 轉賣; long liquidation)하거나 또는 선물계약을 먼저 매도했다가 나중에 다시 매입(환매; 還買; short covering)하여 청산함으로써 선물계약을 이행해야 하는 의무에서 벗어날 수 있다.

이러한 거래가 가능한 이유는 무엇보다도 선물계약이 표준화됨으로 해서 하나의 계약이 다른 계약과 완전한 대체관계를 형성하기 때문이다. 따라서 선물계약은 매입과 매도 중 어느 것이 먼저 이루어지느냐의 순서에 상관없이 매입과 매도가 하나의 쌍(켤레)으로 결합되면 서로 간에 상쇄되어 매매거래가 종결될 수 있다. 이러한 선물거래의 특성은 실물인수도를 염두에 두지 않아도 되기 때문에 단지 시세차익만을 목적으로 하는 투기적 거래자들에게도 매력적인 거래대상이 될 수 있다.

마지막으로 가장 중요한 차이점은, 선도거래의 경우 계약이행을 보증하는 기관이 별도로 존재하지 않기 때문에 거래상대방 위험(counterparty risk), 즉 거래상대방이 계약을 불이행할 위험(default risk)이 상존하지만, 선물거래의 경우는 청산소(淸算所; clearing house)가 선물계약의 이행을 보증한다.

배추 포전거래에서 수확기 배추가격이 계약가격보다 상승하면, 농가는 계약가격에 배추를 인도하기보다 시장가격에 배추를 판매하는 것이 훨씬 더 유리하기 때문에 위약(違約)의 유혹에 빠지게 된다. 반대로 수확기 배추가격이 계약가격 이하로 크게 하락하면, 상인은 손실을 보게 되기 때문에 배추의 수확 및 출하를 거부한 채 연락두절이 되는 경우가 많다. 반면 선물거래에서는 청산소가 거래상대방이 되어 선물계약의 매도자에 대해서는 매입자의 역할을 하는 한편 매입자에 대해서는 매도자의 역할을 수행하며, 증거금(證據金; margin) 및 일일정산(日日精算; daily marking-to-market) 제도를 통하여 선물계약의 이행을 보증한다.

위에서 논의된 내용을 바탕으로 선물거래의 특징을 요약하면 다음과 같다.

첫째, 선물거래는 조직화된 거래소(organized exchange)를 통하여 이루어진다. 즉, 선물거래는 조직화된 거래소(선물거래소)에서 적법한 자격을 갖춘 회원(선물회사)에 의해서만 거래가 중개된다.

둘째, 선물거래는 표준화된 계약(standardized contract)에 의해 이루어진다. 즉, 선물거래에서는 거래대상 상품의 품질, 거래단위, 인수도 방법 및 시기 등 제반 거래조건이 표준화되어 있다. 계약조건의 표준화는 시장유동성(market liquidity)을 증대시키는데 용이한 한편 대량거래에도 용이하다는 장점이 있다.

셋째, 선물거래는 청산기관(clearing house; 청산소)에 의해 선물계약의 이행이 보증된다. 즉, 선물거래에서는 청산소가 선물계약의 매매자에 대해 거래상대방의 역할을 수행함으로써 계약 불이행의 위험, 즉 신용위험(credit risk)이 제거될 수 있다.

넷째, 선물거래는 거래자 모두 증거금(margin)을 납입하여야 하며, 일일정산(daily marking-to-market)을 통해 모든 포지션에 대한 관리가 이루어진다. 즉, 선물거래에서는 선물계약의 매입자와 매도자 모두 증거금을 납입해야 하며, 매일의 정산가격(settlement price)을 기준으로 미실현손익(unrealized gain or loss)에 대한 정산 및 증거금의 관리가 이루어진다. 증거금은 일반적으로 거래대금(계약가액)의 10% 이내에 해당하는 적은 금액이기 때문에 소액의 증거금으로 큰 금액의 선물계약을 사거나 팔

수 있는 이른바 '레버리지 효과(leverage effect; 지렛대 효과)'를 이용할 수 있다.

　　다섯째, 선물거래는 반대매매(offsetting transaction)를 통하여 언제든지 선물계약을 이행해야 하는 의무에서 벗어날 수 있다. 즉, 선물계약을 먼저 매입한 후 나중에 다시 매도하여 언제든지 청산할 수 있을 뿐만 아니라 선물계약을 먼저 매도한 후 나중에 다시 매입하여 언제든지 청산할 수 있다. 이와 같이 선물거래에서는 양방향 거래가 가능하기 때문에 선물계약을 낮은 가격에 매입하였다가 높은 가격에 다시 매도(BLASH; buy low and sell high)하여 이익을 실현할 수 있을 뿐만 아니라 반대로 선물계약을 높은 가격에 매도하였다가 낮은 가격에 다시 매입(SHABL; sell high and buy low)하여 이익을 실현할 수도 있다.

SECTION 05 주요 농산물 선물거래소 및 상장上場 품목

　　전 세계 주요 선물거래소 가운데 농산물을 거래하는 선물거래소를 중심으로 주

표 1-2　주요 농산물 선물거래소 및 거래품목

선물거래소		주요 거래품목
CME Group (www.cmegroup.com)	CBOT	옥수수, 소맥, 대두, 대두유(soybean oil), 대두박(soybean meal), 귀리(oats), 벼(rough rice), 에탄올(ethanol)
	CME	돈육(lean hogs), 육성우(feeder cattle), 비육우(live cattle), 버터, 우유
ICE Futures U.S. (www.theice.com)		커피, 원당, 코코아, 원면, 냉동농축오렌지주스(frozen concentrated orange juice)
ICE Futures Canada (www.theice.com)		유채(canola), 보리(western barley)
Euronext Paris (www.boursedeparis.fr)		소맥(milling wheat), 옥수수, 유채
동경상품거래소(TOCOM) (Tokyo Commodity Exchange) (www.tocom.or.jp)		옥수수, 대두, 원당, 팥(Azuki; red bean)
정주상품거래소(ZCE) (Zhengzhou Commodity Exchange) (www.czce.com.cn)		소맥, 원면, 쌀, 유채(유채유 및 유채박 포함)
대련상품거래소(DCE) (Dalian Commodity Exchange) (www.dce.com.cn)		옥수수, 대두(대두유 및 대두박 포함), 팜유(palm olein)

요 거래품목을 살펴보면 〈표 1-2〉와 같다.

1. CME Group Inc.

CME Group은 2007년 7월 시카고상업거래소(CME; Chicago Mercantile Exchange) 가 시카고상품거래소(CBOT; Chicago Board of Trade)를 인수·합병함으로써 탄생하였 다. CME Group은 이듬해인 2008년 8월 뉴욕상업거래소(NYMEX; New York Mercantile Exchange)와 상품거래소(COMEX; Commodity Exchange)를 인수·합병하였다.

CME Group이 거느리고 있는 네 개의 거래소—CME, CBOT, NYMEX 및 COMEX— 는 각각 오랜 전통을 자랑할 뿐만 아니라 개별 브랜드의 인지도가 높은 만큼 합병 후 에도 고유의 브랜드명을 유지하고 있다. CME Group은 이들 네 개의 거래소를 지정 계약시장(DCM; designated contract market)으로 명명하여 운영하고 있다. 한편 CME Group은 2012년 12월 캔자스상품거래소(KCBOT; Kansas City Board of Trade)를 인수· 합병하였다. 시카고상품거래소(CBOT)는 소맥 가운데 연질 적색 겨울밀(SRW; soft red winter wheat)을 주로 거래해온 한편 캔자스상품거래소(KCBOT)는 경질 적색 겨울밀 (HRW; hard red winter wheat)을 주로 거래해 왔다.

CME Group의 지정계약시장(DCM) 가운데 시카고상품거래소(CBOT)는 옥수수, 소맥, 대두 등 곡물 선물거래의 중심지를 형성하고 있으며, 여기서 거래된 선물가격 이 국제 곡물거래의 기준가격으로 이용되고 있다. 그리고 시카고상업거래소(CME)는 돼지(돈육), 소(육성우, 비육우), 우유, 치즈 등 축산물 및 유제품 선물거래의 중심지를 형성하고 있다. 한편 뉴욕상업거래소(NYMEX)는 원유, 휘발유, 난방유 등 석유제품 선 물거래의 중심지를 이루고 있으며, 상품거래소(COMEX)는 금, 은, 백금 등 귀금속 선 물거래의 중심지를 이루고 있다.

표 1-3 CME Group의 지정계약시장(DCM) 및 주요 거래품목

지정계약시장	주요 거래품목
CME	생우(生牛), 돈육, 우유 등 축산물 및 유제품
CBOT	옥수수, 소맥, 대두 등 곡물
NYMEX	원유, 휘발유, 난방유 등 석유제품
COMEX	금, 은, 백금 등 귀금속

2. ICE Futures U.S.

미국 뉴욕(New York)에 위치한 ICE Futures U.S.는 원면(cotton), 커피(coffee), 원당(sugar), 코코아(cocoa) 등 소프트 상품(soft commodity) 선물거래의 중심지를 형성하고 있다. ICE Futures U.S.는 미국 애틀랜타(Atlanta)에 본사를 둔 대륙간거래소(ICE; Intercontinental Exchange, 2000년 5월 설립)가 2007년 1월에 뉴욕상품거래소(NYBOT; New York Board of Trade)를 인수·합병함으로써 설립되었다. 한편 뉴욕상품거래소(NYBOT)는 1998년에 New York Cotton Exchange(NYCE, 1870년 설립)와 Coffee, Sugar and Cocoa Exchange(CSCE, 1979년 설립)가 합병하여 설립되었다.

3. ICE Futures Canada

캐나다 위니펙(Winnipeg)에 위치한 ICE Futures Canada는 유채(canola)와 보리(western barley)를 거래하고 있다. ICE Futures Canada는 미국 애틀랜타(Atlanta)에 본사를 둔 대륙간거래소(ICE)가 2007년 9월에 캐나다의 위니펙상품거래소(WCE; Winnipeg Commodity Exchange)를 인수·합병함으로써 설립되었다.

4. Euronext NV

Euronext는 2000년 9월 유럽 3개국, 즉 네덜란드 암스테르담(Amsterdam), 벨기에 브뤼셀(Brussels), 그리고 프랑스 파리(Paris)에 위치한 거래소들이 통합하여 설립되었다. 통합 후 각국에 위치한 거래소의 명칭은 Euronext Amsterdam, Euronext Brussels, 그리고 Euronext Paris로 각각 변경되었다. Euronext는 2001년 12월 영국 런던(London)에 위치한 LIFFE(London International Financial Futures and Options Exchange)를 인수·합병하는 한편 2002년 1월에는 포르투갈 리스본(Lisbon)에 위치한 BVLP(Bolsa de Valores de Lisboa e Porto)를 인수·합병하였다. 이후 두 거래소의 명칭은 각각 Euronext London과 Euronext Lisbon으로 변경되었다. 마침내 Euronext는 암스테르담(Amsterdam)-브뤼셀(Brussels)-리스본(Lisbon)-런던(London)-파리(Paris)를 연계하는 통합거래소로 재탄생하였다.

Euronext에 속하는 5개 거래소 가운데 농산물 선물을 거래하는 중심 거래소는 Euronext Paris(구 Paris Bourse)이다. 상장품목은 제분용 소맥, 옥수수, 유채 등이다.

특히 소맥 선물(milling wheat futures)은 유럽에서 거래되는 소맥의 기준가격으로 활용되고 있다.

5. 동경상품거래소(TOCOM; Tokyo Commodity Exchange; 東京商品取引所)

일본의 동경상품거래소(TOCOM)는 미국산 옥수수와 대두, 팥(Azuki; red bean) 등의 농산물을 거래하고 있다. 동경상품거래소(TOCOM)는 1984년 11월에 설립되어 귀금속(금, 은, 백금 등), 석유제품(원유, 휘발유, 석유 등), 천연고무 등을 주로 거래하였고, 농산물은 동경곡물거래소(TGE; Tokyo Grain Exchange, 1952년 10월 설립)에서 활발히 거래되었다.

그런데, 동경곡물거래소(TGE)가 2012년 6월에 해체됨에 따라 대부분의 농산물은 동경상품거래소(TOCOM)로 이관되어 2013년 2월부터 거래가 재개되었다. 한편 동경곡물거래소(TGE)에서 거래되던 쌀은 간사이상품거래소(KEX; Kansai Commodities Exchange; 関西商品取引所, 1952년 10월 설립)로 이관되어 2013년 2월부터 거래가 재개되었다. 간사이상품거래소(KEX)는 2013년 2월에 오사카도지마상품거래소(ODE; Osaka Dojima Commodity Exchange; 大阪堂島商品取引所)로 명칭이 변경되었다.

6. 정주상품거래소(ZCE; Zhengzhou Commodity Exchange; 郑州商品交易所)

정주상품거래소(ZCE)는 중국 국무원(國務院)에 의해 인가된 최초의 선물거래소로서 하남성(河南省; Henan)의 성도(省道)인 정주(鄭州; Zhengzhou)에 1990년 10월 설립되었다. 정주상품거래소(ZCE)는 선도거래로 출발하였다가 마침내 1993년 5월 소맥, 옥수수, 대두, 깍지콩(green bean) 및 참깨의 다섯 가지 농산물에 대한 선물거래를 출범시켰다. 현재 정주상품거래소(ZCE)에서 거래되고 있는 농산물은 소맥, 원면, 쌀, 유채(유채유 및 유채박 포함) 등이다.

7. 대련상품거래소(DCE; Dalian Commodity Exchange; 大连商品交易所)

대련상품거래소(DCE)는 1993년 2월 중국 요녕성(遼寧省; Liaoning)의 대련(大連; Dalian)에 설립되었다. 설립 초기에는 선도거래를 실시하다가 마침내 1993년 11월에 대두, 옥수수, 대두박, 깍지콩, 팥 및 쌀에 대한 선물거래가 공식적으로 시작되었다.

현재 대련상품거래소에서 거래되고 있는 농산물은 옥수수, 옥수수 전분, 대두(대두유 및 대두박 포함), 팜유(palm olein) 등이다.

이상에서 살펴본 바와 같이, 전 세계 여러 나라에서 다양한 농산물을 대상으로 한 선물거래가 이루어지고 있지만, 곡물 선물거래의 중심지를 형성하고 있는 것은 단연 CME Group의 시카고상품거래소(CBOT)이다. 시카고상품거래소(CBOT)는 전 세계 곡물 수급상황에 대한 정보가 시시각각 신속하게 집약되어 가장 유동성(거래량)이 풍부한 시장을 형성하고 있을 뿐만 아니라 여기서 거래되는 선물가격은 국제 곡물거래의 기준가격으로 활용되고 있다. 따라서 국제 곡물시장에 대한 심층적인 이해를 위해서는 시카고상품거래소(CBOT)의 곡물 선물거래에 대한 체계적인 이해가 필수적이라고 할 수 있다.

SECTION 06 선물시장의 구성 및 참여자

선물시장은 선물거래소, 청산소, 선물거래중개회사(선물회사), 선물투자자문회사 등 다양한 기관으로 구성되어 있을 뿐만 아니라 선물시장에 대한 규제 및 감독 기능을 수행하는 기관도 포함할 수 있다. 선물시장 참여자는 크게 두 개의 범주로 나눌 수 있는데, 하나는 헤져(hedger)이고, 다른 하나는 투기자(speculator)이다. 헤져는 현물을 사고파는 과정에서 수반되는 가격변동 위험을 회피하고자 선물시장에 참여하는 사람들을 말한다. 예컨대, 경종(耕種) 및 축산 농가, 곡물 유통업자(elevator 사업자 등), 식품 및 사료 가공업자, 곡물 수출업자 및 수입업자 등이다. 한편 투기자는 선물가격의 변동에 따른 시세차익을 목적으로 선물시장에 참여하는 다양한 부류의 사람들을 말한다.

1. 선물거래소(Futures Exchange)

선물거래소는 선물거래가 이루어지는 장(場)으로서 선물시장을 구성하는 가장 중추적인 기관이라고 할 수 있다. 선물거래소는 선물계약의 매매를 담당할 뿐만 아니라 공정한 가격이 형성되도록 감시 및 규제하는 역할도 한다. 그리고 선물거래소는 새로운 상품을 개발하여 상장하는 한편 가격, 거래량 및 시황 등 각종 시장정보를 제공하는 업무도 수행한다.

일반 거래자(투자자)가 선물거래소에 직접 매입 또는 매도 주문을 할 수는 없으며, 반드시 선물거래소의 회원인 선물회사를 통하여 거래하여야만 한다. 즉, 거래자(투자자) ⇔ 선물(중개)회사 ⇔ 선물거래소의 관계로 연결되며, 모든 거래자들이 낸 주문은 자기가 거래하는 선물회사의 명의로 체결된 후 선물회사가 거래자별로 분리하여 계상(計上)한다.

세계 유수의 선물거래소들은 전통적으로 회원제 조직으로 운영되어 왔다. 그러나 2000년대에 접어들어 선물거래소간 경쟁이 심화되는 가운데 경쟁우위를 확보하고, IT(정보통신기술) 투자 등을 위한 대규모 자본 조달이 용이하도록 주식회사 조직으로 대부분 변경되었다.

또한 세계 유수의 선물거래소 간에 인수·합병 등을 통한 합종연횡(合從連橫)이 치열하게 전개되고 있는데, 그 이유는 무엇보다도 투자자에게 보다 다양한 상품을 제공하고 보다 편리한 시장접근이 가능하도록 함은 물론 규모의 경제(economy of scale)를 실현함으로써 수익을 극대화하는 데 있다. 그리고 선물거래가 국경과 시간을 초월하는 24시간 거래체제(24 hours trading)로 전환되는 속에서 국제적인 경쟁우위를 확보하고자 하는 데 있다.

2. 청산소(淸算所; Clearing House)

청산소는 선물계약의 이행을 보증함으로써 선물시장의 재무건전성을 유지하는 중요한 역할을 수행한다. 청산소는 거래소와 분리되어 독립적으로 운영되는 경우가 일반적이지만, 우리나라의 한국거래소(KRX)와 같이 거래소가 청산소의 역할을 겸하는 In-house 방식으로 운영되는 경우도 많다. 선물거래소가 개별 거래자(투자자)를 직접 상대하는 것이 아니라 선물회사(선물거래소 회원)만을 상대로 매매하는 것처럼, 청산소도 청산회원(clearing member)으로 가입되어 있는 선물회사만을 상대로 청산업무를 수행한다.

청산(淸算; clearing)은 매도자와 매입자 간에(청산소 입장에서 보면 회원 간에) 체결된 매매거래에 대하여 각자의 이익금(채권)과 손실금(채무)을 확정하는 것을 말한다. 이 과정에서 청산소가 개입하여 거래상대방이 되어주는 중앙거래당사자(CCP; central counterparty)의 역할을 수행한다. 즉, 청산소가 모든 매도자에 대해서는 매입자가 되고, 반대로 모든 매입자에 대해서는 매도자가 됨으로써 양 거래의 중앙에서 거래당사자가 되는 역할을 맡는다.

청산업무를 수행하는 과정에서는 매매 확인, 일일정산(daily marking-to-market)을 통한 계좌의 정산, 거래의 청산(반대매매에 의한 종결), 거래증거금(clearing margin)의 수납 및 유지, 정산금액의 확정, 현물 인수도의 관할 및 규제 등이 수반된다. 청산내역이 확정되고 나면 대금 지급, 상품(현물) 인수도 등의 방법으로 실제 이행에 옮기는 결제(決濟; settlement) 과정이 뒤따른다. 일반적으로 청산과 결제가 순차적으로 진행되기 때문에 청산결제, 청산결제기관이라는 용어가 많이 사용되기도 한다.

3. FCM(Futures Commission Merchant)

FCM은 흔히 선물회사, 선물중개회사, 선물거래중개회사, 선물업자 등으로 불리는 개인 또는 법인을 말한다. FCM은 고객(거래자)으로부터 선물이나 옵션의 매매주문을 받아 거래를 체결하고, 그 대가로 수수료(중개수수료)를 취득한다. FCM은 고객의 주문을 처리하는데 필요한 서비스 제공(Home Trading System 설치 등)과 함께 고객의 증거금, 예탁재산(유가증권 등)의 관리, 미결제약정(open interest)에 대한 기록과 유지 등 최초의 계좌개설에서부터 거래종결에 이르기까지 모든 업무를 대행한다. 미국의 경우 모든 FCM은 선물거래에 대한 규제 및 감독 업무를 맡고 있는 CFTC(Commodity Futures Trading Commission; 상품선물거래위원회)에 반드시 등록해야 한다.

4. IB(Introducing Broker)

IB는 FCM과 마찬가지로 선물거래를 중개해주고 그 대가로 수수료(중개수수료)를 수취하는 중개인 또는 중개회사를 말한다. 그러나 IB는 FCM과 달리 고객의 자금을 직접 예탁하여 자체적으로 관리할 수 없고, 반드시 FCM이 관리하도록 하여야 하며, 모든 매매거래는 FCM을 통하여 청산한다. Introducing이라는 단어가 내포하는 것처럼, IB는 고객을 확보하여 주문을 알선하고 수수료를 취득하는 역할이 중심적이라고 할 수 있다.

5. CPO(Commodity Pool Operator)

CPO는 선물이나 옵션을 거래할 목적으로 다수의 개인들로부터 신탁기금(fund)을 모집하여 운영하는 개인이나 법인을 말한다. CPO는 자신이 직접 기금의 운용에 관한 의사결정을 하기도 하고, CTA(commodity trading advisor)들에게 자금을 배분하여 운용을 위탁하기도 한다. Commodity pool은 여러 사람들이 자금을 투자하여 조성된 투자신탁기금인 만큼 공적인 규제와 감독이 요구된다. 따라서 미국의 경우 CPO는 반드시 CFTC(상품선물거래위원회)에 등록해야 한다.

6. CTA(Commodity Trading Advisor)

CTA는 선물 및 옵션의 거래와 관련하여 직·간접적인 상담이나 조언을 하는 개인 또는 법인을 말한다. CTA는 시장정보지를 발행하여 투자에 대한 조언을 하는가 하면 일종의 자산관리사(asset manager) 또는 펀드 매니저(fund manager)로서 고객을 대신하여 자금을 운용하기도 한다. CTA가 운용하는 선물펀드는 흔히 managed futures account(MFA) 또는 managed futures fund로 불린다. CTA는 투자자산의 일정 비율을 관리수수료(management fee)로 받는가 하면 거래수익이 발생했을 때는 수익의 일정 부분을 성과급(incentive fee; 성공보수)으로 받는다. 거래실적(track record)이 탁월한 검증된 CTA는 대규모 펀드를 운용할 수 있을 뿐만 아니라 엄청난 액수의 성과급을 받을 수도 있다.

7. AP(Associated Person)

AP는 FCM, IB, CPO 또는 CTA의 대리인(agent)으로서 자신이 소속되어 있는 회사의 고객을 직접 상대하는 최일선의 중개인이다. AP는 "account executive 또는 registered representative"라고도 불리며, 우리나라에서는 흔히 선물거래사, 선물거래상담사, 선물투자상담사 등으로 불린다. AP는 신규 고객에게 계좌 개설에 필요한 서류를 제공하고, 거래 규칙과 절차를 설명해준다. 또한 고객이 낸 주문을 거래소에 전달하여 집행하고, 고객의 예탁자산 및 증거금을 관리하는 역할도 한다.

8. CFTC(Commodity Futures Trading Commission; 상품선물거래위원회)

CFTC(상품선물거래위원회)는 미국의 선물 및 옵션시장에 대한 제반 규제 및 감독 기능을 수행하는 기관으로 1975년 4월에 설립되었다. CFTC는 대통령 직속으로 운영되는 독립적인 연방기관이다. CFTC의 주요 권한으로는 선물거래소의 등록 및 인가(認可), 상장 상품의 승인, 선물중개업자(FCM, IB 등)의 등록 및 인가, 고객과 FCM 간의 분쟁에 대한 중재(仲裁; arbitration), 선물거래소 규정의 인가, 불공정거래행위(시세조종, 매점매석 등)에 대한 비상조치권의 발동 등 매우 포괄적이다.

9. NFA(National Futures Association; 미국선물협회)

NFA(미국선물협회)는 선물업계에 대한 자율규제기관(SRO; self-regulatory organization)으로 1982년에 설립되었다. NFA는 선물회사, 선물거래소, 외국환은행, 스왑 딜러(swap dealer) 등 매우 광범위한 범주의 회원을 보유하고 있다. NFA는 회원(FCM, IB, CPO, CTA, AP 등)의 등록, 회원의 재무 상태에 대한 감독, 분쟁에 대한 중재, 고객 보호 등 다양한 업무를 수행한다.

참고문헌 ◆───────────────────────────────

Chicago Board of Trade(2006), The Chicago Board of Trade Handbook of Futures & Options, New York: New York, McGraw-Hill.

Chicago Mercantile Exchange(2006), An Introduction to Futures and Options, Student Manual.

CHAPTER 02 선물계약의 이해

선물계약은 가격을 제외한 제반 계약조건들이 표준화되어 있다는 특징을 지니고 있다. 계약조건이 표준화되어 있다는 것은 계약조건이 사전에 미리 정해져 있다는 것을 의미한다. 매매당사자들은 거래 시 계약조건을 일일이 교섭할 필요 없이 미리 정해진 계약조건에 따라 거래하면 된다. 표준화된 계약에 따른 거래는 거래비용을 최소화하고 대량거래가 용이하다는 장점을 지니고 있는 반면 맞춤식 거래가 곤란하다는 단점이 있다.

본 장에서는 시카고상품거래소(CBOT; CME Group)에 상장되어 있는 농산물 선물계약을 중심으로 표준화된 주요 계약조건들에 대해 살펴보도록 한다. 그런데, 농산물 선물계약의 기본 거래단위는 부셸(bushel; bu), 파운드(pound; lb), short ton, cwt(hundred weight) 등 우리에게 익숙하지 않은 단위들로 표현된다. 또한 농산물 품목별로 단위 부피당 무게가 다를 뿐만 아니라 무게를 표현하는 데 있어서도 다양한 도량형(度量衡) 단위가 사용된다. 따라서 농산물 선물계약의 주요 계약조건들에 대해 살펴보기 전에 먼저 주요 도량형 및 환산단위(전환계수; 轉換係數; conversion factor)에 대해 알아보도록 한다.

〈표 2-1〉에서 보는 바와 같이, 옥수수 1부셸(bu)의 무게는 56파운드(lbs)인 한편 대두와 소맥 1부셸(bu)의 무게는 60파운드(lbs)이다. 이와 같이 부셸(bu)당 무게에 차이가 나는 이유는 곡물의 입자 크기 차이에 따른 밀도 차이 때문이다. 옥수수 1metric ton(m/t)은 39.368부셸(bu)에 해당하고, 대두와 소맥 1metric ton(m/t)는 36.743부셸(bu)에 해당한다. 따라서 옥수수 선물 1계약 5,000부셸(bu)을 우리가 사용하는 단위인 metric ton(m/t)으로 환산하면 약 127톤(m/t)이 되고, 대두와 소맥 선물

표 2-1 농산물 선물계약의 도량형 환산단위(conversion factors)

무게	환산단위	선물계약 단위	Metric Ton
1short ton	=2,000pounds	옥수수(5,000bu)	=127.007m/t
1metric ton	=2,204.6pounds	소맥(5,000bu)	=136.079m/t
1long ton	=2,240pounds	대두(5,000bu)	=136.079m/t
옥수수	56lbs/bu	대두유(60,000lbs)	=27.216m/t
1short ton	=35.714bushels	대두박(100short ton)	=90.719m/t
1metric ton	=39.368bushels	벼 (2,000cwt)	=90.719m/t
1long ton	=40bushels	※ cwt(=hundred weight)=100lbs	
대두, 소맥	60lbs/bu		
1short ton	=33.333bushels		
1metric ton	=36.743bushels		
1long ton	=37.333bushels		

1계약 5,000부셸(bu)은 약 136톤(m/t)이 된다. 그리고 대두유 선물 1계약은 60,000파운드(lbs)이고, 대두박 선물 1계약은 100short ton이다.

한편 톤(ton) 단위 무게에 있어서 미국은 short ton(=2,000lbs)을 사용하는 반면 영국은 long ton(=2,240lbs)을 사용한다. 이러한 차이는 cwt(=hundred weight)에 대한 정의의 차이에서 비롯된다. 미국과 영국 모두 1톤을 20cwt로 규정하였으나, 미국은 1cwt=100pounds로 정의한 반면 영국은 1cwt=112pounds로 정의하였다. 결국 미국에서 사용하는 short ton은 20cwt×100lbs=2,000lbs인 반면 영국에서 사용하는 long ton은 20cwt×112lbs=2,240lbs가 되었다. 참고로, 시카고상품거래소(CBOT)에서 거래되는 장립종 벼(long-grain rough rice) 선물계약의 거래단위는 2,000hundred weights(cwt)이며, 이를 환산하면 2,000cwt=200,000lbs=100short tons=90.719metric tons(m/t)가 된다.

SECTION 01 옥수수 선물Corn Futures

옥수수는 전 세계적으로 가장 많이 생산되는 곡물이다. 옥수수는 식용뿐만 아니라 가축 사료용으로 이용되고 있으며, 최근에는 바이오연료(biofuel), 즉 바이오에탄올

(bioethanol)을 만드는데도 많이 이용되고 있다. 시카고상품거래소(CBOT)에 옥수수 선물이 최초 상장된 것은 1877년 1월 2일이다.

1. 계약단위(Contract Size; 거래단위)

옥수수 선물의 기본 거래단위는 5,000부셀(bu)이다. 부셀(bu)은 무게 단위가 아니라 부피 단위이다. 옥수수 1부셀(bu)의 무게는 56파운드(lbs)이고, 이를 kg으로 환산하면 25.401173kg(=56lbs×0.453592kg)이 된다. 옥수수 1톤(metric ton; m/t)은 39.368부셀(bu)에 해당하며, 따라서 옥수수 선물 1계약 5,000부셀(bu)은 약 127톤(m/t)이 된다(5,000bu÷39.368bu=127.0067m/t).

옥수수 선물의 계약단위가 5,000부셀(bu)로 정해진 것은 운송수단과 관련되어 있다. 내륙에서 철도로 곡물을 수송할 때 화차(貨車; railcar) 한 량(輛)에 실리는 곡물의 양이 평균 5,000부셀(bu)로, 이를 기준으로 계약단위가 정해진 것이다. 한 계약단위가 5,000부셀(bu)로 정해진 만큼 그 배수(倍數; multiple)인 5,000bu(1계약), 10,000bu(2계약), 15,000bu(3계약) 등으로 거래할 수 있다. 그러나 그 외의 물량단위, 예컨대 3,500bu, 8,000bu 등으로는 거래할 수 없다.

표 2-2 시카고상품거래소(CBOT) 옥수수 선물의 주요 계약조건

구분	계약조건
계약단위(contract size)	5,000bu(≒127m/t)
표준등급(standard grade)	미국산 2등급 황색 옥수수(U.S. No. 2 Yellow corn)
가격표시(price quote)	Cent/bu
최소가격변동폭(tick size)	¢$\frac{1}{4}$/bu(=$12.50/계약)
결제월(contract months)	3(H), 5(K), 7(N), 9(U), 12월(Z)
거래시간(trading hours)	전자거래(CME Globex) • 7:00p.m.-7:45a.m.(일~금) • 8:30a.m.-1:20p.m.(월~금)
일일가격제한폭(daily price limit)	¢25/bu(=$1,250/계약)
최종거래일(last trading day)	결제월 15일의 직전 거래일
최종인도일(last delivery day)	최종거래일의 직후 2거래일
최종결제(final settlement)	실물인수도(physical delivery)
상품기호(ticker symbol)	전자거래(CME Globex): ZC

주: 2019년 1월 기준
자료: CME Group Inc.(www.cmegroup.com)

2. 표준등급(Standard Grade)

시카고상품거래소(CBOT)에서 정한 옥수수 선물계약의 표준등급(거래대상)은 2등급 황색 옥수수(U.S. No. 2 Yellow corn)이다. 옥수수 선물계약의 만기 시 실물인수도 과정에서 2등급 황색 옥수수 외에 다른 등급의 옥수수가 인수도될 경우 1등급 황색 옥수수(U.S. No. 1 Yellow corn)는 ¢1.5/bu 할증(premium)된 가격에, 그리고 3등급 황색 옥수수(U.S. No. 3 Yellow corn)는 ¢1.5/bu 할인(discount)된 가격에 인수도된다.

2등급 황색 옥수수의 구체적인 등급규격은 〈표 2-3〉과 같다. 미국의 옥수수 등급규격(U.S. Standards for Corn)은 최소용적중량(minimum test weight; 부셸당 중량), 손상립(피해립; damaged kernels), 열손립(heat damaged kernels), 파쇄립(broken corn) 및 이물질(foreign material) 등의 결함(defects) 정도에 따라 5개 등급(U.S. No. 1~U.S. No. 5)으로 나누어진다.

일반적으로 선물거래소에서는 거래품목의 표준등급을 최상위 1등급으로 정하지 않고 차상위의 2등급으로 정하는 경우가 많다. 그 이유는 무엇보다도 표준등급을 최상위 1등급으로 정할 경우 시장조작을 기도하는 사람들이 1등급의 현물을 매점매석(買占賣惜; corner)함으로써 실물인수도 과정을 왜곡하고 불공정 거래행위를 저지르는 것을 막기 위함이다. 표준등급을 차상위 2등급으로 정하게 되면, 1등급과 2등급의 상품이 모두 실물인수도 대상에 포함되어 그만큼 실물인수도 대상 범위가 확대되므로 매점매석 및 불공정 거래행위를 사전에 억제하는 효과를 발휘할 수 있다.

표 2-3 미국의 옥수수 등급 규격(U.S. Standards for Corn)

등급	최소용적중량 (Minimum test weight) (lb/bu)	최고한도(Maximum limits)		파쇄립 및 이물질(%)
		손상립(Damaged kernels)		
		열손립(%)	합계(%)	
U.S. No. 1	56.0	0.1	3.0	2.0
U.S. No. 2	54.0	0.2	5.0	3.0
U.S. No. 3	52.0	0.5	7.0	4.0
U.S. No. 4	49.0	1.0	10.0	5.0
U.S. No. 5	46.0	3.0	15.0	7.0

자료: USDA, "U.S. Standards for Corn," Grain Inspection, Packers and Stockyards Administration, 1996.

3. 가격표시(Price Quote) 및 최소가격변동폭(Tick Size)

옥수수 선물의 가격은 부셸(bu)당 센트(cent; ￠)로 표시된다. 그리고 흔히 "틱(tick)"으로 불리는 최소가격변동폭은 ￠$\frac{1}{4}$/bu(=$12.50/계약)이다. 즉, 옥수수 선물가격의 최소 변동단위인 1tick은 ￠$\frac{1}{4}$/bu(=￠0.25/bu)이다.

한 가지 흥미로운 점은 시카고상품거래소(CBOT)에서 거래되는 곡물 선물가격의 마지막 자릿수가 관행적으로 $\frac{1}{8}$단위의 숫자로 표시된다는 것이다. 예컨대, 374'6으로 표시된 가격은 ￠$374+\frac{6}{8}$을 의미한다. 즉, ￠374.75/bu=$3.7475/bu인 것이다. 마지막 자릿수가 $\frac{1}{8}$단위의 숫자로 표시되는 만큼 기호 ' 다음에 등장할 수 있는 숫자는 0부터 7까지이다. 그러나 최소가격변동폭(tick)이 ￠$\frac{1}{4}$=￠$\frac{2}{8}$인 만큼 실제로 기호 ' 다음에 등장할 수 있는 숫자는 2의 배수인 0, 2, 4, 그리고 6뿐이다. 다시 말해서, 기호 ' 다음의 숫자 2는 $\frac{2}{8}=\frac{1}{4}=0.25$, 숫자 4는 $\frac{4}{8}=\frac{2}{4}=\frac{1}{2}=0.50$, 그리고 숫자 6은 $\frac{6}{8}=\frac{3}{4}=0.75$을 의미한다.

4. 결제월(Contract Months; 인도월; Delivery Months)

결제월은 선물계약의 만기를 의미하며, 실물인수도를 통한 최종 결제가 이루어지는 기간이기도 하기 때문에 인도월이라고도 표현한다. 옥수수 선물의 결제월(인도월)은 3월(H), 5월(K), 7월(N), 9월(U), 그리고 12월(Z)로 정해져 있다.

시카고상품거래소(CBOT)에서 농산물 선물계약의 결제월은 작물의 생육 주기, 수송 여건 등이 반영되어 결정되었다. 3월은 겨울이 끝나고 육로 및 해상으로 곡물 운송이 재개되는 시기이다. 5월은 중서부지방(Midwest)을 중심으로 옥수수 파종이 본격적으로 진행되는 시기이다. 7월은 옥수수의 생육이 절정에 달하여 꽃가루에 의한 수정이 이루어지는 수분기(受粉期; pollination period)이다. 9월은 남부지방에서 옥수수 수확이 시작되는 시기이며, 아울러 새로운 작물연도(crop year)가 시작되는 시기이기도 하다. 그리고 12월은 수확된 신곡(新穀; 햇곡; new crop)이 본격적으로 출하되는 시기인 동시에 겨울철 날씨로 인해 곡물 수송이 불가능해지기 전에 곡물을 시장에 출하할 수 있는 마지막 시기이다.

시카고상품거래소(CBOT)에서 농산물 선물계약의 결제월은 코드(code)를 부여하여 표시하는 경우가 많은데, 각 결제월별 코드는 〈표 2-4〉와 같다. 예컨대, 2018년

표 2-4 시카고상품거래소(CBOT) 선물계약의 결제월 코드(month codes)

1월	2월	3월	4월	5월	6월
F	G	H	J	K	M
7월	8월	9월	10월	11월	12월
N	Q	U	V	X	Z

자료: CME Group Inc.(www.cmegroup.com)

12월물 옥수수 선물계약은 'ZCZ8'으로 축약하여 표시된다. 여기서 'ZC'는 옥수수 선물을 나타내는 상품기호(ticker symbol)이고, 'Z'는 12월물을 나타내며, '8'은 2018년을 의미한다.

5. 거래시간(Trading Hours)

옥수수 선물의 거래는 CME Globex 시스템을 이용한 전자거래(electronic trading)로 이루어진다. 거래시간(미 중부시간 기준; central time)은 7:00p.m.－7:45a.m.(일~금), 그리고 8:30a.m.－1:20p.m.(월~금)이다. 전체적인 거래시간을 연속선상에 놓고 보면, 일요일 오후 7시에 야간장(夜間場; after-hours trading)이 시작되어 다음날 오전 7시 45분까지 거래되고, 오전 7시 45분부터 8시 30분까지 45분간의 휴지(休止)기간을 거친 다음 오전 8시 30분부터 다시 본장(本場; regular daytime trading)이 시작되어 오후 1시 20분까지 거래된다. 오후 1시 20분부터 오후 7시까지 5시간 40분 동안은 휴장하며, 오후 7시에 야간장이 다시 개장된다. 이러한 방식으로 일요일부터 금요일까지 거래가 계속된다.

먼저 8:30a.m.－1:20p.m.(월~금)의 거래시간은 낮에 이루어지는 본장이다. 한국시간 기준(Summer time이 적용되는 하계시간 기준)으로는 오후 10시 30분부터 익일 오전 3시 20분까지이다(동계시간 기준으로는 오후 11시 30분부터 익일 오전 4시 20분까지이다).

한편 7:00p.m.－7:45a.m.(일~금)의 거래시간은 밤에 이루어지는 야간장이다. 한국시간 기준(Summer time이 적용되는 하계시간 기준)으로는 오전 9시부터 오후 9시 45분까지이다(동계시간 기준으로는 오전 10시부터 오후 10시 45분까지이다). 한국시간(하계시간 기준)은 미 중부시간보다 14시간 빠르기 때문에 시카고 현지시간으로 일요일 오후 7시는 한국의 월요일 오전 9시에 해당한다. 이와 같은 시차를 반영하여 야간장은 월요일 저녁부터가 아니라 일요일 저녁부터 시작되어 월요일 오전 본장으로 이어진다.

시카고상품거래소(CBOT)가 야간장을 운영하게 된 것은 무엇보다도 일본, 한국 등 아시아지역에서의 선물거래 수요를 유인하기 위한 것이었다. 일본의 동경곡물거래소(TGE)는 1992년 4월 20일에 미국산 수입 옥수수를 상장시킨 후 거래량이 급증하는 등 큰 성공을 거두었다. 이에 고무된 시카고상품거래소(CBOT)는 아시아지역에서의 농산물 선물거래 수요를 끌어들이기 위해 장외시간거래, 즉 야간장을 운영하게 되었다. 야간장의 개장시간을 일본, 한국의 근무시간 시작과 동일하게 맞춰 놓은 것도 바로 그런 이유에서다. 시카고 현지에서 야간에도 거래가 이루어짐에 따라 일본, 한국을 비롯한 아시아지역에서는 낮 시간에 거래가 가능해진 것이다.

이와 같이 주간거래와 더불어 야간거래로 거래시간이 대폭 확대될 수 있었던 이유는 무엇보다도 전자거래(electronic trading)가 도입되었기 때문이다. 시카고상품거래소(CBOT)에서 전자거래방식이 처음 도입된 것은 1994년 10월 20일 전자거래시스템인 'Project A'가 도입되면서부터이다. 2000년 8월 27일에는 'Project A'가 'a/c/e (alliance/CBOT/Eurex)'로 대체되었으며, 2006년 8월 1일부터는 새로운 전자거래시스템인 'e-CBOT'로 대체되었다. 그 후 2007년 7월 12일에 시카고상업거래소(CME)와 시카고상품거래소(CBOT)가 통합되어 CME Group Inc.가 탄생하면서 CME Globex 시스템이 전격적으로 사용되기 시작하였다.

시카고상품거래소(CBOT)는 전통적으로 공개호가(open outcry)에 의한 거래방식을 유지해 왔으나, 전자거래가 대폭 확대되면서 마침내 2015년 7월부터는 공개호가에 의한 선물거래를 중단한다고 발표하였다. 보다 구체적으로, 선물거래는 공개호가 방식을 전면 중단하고, 옵션거래는 공개호가와 전자거래를 병행하는 것으로 결정되었다. 이로써 167년 동안 지속되어온 선물거래의 공개호가방식이 마침내 종지부를 찍게 된 것이다.

전자거래는 거래의 신속성과 정확성, 24시간 거래에 따른 대량거래의 용이성, 효율성 등으로 인해 전 세계적으로 계속 확대되고 있는 추세이다. 시카고상품거래소(CBOT)의 경우도 전자거래가 선물시장에서 뿐만 아니라 옵션시장에서도 공개호가에 의한 거래를 완전히 대체할 날이 멀지 않은 것으로 보인다.

6. 일일가격제한폭(Daily Price Limits)

시카고상품거래소(CBOT)는 선물가격이 일시에 급등 또는 급락하는 것을 막기 위한 제도적 장치로써 일일가격제한폭을 두고 있다. 즉, 옥수수 선물가격이 전일 정산가격(settlement price) 대비 최대로 변동할 수 있는 상하 변동폭을 설정해두고 있다. 2019년 1월 기준 옥수수 선물의 일일가격제한폭은 전일 정산가격 대비 ±¢25/bu (=$1,250/계약)이다.

선물시장에서 일일가격제한폭을 설정하는 논리적 근거는 크게 두 가지라고 할 수 있다. 첫째는, 가격의 급등 또는 급락에 따른 계약불이행 위험(default risk)을 줄이기 위한 것이다. 둘째는, 가격의 급등락을 초래한 시장정보에 대해 다시 한 번 판단 (평가)해볼 시간적 여유를 줌으로써 지나친 흥분을 가라앉히고 냉철한 이성을 되찾아 거래를 재개하라는 취지가 담겨 있다.

옥수수 선물의 일일가격제한폭은 매 6개월마다 재설정(갱신)된다. 첫 번째 재설정일은 5월 첫 번째 거래일(first trading day)이며, 그 기준은 다음과 같다. 먼저 4월 16일을 기준으로 직전 거래일까지 연속 45거래일에 걸쳐 7월물(July) 선물계약의 일일 정산가격(settlement price)을 수집한다. 45일간의 정산가격에 대한 평균을 계산한 다음 7%를 곱한다. 여기서 구해진 숫자를 ¢5/bu단위로 반올림하고, 반올림해서 나온 숫자와 ¢20/bu 중 더 큰 숫자를 선택한다. 여기서 선택된 숫자가 일일가격제한폭으로 결정되며, 5월 첫 번째 거래일로부터 10월 마지막 거래일까지 적용된다.

두 번째 재설정일은 11월 첫 번째 거래일(first trading day)이며, 그 기준은 다음과 같다. 먼저 10월 16일을 기준으로 직전 거래일까지 연속 45거래일에 걸쳐 12월물 (December) 선물계약의 일일 정산가격(settlement price)을 수집한다. 45일간의 정산가격에 대한 평균을 계산한 다음 7%를 곱한다. 여기서 구해진 숫자를 ¢5/bu단위로 반올림하고, 반올림해서 나온 숫자와 ¢20/bu 중 더 큰 숫자를 선택한다. 여기서 선택된 숫자가 일일가격제한폭으로 결정되며, 11월 첫 번째 거래일로부터 다음해 4월 마지막 거래일까지 적용된다.

전일 정산가격 대비 상하의 가격제한폭, 즉 상한가(limit up)와 하한가(limit down)를 벗어난 가격에는 거래될 수 없다. 만약 최근월물을 포함한 5개 결제월 가운데 2개 이상의 결제월이 일일가격제한폭에서 정산가격이 결정된다면, 다음 거래일에는 모든 결제월의 일일가격제한폭이 50% 확대된다. 확대된 일일가격제한폭을 계산할 때 ¢5/bu단위로 반올림한다. 일일가격제한폭이 확대되어 시행된 날에 어떤 결제월도 확대된 일일가격제한폭에서 정산가격이 결정되지 않는다면, 그 다음 거래일에는 원래의 일일가격제한폭으로 환원된다.

당월물(spot month; current month)의 경우는 결제월 1일의 직전 2거래일부터 일일 가격제한폭이 적용되지 않는다. 당월물은 이미 결제월로 접어들었기는 하지만, 최종거래일(LTD; 해당 결제월 15일의 직전 거래일)까지는 여전히 선물로 거래된다. 예컨대, 12월물 옥수수 선물의 경우 12월 1일 기준 직전 2거래일부터 최종거래일(LTD)까지 일일가격제한폭의 적용을 받지 않는다.

만약 현재 옥수수 선물의 일일가격제한폭이 전일 정산가격 대비 ± ¢ 25/bu일 때 2개 이상의 결제월이 상한가로 끝났다면, 그 다음날 일일가격제한폭은 얼마로 확대될까? 일일가격제한폭 ¢ 25/bu가 50% 확대되면, ¢ 37.5/bu(= ¢ 25/bu × 1.5)가 된다. 여기서, ¢ 5/bu단위로 반올림하는 규칙을 적용하면, 일일가격제한폭은 ¢ 40/bu이 된다. 만약 12월물 옥수수 선물의 전일 정산가격이 ¢ 380.25/bu이었다면, 일일가격제한폭이 확대된 그 다음날 12월물의 상한가는 ¢ 420.25/bu(= ¢ 380.25/bu + ¢ 40/bu), 그리고 하한가는 ¢ 340.25/bu(= ¢ 380.25/bu − ¢ 40/bu)가 된다.

7. 최종거래일(Last Trading Day) 및 최종인도일(Last Delivery Day)

최종거래일(LTD)은 선물계약이 선물로 거래되는 마지막 날이며, 선물계약의 실질적인 만기를 의미한다. 옥수수 선물의 최종거래일은 해당 결제월 15일의 직전 거래일이다. 예컨대, 3월물 옥수수 선물의 경우 3월 15일이 월요일이라면, 최종거래일은 3월 12일 금요일이 된다.

한편 옥수수 선물계약은 해당 결제월(인도월)로 접어들면 실물인수도가 이루어진다. 옥수수 선물에 대해 실제 실물인수도가 이루어지는 첫 날을 최초인도일(FDD; first delivery day)이라고 하고, 실물인수도가 이루어지는 마지막 날을 최종인도일(LDD; last delivery day)이라고 한다. 옥수수 선물의 최초인도일(FDD)은 해당 결제월의 첫 거래일이고, 최종인도일(LDD)은 해당 결제월의 최종거래일(LTD) 직후 2거래일이다.

8. 최종결제(Final Settlement)

옥수수 선물은 해당 결제월(인도월)이 도래할 때까지 청산되지 않고 남아 있을 경우 실물인수도(physical delivery)를 통하여 최종 결제된다. 실물인수도는 청산소(clearing house)의 주관하에 선물계약의 매입자가 대금을 납입하고, 선물계약의 매도자가 선적증명서(shipping certificate)를 양도함으로써 이루어진다.

SECTION **02 소맥 선물**Wheat Futures

1. Chicago SRW(Soft Red Winter) 소맥 선물

시카고상품거래소(CBOT)에 소맥 선물이 최초 상장된 것은 1877년 1월 2일이다. 시카고상품거래소(CBOT)는 전통적으로 SRW(Soft Red Winter wheat; 연질 적색 겨울밀)을 거래해왔다. SRW는 단백질 함량이 비교적 낮은 연질(軟質)의 적색 겨울밀로 케이크, 쿠키, 크래커, 스낵류, 제과류 등을 만드는데 주로 이용된다.

1) 계약단위(Contract Size; 거래단위)

Chicago SRW 소맥 선물의 기본 거래단위는 5,000부셸(bu)이다. 부셸(bu)은 무게 단위가 아니라 부피 단위이다. 소맥 1부셸(bu)의 무게는 60파운드(lbs)이고, 이를 kg으로 환산하면 27.215542kg(=60lbs×0.453592kg)이 된다. 한편 소맥 1톤(metric ton; m/t)은 36.743부셸(bu)에 해당하며, 따라서 소맥 선물 1계약 5,000부셸(bu)은 약 136톤(m/t)이 된다(5,000bu÷36.743bu=136.0803m/t).

표 2-5 시카고상품거래소(CBOT) Chicago SRW 소맥 선물의 주요 계약조건

구 분	계약조건
거래단위(contract size)	5,000 bushels(≒136 metric tons)
표준등급(standard grade)	미국산 2등급 연질 적색 겨울밀(SRW) (U.S. No. 2 Soft Red Winter wheat)
가격표시(price quote)	Cent/bushel
최소가격변동폭(tick size)	¢$\frac{1}{4}$/bu(=$12.50/계약)
결제월(contract months)	3(H), 5(K), 7(N), 9(U), 12(Z)월
거래시간(trading hours)	전자거래(CME Globex) • 7:00p.m.-7:45a.m.(일~금) • 8:30a.m.-1:20p.m.(월~금)
일일가격제한폭(daily price limit)	¢35/bu(=$1,750/계약)
최종거래일(LTD)	결제월 15일의 직전 거래일
최종인도일(LDD)	최종거래일로부터 제2거래일
최종결제(final settlement)	실물인수도(physical delivery)
상품기호(ticker symbol)	전자거래(CME Globex): ZW

주: 2019년 1월 기준
자료: CME Group Inc.(www.cmegroup.com)

옥수수와 소맥의 용적중량(容積重量; test weight) — 부셸(bu)당 파운드(pound)로 측정한 무게 — 이 서로 다른 이유는 1부셸(bu)에 담기는 옥수수와 소맥의 중량이 서로 다르기 때문이다. 소맥은 옥수수에 비해 낟알의 크기가 작기 때문에 용기(容器)에 담겼을 때 밀도가 더 높고, 따라서 무게도 더 많이 나가게 된다. 옥수수 1부셸(bu)의 무게는 56파운드(lbs)이고, 소맥과 대두 1부셸(bu)의 무게는 60파운드(lbs)이다.

2) 표준등급(Standard Grade)

시카고상품거래소(CBOT)에서 정한 Chicago SRW 소맥 선물계약의 표준등급(거래대상)은 2등급 연질 적색 겨울밀(U.S. No. 2 Soft Red Winter wheat)이다. Chicago SRW 소맥 선물계약의 만기 시 실물인수도 과정에서 1등급 연질 적색 겨울밀(U.S. No. 1 Soft Red Winter wheat)이 인수도될 경우 ¢3/bu 할증(premium)된 가격에 인수도된다.

미국산 소맥의 구체적인 등급 규격은 〈표 2-6〉과 같다. 미국의 소맥 등급규격(U.S. Standards for Wheat)은 최소용적중량, 피해립, 이물질 및 파쇄립 등의 결함 정도, 그리고 기타 물질의 함량에 따라 5개 등급(U.S. No. 1~U.S. No. 5)으로 나누어진다.

3) 가격표시(Price Quote) 및 최소가격변동폭(Tick Size)

Chicago SRW 소맥 선물의 가격은 부셸(bu)당 센트(cent; ¢)로 표시된다. 그리고 흔히 "틱(tick)"으로 불리는 최소가격변동폭은 $¢\frac{1}{4}$/bu(= $12.50/계약)이다. 즉, Chicago SRW 소맥 선물가격의 최소 변동단위인 1 tick은 $¢\frac{1}{4}$/bu(= ¢0.25/bu)이다.

옥수수 선물가격과 마찬가지로 Chicago SRW 소맥 선물가격의 마지막 자릿수도 관행적으로 $\frac{1}{8}$단위의 숫자로 표시된다. 예컨대, 581'2로 표시된 가격은 $¢581 + \frac{2}{8}$를 의미한다. 즉, ¢581.25/bu = $5.8125/bu이다.

4) 결제월(Contract Months; 인도월; Delivery Months)

Chicago SRW 소맥 선물의 결제월(인도월)은 3월(H), 5월(K), 7월(N), 9월(U), 그리고 12월(Z)로 정해져 있다. 옥수수 선물과 마찬가지로 Chicago SRW 소맥 선물의 결제월도 작물의 생육 주기, 수송 여건 등이 반영되어 결정되었다.

SRW 소맥은 겨울밀이기 때문에 가을에 파종하여 새싹이 돋아난 다음 겨울 동안 휴면(休眠; dormancy)에 들어간다. 이듬해 봄에 생육을 재개하여 이삭이 맺히고 여름

표 2-6 미국의 소맥 등급 규격(U.S. Standards for Wheat)

등급요소	등급				
	No.1	No.2	No.3	No.4	No.5
최소한도(Minimum pound limits; 파운드)					
용적중량(부셸당 중량):					
HRS, White Club	58.0	57.0	55.0	53.0	50.0
기타 (HRW, SRW 등)	60.0	58.0	56.0	54.0	51.0
최고한도(Maximum percent limits; %)					
결함(defects):					
피해립(damaged)					
열손(heat-damaged)	0.2	0.2	0.5	1.0	3.0
합계	2.0	4.0	7.0	10.0	15.0
이물질	0.4	0.7	1.3	3.0	5.0
파쇄립	3.0	5.0	8.0	12.0	20.0
합계[1]	3.0	5.0	8.0	12.0	20.0
기타 맥종	1.0	2.0	3.0	10.0	10.0
합계[2]	3.0	5.0	10.0	10.0	10.0
돌	0.1	0.1	0.1	0.1	0.1
최고한도(Maximum count limits; 개수)					
기타 물질(kg당):					
동물 배설물	1	1	1	1	1
아주까리	1	1	1	1	1
활나물씨(Crotalaria)	2	2	2	2	2
유리	0	0	0	0	0
돌	3	3	3	3	3
미지(未知)의 이물질	3	3	3	3	3
합계[3]	4	4	4	4	4
충해립(100그램당)	31	31	31	31	31

주: 1) 피해립, 이물질, 파쇄립 포함
    2) 기타 맥종 포함
    3) 동물배설물, 아주까리, 활나물씨, 유리, 돌, 미지의 이물질 포함
자료: USDA, "U.S. Standards for Wheat," Grain Inspection, Packers and Stockyards Administration, 1996.

에 수확한다. 보다 구체적으로 SRW 소맥은 9월 중순에서 11월 초에 걸쳐 파종하고, 이듬해 5월 말에서 7월까지 수확한다. 특히 5월은 밀 이삭이 패는 출수기(出穗期; heading stage)로 생육의 절정기에 해당한다.

SRW 소맥은 5월 말부터 수확이 시작되기 때문에 신곡(新穀; 햇곡; new crop)이

본격적으로 거래되기 시작하는 결제월은 7월물(July)이다. 즉, 7월물을 기준으로 이전의 결제월은 구곡(舊穀; old crop)에 해당하고, 7월물부터는 신곡에 해당한다.

　　옥수수 선물과 마찬가지로 Chicago SRW 소맥 선물도 결제월별로 각기 다른 코드(code)를 부여하여 표시하는 것이 일반적이다. 예컨대, 2019년 3월물 Chicago SRW 소맥 선물계약은 'ZWH9'로 축약하여 표시된다. 여기서 'ZW'는 Chicago SRW 소맥 선물을 나타내는 상품기호(ticker symbol)이고, 'H'는 3월물을 나타내며, '9'는 2019년을 의미한다.

5) 거래시간(Trading Hours)

　　Chicago SRW 소맥 선물의 거래는 CME Globex 시스템을 이용한 전자거래(electronic trading)로 이루어진다. 거래시간(미 중부시간 기준; central time)은 옥수수 선물과 마찬가지로 7:00p.m. − 7:45a.m.(일~금), 그리고 8:30a.m. − 1:20p.m.(월~금)이다. 시카고 현지시간을 기준으로 보면, 7:00p.m. − 7:45a.m.(일~금)의 거래시간은 밤에 거래되는 야간장(夜間場; after-hours trading)이고, 8:30a.m. − 1:20p.m.(월~금)의 거래시간은 낮에 거래되는 본장(本場; regular daytime trading)이다.

6) 일일가격제한폭(Daily Price Limits)

　　옥수수 선물과 마찬가지로 Chicago SRW 소맥 선물도 일일가격제한폭의 적용을 받는다. 2019년 1월 기준 Chicago SRW 소맥 선물의 일일가격제한폭은 전일 정산가격 대비 ± ¢35/bu(= $1,750/계약)이다.

　　Chicago SRW 소맥 선물의 일일가격제한폭은 매 6개월마다 재설정(갱신)된다. 첫 번째 재설정일은 5월 첫 번째 거래일(first trading day)이며, 그 기준은 다음과 같다. 먼저 4월 16일을 기준으로 직전 거래일까지 연속 45거래일에 걸쳐 7월물(July) 선물계약의 일일 정산가격(settlement price)을 수집한다. 45일간의 정산가격에 대한 평균을 계산한 다음 7%를 곱한다. 여기서 구해진 숫자를 ¢5/bu 단위로 반올림하고, 반올림해서 나온 숫자와 ¢30/bu 중 더 큰 숫자를 선택한다. 여기서 선택된 숫자가 Chicago SRW 소맥 선물의 예비적인 일일가격제한폭으로 결정된다.

　　그 다음 단계에서는 위와 동일한 방법으로 계산된 KC(Kansas City) HRW(Hard Red Winter wheat; 경질 적색 겨울밀) 소맥 선물의 일일가격제한폭과 Chicago SRW 소맥 선물의 예비적인 일일가격제한폭을 서로 비교한다. 둘 중에서 더 큰 숫자가 최종적인 일일가격제한폭으로 결정되며, 5월 첫 번째 거래일로부터 10월 마지막 거래일까지 적용된다.

두 번째 재설정일은 11월 첫 번째 거래일(first trading day)이며, 그 기준은 다음과 같다. 먼저 10월 16일을 기준으로 직전 거래일까지 연속 45거래일에 걸쳐 12월물 (December) 선물계약의 일일 정산가격(settlement price)을 수집한다. 45일간의 정산가격에 대한 평균을 계산한 다음 7%를 곱한다. 여기서 구해진 숫자를 ₵5/bu단위로 반올림하고, 반올림해서 나온 숫자와 ₵30/bu 중 더 큰 숫자를 선택한다. 여기서 선택된 숫자가 Chicago SRW 소맥 선물의 예비적인 일일가격제한폭으로 결정된다.

그 다음 단계에서는 위와 동일한 방법으로 계산된 KC HRW 소맥 선물의 일일가격제한폭과 Chicago SRW 소맥 선물의 예비적인 일일가격제한폭을 서로 비교한다. 둘 중에서 더 큰 숫자가 최종적인 일일가격제한폭으로 결정되며, 11월 첫 번째 거래일로부터 다음해 4월 마지막 거래일까지 적용된다.

전일 정산가격 대비 상하의 가격제한폭, 즉 상한가(limit up)와 하한가(limit down)를 벗어난 가격에는 거래될 수 없다. 만약 Chicago SRW 소맥 선물 또는 KC HRW 소맥 선물에서 최근월물을 포함한 5개 결제월 가운데 2개 이상의 결제월이 가격제한폭에서 정산가격이 결정된다면, 다음 거래일에는 모든 결제월의 일일가격제한폭이 50% 확대된다. 확대된 가격제한폭을 계산할 때 ₵5/bu단위로 반올림한다. 가격제한폭이 확대되어 시행된 날에 Chicago SRW 소맥 선물과 KC HRW 소맥 선물의 어떤 결제월도 확대된 가격제한폭에서 정산가격이 결정되지 않는다면, 그 다음 거래일에는 원래의 가격제한폭으로 환원된다.

당월물(spot month; current month)의 경우는 결제월 1일의 직전 2거래일부터 일일가격제한폭이 적용되지 않는다. 당월물은 이미 결제월로 접어들었기는 하지만, 최종거래일(LTD; 해당 결제월 15일의 직전 거래일)까지는 여전히 선물로 거래된다. 예컨대, 7월물 Chicago SRW 소맥 선물의 경우 7월 1일 기준 직전 2거래일부터 최종거래일(LTD)까지 일일가격제한폭의 적용을 받지 않는다.

만약 현재 Chicago SRW 소맥 선물의 일일가격제한폭이 전일 정산가격 대비 ± ₵35/bu일 때 2개 이상의 결제월이 하한가로 끝났다면, 그 다음날 일일가격제한폭은 얼마로 확대될까? 일일가격제한폭 ₵35/bu가 50% 확대되면, ₵52.5/bu(= ₵35/bu×1.5)가 된다. 여기서, ₵5/bu 단위로 반올림하는 규칙을 적용하면, 일일가격제한폭은 ₵55/bu이 된다. 만약 12월물 Chicago SRW 소맥 선물의 전일 정산가격이 ₵579.25/bu이었다면, 일일가격제한폭이 확대된 그 다음날 12월물의 하한가는 ₵524.25/bu(= ₵579.25/bu − ₵55/bu), 그리고 상한가는 ₵634.25/bu(= ₵579.25/bu +

¢ 55/bu)가 된다.

7) 최종거래일(Last Trading Day) 및 최종인도일(Last Delivery Day)

Chicago SRW 소맥 선물의 최종거래일은 해당 결제월 15일의 직전 거래일이다. 그리고 Chicago SRW 소맥 선물의 최초인도일(FDD)은 해당 결제월의 첫 거래일이고, 최종인도일(LDD)은 해당 결제월의 최종거래일(LTD) 직후 2거래일이다.

8) 최종결제(Final Settlement)

Chicago SRW 소맥 선물은 해당 결제월(인도월)이 도래할 때까지 청산되지 않고 남아 있을 경우 실물인수도(physical delivery)를 통하여 최종 결제된다. 실물인수도는 청산소(clearing house)의 주관하에 선물계약의 매입자가 대금을 납입하고, 선물계약의 매도자가 선적증명서(shipping certificate)를 양도함으로써 이루어진다.

2. KC(Kansas City) HRW(Hard Red Winter) 소맥 선물

HRW 소맥은 단백질 함량이 높은 경질(硬質)의 적색 겨울밀로 빵을 만드는데 주로 이용된다. HRW 소맥 선물은 본래 캔자스상품거래소(KCBOT; Kansas City Board of Trade)에서 1876년에 상장되어 줄곧 거래되어 오다가 2013년에 시카고상품거래소(CBOT)로 이관되었다.

캔자스상품거래소(KCBOT)는 미주리(Missouri)의 Kansas City가 생겨나고 나서 3년 후인 1856년에 설립되어 미국에서 시카고상품거래소(CBOT) 다음으로 오래된 거래소이다. 캔자스상품거래소(KCBOT)는 2012년 10월 17일 CME Group에 126백만 달러의 가격으로 매각되었다. 그로 인해 HRW 소맥 선물은 2013년 6월 28일을 마지막으로 캔자스상품거래소(KCBOT)에서 157년간의 역사를 마감하였다. 2013년 7월 1일부터는 시카고상품거래소(CBOT; CME Group)로 이관되어 KC(Kansas City) Hard Red Winter(HRW) 소맥 선물로 거래되고 있다.

KC HRW 소맥 선물은 Chicago SRW 소맥 선물과 마찬가지로 5,000부셸(≒136 m/t)을 기본 거래단위로 하고 있다. 표준등급은 2등급 경질 적색 겨울밀(U.S. No. 2 Hard Red Winter wheat)이며, 1등급은 계약가격(contract price)보다 ¢ 1.5/bu 할증(premium)된 가격에 인수도된다.

KC HRW 소맥 선물은 캔자스상품거래소(KCBOT)에서 시카고상품거래소(CBOT)

표 2-7 시카고상품거래소(CBOT) KC HRW 소맥 선물의 주요 계약조건

구 분	계약조건
거래단위(contract size)	5,000 bushels(≒136 metric tons)
표준등급(standard grade)	미국산 2등급 경질 적색 겨울밀(HRW) (U.S. No. 2 Hard Red Winter wheat)
가격표시(price quote)	Cent/bushel
최소가격변동폭(tick size)	¢ $\frac{1}{4}$/bu(=$12.50/계약)
결제월(contract months)	3(H), 5(K), 7(N), 9(U), 12(Z)월
거래시간(trading hours)	전자거래(CME Globex) • 7:00p.m.-7:45a.m.(일~금) • 8:30a.m.-1:20p.m.(월~금)
일일가격제한폭(daily price limit)	¢ 35/bu(=$1,750/계약)
최종거래일(LTD)	결제월 15일의 직전 거래일(12:00p.m.)
최종인도일(LDD)	최종거래일로부터 제2거래일
최종결제(final settlement)	실물인수도(physical delivery)
상품기호(ticker symbol)	전자거래(CME Globex): KE

주: 2019년 1월 기준
자료: CME Group Inc.(www.cmegroup.com)

로 이관된 후 여러 가지 계약조건들이 Chicago SRW 소맥 선물계약과 동일해졌다. 다만, 기초자산이 서로 상이하고(SRW vs. HRW), 실물인수도 조건(실물인수도 지점, 등급 및 지역간 가격차) 등 일부 계약조건에서 서로 차이를 보이고 있다.

SECTION **03** **대두 선물**Soybean Futures

대두는 대표적인 유지작물(油脂作物; oilseed crop) 가운데 하나이다. 원료 대두를 가공하면 식용유인 대두유(大豆油; soybean oil)와 가축사료 원료인 대두박(大豆粕; soybean meal)이 만들어진다. 원료인 대두와 제품인 대두유 및 대두박을 모두 합쳐서 흔히 'soybean complex(대두 제품군)'라고 부른다. 시카고상품거래소(CBOT)에서 대두 선물이 최초 상장된 것은 1936년 10월 5일이다.

| 표 2-8 | 시카고상품거래소(CBOT) 대두 선물의 주요 계약조건 |

구 분	계약조건
거래단위(contract size)	5,000 bushels(≒136 metric tons)
표준등급(standard grade)	미국산 2등급 황색 대두 (U.S. No. 2 Yellow soybean)
가격표시(price quote)	Cent/bushel
최소가격변동폭(tick size)	¢$\frac{1}{4}$/bu(=$12.50/계약)
결제월(contract months)	1(F), 3(H), 5(K), 7(N), 8(Q), 9(U), 11(X)월
거래시간(trading hours)	전자거래(CME Globex) • 7:00p.m.-7:45a.m.(일~금) • 8:30a.m.-1:20p.m.(월~금)
일일가격제한폭(daily price limit)	¢60/bu(=$3,000/계약)
최종거래일(LTD)	결제월 15일의 직전 거래일(12:00p.m.)
최종인도일(LDD)	최종거래일로부터 제2거래일
최종결제(final settlement)	실물인수도(physical delivery)
상품기호(ticker symbol)	전자거래(CME Globex): ZS

주: 2019년 1월 기준
자료: CME Group Inc.(www.cmegroup.com)

1. 계약단위(Contract Size; 거래단위)

시카고상품거래소(CBOT) 대두 선물의 기본 거래단위는 5,000부셸(bu)이다. 부셸(bu)은 무게 단위가 아니라 부피 단위이다. 대두 1부셸(bu)의 무게는 소맥과 마찬가지로 60파운드(lbs)이고, 이를 kg으로 환산하면 27.215542kg(=60lbs×0.453592kg)이 된다. 한편 대두 1톤(metric ton; m/t)은 36.743부셸(bu)에 해당하며, 따라서 대두 선물 1계약 5,000부셸(bu)은 약 136톤(m/t)이 된다(5,000bu÷36.743bu=136.0803m/t).

2. 표준등급(Standard Grade)

시카고상품거래소(CBOT)에서 정한 대두 선물계약의 표준등급(거래대상)은 미국산 2등급 황색 대두(U.S. No. 2 Yellow soybean)이다. 대두 선물계약의 만기 시 실물인수도 과정에서 2등급 황색 대두 외에 다른 등급의 대두가 인수도될 경우 1등급 황색 대두(U.S. No. 1 Yellow soybean)는 ¢6/bu 할증(premium)된 가격에, 그리고 3등급 황색 대두(U.S. No. 3 Yellow soybean)는 ¢6/bu 할인(discount)된 가격에 인수도된다.

2등급 황색 대두(U.S. No. 2 Yellow soybean)의 구체적인 등급 규격은 〈표 2-9〉와 같다. 미국의 대두 등급규격(U.S. Standards for Soybeans)은 피해립(열손립; heat-damaged 포함), 이물질, 파쇄립(splits), 이종피색(異種皮色), 기타 물질의 함량 등에 따라 4개 등급(U.S. No. 1~U.S. No. 4)으로 나누어진다.

표 2-9 미국의 대두 등급 규격(U.S. Standards for Soybeans)

등급요소	등급(Grades)			
	U.S. No.1	U.S. No.2	U.S. No.3	U.S. No.4
최고한도(Maximum percent limits; %)				
피해립:				
열손립	0.2	0.5	1.0	3.0
합 계	2.0	3.0	5.0	8.0
이물질	1.0	2.0	3.0	5.0
파쇄립(splits)	10.0	20.0	30.0	40.0
이종피색(異種皮色)	1.0	2.0	5.0	10.0
최고한도(Maximum count limits; 개수)				
기타물질:				
동물배설물	9	9	9	9
아주까리	1	1	1	1
활나물씨	2	2	2	2
유리	0	0	0	0
돌	3	3	3	3
미지(未知)의 이물질	3	3	3	3
합 계	10	10	10	10

주: 1) 파쇄립(splits): 낱알의 1/4이상이 제거되었으나 손상되지 않은 콩
　　2) 이종피색(異種皮色; soybeans of other colors): 종피(種皮; seed coat)의 색깔이 녹색, 흑색, 갈색 또는 복색(複色; bicolored)인 콩
　　3) 활나물씨(Crotalaria seeds): 활나물의 씨앗
자료: USDA, "U.S. Standards for Soybeans," Grain Inspection, Packers and Stockyards Administration, 1996.

3. 가격표시(Price Quote) 및 최소가격변동폭(Tick Size)

대두 선물의 가격은 부셸(bu)당 센트(cent; ￠)로 표시된다. 그리고 흔히 "틱(tick)"으로 불리는 최소가격변동폭은 $￠\frac{1}{4}$/bu(=$12.50/계약)이다. 즉, 대두 선물가격의 최소변동단위인 1 tick은 $￠\frac{1}{4}$/bu(= ￠0.25/bu)이다. 그리고 옥수수, 소맥 선물과 마찬가

지로 대두 선물가격의 마지막 자릿수는 관행적으로 $\frac{1}{8}$ 단위의 숫자로 표시된다. 예컨대, 897'4로 표시된 가격은 $¢897 + \frac{4}{8}$ 을 의미한다. 즉, $¢897.50/bu = \$8.9750/bu$ 이다.

4. 결제월(Contract Months; 인도월; Delivery Months)

대두 선물의 결제월(인도월)은 1월(F), 3월(H), 5월(K), 7월(N), 8월(Q), 9월(U), 그리고 11월(X)로 정해져 있다. 옥수수, 소맥 선물과 마찬가지로 대두 선물의 결제월도 작물의 생육 주기, 수송 여건 등이 반영되어 결정되었다.

미국에서 대두는 일반적으로 5월에서 6월에 걸쳐 파종하고, 9월에서 10월 사이에 수확한다. 대두는 씨앗이 발아(發芽)하여 잎, 줄기 및 뿌리가 양적으로 성장하는 영양생장기(營養生長期; vegetative growth stage)를 거친 후 꽃이 피고 꼬투리(pod)가 생성되어 콩알이 자라는 생식생장기(生殖生長期; reproductive growth stage)로 접어든다. 특히 대두는 8월중에 생식생장기로 접어들면서 생육기간 중 가장 많은 수분을 필요로 한다. 이때 비가 내리지 않고 고온이 계속되면 수정(受精)이 불안정하거나 수정된 콩알의 크기가 불량하여 단수(單收; 단위면적당 수확량; yield)가 크게 줄어들 가능성이 있다.

대두는 9월에서 10월 사이에 수확하기 때문에 신곡(新穀; 햇곡; new crop)이 본격적으로 거래되기 시작하는 결제월은 11월물(November)이다. 즉, 11월물을 기준으로 이전의 결제월은 전년도에 수확한 구곡(舊穀; old crop)에 해당하고, 11월물부터는 당해 연도에 새로 수확한 신곡에 해당한다.

대두 선물도 옥수수, 소맥 선물과 마찬가지로 결제월별로 각기 다른 코드(code)를 부여하여 표시하는 것이 일반적이다. 예컨대, 2018년 11월물 대두 선물계약은 'ZSX8'로 축약하여 표시된다. 여기서 'ZS'는 대두 선물을 나타내는 상품기호(ticker symbol)이고, 'X'는 11월물을 나타내며, '8'은 2018년을 의미한다.

5. 거래시간(Trading Hours)

대두 선물의 거래는 CME Globex 시스템을 이용한 전자거래(electronic trading)로 이루어진다. 옥수수, 소맥 선물과 마찬가지로 대두 선물의 거래시간(미 중부시간 기준;

central time)은 7:00p.m. − 7:45a.m.(일~금), 그리고 8:30a.m. − 1:20p.m.(월~금)이다. 시카고 현지시간을 기준으로 보면, 7:00p.m. − 7:45a.m.(일~금)의 거래시간은 밤에 거래되는 야간장(夜間場; after-hours trading)이고, 8:30a.m. − 1:20p.m.(월~금)의 거래시간은 낮에 거래되는 본장(本場; regular daytime trading)이 된다.

6. 일일가격제한폭(Daily Price Limits)

대두 선물도 옥수수, 소맥 선물과 마찬가지로 일일가격제한폭의 적용을 받는다. 2019년 1월 기준 대두 선물의 일일가격제한폭은 전일 정산가격 대비 ±₵60/bu (=$3,000/계약)이다. 옥수수, 소맥, 대두 선물 가운데 대두 선물의 일일가격제한폭이 가장 큰 것에서도 알 수 있듯이 일반적으로 대두 선물의 가격변동이 가장 큰 편이다.

대두 선물의 일일가격제한폭은 매 6개월마다 재설정(갱신)된다. 첫 번째 재설정일은 5월 첫 번째 거래일(first trading day)이며, 그 기준은 다음과 같다. 먼저 4월 16일을 기준으로 직전 거래일까지 연속 45거래일에 걸쳐 7월물(July) 선물계약의 일일 정산가격(settlement price)을 수집한다. 45일간의 정산가격에 대한 평균을 계산한 다음 7%를 곱한다. 여기서 구해진 숫자를 ₵5/bu단위로 반올림하고, 반올림해서 나온 숫자와 ₵50/bu 중 더 큰 숫자를 선택한다. 여기서 선택된 숫자가 일일가격제한폭으로 결정되며, 5월 첫 번째 거래일로부터 10월 마지막 거래일까지 적용된다.

두 번째 재설정일은 11월 첫 번째 거래일(first trading day)이며, 그 기준은 다음과 같다. 먼저 10월 16일을 기준으로 직전 거래일까지 연속 45 거래일에 걸쳐 11월물(November) 선물계약의 일일 정산가격(settlement price)을 수집한다. 45일간의 정산가격에 대한 평균을 계산한 다음 7%를 곱한다. 여기서 구해진 숫자를 ₵5/bu 단위로 반올림하고, 반올림해서 나온 숫자와 ₵50/bu 중 더 큰 숫자를 선택한다. 여기서 선택된 숫자가 일일가격제한폭으로 결정되며, 11월 첫 번째 거래일로부터 다음해 4월 마지막 거래일까지 적용된다.

대두 선물은 전일 정산가격 대비 상하의 가격제한폭, 즉 상한가(limit up)와 하한가(limit down)를 벗어난 가격에는 거래될 수 없다. 만약 최근월물을 포함한 7개 결제월 가운데 2개 이상의 결제월이 가격제한폭에서 정산가격이 결정된다면, 다음 거래일에는 모든 결제월의 일일가격제한폭이 50% 확대된다. 확대된 일일가격제한폭을 계산할 때 ₵5/bu 단위로 반올림한다. 일일가격제한폭이 확대되어 시행된 날에 어떤 결제월도 확대된 일일가격제한폭에서 정산가격이 결정되지 않는다면, 그 다음 거래일에는 원래의 일일가격제한폭으로 환원된다.

당월물(spot month; current month)의 경우는 결제월 1일의 직전 2거래일부터 일일가격제한폭이 적용되지 않는다. 당월물은 이미 결제월로 접어들었기는 하지만, 최종거래일(LTD; 해당 결제월 15일의 직전 거래일)까지는 여전히 선물로 거래된다. 예컨대, 11월물 대두 선물의 경우 11월 1일 기준 직전 2거래일부터 최종거래일(LTD)까지 일일가격제한폭의 적용을 받지 않는다.

대두 선물의 경우 일일가격제한폭에 대해 부가적인 규정을 적용받는다. 그것은 soybean complex(대두 제품군; 대두, 대두유 및 대두박)의 어느 한 품목이라도 일일가격제한폭이 50% 확대될 경우 다른 품목들도 동시에 일일가격제한폭이 50% 확대된다는 것이다. 여기서, 확대된 일일가격제한폭을 계산할 때, 대두 선물은 ¢5/bu단위로 반올림하고, 대두박 선물은 \$5/short ton단위로 반올림하는 한편 대두유 선물은 ¢0.5/pound단위로 반올림한다. Soybean complex 가운데 어느 한 품목도 확대된 일일가격제한폭에서 정산가격이 결정되지 않는다면, 그 다음 거래일에는 각 품목별로 정해진 원래의 일일가격제한폭으로 환원된다.

만약 현재 대두 선물의 일일가격제한폭이 전일 정산가격 대비 ±¢75/bu일 때 2개 이상의 결제월이 상한가로 끝났다면, 그 다음날 일일가격제한폭은 얼마로 확대될까? 일일가격제한폭 ¢75/bu가 50% 확대되면, ¢112.5/bu(=¢75/bu×1.5)가 된다. 여기서, ¢5/bu 단위로 반올림하는 규칙을 적용하면, 일일가격제한폭은 ¢115/bu(=\$1.15/bu)이 된다. 만약 7월물 대두 선물의 전일 정산가격이 ¢886.50/bu이었다면, 일일가격제한폭이 확대된 그 다음날 7월물의 상한가는 ¢1001.50/bu(=¢886.50/bu+¢115/bu), 그리고 하한가는 ¢771.50/bu(=¢886.50/bu−¢115/bu)가 된다.

7. 최종거래일(Last Trading Day) 및 최종인도일(Last Delivery Day)

대두 선물의 최종거래일은 해당 결제월 15일의 직전 거래일이다. 그리고 대두 선물의 최초인도일(FDD)은 해당 결제월의 첫 거래일이고, 최종인도일(LDD)은 해당 결제월의 최종거래일(LTD) 직후 2거래일이다.

8. 최종결제(Final Settlement)

대두 선물은 해당 결제월(인도월)이 도래할 때까지 청산되지 않고 남아 있을 경우 실물인수도(physical delivery)를 통하여 최종 결제된다. 실물인수도는 청산소(clearing house)의 주관하에 선물계약의 매입자가 대금을 납입하고, 선물계약의 매도자가 선적증명서(shipping certificate)를 양도함으로써 이루어진다.

SECTION **04 대두유 선물**Soybean Oil Futures

대두유의 일반적인 제조공정은 대두를 먼저 분쇄(crush)한 후 화학적 촉매인 헥산(hexane)을 이용하여 기름 성분을 분리, 추출해낸다. 여기서 얻어진 기름을 대두조유(大豆粗油; crude soybean oil)라고 한다. 그 다음 대두조유((大豆粗油)를 정치(定置; standing), 여과(濾過; filtering), 탈검(degumming), 탈산(脫酸; Alkali refining; 中和; neutralizing), 탈색(脫色; bleaching), 탈취(脫臭; deodorizing) 등 여러 단계의 정제과정을 거쳐서 색깔,

표 2-10 시카고상품거래소(CBOT) 대두유 선물의 주요 계약조건

구 분	계약조건
거래단위(contract size)	60,000 pounds(≒27 metric tons)
표준등급(standard grade)	대두조유(大豆粗油; Crude Soybean Oil)
가격표시(price quote)	Cent/pound(lb)
최소가격변동폭(tick size)	¢0.01/lb(=$6/계약)
결제월(contract months)	1(F), 3(H), 5(K), 7(N), 8(Q), 9(U), 10(V), 12(Z)월
거래시간(trading hours)	전자거래(CME Globex) • 7:00p.m.-7:45a.m.(일~금) • 8:30a.m.-1:20p.m.(월~금)
일일가격제한폭(daily price limit)	¢2.0/lb(=$1,200/계약)
최종거래일(LTD)	결제월 15일의 직전 거래일(12:00p.m.)
최종인도일(LDD)	최종거래일로부터 제7거래일
최종결제(final settlement)	실물인수도(physical delivery)
상품기호(ticker symbol)	전자거래(CME Globex): ZL

주: 2019년 1월 기준
자료: CME Group Inc.(www.cmegroup.com)

냄새, 불순물이 거의 없는 정제대두유(精製大豆油; refined soybean oil)를 얻게 된다.

시카고상품거래소(CBOT)의 대두유 선물은 대두조유를 거래대상으로 한다. 시카고상품거래소(CBOT)에 대두유 선물이 최초 상장된 것은 1950년 7월 17일이다.

1. 계약단위(Contract Size; 거래단위)

시카고상품거래소(CBOT) 대두유 선물의 기본 거래단위는 60,000파운드(lbs)이다. 1톤(metric ton; m/t)은 2,204.6파운드(lbs)에 해당하므로, 대두유 선물 1계약 60,000lbs는 약 27톤(m/t)이 된다(60,000lbs÷2,204.6lbs=27.21582m/t).[1]

2. 표준등급(Standard Grade)

시카고상품거래소(CBOT) 대두유 선물계약의 기초자산(거래대상)인 대두조유(大豆粗油; crude soybean oil)는 다음의 조건을 충족하여야 한다.

첫째, 대두조유(大豆粗油)는 압착방식(expeller pressed), 압착 및 탈검방식(expeller pressed degummed), 용매추출방식(solvent extracted), 용매추출 및 탈검방식(solvent extracted degummed) 중 어느 한 가지 방식으로 추출한 것이어야 하며, 서로 다른 추출방식의 제품이 혼합되지 않아야 한다. 둘째, 수분 및 휘발성 물질의 함량이 0.3%를 초과하지 않아야 한다. 셋째, 표준 녹색보다 더 밝은 색이어야 하고, 정제 및 탈색 공정을 거쳤을 경우 Lovibond 색차계(色差計; color-difference meter)로 측정한 적색(red) 색도가 3.5를 넘지 않아야 한다. 넷째, 정제(refining) 시 'neutral oil' 방식으로 측정한 손실률이 5%를 초과하지 않아야 한다. 다섯째, 밀폐용기시험법(closed cup method)에 의하여 측정한 인화점(引火點; flash point)이 250 °F(=121.1 ℃) 미만이어서는 안 된다. 여섯째, 수분과 휘발물질을 제외한 불감화물(不鹼化物; unsaponifiable matter)[2]이 1.5% 이상 함유되지 않아야 한다.

---

1 대두유 선물 1계약 60,000lbs를 short ton으로 환산하면 30short ton이 된다(60,000lbs÷2,000lbs=30short ton).

2 불감화물은 유지 중에 함유되는 글리세리드(glyceride), 지방산(fatty acid) 이외의 성분으로 알칼리(alkali)에 의해 비누화(saponification) 되지 않는 성분을 말한다.

3. 가격표시(Price Quote) 및 최소가격변동폭(Tick Size)

대두유 선물의 가격은 파운드당 센트($\cent$/lb)로 표시된다. 예컨대, 28.65로 표시된 가격은 $\cent$28.65/lb를 의미한다. 그리고 대두유 선물가격의 최소가격변동폭(1 tick)은 $\cent$0.01/lb(=$6.00/계약)이다.

4. 결제월(Contract Months; 인도월; Delivery Months)

대두유 선물의 결제월(인도월)은 1월(F), 3월(H), 5월(K), 7월(N), 8월(Q), 9월(U), 10월(V), 그리고 12월(Z)의 8개 결제월로 이루어져 있다. 대두유 선물도 다른 선물계약들과 마찬가지로 결제월별로 각기 다른 코드(code)를 부여하여 표시하는 것이 일반적이다. 예컨대, 2018년 10월물 대두유 선물계약은 'ZLV8'로 축약하여 표시된다. 여기서 'ZL'는 대두유 선물을 나타내는 상품기호(ticker symbol)이고, 'V'는 10월물을 나타내며, '8'은 2018년을 의미한다.

5. 거래시간(Trading Hours)

대두유 선물의 거래는 CME Globex 시스템을 이용한 전자거래(electronic trading)로 이루어진다. 대두유 선물의 거래시간(미 중부시간 기준; central time)은 다른 농산물 선물계약들과 마찬가지로 7:00p.m. - 7:45a.m.(일~금), 그리고 8:30a.m. - 1:20p.m. (월~금)이다. 시카고 현지시간을 기준으로 보면, 7:00p.m. - 7:45a.m.(일~금)의 거래시간은 밤에 거래되는 야간장(夜間場; after-hours trading)이고, 8:30a.m. - 1:20p.m. (월~금)의 거래시간은 낮에 거래되는 본장(本場; regular daytime trading)이 된다.

6. 일일가격제한폭(Daily Price Limits)

대두유 선물도 다른 농산물 선물계약들과 마찬가지로 일일가격제한폭의 적용을 받는다. 2019년 1월 기준 대두유 선물의 일일가격제한폭은 전일 정산가격 대비 ± $\cent$2.0/lb(=$1,200/계약)이다.

대두유 선물의 일일가격제한폭은 매 6개월마다 재설정(갱신)된다. 첫 번째 재설정일은 5월 첫 번째 거래일(first trading day)이며, 그 기준은 다음과 같다. 먼저 4월 16일을 기준으로 직전 거래일까지 연속 45거래일에 걸쳐 7월물(July) 선물계약의 일일

정산가격(settlement price)을 수집한다. 45일간의 정산가격에 대한 평균을 계산한 다음 7%를 곱한다. 여기서 구해진 숫자를 ¢0.5/lb 단위로 반올림하고, 반올림해서 나온 숫자와 ¢2/lb 중 더 큰 숫자를 선택한다. 여기서 선택된 숫자가 일일가격제한폭으로 결정되며, 5월 첫 번째 거래일로부터 10월 마지막 거래일까지 적용된다.

두 번째 재설정일은 11월 첫 번째 거래일(first trading day)이며, 그 기준은 다음과 같다. 먼저 10월 16일을 기준으로 직전 거래일까지 연속 45거래일에 걸쳐 12월물(December) 선물계약의 일일 정산가격(settlement price)을 수집한다. 45일간의 정산가격에 대한 평균을 계산한 다음 7%를 곱한다. 여기서 구해진 숫자를 ¢0.5/lb 단위로 반올림하고, 반올림해서 나온 숫자와 ¢2/lb 중 더 큰 숫자를 선택한다. 여기서 선택된 숫자가 일일가격제한폭으로 결정되며, 11월 첫 번째 거래일로부터 다음해 4월 마지막 거래일까지 적용된다.

대두유 선물은 전일 정산가격 대비 상하의 가격제한폭, 즉 상한가(limit up)와 하한가(limit down)를 벗어난 가격에는 거래될 수 없다. 만약 최근월물을 포함한 8개 결제월 가운데 2개 이상의 결제월이 가격제한폭에서 정산가격이 결정된다면, 다음 거래일에는 모든 결제월의 일일가격제한폭이 50% 확대된다. 확대된 일일가격제한폭을 계산할 때 ¢0.5/lb 단위로 반올림한다. 일일가격제한폭이 확대되어 시행된 날에 어떤 결제월도 확대된 일일가격제한폭에서 정산가격이 결정되지 않는다면, 그 다음 거래일에는 원래의 일일가격제한폭으로 환원된다.

당월물(spot month; current month)의 경우는 결제월 1일의 직전 2거래일부터 일일가격제한폭이 적용되지 않는다. 당월물은 이미 결제월로 접어들었기는 하지만, 최종거래일(LTD; 해당 결제월 15일의 직전 거래일)까지는 여전히 선물로 거래된다. 예컨대, 12월물 대두유 선물의 경우 12월 1일 기준 직전 2거래일부터 최종거래일(LTD)까지 일일가격제한폭의 적용을 받지 않는다.

다른 soybean complex와 마찬가지로 대두유 선물의 경우도 일일가격제한폭에 대해 부가적인 규정을 적용받는다. 그것은 soybean complex(대두 제품군; 대두, 대두유 및 대두박)의 어느 한 품목이라도 일일가격제한폭이 50% 확대될 경우 다른 품목들도 동시에 일일가격제한폭이 50% 확대된다는 것이다. 여기서, 확대된 일일가격제한폭을 계산할 때, 대두 선물은 ¢5/bu단위로 반올림하고, 대두박 선물은 $5/short ton단위로 반올림하는 한편 대두유 선물은 ¢0.5/pound 단위로 반올림한다. Soybean complex 가운데 어느 한 품목도 확대된 일일가격제한폭에서 정산가격이 결정되지 않는다면, 그 다음 거래일에는 각 품목별로 정해진 원래의 일일가격제한폭으로 환원된다.

만약 현재 대두유 선물의 일일가격제한폭이 전일 정산가격 대비 ±$¢2.5/lb$일 때 2개 이상의 결제월이 상한가로 끝났다면, 그 다음날 일일가격제한폭은 얼마로 확대될까? 일일가격제한폭 $¢2.5/lb$가 50% 확대되면, $¢3.75/lb(=¢2.5/lb×1.5)$가 된다. 여기서, $¢0.5/lb$ 단위로 반올림하는 규칙을 적용하면, 일일가격제한폭은 $¢4/lb$ $(=\$0.04/lb)$이 된다. 만약 9월물 대두유 선물의 전일 정산가격이 $¢28.31/lb$이었다면, 일일가격제한폭이 확대된 그 다음날 9월물의 상한가는 $¢32.31/lb(=¢28.31/lb+¢4/lb)$, 그리고 하한가는 $¢24.31/lb(=¢28.31/lb−¢4/lb)$가 된다.

7. 최종거래일(Last Trading Day) 및 최종인도일(Last Delivery Day)

대두유 선물의 최종거래일은 해당 결제월 15일의 직전 거래일이다. 그리고 대두유 선물의 최초인도일(FDD)은 해당 결제월의 첫 거래일이고, 최종인도일(LDD)은 해당 결제월의 최종거래일(LTD) 직후 제7거래일이다.

8. 최종결제(Final Settlement)

대두유 선물은 해당 결제월(인도월)이 도래할 때까지 청산되지 않고 남아 있을 경우 실물인수도(physical delivery)를 통하여 최종 결제된다. 실물인수도는 청산소 (clearing house)의 주관하에 선물계약의 매입자가 대금을 납입하고, 선물계약의 매도자가 선적증명서(shipping certificate)를 양도함으로써 이루어진다.

SECTION 05 대두박 선물Soybean Meal Futures

대두박은 콩을 분쇄하여 헥산(hexane)으로 기름을 추출하고 남은 부산물, 즉 콩 깻묵이다. 일반 대두박의 단백질 함량은 44%인 반면, 껍질을 벗기고 제조한 탈피(脫皮) 대두박(dehulled soybean meal)의 단백질 함량은 48%이다. 대두박은 아미노산 (amino acid) 조성이 좋고, 많은 양이 생산되기 때문에 가축사료에서 가장 중요한 식물성 단백질 공급원으로 이용된다. 시카고상품거래소(CBOT)에 대두박 선물이 최초 상장된 것은 1951년 8월 19일이다.

1. 계약단위(Contract Size; 거래단위)

시카고상품거래소(CBOT) 대두박 선물의 기본 거래단위는 100short ton이다. 1short ton은 2,000파운드(lbs)에 해당하므로, 대두박 선물 1계약에 해당하는 100short ton을 metric ton(m/t)으로 환산하면 약 91톤(m/t)이 된다(200,000lbs ÷ 2,204.6lbs = 90.7194m/t).

표 2-11 시카고상품거래소(CBOT) 대두박 선물의 주요 계약조건

구 분	계약조건
거래단위(contract size)	100short tons(≒91 metric tons)
표준등급(standard grade)	단백질 함량 47.5%의 대두박 (47.5% protein Soybean Meal)
가격표시(price quote)	$/short ton
최소가격변동폭(tick size)	$0.10/short ton(=$10/계약)
결제월(contract months)	1(F), 3(H), 5(K), 7(N), 8(Q), 9(U), 10(V), 12(Z)월
거래시간(trading hours)	전자거래(CME Globex) • 7:00p.m.-7:45a.m.(일~금) • 8:30a.m.-1:20p.m.(월~금)
일일가격제한폭(daily price limit)	$20/short ton(=$2,000/계약)
최종거래일(LTD)	결제월 15일의 직전 거래일(12:00p.m.)
최종인도일(LDD)	최종거래일로부터 제2거래일
최종결제(final settlement)	실물인수도(physical delivery)
상품기호(ticker symbol)	전자거래(CME Globex): ZM

주: 2019년 1월 기준
자료: CME Group Inc.(www.cmegroup.com)

2. 표준등급(Standard Grade)

시카고상품거래소(CBOT) 대두박 선물계약의 거래대상(기초자산)은 단백질 함량 47.5%의 대두박(47.5% protein soybean meal)이다. 대두박은 단백질(protein) 최저함량 47.5% 외에도 지방(fat) 최저함량 0.5%, 섬유질(fiber) 최고함량 3.5%, 그리고 수분(moisture) 최고함량 12.0%의 조건을 충족하여야 한다.

3. 가격표시(Price Quote) 및 최소가격변동폭(Tick Size)

대두박 선물의 가격은 short ton당 달러($/short ton)로 표시된다. 예컨대, 331.3으로 표시된 가격은 $331.3/short ton을 의미한다. 그리고 대두박 선물가격의 최소가격변동폭(1 tick)은 $0.10/short ton(=$10.00/계약)이다.

4. 결제월(Contract Months; 인도월; Delivery Months)

대두박 선물의 결제월(인도월)은 1월(F), 3월(H), 5월(K), 7월(N), 8월(Q), 9월(U), 10월(V), 그리고 12월(Z)로 정해져 있다. 대두박 선물의 결제월은 대두유 선물과 마찬가지로 8개의 결제월로 이루어져 있다.

대두박 선물도 다른 선물계약들과 마찬가지로 결제월별로 각기 다른 코드(code)를 부여하여 표시하는 것이 일반적이다. 예컨대, 2019년 1월물 대두박 선물계약은 'ZMF9'로 축약하여 표시된다. 여기서 'ZM'는 대두박 선물을 나타내는 상품기호(ticker symbol)이고, 'F'는 1월물을 나타내며, '9'는 2019년을 의미한다.

5. 거래시간(Trading Hours)

대두박 선물의 거래는 CME Globex 시스템을 이용한 전자거래(electronic trading)로 이루어진다. 대두박 선물의 거래시간(미 중부시간 기준; central time)은 다른 농산물 선물계약들과 마찬가지로 7:00p.m.−7:45a.m.(일~금), 그리고 8:30a.m.−1:20p.m.(월~금)이다. 시카고 현지시간을 기준으로 보면, 7:00p.m.−7:45a.m.(일~금)의 거래시간은 밤에 거래되는 야간장(夜間場; after-hours trading)이고, 8:30a.m.−1:20p.m.(월~금)의 거래시간은 낮에 거래되는 본장(本場; regular daytime trading)이 된다.

6. 일일가격제한폭(Daily Price Limits)

대두박 선물도 다른 농산물 선물계약들과 마찬가지로 일일가격제한폭의 적용을 받는다. 2019년 1월 기준 대두박 선물의 일일가격제한폭은 전일 정산가격 대비 ±$20/short ton(=$2,000/계약)이다.

대두박 선물의 일일가격제한폭은 매 6개월마다 재설정(갱신)된다. 첫 번째 재설정일은 5월 첫 번째 거래일(first trading day)이며, 그 기준은 다음과 같다. 먼저 4월 16

일을 기준으로 직전 거래일까지 연속 45거래일에 걸쳐 7월물(July) 선물계약의 일일 정산가격(settlement price)을 수집한다. 45일간의 정산가격에 대한 평균을 계산한 다음 7%를 곱한다. 여기서 구해진 숫자를 $5/short ton단위로 반올림하고, 반올림해서 나온 숫자와 $20/short ton 중 더 큰 숫자를 선택한다. 여기서 선택된 숫자가 일일가격 제한폭으로 결정되며, 5월 첫 번째 거래일로부터 10월 마지막 거래일까지 적용된다.

두 번째 재설정일은 11월 첫 번째 거래일(first trading day)이며, 그 기준은 다음과 같다. 먼저 10월 16일을 기준으로 직전 거래일까지 연속 45 거래일에 걸쳐 12월물(December) 선물계약의 일일 정산가격(settlement price)을 수집한다. 45일간의 정산가격에 대한 평균을 계산한 다음 7%를 곱한다. 여기서 구해진 숫자를 $5/short ton단위로 반올림하고, 반올림해서 나온 숫자와 $20/short ton 중 더 큰 숫자를 선택한다. 여기서 선택된 숫자가 일일가격제한폭으로 결정되며, 11월 첫 번째 거래일로부터 다음 해 4월 마지막 거래일까지 적용된다.

대두박 선물은 전일 정산가격 대비 상하의 가격제한폭, 즉 상한가(limit up)와 하한가(limit down)를 벗어난 가격에는 거래될 수 없다. 만약 최근월물을 포함한 8개 결제월 가운데 2개 이상의 결제월이 가격제한폭에서 정산가격이 결정된다면, 다음 거래일에는 모든 결제월의 일일가격제한폭이 50% 확대된다. 확대된 일일가격제한폭을 계산할 때 $5/short ton 단위로 반올림한다. 일일가격제한폭이 확대되어 시행된 날에 어떤 결제월도 확대된 일일가격제한폭에서 정산가격이 결정되지 않는다면, 그 다음 거래일에는 원래의 일일가격제한폭으로 환원된다.

당월물(spot month; current month)의 경우는 결제월 1일의 직전 2거래일부터 일일 가격제한폭이 적용되지 않는다. 당월물은 이미 결제월로 접어들었기는 하지만, 최종 거래일(LTD; 해당 결제월 15일의 직전 거래일)까지는 여전히 선물로 거래된다. 예컨대, 3월물 대두박 선물의 경우 3월 1일 기준 직전 2거래일부터 최종거래일(LTD)까지 일일 가격제한폭의 적용을 받지 않는다.

다른 soybean complex와 마찬가지로 대두박 선물의 경우도 일일가격제한폭에 대해 부가적인 규정을 적용받는다. 그것은 soybean complex(대두 제품군; 대두, 대두유 및 대두박)의 어느 한 품목이라도 일일가격제한폭이 50% 확대될 경우 다른 품목들도 동시에 일일가격제한폭이 50% 확대된다는 것이다. 여기서, 확대된 일일가격제한폭을 계산할 때, 대두 선물은 ￠5/bu단위로 반올림하고, 대두박 선물은 $5/short ton단위로 반올림하는 한편 대두유 선물은 ￠0.5/pound단위로 반올림한다. Soybean complex 가운데 어느 한 품목도 확대된 일일가격제한폭에서 정산가격이 결정되지 않는다면,

그 다음 거래일에는 각 품목별로 정해진 원래의 일일가격제한폭으로 환원된다.

만약 현재 대두박 선물의 일일가격제한폭이 전일 정산가격 대비 ± \$25/short ton일 때 2개 이상의 결제월이 상한가로 끝났다면, 그 다음날 일일가격제한폭은 얼마로 확대될까? 일일가격제한폭 \$25/short ton이 50% 확대되면, \$37.5/short ton(=\$25/short ton×1.5)이 된다. 여기서, \$5/short ton 단위로 반올림하는 규칙을 적용하면, 일일가격제한폭은 \$40/short ton이 된다. 만약 9월물 대두박 선물의 전일 정산가격이 \$328.1/short ton이었다면, 일일가격제한폭이 확대된 그 다음날 9월물의 상한가는 \$368.1/short ton(=\$328.1/short ton+\$40/short ton), 그리고 하한가는 \$288.1/short ton(=\$328.1/short ton−\$40/short ton)가 된다.

7. 최종거래일(Last Trading Day) 및 최종인도일(Last Delivery Day)

대두박 선물의 최종거래일은 해당 결제월 15일의 직전 거래일이다. 그리고 대두박 선물의 최초인도일(FDD)은 해당 결제월의 첫 거래일이고, 최종인도일(LDD)은 해당 결제월의 최종거래일(LTD) 직후 제2거래일이다.

8. 최종결제(Final Settlement)

대두박 선물은 해당 결제월(인도월)이 도래할 때까지 청산되지 않고 남아 있을 경우 실물인수도(physical delivery)를 통하여 최종 결제된다. 실물인수도는 청산소(clearing house)의 주관 하에 선물계약의 매입자가 대금을 납입하고, 선물계약의 매도자가 선적증명서(shipping certificate)를 양도함으로써 이루어진다.

참고문헌 ◆─────────────────────────────────────

Chicago Board of Trade(2006), An Introduction to Trading CBOT Agricultural Futures and Options.

Chicago Board of Trade(2006), The Chicago Board of Trade Handbook of Futures & Options, New York: New York, McGraw-Hill.

CME Group(2009), Commodity Metric Conversion Guide.

CME Group(2018), CBOT Rule Book (https://www.cmegroup.com/rulebook/CBOT/).

SECTION 01 **보유비용**保有費用; Cost-of-Carry**의 의미**

농산물 선물가격이 형성되는 원리를 이론적으로 이해하기 위해서는 먼저 보유비용(保有費用; cost of carry; carrying charge)에 대한 이해가 필요하다. 현물(spot)은 지금 당장 즉석에서(on the spot) 인수도 가능한 상품인데 비해 선물은 미래의 일정시점에 인수도 되는 상품이다. 따라서 직관적으로 판단하더라도 선물가격은 현물을 현재시점으로부터 미래의 일정시점까지 보유하는데 수반되는 비용을 반영하여야 한다. 이러한 비용을 보유비용 또는 재고유지비용(在庫維持費用)이라고 부른다. 보유비용을 감안할 경우 선물가격은 현물가격에다 보유비용만큼을 더한 가격이 되어야 한다. 즉,

$$\text{선물가격}(F) = \text{현물가격}(S) + \text{보유비용}(CC)$$

농산물의 재고를 유지하는데 수반되는 비용(보유비용)으로는 첫째, 창고료, 보험료 등과 같은 실물저장비용(physical storage cost)을 들 수 있다. 농산물을 상업적 저장시설에 보관하려면 창고료(보관료)가 발생하고, 화재 등에 따른 물적 손해를 담보하기 위한 보험료, 기타 부대비용이 발생한다. 농산물과 같이 부피가 크고 무거운 벌크상품(bulk commodity)은 보유비용 가운데 실물저장비용이 차지하는 비중이 매우 큰 반면, 금융상품은 실물저장비용의 비중이 극히 작다.

둘째, 이자비용 또는 기회비용을 들 수 있다. 현재 농산물을 재고로 보유하고 있

지 않은 경우 해당 농산물을 구매하여 보유하려면 필요한 구매자금을 조달하는데 이 자비용이 발생한다. 반대로 현재 농산물을 재고로 보유하고 있는 경우라면 해당 농산 물을 즉각 처분하여 판매대금을 은행에 예치함으로써 이자 수익을 얻을 수 있다. 그 대신에 농산물을 보유하는 대안을 선택한다면, 이자 수익을 희생하게 되어 기회비용 (opportunity cost)이 발생하게 된다. 이자비용이나 기회비용이 서로 비슷한 수준의 금 융비용임을 감안하여 이자(기회)비용으로 통칭하기로 한다.

　　셋째, 농산물을 재고로 보유함으로써 얻게 되는 수익, 이른바 편의수익(便宜收益; convenience yield)을 고려하여야 한다. 실물저장비용이나 이자(기회)비용은 직접 지출 되는 비용(out-of-pocket cost)인데 반해 편의수익은 말 그대로 비용이 아닌 혜택을 반 영한다. 주식이나 채권과 같은 금융자산을 보유하면 배당금이나 이자와 같은 눈에 보 이는 수익이 발생하지만, 농산물과 같은 실물자산(physical asset)을 보유하면 어떤 수 익이 발생하는지 직관적으로 이해하기에 다소 모호한 측면이 없지 않다.

　　이와 관련하여 Kaldor(Nicholas Kaldor; 1939년)[1]는 즉시 이용 가능한 현물을 가까 이 보유함으로써 편익을 얻게 된다고 주장하고, 이를 편의수익이라고 불렀다. Kaldor 에 의하면, 즉시 이용할 수 있는 상품의 재고를 보유하고 있는 사람은 예상치 못한 수요와 공급의 변화에 보다 탄력적으로 대응할 수 있게 됨으로써 편의수익을 얻게 된다. 예컨대, 식품가공업자가 원료 농산물을 대량으로 보유하고 있는 상황에서 극심 한 수급 불안정이 초래되어 원료 공급이 희박해진다고 가정해보자. 다른 경쟁업자들 이 원료를 확보하지 못해 조업을 단축하거나 심지어 공상을 폐쇄하는 상황이 발생하 더라도 원료 재고가 충분하다면 정상적인 조업이 가능할 것이기 때문에 이 기회에 보다 많은 수익을 올릴 수 있을 것이다.

　　편의수익은 농산물의 수급이 원활히 이루어지고 재고량도 충분한 정상적인 시장 상황에서보다는 재고가 희소할 경우에 보다 중요한 의미를 갖게 된다. 즉, 농산물의 재고가 줄어들면 줄어들수록 재고의 희소가치가 증가하여 편의수익이 증가한다. 반 면 농산물의 재고가 풍부할 경우는 재고의 희소가치가 미미해지게 되므로 편의수익 은 0에 접근하게 된다. 즉, 편의수익은 상품의 재고량에 대한 감소함수(decreasing function) 또는 볼록함수(convex function)이며, 재고량이 증가함에 따라 체감한다. 이를 수식으로 표현하면, $\frac{\partial y}{\partial q} < 0$ 및 $\frac{\partial^2 y}{\partial^2 q} > 0$ (여기서, y는 편의수익, q는 재고량)이 된다.

　　요컨대, 편의수익은 선물계약의 보유자가 아닌 현물 재고의 보유자에게 주어지

1　Kaldor, N.(1939), "Speculation and Economic Stability," *Review of Economic Studies* 7: 1-27.

는 일련의 비금전적 혜택(nonmonetary benefits)을 말한다. 편의수익은 비용이 아닌 혜택을 반영한다는 점에서 부(−)의 비용(negative cost)으로 간주되며, 따라서 보유비용을 산정할 때 다른 직접비용들로부터 차감된다. 즉,

보유비용(CC) = 실물저장비용(u) + 이자(기회)비용(r) − 편의수익(y)

SECTION 02 보유비용모형Cost-of-Carry Model에 의한 선물가격의 결정

보유비용모형에 따르면 이론적인 선물가격은 현물가격에다 보유비용을 합하여 산출된다.[2] 즉,

$$F = S + CC \quad \text{❶}$$

여기서, F는 선물가격, S는 현물가격, 그리고 CC는 보유비용을 의미한다.

그리고 현재시점부터 선물계약 만기까지의 기간을 t라고 할 때, 보유비용(CC)은 이자비용(r)과 저장비용(u)을 합산하고 편의수익(y)을 차감하여 계산된다. 즉,

$$CC = S \times (r + u - y) \times \frac{t}{365} \quad \text{❷}$$

여기서, r은 이자율, u는 저장비용, 그리고 y는 편의수익을 의미하며, 각각 현물가격의 일정비율로 표시되는 것으로 가정한다.

식 ❷를 식 ❶에 대입하면,

---

2 식 ❶을 통해 선물(futures)과 같은 투자수단 또는 금융상품을 파생상품(派生商品; derivatives)이라고 부르는 이유를 이해할 수 있다. '파생하다(derive)'라는 단어의 사전적 의미는 사물이 어떤 근원으로부터 갈라져 나와 생긴다는 것인데, 식 ❶을 보면 선물가격은 현물가격으로부터 파생된다는 것을 알 수 있다. 다시 말해서, 선물의 가치(즉, 선물가격)는 현물의 가치 변동으로부터 파생되어 결정된다는 것이다.

$$F = S + CC = S \times \left[1 + (r + u - y) \times \frac{t}{365} \right] \quad \text{.......................................} ❸$$

위의 식 ❸을 연속복리(連續複利; continuous compounding)를 이용하여 표현하면,

$$F = Se^{(r + u - y)T} \quad \text{...} ❹$$

여기서, e는 연속복리 계산을 위한 지수함수($e = 2.71828\cdots$), T는 선물계약 만기까지의 기간$\left(= \frac{t}{365} \right)$, 즉 잔존만기(time to maturity)를 의미한다.

단리(單利; simple interest)와 복리(複利; compound interest)

이자를 계산할 때 단리는 원금에 대해서만 이자가 붙는 반면 복리는 '원금+이자'에 이자가 붙는다. 즉, 복리에서는 일정 기간마다 원금에 이자를 합산하고, 이것을 새로운 원금으로 삼아 이자를 계산한다. 단리와 복리 계산을 일반화된 수식으로 표현하면 다음과 같다.

① 단리: $S = P(1 + rn)$
② 복리: $S = P(1 + r)^n$
여기서, S는 만기 원리금 합계(maturity value), P는 원금(principal), r은 이자율(年利; annual interest rate), 그리고 n은 기간을 의미한다.

식 ②의 복리 계산식은 이자가 1년에 한 번 발생하는 것을 전제로 한다. 만약 이자가 1년에 m번 발생한다면, 복리 계산식은 다음과 같이 변경된다.

③ 복리: $S = P\left(1 + \frac{r}{m}\right)^{mn}$

식 ③에서 만약 m이 무한대(infinity)에 접근한다면, 다음과 같은 식이 성립한다.

④ $\lim_{n \to \infty} P\left(1 + \frac{r}{m}\right)^{mn} = Pe^{rn}$

즉, 연속복리(連續複利; continuous compounding)에 의한 원리금 합계는 다음과 같다.

⑤ $S = Pe^{rn}$

여기서, e는 지수(exponent)이며, $e = 2.7182\cdots$의 값으로 정의된다.

현실적으로 이자 발생 빈도가 무한대(∞)인 경우는 존재하지 않으므로 연속복리에 의한 원리금 합계는 일간복리(日間複利; daily compounding)에 의한 원리금 합계와 거의 유사하다.

한편, 만기가 서로 다른 두 선물가격을 각각 근월물(近月物; nearby futures) 가격 F_n과 원월물(遠月物; deferred futures) 가격 F_d라고 하면, 보유비용모형에 의한 두 선물가격간의 관계는 다음과 같다.

$$F_d = F_n e^{(r + u - y)T} \quad \text{..} ❺$$

즉, 선물가격이 현물가격에다 선물계약 만기까지의 보유비용을 반영하여 결정되듯이 원월물 가격(F_d)은 근월물 가격(F_n)에다 근월물과 원월물 사이의 경과기간에 해당하는 보유비용을 반영하여 결정된다.

금융선물(financial futures)의 이론가격

① 통화선물(currency futures)

$$F = S \times \left[\frac{\left(1 + r_d \times \dfrac{t}{365} \right)}{\left(1 + r_f \times \dfrac{t}{365} \right)} \right] \approx Se^{(r_d - r_f)T}$$

여기서, r_d: 자국금리, r_f: 외국금리

② 주가지수선물(stock index futures)

$$F = S \times \left[1 + (r - d) \times \frac{t}{365} \right] \approx Se^{(r - d)T}$$

여기서, d: 배당수익률(dividend yield rate)

　　선물계약의 이론가격에 대한 이해가 필요한 이유는 무엇보다도 선물시장에서 실제 거래되고 있는 가격이 공정한 가치(fair value)를 지닌 것인가의 여부를 판단할 수 있는 잣대가 되기 때문이다. 즉, 선물의 이론가격과 선물시장에서 실제 거래되고 있는 가격을 비교하여 실제 선물가격이 고평가되어 있는지 또는 저평가되어 있는지 여부를 판가름할 수 있다. 실제 선물가격과 이론가격 간의 관계가 정상적인 수준에서 벗어날 경우 이를 이용한 차익거래(arbitrage) 기회가 발생하게 되는데, 차익거래를 통하여 무위험 이익(riskless profit)을 얻을 수 있다.

SECTION 03 보유비용의 반영수준에 따른 유형적 분류

　　현물가격과 선물가격 간의 관계, 그리고 서로 다른 두 결제월(근월물과 원월물) 간 선물가격에 있어서 이자(기회)비용, 저장비용, 편의수익 등 총보유비용이 완전히 반영되어 있을 때 '완전보유비용 상태(at full carry)'라고 한다. 즉, 실제 선물가격이 현물가격에다 보유비용을 반영하여 계산된 이론상의 선물가격과 동일하고, 아울러 실제 원월물의 가격이 근월물 가격에다 보유비용을 반영하여 계산된 이론상의 원월물 가격과 동일한 상태를 말한다. 즉,

$$F = Se^{(r+u-y)T} \quad \text{및} \quad F_d = F_n e^{(r+u-y)T} \quad\text{………………………………}❻$$

　　현물가격과 선물가격 간의 관계, 그리고 서로 다른 두 결제월(근월물과 원월물) 간 선물가격에 있어서 이자(기회)비용, 저장비용, 편의수익 등 총보유비용보다 작게 반영되어 있을 때 '완전보유비용 미만의 상태(below full carry)'라고 한다. 즉, 실제 선물가격이 현물가격에다 보유비용을 반영하여 계산된 이론상의 선물가격보다 작고, 아울러 실제 원월물의 가격이 근월물 가격에다 보유비용을 반영하여 계산된 이론상의 원월물 가격보다 작은 상태를 말한다. 즉,

$$F < Se^{(r+u-y)T} \quad \text{및} \quad F_d < F_n e^{(r+u-y)T} \quad\text{………………………………}❼$$

한편, 현물가격과 선물가격 간의 관계, 그리고 서로 다른 두 결제월(근월물과 원월물) 간 선물가격에 있어서 이자(기회)비용, 저장비용, 편의수익 등 총보유비용보다 크게 반영되어 있을 때 '완전보유비용 초과의 상태(above full carry)'라고 한다. 즉, 실제 선물가격이 현물가격에다 보유비용을 반영하여 계산된 이론상의 선물가격보다 크고, 아울러 실제 원월물의 가격이 근월물 가격에다 보유비용을 반영하여 계산된 이론상의 원월물 가격보다 큰 상태를 말한다. 즉,

$$F \ > \ Se^{(r+u-y)T} \ \text{및} \ F_d \ > \ F_n e^{(r+u-y)T} \ \text{...} ⑧$$

SECTION 04 정상시장正常市場; Normal Market과 역조시장逆調市場; Inverted Market

정상시장은 선물가격이 현물가격보다 더 높고, 선물가격 내에서는 만기가 먼 원월물의 가격이 만기가 더 가까운 근월물의 가격보다 점진적으로 더 높게 형성되는 시장구조를 말한다. 정상시장이라는 명칭 속에는 보유비용을 감안할 경우 이와 같은 가격구조가 정상적이고 일반적이라는 의미가 담겨 있다. 정상시장에서는 현물가격에서 선물가격을 빼면 음(-)의 값이 나오기 때문에 일반적으로 음(-)의 베이시스(negative basis)가 도출된다. 정상시장은 'carrying charge market', 'positive carrying charges', 'carry market', '콘탱고 시장(contango market)' 등 다양한 명칭으로도 불린다.

그림 3-1   정상시장(normal market)의 사례

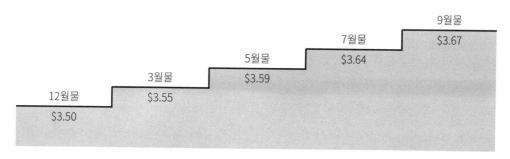

그림 3-2 역조시장(inverted market)의 사례

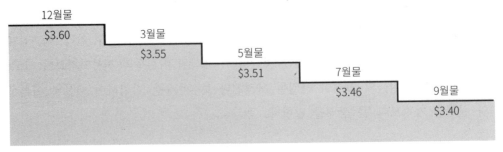

반면 역조시장은 정상시장과 반대로 선물가격이 현물가격보다 더 낮고, 선물가격 내에서는 만기가 먼 원월물의 가격이 만기가 더 가까운 근월물의 가격보다 점진적으로 더 낮게 형성되는 시장구조를 말한다. 역조시장이라는 명칭 속에는 보유비용을 감안할 경우 이와 같은 가격구조는 뭔가가 뒤집혀져 있고 비정상적인 시장(abnormal market)이라는 의미가 담겨 있다. 역조시장에서는 현물가격에서 선물가격을 빼면 양(+)의 값이 나오기 때문에 양(+)의 베이시스(positive basis)가 도출된다. 역조시장은 'negative carrying charges', 'discount market', '백워데이션 시장(backwardation market)' 등으로도 불린다.

역조시장은 상품에 대한 수요는 많은데 반해 공급이 부족할 때 주로 발생한다. 역조시장이 보내는 신호(market signal)는 현재 시장에서 상품에 대한 요구가 매우 많으며, 가격이 비싸더라도 기꺼이 지불할 용의가 있다는 것이다. 현재에서 미래로 갈수록 가격이 점진적으로 낮아지는 시장구조가 형성되는 것은 시간이 흐를수록 공급이 증가하여 상품의 수급이 보다 원활해질 것이라는 예측을 바탕으로 한다.

한편 역조시장은 상품을 저장하기보다는 판매하라는 시장신호로 해석된다. 일반적으로 농산물의 저장이 이루어지기 위한 필요조건은 현재시점(예, 수확기)과 미래시점(예, 단경기; 端境期) 간의 가격 차이가 해당 기간 동안의 저장비용(storage cost)보다 커야 한다는 것이다. 그래야만 비로소 저장수익이 저장비용을 초과하여 저장에 따른 이익이 발생하기 때문이다. 우리나라의 쌀을 예로 들자면, 수확기 쌀값과 단경기 쌀값의 차이인 계절진폭(季節振幅)이 저장비용보다 커야 한다는 것이다.

그런데 역조시장이 형성될 경우에는 미래(단경기)의 가격이 현재(수확기)의 가격보다 낮기 때문에 농산물을 저장할 경우 오히려 손해(negative returns to storage)가 발생하게 된다. 즉, 저장수익을 얻을 수 없는 반면 저장비용이 발생하기 때문에 결국 손실을 입게 된다는 것이다. 따라서 농산물을 저장하기 보다는 시장에 판매하는 것이 유리하게 된다. 우리나라의 쌀 시장에서도 단경기 쌀값이 전년도 수확기 가격보다 낮아지는 이른바 역계절 진폭(逆季節 振幅)이 예상될 경우 생산자와 유통업자는 쌀을 저장할 유인을 상실하게 된다.

농산물시장, 특히 곡물시장에서는 전체 결제월에 걸쳐 전면적으로 역조시장이 형성되는 경우는 극히 드물다. 곡물 선물시장에서는 작물연도(crop year)가 바뀌는 시점에 일시적으로 역조시장이 발생하곤 한다. 작물연도는 일반적으로 곡물의 수확이 시작되는 시점부터 다음 해 수확이 시작되기 전까지의 기간에 해당한다. 예컨대, 옥수수와 대두는 9월 1일부터 이듬해 8월 31일까지이고, 소맥은 6월 1일부터 이듬해 5월 31일까지이다. 작물연도는 곡물의 수확, 저장, 운송, 가공 등 일련의 유통활동이 본격적으로 시작되는 시기와도 일치하기 때문에 흔히 유통연도(marketing year)라고도 불린다.

옥수수 선물의 경우 결제월 주기는 3, 5, 7, 9, 12월인데, 특정 연도를 기준으로 할 때 3, 5, 7월물은 전년도에 수확하여 재고로 보유중인 구곡(舊穀; old crop)을 거래 대상으로 한다. 미국의 경우 남부지방에서는 9월부터 옥수수 수확이 시작되지만, 콘 벨트(corn belt)로 불리는 중서부(Midwest)의 곡창지대에서는 10월 중순에서 11월에 걸쳐 옥수수 수확이 본격적으로 진행된다. 따라서 당해 연도에 수확된 신곡(新穀; new crop)이 본격적으로 출하되는 시기는 옥수수 선물의 결제월 가운데 12월물(Dec)에 해당한다. 다시 말해서 옥수수 선물의 9월물은 구곡으로부터 본격적인 신곡으로 이행하는 과도기라고 할 수 있다.

어느 해에 곡물의 생산량이 평년보다 줄어들어 가격이 높게 형성되면, 그 이듬해에는 재배면적이 늘어나고 생산량이 증가하여 지난해보다 가격이 낮게 형성되는 것이 일반적이다. 이러한 원리를 반영하여 작물연도가 바뀌는 시점, 즉 옥수수 선물의 경우 9월물과 12월물 사이에 역조시장이 일시적으로 형성되곤 한다. 옥수수 선물

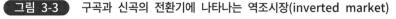

그림 3-3 구곡과 신곡의 전환기에 나타나는 역조시장(inverted market)

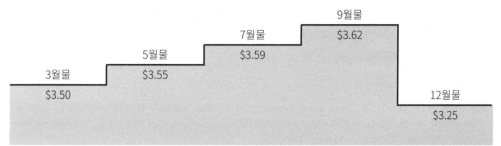

3월물 $3.50
5월물 $3.55
7월물 $3.59
9월물 $3.62
12월물 $3.25

의 경우 12월물부터 3, 5, 7월물까지는 동일한 작물연도에 속하기 때문에 정상시장 구조를 보이다가 9월물을 경과하는 시점에서 일시적으로 역조시장이 형성되곤 한다.

SECTION 05 콘탱고Contango와 노멀 백워데이션Normal Backwardation

앞서 설명한 콘탱고(contango)와 백워데이션(backwardation)은 현물가격과 선물가격 간의 관계, 즉 현물가격과 선물가격 중 어느 것이 더 높으냐를 나타낸다. 한편 Keynes(1930)[3]는 시간이 흐름에 따라 선물가격이 어떤 움직임 패턴을 보이느냐, 즉 시간이 경과함에 따라 선물가격이 하락하느냐 또는 상승하느냐를 두고 '콘탱고(contango)' 또는 '노멀 백워데이션(normal backwardation)'이라고 표현하였다. 콘탱고와 노멀 백워데이션은 선물계약의 만기가 다가옴에 따라 선물가격이 현물가격에 수렴(收斂; convergence)하는, 즉 선물계약의 만기에 선물가격이 현물가격과 동일해지는 원리에 기초한 것이다.

콘탱고는 선물가격이 미래의 예상현물가격(expected future spot price)보다 높은 상태를 말한다. 선물가격은 만기에 가까워질수록 현물가격에 수렴하기 때문에 콘탱고가 시사하는 바는 선물가격이 시간의 경과에 따라 현물가격을 향해 점진적으로 하락하게 된다는 것이다. 이 경우 선물 매도포지션을 취한 거래자들은 선물가격이 하락함에 따라 이익을 얻게 된다. 이러한 가격변동 패턴을 통하여 헤져(hedger)는 자신이 전가하고자 하는 위험을 기꺼이 떠안고 선물시장에서 매도포지션을 취한 투기자들에게 위험에 대한 보상을 제공하게 된다.

반면 노멀 백워데이션은 선물가격이 미래의 예상현물가격(expected future spot price)보다 낮은 상태를 말한다. 따라서 선물가격은 만기시점까지 점진적으로 상승하여 현물가격에 수렴하게 된다. 이 경우 선물 매입포지션을 취한 거래자들은 선물가격이 상승함에 따라 이익을 얻게 된다. 이러한 가격변동 패턴을 통하여 헤져(hedger)는

---

3 Keynes, J. M.(1930), A Treatise on Money, Vol 2: The Applied Theory of Money, London: Reprinted in The Collected Writings of John Maynard Keynes, Vol 7(London, Macmillan; New York: St. Martin's Press, 1971).

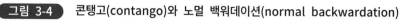

그림 3-4 콘탱고(contango)와 노멀 백워데이션(normal backwardation)

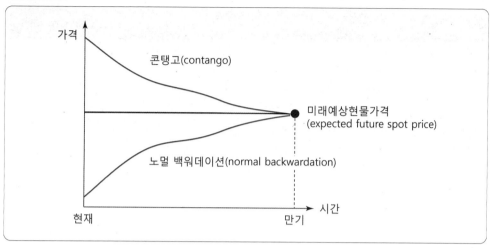

자신이 전가하고자 하는 위험을 기꺼이 떠안고 선물시장에서 매입포지션을 취한 투기자들에게 위험에 대한 보상을 제공하게 된다.

SECTION 06 선물 시세표 읽는 법

1. 옥수수 선물(Corn Futures)

〈표 3-1〉은 2018년 9월 4일에 시카고상품거래소(CBOT)에서 거래된 옥수수 선물 계약의 결제월별 가격을 보여주고 있다. 거래일자가 다르더라도 선물 시세표의 형식은 동일하므로 마찬가지 방법으로 선물가격을 해석할 수 있다.

첫 번째 열의 'Month'는 결제월(인도월)을 나타낸다. 옥수수 선물의 결제월은 3, 5, 7, 9, 12월의 주기(週期; cycle)로 되어 있다. 결제월을 인도월이라고도 부르는 이유는 해당 결제월의 정해진 기간 동안에 실물인수도가 이루어지기 때문이다. 옥수수 선물은 3개 작물연도(crop year)의 전체 결제월이 상장되어 있는 한편 4년차 작물연도의 7월물(JLY)과 12월물(DEC)이 상장되어 있다.

64 Chapter 3 _ 선물가격의 이해

표 3-1 시카고상품거래소(CBOT)의 옥수수 선물가격

Month	Open	High	Low	Last	Change	Settle	Estimated Volume	Prior Day Open Interest
SEP 18	351'4	355'2	347'2	355'2	+3'4	354'4	4,719	6,321
DEC 18	365'4	368'6	361'0	368'4	+3'2	368'2	192,120	1,004,304
MAR 19	377'6	380'2	373'2	379'6	+2'4	379'6	69,761	295,281
MAY 19	384'6	387'2	380'6	387'0	+2'2	387'0	15,035	67,534
JLY 19	391'4	393'0	386'2	393'0	+2'2	392'6	14,022	115,112
SEP 19	392'0	393'4	387'4	393'4	+2'2	393'2	2,293	50,137
DEC 19	395'0	397'0	391'6	397'0	+2'2	397'0	9,505	108,303
MAR 20	407'2	407'6B	403'2A	407'6B	+2'0	408'0	320	4,883
MAY 20	412'6	415'0	411'2A	415'0	+1'6	415'2	75	707
JLY 20	418'6	420'0	416'0A	420'0	+2'0	420'2	192	1,865
SEP 20	-	-	-	-	+1'4	412'0	0	320
DEC 20	413'0	414'6	411'4	414'6	+1'6	414'6	162	2,501
JLY 21	430'0	430'0	430'0	430'0	+'2	429'2	7	47
DEC 21	423'0	423'0	423'0	423'0	+'2	423'0	4	150
Total							308,215	1,657,465

주: 2018년 9월 4일 기준
자료: CME Group Inc.(www.cmegroup.com)

결제월을 표현하는 데 있어서 2018년 9월물(SEP 18)은 당월물(當月物)을 의미하는 'spot month' 또는 'current month'라고 부른다. 2018년 9월 4일을 기준으로 보면, 2018년 9월물(SEP 18)은 아직 최종거래일(LTD; 2018년 9월 14일)이 도래하지 않았기 때문에 여전히 선물로 거래되고 있지만, 이미 해당 결제월로 접어든 상황이기 때문에 당월물로 불린다. 당월물의 경우 일일가격제한폭의 적용을 받지 않기 때문에 최종거래일(LTD)이 가까워질수록 매우 불규칙한 가격변동을 보이는 경우가 많으므로 각별한 주의가 요구된다.

한편 2018년 9월 4일을 기준으로 거래가 가장 활발하게 이루어지는 결제월, 즉 근월물(近月物; nearby contract)은 2018년 12월물(DEC 18)이다. 근월물은 'nearby month', 'lead month', 'front month' 등으로도 불린다. 2018년 12월물(DEC 18)은 2018년 가을에 수확된 옥수수 신곡이 본격적으로 거래되기 시작하는 신곡 선물계약(new crop contract)이기도 하다.

농산물 선물시장에서는 일반적으로 근월물에 거래가 집중되는 경향을 보인다. 그 이유는 무엇보다도 불확실성과 관련되어 있다. 선물거래는 기본적으로 미래의 수

급상황에 대한 예측을 바탕으로 이루어지기 때문에 불확실성이 개재될 수밖에 없다. 그럼에도 불구하고 현재 시점에서 이용 가능한 정보를 바탕으로 볼 때 가까운 장래의 시점에 대한 불확실성이 더 먼 장래의 시점에 대한 불확실성보다는 훨씬 더 작다고 할 수 있다. 이러한 특성을 반영하여 만기가 먼 결제월보다는 만기가 가까운 결제월, 즉 근월물에 거래가 집중되는 경향을 보이게 된다.

근월물보다 만기가 더 먼 결제월들은 원월물(deferred contract)이라고 부르며, 'deferred month', 'back month' 등으로도 표현된다. 2018년 9월 4일 기준 근월물은 2018년 12월물(DEC 18)이므로, 2019년 3월물(MAR 19), 2019년 5월물(MAY 19) … 등은 원월물에 해당한다.

마지막으로, 곡물 선물시장에서는 'red contract'라는 표현을 사용하기도 하는데, 이것은 동일 결제월의 1년 뒤 결제월을 의미한다. 예컨대, 근월물이 2018년 12월물(DEC 18)일 경우 'red December'는 2019년 12월물(DEC 19)을 의미한다.

두 번째 열의 'Open'은 시가(始價; opening price)를 나타낸다. 시가는 말 그대로 당일 개장 후 최초로 거래된 가격이다. 세 번째 열의 'High'는 당일의 장 중 최고가를 나타낸다. 네 번째 열의 'Low'는 당일의 장 중 최저가를 나타낸다. 다섯 번째 열의 'Last'는 당일의 종가(終價; closing price)를 나타낸다. 여섯 번째 열의 'Change'는 전일 정산가격 대비 금일 정산가격의 변화분(net change)을 나타낸다. 그리고 일곱 번째 열의 'Settle'은 당일의 정산가격(settlement price)을 나타낸다. 정산가격은 일일정산의 기준이 되는 가격이다. 일일정산이란 모든 미청산포지션(미결제약정; open interest)에 대해 당일의 정산가격을 기준으로 미실현손익(open trade equity)을 정산하는 작업을 말한다.

종가(Last)와 정산가격(Settle)이 동일한 경우도 있지만, 대부분의 경우는 서로 다르다. 종가는 말 그대로 당일 마지막으로 거래된 가격인데 반해 정산가격은 당일 장이 종료되기 직전 1분 동안 거래된 가격을 거래량으로 가중평균하여 산출한 가격(volume-weighted average price)이기 때문이다.

시가에서 정산가격에 이르기까지 시카고상품거래소(CBOT)의 곡물 선물가격은 부셸당 센트(¢/bu)로 표시된다. 그런데 선물가격의 마지막 단위, 즉 아포스트로피(apostrophe; ') 기호 다음에 등장하는 숫자는 관행적으로 8분의 1 단위의 숫자로 표시된다. 그리고 선물가격의 최소 변동단위(최소가격변동 폭; 1 tick)가 4분의 1센트, 즉 8분의 2센트이기 때문에 아포스트로피(apostrophe; ') 기호 다음에 등장하는 숫자는 2의 배수인 0, 2, 4, 그리고 6이다. 즉, 2는 $\frac{2}{8} = \frac{1}{4} = 0.25$, 4는 $\frac{4}{8} = \frac{2}{4} = \frac{1}{2} = 0.50$, 그리고 6은 $\frac{6}{8} = \frac{3}{4} = 0.75$을 의미한다.

〈표 3-1〉의 시세표에서 근월물인 2018년 12월물(DEC 18)을 기준으로 선물가격을 살펴보자. 정산가격인 368'2는 $368 + \frac{2}{8}$, 즉 ₵ 368.25/bu(=$3.6825/bu)을 의미한다. 마찬가지 방법으로 차례대로 살펴보면, 시가는 ₵ 365.50/bu(=$3.6550/bu), 최고가는 ₵ 368.75/bu(=$3.6875/bu), 최저가는 ₵ 361.00/bu(=$3.6100/bu), 그리고 종가는 ₵ 368.50/bu(=$3.6850/bu)이다. 한편 당일의 정산가격은 전일의 정산가격보다 ₵ 3.25/bu 상승한(change; +3'2) ₵ 368.25/bu(=$3.6825/bu)이므로 전일의 정산가격은 ₵ 365.00/bu(=$3.6500/bu)임을 알 수 있다.

미국산 옥수수의 작물연도(유통연도)는 9월 1일부터 다음해 8월 31일까지이다. 작물연도는 올해 곡물의 수확이 시작되는 시점부터 다음해의 수확이 시작되기 전까지의 기간에 해당한다. 옥수수 선물시장에서 신곡이 본격적으로 거래되기 시작하는 결제월은 12월물(DEC)이다. 옥수수 선물계약의 결제월에서 7월물(JLY)과 12월물(DEC)은 각각 구곡과 신곡을 대표하는 결제월이다. 따라서 7월물에서 12월물로 이행하는 시점은 구곡에서 신곡으로 전환되는 시점이기도 하다. 이러한 특성을 반영하여 작물연도가 바뀌는 시점에 일시적으로 역조시장(inverted market)이 형성되곤 한다.

〈표 3-1〉에서 정산가격을 기준으로 결제월별 가격을 살펴보면, ₵ 354.50/bu(SEP 18) ⇒ ₵ 368.25/bu(DEC 18) ⇒ ₵ 379.75/bu(MAR 19) ⇒ ₵ 387.00/bu(MAY 19) ⇒ ₵ 392.75/bu(JLY 19) ⇒ ₵ 393.25/bu(SEP 19) ⇒ ₵ 397.00/bu(DEC 19) ⇒ ₵ 408.00/bu (MAR 20) … 의 순서로 점진적으로 가격이 높아지면서 2018년 9월물부터 2020년 7월물까지 정상시장을 형성하고 있다. 이후 작물연도가 바뀔 때, 즉 JLY 20에서 SEP 20로 바뀔 때 부분적으로 역조시장이 형성되고 있다.

옥수수 선물거래의 손익을 산출해보도록 하자. 예컨대, 만약 2018년 12월물(DEC 18) 10계약을 당일의 최저가에 매입하였다가 최고가에 매도(전매)하였다면 거래손익은 얼마가 될까? 거래 결과 (₵ 368.75 − ₵ 361.00)×10계약×5,000bu = ₵ 387,500 = $3,875의 이익이 발생하게 된다(옥수수 선물 1계약=5,000bu).

선물가격을 이용하면 곡물의 국내 도입가격을 대략적으로 추정해볼 수 있다. 12월물 옥수수 선물가격 ₵ 368.25/bu(=$3.6825/bu)을 톤(m/t)당 가격으로 환산하면, $3.6825/bu×39.368bu=$144.97/톤(m/t)이 된다(옥수수 1m/t=39.368bu). 이 선물가격에다 내륙 운송비용, 해상운임, 그리고 공급자의 마진(margin) 등을 합산하면 옥수수의 국내 수입가격이 된다.

여덟 번째 열의 'Estimated Volume'은 당일의 추정거래량을 나타내는데, 거래량 (trading volume)은 말 그대로 계약 체결건수를 의미한다. 그리고 맨 오른쪽 열의 'Prior Day Open Interest'는 전일 기준 미결제약정의 수를 나타낸다. 미결제약정 (O/I; open interest)은 반대매매에 의해 청산되지 않고 남아 있는 계약의 수, 즉 미청산잔고(未淸算殘高)를 나타낸다.

매입한 선물계약은 다시 매도(전매)함으로써 청산되고, 반대로 매도한 선물계약은 다시 매입(환매)함으로써 청산된다. 미결제약정은 전매 또는 환매를 통하여 청산되지 않고 아직 남아 있는 선물계약을 말한다. 모든 매매거래는 각각 매입자와 매도자가 있는 만큼 미결제약정은 매입 포지션과 매도 포지션의 수를 합산하는 것이 아니라 매입과 매도 중 어느 한 쪽 포지션의 수만을 계산한다. 거래량(volume)과 미결제약정(open interest)은 시장의 유동성을 나타내는 대표적인 지표로 활용된다.

2018년 9월 4일에 거래된 옥수수 선물계약의 거래량은 12월물(DEC 18) 기준 192,120계약이고, 모든 결제월의 거래량을 합산한 총거래량은 308,215계약이다. 당일 장 종료 후 발표되는 결제월별 거래량은 어디까지나 추정거래량(estimated trading volume)이다. 최종거래량(final volume)은 다음 날 개장 전에 이루어지는 Out Trade4 과정이 끝나고 나서 시장이 열리기 전에 확정 발표된다. 한편 전일의 미결제약정 (O/I)은 12월물(DEC 18) 기준 1,004,304계약이고, 모든 결제월의 미결제약정을 합친 총미결제약정은 1,657,465계약이다.

2. 소맥 선물(Wheat Futures)

〈표 3-2〉는 2018년 9월 4일에 시카고상품거래소(CBOT)에서 거래된 Chicago SRW 소맥 선물계약의 결제월별 가격을 보여주고 있다. 소맥 선물의 시세표도 옥수수 선물과 동일한 방법으로 해석할 수 있다.

소맥 선물의 결제월은 3, 5, 7, 9, 12월의 주기(cycle)로 되어 있으며, 3개 작물연도(crop year)의 전체 결제월이 상장되어 있다. 2018년 9월 4일을 기준으로 할 때, 2018년 9월물(SEP 18)은 당월물이 된다. 즉, 2018년 9월물(SEP 18)은 여전히 선물로 거래되고 있긴 하지만, 이미 해당 결제월로 접어든 상황이다. 당월물은 일일가격제한

---

4 Out Trade는 전산에 입력된 거래 중 매입/매도의 가격, 수량 등이 서로 불일치되는 주문을 찾아내어 수정 및 조정하는 작업을 말한다.

표 3-2	시카고상품거래소(CBOT)의 Chicago SRW 소맥 선물가격

Month	Open	High	Low	Last	Change	Settle	Estimated Volume	Prior Day Open Interest
SEP 18	507'2	507'2	491'6	502'2	-15'6	502'6	2,246	3,222
DEC 18	538'0	542'4	519'4	532'0	-14'0	531'4	102,329	217,848
MAR 19	558'6	562'6B	541'4	551'2B	-14'0	551'4	31,713	116,791
MAY 19	571'0	575'0B	555'4	565'0A	-12'2	565'4	10,479	30,411
JLY 19	563'6	568'6B	551'2	561'4B	-8'2	562'0	8,005	48,289
SEP 19	571'4	575'6B	559'6	569'4B	-7'2	570'0	1,887	11,099
DEC 19	582'4	587'0B	571'6	581'4	-6'6	582'0	1,582	15,979
MAR 20	589'4	594'4B	579'4	589'6A	-5'6	590'2	420	2,826
MAY 20	-	-	-	-	-4'6	595'0	105	235
JLY 20	589'2	591'6	584'2	591'6	-4'0	592'6	79	1,796
SEP 20	-	-	-	-	-4'0	596'2	15	38
DEC 20	602'4	606'0	601'4A	605'6A	-3'0	606'6	65	339
MAR 21	-	-	-	-	-3'0	613'2	0	74
MAY 21	-	-	-	-	-3'0	613'2	0	0
JLY 21	-	-	-	-	-3'0	603'6	0	5
Total							158,925	448,952

주: 2018년 9월 4일 기준
자료: CME Group Inc.(www.cmegroup.com)

폭의 적용을 받지 않기 때문에 가격변동이 매우 불규칙한 경우가 많다. 한편 거래가 가장 활발한 근월물은 2018년 12월물(DEC 18)이다. 2019년 3월물(MAR 19)을 포함한 이후의 결제월들은 원월물에 해당한다.

옥수수 선물과 마찬가지로 소맥 선물가격도 부셸 당 센트(￠/bu)로 표시되며, 끝 자릿수는 8분의 1 단위의 숫자로 표시된다. 그리고 소맥 선물계약의 최소가격변동 폭, 즉 1 tick도 $\frac{1}{4}$센트로 되어 있다. 따라서 소맥 선물가격의 끝자리에 등장하는 수 는 $\frac{1}{4}\left(=\frac{2}{8}\right)$의 배수여야 하므로 0, 2, 4, 6 가운데 하나가 된다. 예컨대, 〈표 3-2〉에 서 근월물인 2018년 12월물(DEC 18)의 정산가격 531'4는 $531+\frac{4}{8}$, 즉 ￠531.50/bu (=\$5.3150/bu)을 의미한다. 부셸당 센트(￠/bu)로 표시된 소맥 선물가격을 톤(m/t)당 가 격으로 환산하면, \$5.3150×36.7437bu＝\$195.29/톤(m/t)이 된다(소맥 1 m/t=36.7437bu).

미국산 소맥의 작물연도(유통연도)는 6월 1일부터 다음해 5월 31일까지이다. 작 물연도는 곡물의 수확이 시작되는 시기와 일치하며, 소맥 선물시장에서 신곡이 본격적으로 거래되기 시작하는 결제월은 7월물(JLY)이다. 소맥 선물계약의 결제월에서 5월물(MAY)과 7월물(JLY)은 각각 구곡과 신곡에 속한다. 따라서 5월물에서 7월물로 이행하는 시점은 구곡에서 신곡으로 전환되는 시점이기도 하다. 이러한 특성을 반영하여 작물연도가 바뀌는 시점에 일시적으로 역조시장이 형성되곤 한다.

〈표 3-2〉에서 정산가격을 기준으로 살펴보면, 2018년 9월물(SEP 18)부터 2019년 5월물(MAY 19)까지는 선물가격이 점진적으로 높아지는 정상시장을 형성한다. 그러나 2019년 5월물(MAY 19)과 2019년 7월물(JLY 19) 사이에는 작물연도가 바뀌면서 일시적으로 역조시장이 형성되는 것을 확인할 수 있다. 이후 다시 동일한 작물연도에 속하는 결제월들 간에는 정상시장이 형성된다. 이러한 패턴은 2020 및 2021 작물연도에도 지속되고 있는 것을 확인할 수 있다.

〈표 3-2〉에서 소맥 선물계약의 거래량은 12월물(DEC 18) 기준 102,329계약이고, 모든 결제월의 거래량을 합산한 총거래량은 158,925계약이다. 한편 전일의 미결제약정(O/I)은 12월물(DEC 18) 기준 217,848계약이고, 모든 결제월의 미결제약정을 합친 총미결제약정은 448,952계약이다.

3. 대두 선물(Soybean Futures)

〈표 3-3〉은 2018년 9월 4일에 시카고상품거래소(CBOT)에서 거래된 대두 선물계약의 결제월별 가격을 보여주고 있다. 대두 선물의 시세표도 옥수수 및 소맥 선물과 동일한 방법으로 해석할 수 있다.

대두 선물의 결제월은 1, 3, 5, 7, 8, 9, 11월의 주기(cycle)로 되어 있다. 대두 선물계약은 3개 작물연도(crop year)의 전체 결제월이 상장되어 있는 한편 4년차 작물연도의 경우 7월물(JLY)과 11월물(NOV)이 상장되어 있다. 2018년 9월 4일을 기준으로 할 때, 2018년 9월물(SEP 18)은 당월물이 된다. 즉, 2018년 9월물(SEP 18)은 여전히 선물로 거래되고 있긴 하지만, 이미 해당 결제월로 접어든 상황이다. 당월물은 일일가격제한폭의 적용을 받지 않기 때문에 가격변동이 매우 불규칙한 경우가 많다. 한편 거래가 가장 활발한 근월물은 2018년 11월물(NOV 18)이다. 2019년 1월물(JAN 19)을 포함한 이후의 결제월들은 원월물에 해당한다.

표 3-3　시카고상품거래소(CBOT)의 대두 선물가격

Month	Open	High	Low	Last	Change	Settle	Estimated Volume	Prior Day Open Interest
SEP 18	832'0	838'6	826'2A	831'6	-1'0	832'0	1,583	1,252
NOV 18	845'4	851'4	836'6	844'6	+'6	844'2	95,667	438,716
JAN 19	858'4	864'2	850'0	856'4	+'2	857'0	27,221	115,234
MAR 19	871'4	876'2	862'6	869'4	+'2	869'6	20,470	104,637
MAY 19	883'2	887'4	874'2A	880'2B	-'4	881'0	6,398	66,856
JLY 19	892'6	897'2	884'0	890'0B	-'4	890'4	8,049	54,880
AUG 19	892'2	897'6	891'6A	894'0	-'2	894'4	356	1,988
SEP 19	895'0	900'4B	890'0A	894'0A	-'2	894'6	19	1,136
NOV 19	899'4	903'4B	891'2A	896'4	-'6	897'4	1,929	22,831
JAN 20	-	912'2B	902'0A	906'2A	-'6	907'0	15	509
MAR 20	-	918'0B	908'6A	912'4A	-'2	913'0	17	160
MAY 20	921'0	925'4B	917'0A	920'4B	-'2	920'6	25	84
JLY 20	928'0	932'6B	921'6A	927'6B	UNCH	928'0	9	120
AUG 20	-	-	-	-	UNCH	930'0	0	39
SEP 20	-	-	-	-	-'2	915'4	0	50
NOV 20	911'6	911'6	909'4	909'4	-'4	908'4	4	350
JLY 21	-	-	-	-	-'4	935'6	0	25
NOV 21	-	-	-	-	-'4	914'6	0	24
Total							161,762	808,891

주: 2018년 9월 4일 기준
자료: CME Group Inc.(www.cmegroup.com)

　　옥수수 및 소맥 선물과 마찬가지로 대두 선물가격도 부셸당 센트(￠/bu)로 표시되며, 끝자리 수는 8분의 1 단위의 숫자로 표시된다. 그리고 대두 선물계약의 최소가격 변동 폭, 즉 1 tick도 $\frac{1}{4}$센트로 되어 있다. 따라서 대두 선물가격의 끝자리에 등장하는 수는 $\frac{1}{4}\left(=\frac{2}{8}\right)$의 배수여야 하므로 0, 2, 4, 6 가운데 하나가 된다.

　　예컨대, 〈표 3-3〉에서 근월물인 2018년 11월물(NOV 18)의 정산가격 844'2는 $844+\frac{2}{8}$, 즉 ￠844.25/bu(=$8.4425/bu)을 의미한다. 부셸당 센트(￠/bu)로 표시된 대두 선물가격을 톤(m/t)당 가격으로 환산하면, $8.4425×36.7437bu=$310.21/톤(m/t)이 된다(대두 1 m/t=36.7437bu).

　　〈표 3-3〉에 제시된 가격정보를 바탕으로 할 때, 근월물인 2018년 11월물(NOV 18)의 전일 정산가격은 얼마일까? 당일의 정산가격 ￠844.25/bu가 전일의 정산가격

보다 ￠0.75/bu만큼 상승한(change; +'6) 것이므로 전일의 정산가격은 ￠843.50/bu (=$8.4350/bu)이라는 것을 알 수 있다.

미국산 대두의 작물연도(유통연도)는 9월 1일부터 다음해 8월 31일까지이다. 작물연도는 올해 곡물의 수확이 시작되는 시점부터 다음해의 수확이 시작되기 전까지의 기간에 해당한다. 대두 선물시장에서 신곡이 본격적으로 거래되기 시작하는 결제월은 11월물(NOV)이다. 대두 선물계약의 결제월에서 7월물(JLY)과 11월물(NOV)은 각각 구곡과 신곡을 대표하는 결제월이다. 따라서 7월물에서 11월물로 이행하는 시점은 구곡에서 신곡으로 전환되는 시점이기도 하다. 이러한 특성을 반영하여 작물연도가 바뀌는 시점에 일시적으로 역조시장이 형성되기도 한다.

대두 선물거래의 손익을 산출해보도록 하자. 예컨대, 만약 2018년 11월물(NOV 18) 20계약을 당일의 시가에 매도하였다가 종가에 다시 매입(환매)하였다면 거래손익은 얼마가 될까? 거래 결과 (￠845.50−￠844.75)×20계약×5,000bu=￠75,000=$750의 이익이 발생하게 된다(대두 선물 1계약=5,000bu).

〈표 3-3〉에서 대두 선물계약의 거래량은 11월물(NOV 18) 기준 95,667계약이고, 모든 결제월의 거래량을 합산한 총거래량은 161,762계약이다. 한편 전일의 미결제약정(O/I)은 11월물(NOV 18) 기준 438,716계약이고, 모든 결제월의 미결제약정을 합친 총미결제약정은 808,891계약이다.

4. 대두유 선물(Soybean Oil Futures)

〈표 3-4〉는 2018년 9월 4일에 시카고상품거래소(CBOT)에서 거래된 대두유 선물계약의 결제월별 가격을 보여주고 있다. 대두유 선물의 시세표도 다른 곡물 선물과 동일한 방법으로 해석할 수 있다.

대두유 선물의 결제월은 1, 3, 5, 7, 8, 9, 10, 12월의 주기(cycle)로 되어 있다. 대두유 선물계약은 3개 연도의 전체 결제월이 상장되어 있는 한편 4년차에는 7월물(JLY)과 10월물(OCT), 그리고 12월물(DEC)이 상장되어 있다. 2018년 9월 4일을 기준으로 할 때, 2018년 9월물(SEP 18)은 당월물이 된다. 당월물은 일일가격제한폭의 적용을 받지 않기 때문에 가격변동이 매우 불규칙한 경우가 많다. 한편 거래가 가장 활발한 근월물은 2018년 12월물(DEC 18)이다. 2019년 1월물(JAN 19)을 포함한 이후의 결제월들은 원월물에 해당한다.

표 3-4	시카고상품거래소(CBOT)의 대두유 선물가격

Month	Open	High	Low	Last	Change	Settle	Estimated Volume	Prior Day Open Interest
SEP 18	28.40	28.58	28.27	28.37	+.02	28.39	2,109	2,578
OCT 18	28.51	28.73	28.35	28.53	+.02	28.53	12,289	58,325
DEC 18	28.77	29.00	28.60	28.75	+.01	28.78	52,578	250,778
JAN 19	29.05	29.22	28.82	28.95	+.02	29.01	13,608	73,659
MAR 19	29.34	29.50	29.12	29.27	+.04	29.32	8,258	48,825
MAY 19	29.61	29.75	29.39A	29.53	+.02	29.58	5,222	28,119
JLY 19	29.86	29.99	29.65	29.82	+.04	29.86	4,385	31,981
AUG 19	29.94	30.13	29.79	29.97	+.03	29.99	375	6,531
SEP 19	30.27	30.27	30.02	30.07B	+.01	30.12	397	4,768
OCT 19	30.34	30.36B	30.03A	30.17B	+.01	30.20	470	3,295
DEC 19	30.41	30.58	30.21A	30.35	+.01	30.39	1,636	13,232
JAN 20	30.60	30.79B	30.46A	30.59A	UNCH	30.63	12	613
MAR 20	31.09	31.09	30.77A	30.88A	UNCH	30.92	2	921
MAY 20	-	31.36B	31.08A	31.19A	+.01	31.22	1	697
JLY 20	-	31.64B	31.38A	31.47A	-.01	31.50	1	387
AUG 20	-	-	-	-	+.01	31.63	0	92
SEP 20	-	-	-	-	+.02	31.74	0	165
OCT 20	-	-	-	-	+.02	31.80	0	144
DEC 20	-	-	-	-	+.01	32.09	1	486
JLY 21	-	-	-	-	+.01	32.09	0	0
OCT 21	-	-	-	-	+.01	32.09	0	0
DEC 21	-	-	-	-	+.01	32.09	0	0
Total							101,344	525,596

주: 2018년 9월 4일 기준
자료: CME Group Inc.(www.cmegroup.com)

대두유 선물가격은 파운드당 센트(¢/lb)로 표시된다. 〈표 3-4〉에서 근월물인 2018년 12월물(DEC 18)의 정산가격은 ¢28.78/lb이다. 이를 톤(m/t)으로 환산하면 ¢28.78/lb×2,204.6lbs=$634.48/톤(m/t)이 된다(1m/t=2,204.6lbs).

대두유 선물거래의 손익을 산출해보도록 하자. 예컨대, 만약 2018년 12월물(DEC 18) 50계약을 당일의 시가에 매입하였다가 종가에 다시 매도(전매)하였다면 거래손익은 얼마가 될까? 거래 결과 (¢28.75 − ¢28.77)×50계약×60,000lbs = − ¢60,000 = −$600의 손실이 발생하게 된다(대두유 선물 1계약=60,000lbs).

〈표 3-4〉에서 대두유 선물계약의 거래량은 12월물(DEC 18) 기준 52,578계약이고, 모든 결제월의 거래량을 합산한 총거래량은 101,344계약이다. 한편 전일의 미결제약정(O/I)은 12월물(DEC 18) 기준 250,778계약이고, 모든 결제월의 미결제약정을 합친 총미결제약정은 525,596계약이다.

5. 대두박 선물(Soybean Meal Futures)

〈표 3-5〉는 2018년 9월 4일에 시카고상품거래소(CBOT)에서 거래된 대두박 선물계약의 결제월별 가격을 보여주고 있다. 대두박 선물의 시세표도 다른 곡물 선물과 동일한 방법으로 해석할 수 있다.

대두박 선물의 결제월은 대두유 선물과 동일하게 1, 3, 5, 7, 8, 9, 10, 12월의 주기(cycle)로 되어 있다. 대두박 선물계약도 3개 연도의 전체 결제월이 상장되어 있는 한편 4년차에는 7월물(JLY)과 10월물(OCT), 그리고 12월물(DEC)이 상장되어 있다. 2018년 9월 4일을 기준으로 할 때, 2018년 9월물(SEP 18)은 당월물이 된다. 당월물은 일일가격제한폭의 적용을 받지 않는다. 한편 거래가 가장 활발한 근월물은 2018년 12월물(DEC 18)이다. 2019년 1월물(JAN 19)을 포함한 이후의 결제월들은 원월물에 해당한다.

대두박 선물가격은 short ton당 달러($/short ton)로 표시된다. 〈표 3-5〉에서 근월물인 2018년 12월물(DEC 18)의 정산가격은 $311.2/short ton이다. 1short ton=0.907186 metric ton이고, 반대로 1metric ton=1.10231short ton이다. 정산가격 $311.2/short ton을 metric ton(m/t)으로 환산하면 $282.3/톤(m/t)(=$311.2/short ton×0.907186)이 된다.

대두박 선물거래의 손익을 산출해보도록 하자. 예컨대, 만약 2018년 12월물(DEC 18) 10계약을 당일의 최저가에 매입하였다가 최고가에 다시 매도(전매)하였다면 거래손익은 얼마가 될까? 거래 결과 ($313.8−$306.3)×10계약×100short tons=$7,500의 이익이 발생하게 된다(대두박 선물 1계약=100 short ton).

〈표 3-5〉에서 대두박 선물계약의 거래량은 12월물(DEC 18) 기준 65,900계약이고, 모든 결제월의 거래량을 합산한 총거래량은 140,033계약이다. 한편 전일의 미결제약정(O/I)은 12월물(DEC 18) 기준 219,726계약이고, 모든 결제월의 미결제약정을 합친 총미결제약정은 514,980계약이다.

표 3-5			시카고상품거래소(CBOT)의 대두박 선물가격					

Month	Open	High	Low	Last	Change	Settle	Estimated Volume	Prior Day Open Interest
SEP 18	304.9	310.1	303.7	308.4	+4.6	308.3	1,686	2,973
OCT 18	305.1	311.5	304.5	309.2	+4.6	309.2	17,235	61,612
DEC 18	307.7	313.8	306.3	311.1	+4.0	311.2	65,900	219,726
JAN 19	308.3	313.1	306.1	310.2	+2.6	310.3	19,727	55,075
MAR 19	309.2	312.5	306.6	310.0	+2.0	310.3	14,697	59,940
MAY 19	310.3	312.4	307.1	310.5	+1.9	310.7	9,624	39,925
JLY 19	312.6	314.9	309.6	312.7	+1.6	313.1	6,508	32,477
AUG 19	312.8	316.1	311.3	314.0	+1.3	314.1	1,190	6,829
SEP 19	313.5	316.5	311.6	313.7	+.6	314.1	675	7,593
OCT 19	312.5	314.5B	310.5A	311.9	+.2	312.4	822	6,140
DEC 19	313.7	314.8	310.0	311.8	-.3	312.1	1,853	20,832
JAN 20	314.1	315.2	312.0A	312.7A	-.3	313.0	116	733
MAR 20	-	316.2B	312.9A	313.7A	-.3	313.9	0	317
MAY 20	-	317.0B	-	315.3A	-.2	315.1	0	132
JLY 20	-	319.4B	315.8A	316.8A	-.2	317.1	0	491
AUG 20	-	-	-	-	-.2	313.7	0	22
SEP 20	-	-	-	-	-.2	313.4	0	22
OCT 20	-	-	-	-	-.2	313.0	0	22
DEC 20	-	-	-	-	-.2	314.9	0	119
JLY 21	-	-	-	-	-.2	317.8	0	0
OCT 21	-	-	-	-	-.2	317.8	0	0
DEC 21	-	-	-	-	-.2	324.8	0	0
Total							140,033	514,980

주: 2018년 9월 4일 기준
자료: CME Group Inc.(www.cmegroup.com)

SECTION 07 선물 가격차트Price Chart 읽는 법

선물시장에서는 일일, 주간 및 월간 단위의 선물가격 움직임을 축약적으로 표현
하기 위해 가격 차트를 많이 사용한다. 가격 차트 중 대표적으로 많이 사용되고 있는

것은 막대차트(봉차트; bar chart)와 촛대차트(candlestick chart)이다.

막대차트에서 막대의 왼쪽에 표시된 점은 시가(open), 오른쪽에 표시된 점은 종가(close)를 나타낸다. 그리고 막대의 상단과 하단은 각각 최고가(high)와 최저가(low)를 나타낸다. 이로 인해 막대차트는 OHLC(open, high, low, close) 차트라고도 부른다. 막대차트에서는 막대의 색깔을 달리하여 시각적 효과를 부여한다. 즉, 시가(open)보다 종가(close)가 높게 끝날 경우 막대 전체를 녹색(green)으로 표시하여 강세시장(bullish market)임을 나타낸다. 반대로 시가(open)보다 종가(close)가 낮게 끝날 경우에는 막대 전체를 적색(red)으로 표시하여 약세시장(bearish market)임을 나타낸다.

한편 촛대차트는 막대의 모양이 초를 꽂는 촛대를 닮아서 붙여진 이름이다.[5] 촛대차트는 몸통(real body), 그리고 심지(wick)에 해당하는 윗그림자(upper shadow)와 아랫그림자(lower shadow)로 이루어진다. 촛대의 몸통에는 시가(open)와 종가(close)가 표시되고, 윗그림자에는 최고가(high), 그리고 아랫그림자에는 최저가(low)가 표시된다. 촛대차트에서도 촛대의 색깔을 달리하여 시각적 효과를 부여하는데, 시가(open)보다 종가(close)가 높게 끝날 경우 몸통을 녹색(green)으로 표시하여 강세시장(bullish market)임을 나타낸다. 반대로 시가(open)보다 종가(close)가 낮게 끝날 경우에는 몸통을 적색(red)으로 표시하여 약세시장(bearish market)임을 나타낸다.

촛대차트에서 몸통의 색깔을 표현하는 방법은 매우 다양하다. 서양에서는 녹색과 적색(green/red) 또는 백색과 흑색(white/black)을 주로 사용한다. 그러나 일본과 한국을 포함한 동양에서는 음양(陰陽)의 원리에 따라 청색과 적색(blue/red)을 주로 사용한다. 시가보다 종가가 높은 강세시장을 표현할 때 서양에서는 촛대의 몸통을 녹색(또는 백색)으로 표현하는 반면 동양에서는 적색(양선; 陽線; Yang)을 사용한다. 반대로 시가보다 종가가 낮은 약세시장을 표현할 때 서양에서는 촛대의 몸통을 적색(또는 흑색)으로 표현하는 반면 동양에서는 청색(음선; 陰線; Yin)을 사용한다.

---

5 촛대차트는 일본의 Munehisa Homma(本間宗久; Honma Munehisa; Sokyu Homma; Sokyu Honma; 1724-1803년)에 의해 만들어진 것으로 알려져 있다. 그는 사카타(酒田; さかた; Sakata) 출신의 미곡상(rice merchant)으로 도쿠가와 막부 시대에 오사카의 도지마쌀시장(Dojima Rice Market)에서 쌀을 거래하였다. 촛대차트를 이용한 거래전략을 '사카타 전술(酒田戰術)'이라고도 부른다.

그림 3-5   막대차트(bar chart)와 촛대차트(candlestick chart)

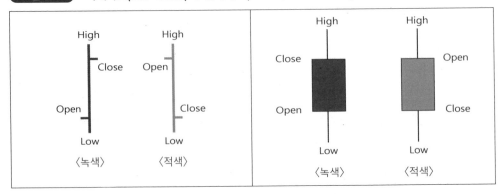

1. 옥수수 선물(Corn Futures)

〈그림 3-6〉은 시카고상품거래소(CBOT)에서 거래되는 2018년 12월물 옥수수 선물(ZCZ2018)의 가격 추이를 보여주고 있다. 막대차트에서 하나하나의 막대는 하루하루의 옥수수 가격 움직임을 축약적으로 표현하고 있다.

막대차트를 살펴보면 그 동안의 가격 흐름을 한 눈에 파악할 수 있는 장점이 있다. 기술적 분석(technical analysis)에서는 가격에 모든 시장정보가 반영되어 있다는 전

그림 3-6   시카고상품거래소(CBOT)의 옥수수 선물가격 추이(2018년 12월물 기준)

주: 2018년 9월 4일 기준
자료: CME Group Inc.(www.cmegroup.com)

제하에 차트 분석을 통하여 향후의 가격변동 방향 및 변동 폭을 예측하고자 한다. 2018년 12월물 옥수수 선물가격은 여름 동안의 날씨가 순조로웠던 덕분에 5월 말부터 7월 중순까지 하락 추세를 이어왔다.

〈그림 3-7〉은 1972년부터 2018년 8월까지 시카고상품거래소(CBOT)에서 거래된 근월물 옥수수 선물가격의 추이를 보여주고 있다. 이 그래프는 근월물 옥수수 선물가격을 연속적으로 연결한 시계열자료(時系列資料; time series data)로 만들어진 것이며, 월간자료(monthly data)를 이용하고 있다. 해당 기간 동안 옥수수 선물의 최고가는 ¢843.75/bu(=$8.4375/bu), 최저가는 ¢132.00/bu(=$1.3200/bu)를 기록하였다. 옥수수 선물가격은 2007~2008년과 2010~2011년에 세계 식량위기(global food crisis)를 겪으면서 급등하였고, 2012년에는 미국에 극심한 가뭄이 발생하여 옥수수 생산량이 급감하면서 사상 최고가격을 기록한 바 있다.

그림 3-7 시카고상품거래소(CBOT)의 월간 옥수수 선물가격 추이(1972~2018년)

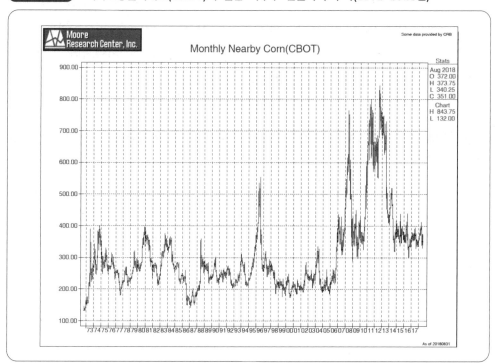

자료: Moore Research Center, Inc.(www.mrci.com)

2. 소맥 선물(Wheat Futures)

〈그림 3-8〉은 시카고상품거래소(CBOT)에서 거래되는 2018년 12월물 Chicago SRW 소맥 선물(ZWZ2018)의 가격 추이를 보여주고 있다. 막대차트에서 하나하나의 막대는 하루하루의 소맥 가격 움직임을 축약적으로 표현하고 있다. 2018년 12월물 Chicago SRW 소맥 선물가격은 수확기인 6월 말부터 7월 중순에 걸쳐 연중 최저가격 수준에 접근하였다가 이후 유럽지역에 무더위와 가뭄이 찾아오면서 다시 상승하는 양상을 보였다.

〈그림 3-9〉는 1972년부터 2018년 8월까지 시카고상품거래소(CBOT)에서 거래된 근월물 Chicago SRW 소맥 선물가격의 추이를 보여주고 있다. 이 그래프는 근월물 Chicago SRW 소맥 선물가격을 연속적으로 연결한 시계열자료로 만들어진 것이며, 월간자료를 이용하고 있다.

해당 기간 동안 Chicago SRW 소맥 선물의 최고가는 ¢1,334.50/bu(=$13.3450/bu), 최저가는 ¢186.25/bu(=$1.8625/bu)을 기록하였다. Chicago SRW 소맥 선물가격은 지난 2007~2008년에 세계 식량위기가 발생하면서 사상 최고가격을 기록하였다. 당시 곡물 가격의 상승이 식료품비를 포함한 전반적인 물가 상승으로 이어지면서 '애그플레이션(agflation)'이라는 신조어까지 생겨나기도 했다. 애그플레이션은 농업을 뜻하는

그림 3-8 시카고상품거래소(CBOT)의 Chicago SRW 소맥 선물가격 추이(2018년 12월물 기준)

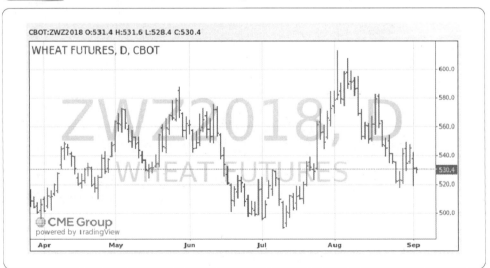

주: 2018년 9월 4일 기준
자료: CME Group Inc.(www.cmegroup.com)

그림 3-9 시카고상품거래소(CBOT)의 월간 Chicago SRW 소맥 선물가격 추이(1972~2018년)

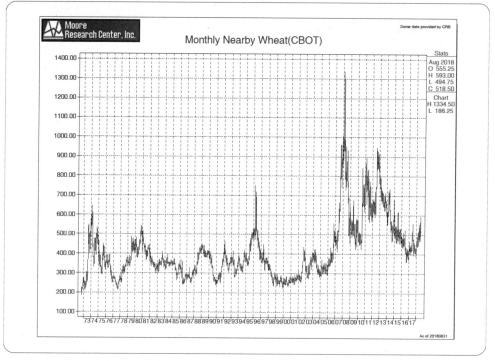

자료: Moore Research Center, Inc.(www.mrci.com)

'agriculture'와 물가 상승을 뜻하는 'inflation'이 합성된 단어이다.

3. 대두 선물(Soybean Futures)

〈그림 3-10〉은 시카고상품거래소(CBOT)에서 거래되는 2018년 11월물 대두 선물(ZSX2018)의 가격 추이를 보여주고 있다. 막대차트에서 하나하나의 막대는 하루하루의 대두 가격 움직임을 축약적으로 표현하고 있다. 2018년 11월물 대두 선물가격은 여름 동안의 날씨가 순조로웠던 덕분에 5월 말부터 7월 중순까지 하락 추세를 이어왔다.

〈그림 3-11〉은 1972년부터 2018년 8월까지 시카고상품거래소(CBOT)에서 거래된 근월물 대두 선물가격의 추이를 보여주고 있다. 이 그래프는 근월물 대두 선물가격을 연속적으로 연결한 시계열자료로 만들어진 것이며, 월간자료를 이용하고 있다. 해당 기간 동안 대두 선물의 최고가는 ￠1,794.75/bu(=$17.9475/bu), 최저가는 ￠331.13/bu(=$3.3113/bu)을 기록하였다. 대두 선물가격은 2007~2008년과 2010~2011년에 세계 식량위기를

그림 3-10 시카고상품거래소(CBOT)의 대두 선물가격 추이(2018년 11월물 기준)

주: 2018년 9월 4일 기준
자료: CME Group Inc.(www.cmegroup.com)

그림 3-11 시카고상품거래소(CBOT)의 월간 대두 선물가격 추이(1972~2018년)

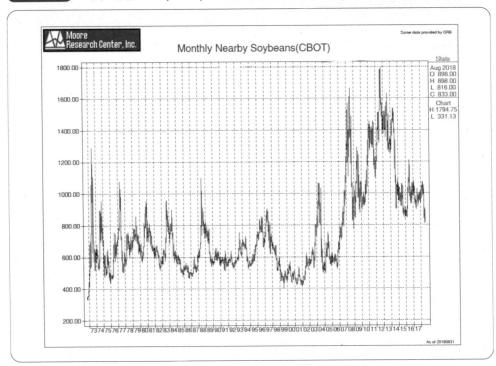

자료: Moore Research Center, Inc.(www.mrci.com)

그림 3-12   시카고상품거래소(CBOT)의 대두유 선물가격 추이(2018년 12월물 기준)

주: 2018년 9월 4일 기준
자료: CME Group Inc.(www.cmegroup.com)

그림 3-13   시카고상품거래소(CBOT)의 월간 대두유 선물가격 추이(1972~2018년)

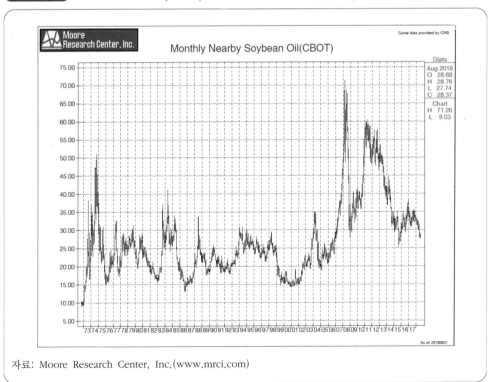

자료: Moore Research Center, Inc.(www.mrci.com)

겪으면서 급등하였고, 2012년에는 미국에 극심한 가뭄이 발생하여 대두 생산량이 급감하면서 사상 최고가격을 기록한 바 있다.

4. 대두유 선물(Soybean Oil Futures)

〈그림 3-12〉는 시카고상품거래소(CBOT)에서 거래되는 2018년 12월물 대두유 선물(ZLZ2018)의 가격 추이를 보여주고 있다. 막대차트에서 하나하나의 막대는 하루하루의 대두유 가격 움직임을 축약적으로 표현하고 있다. 2018년 12월물 대두유 선물가격은 대두 선물가격의 추세와 유사하게 5월 말부터 7월 중순까지 하락 추세를 이어왔다.

〈그림 3-13〉은 1972년부터 2018년 8월까지 시카고상품거래소(CBOT)에서 거래된 근월물 대두유 선물가격의 추이를 보여주고 있다. 이 그래프는 근월물 대두유 선물가격을 연속적으로 연결한 시계열자료로 만들어진 것이며, 월간자료를 이용하고 있다. 해당 기간 동안 대두유 선물의 최고가는 ¢71.26/lb, 최저가는 ¢9.03/lb을 기록하였다. 대두유 선물가격은 지난 2007~2008년에 세계 식량위기가 발생하면서 사상 최고가격을 기록하였다.

5. 대두박 선물(Soybean Meal Futures)

〈그림 3-14〉는 시카고상품거래소(CBOT)에서 거래되는 2018년 12월물 대두박 선물(ZMZ2018)의 가격 추이를 보여주고 있다. 막대차트에서 하나하나의 막대는 하루하루의 대두박 가격 움직임을 축약적으로 표현하고 있다. 2018년 12월물 대두 선물가격은 5월 초부터 지속적인 하락 추세를 이어왔다.

〈그림 3-15〉는 1972년부터 2018년 8월까지 시카고상품거래소(CBOT)에서 거래된 근월물 대두박 선물가격의 추이를 보여주고 있다. 이 그래프는 근월물 대두박 선물가격을 연속적으로 연결한 시계열자료로 만들어진 것이며, 월간자료를 이용하고 있다. 해당 기간 동안 대두박 선물의 최고가는 $554.40/short ton, 최저가는 $97.60/short ton을 기록하였다. 대두박 선물가격은 2007~2008년과 2010~2011년에 세계 식량위기를 겪으면서 급등하였고, 2012년에는 미국에 극심한 가뭄이 발생하여 대두 생산량이 급감하면서 사상 최고가격을 기록한 바 있다.

그림 3-14 시카고상품거래소(CBOT)의 대두박 선물가격 추이(2018년 12월물 기준)

주: 2018년 9월 4일 기준
자료: CME Group Inc.(www.cmegroup.com)

그림 3-15 시카고상품거래소(CBOT)의 월간 대두박 선물가격 추이(1972~2018년)

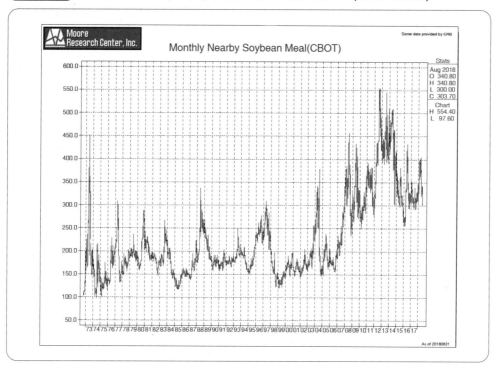

자료: Moore Research Center, Inc.(www.mrci.com)

SECTION **08 선물 거래량**Trading Volume**과 미결제약정**O/I; Open Interest

거래량과 미결제약정은 시장의 유동성(market liquidity), 즉 거래가 얼마나 활발하게 이루어지는가를 나타내는 대표적인 지표이다. 시카고상품거래소(CBOT)는 농산물을 거래하는 전 세계 선물시장 가운데 가장 유동성이 풍부한 시장일 뿐만 아니라 국제 곡물거래의 기준가격을 형성하고 있다. 본 절에서는 시카고상품거래소(CBOT)에서 거래되는 농산물 선물계약의 거래량 및 미결제약정 현황에 대해 살펴보도록 한다.

시카고상품거래소(CBOT)는 전통적으로 공개호가(公開呼價; open outcry)에 의한 거래방식을 유지해 왔다. 그러나 2000년대 중반부터 전자거래(電子去來; electronic trading)가 대폭 확대되면서 공개호가에 의한 거래 비중이 급격히 줄어듦에 따라 마침내 2015년 7월부터 공개호가에 의한 선물거래를 전면 중단하기에 이르렀다. 다만, 옵션거래는 공개호가와 전자거래를 병행하고 있으며, 공개호가는 복잡한 형태의 옵션 스프레드(option spread) 거래에 매우 유용한 것으로 알려지고 있다.

CME Group이 탄생하기 전에 시카고상품거래소(CBOT)와 시카고상업거래소(CME)는 서로 다른 전자거래시스템을 사용해 왔다. 시카고상업거래소(CME)가 1992년 6월 26일에 'CME Globex'를 출범시킨데 비해 시카고상품거래소(CBOT)는 2년 뒤인 1994년 10월 20일에 'Project A'를 출범시켰다. 그 후 2007년 7월 12일에 시카고상업거래소(CME)와 시카고상품서래소(CBOT)가 통합되어 CME Group Inc.가 탄생하면서 CME Globex 시스템이 전격적으로 사용되기 시작하였다. CME Globex를 통한 전자거래는 신속성, 정확성, 효율성 등을 바탕으로 24시간 거래, 글로벌 트레이딩(global trading)을 표방하면서 거래량 증대에 크게 기여하고 있다.

1. 옥수수 선물(Corn Futures)

옥수수 선물은 시카고상품거래소(CBOT)에서 거래되는 농산물 선물계약 가운데 거래량이 가장 많은 상품이다. 〈표 3-6〉과 〈그림 3-16〉에서 보는 바와 같이, 2017년 기준 옥수수 선물의 연간거래량은 약 9,000만 계약, 일평균거래량은 약 36만 계약, 그리고 연말 미결제약정(O/I)은 약 150만 계약을 기록하였다.

| 표 3-6 | 옥수수 선물 거래량 및 미결제약정(2000~2017년) | | | | (단위: 계약수) |

연도	거래량(trading volume)				미결제약정 (open interest)
	연간거래량	일평균거래량	공개호가	전자거래	
2000	17,185,442	68,196	–	–	434,485
2001	16,728,748	66,915	–	–	427,034
2002	18,132,447	71,954	–	–	438,041
2003	19,281,248	76,513	–	–	425,929
2004	24,038,233	95,390	–	–	603,401
2005	27,965,057	110,972	97%	3%	786,225
2006	47,239,893	188,207	78%	22%	1,402,433
2007	54,520,152	216,350	30%	70%	1,291,607
2008	59,957,118	237,925	13%	87%	809,800
2009	50,948,804	202,179	9%	91%	1,001,511
2010	69,841,420	276,053	9%	91%	1,549,228
2011	79,004,801	313,511	8%	92%	1,151,698
2012	73,184,337	289,266	5%	95%	1,128,702
2013	64,322,600	255,248	3%	97%	1,203,205
2014	69,437,304	275,545	2%	98%	1,236,694
2015	83,094,271	328,436	1%	99%	1,334,192
2016	85,625,219	339,783	0%	100%	1,237,798
2017	89,876,782	358,075	0%	100%	1,541,851

주: 일평균 거래량(average daily volume)은 연간 거래량(annual trading volume)을 거래일수로 나누어 구한 값이다. 미결제약정(O/I)은 12월말을 기준으로 한 것이다.
자료: CME Group Inc.(www.cmegroup.com)

| 그림 3-16 | 옥수수 선물 거래량 및 미결제약정 추이(2000~2017년) | (단위: 계약수) |

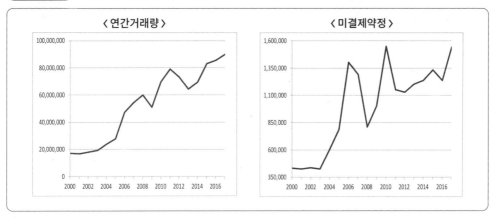

〈 연간거래량 〉   〈 미결제약정 〉

자료: CME Group Inc.(www.cmegroup.com)

거래방식에 따른 거래량 비중을 살펴보면, 2005년만 하더라도 장내(trading pit)에서 공개호가에 의한 거래비중이 97%이고, 전자거래의 비중은 3%에 지나지 않았다. 그러나 시카고상업거래소(CME)와 시카고상품거래소(CBOT)가 통합된 2007년 이후 전자거래의 비중이 급격히 증가하였으며, 2015년 7월부터는 공개호가에 의한 선물거래가 완전히 중단되고 말았다.

2. 소맥 선물(Wheat Futures)

Chicago SRW 소맥 선물은 시카고상품거래소(CBOT)에서 거래되는 농산물 선물계약 가운데 옥수수, 대두 선물에 이어 세 번째로 거래량이 많은 상품이다. 〈표 3-7〉과 〈그림 3-17〉에서 보는 바와 같이, 2017년 기준 Chicago SRW 소맥 선물의 연간거

표 3-7 Chicago SRW 소맥 선물 거래량 및 미결제약정(2000~2017년)   (단위: 계약수)

연도	거래량(trading volume)				미결제약정 (open interest)
	연간거래량	일평균거래량	공개호가	전자거래	
2000	6,407,531	25,427	–	–	132,456
2001	6,801,541	27,206	–	–	103,289
2002	6,872,891	27,273	–	–	86,612
2003	6,985,781	27,721	–	–	107,412
2004	7,955,155	31,568	–	–	184,262
2005	10,114,098	40,135	98%	2%	301,884
2006	16,224,871	64,641	83%	17%	446,611
2007	19,582,706	77,709	31%	69%	427,218
2008	19,011,928	75,444	12%	88%	250,701
2009	17,677,547	70,149	6%	94%	362,342
2010	23,090,255	91,266	4%	96%	491,535
2011	24,283,331	96,362	3%	97%	384,583
2012	27,379,403	108,219	2%	98%	456,627
2013	24,993,158	99,179	1%	99%	565,900
2014	25,853,004	102,591	1%	99%	371,349
2015	31,100,598	122,927	1%	99%	367,911
2016	31,059,726	123,253	0%	100%	450,980
2017	33,717,805	134,334	0%	100%	526,746

주: 일평균 거래량(average daily volume)은 연간 거래량(annual trading volume)을 거래일수로 나누어 구한 값이다. 미결제약정(O/I)은 12월말을 기준으로 한 것이다.
자료: CME Group Inc.(www.cmegroup.com)

그림 3-17   Chicago SRW 소맥 선물 거래량 및 미결제약정 추이(2000~2017년)(단위: 계약수)

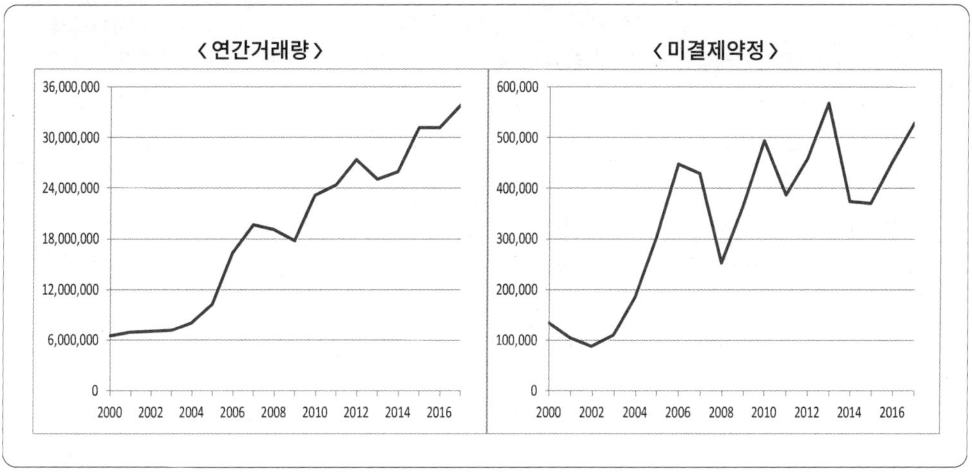

자료: CME Group Inc.(www.cmegroup.com)

래량은 약 3,400만 계약, 일평균거래량은 약 13만 계약, 그리고 연말 미결제약정(O/I)은 약 53만 계약을 기록하였다.

거래방식에 따른 거래량 비중을 살펴보면, 2005년만 하더라도 장내에서 공개호가에 의한 거래비중이 98%이고, 전자거래의 비중은 2%에 지나지 않았다. 그러나 시카고상업거래소(CME)와 시카고상품거래소(CBOT)가 통합된 2007년 이후 전자거래의 비중이 급격히 증가하였으며, 2015년 7월부터는 공개호가에 의한 선물거래가 완전히 중단되고 말았다.

3. 대두 선물(Soybean Futures)

대두 선물은 시카고상품거래소(CBOT)에서 거래되는 농산물 선물계약 가운데 옥수수 선물 다음으로 거래량이 많은 상품이다. 〈표 3-8〉과 〈그림 3-18〉에서 보는 바와 같이, 2017년 기준 대두 선물의 연간거래량은 약 5,500만 계약, 일평균거래량은 약 22만 계약, 그리고 연말 미결제약정(O/I)은 약 71만 계약을 기록하였다.

거래방식에 따른 거래량 비중을 살펴보면, 2005년만 하더라도 장내에서 공개호가에 의한 거래비중이 97%이고, 전자거래의 비중은 3%에 지나지 않았다. 그러나 시카고상업거래소(CME)와 시카고상품거래소(CBOT)가 통합된 2007년 이후 전자거래의 비중이 급격히 증가하였으며, 2015년 7월부터는 공개호가에 의한 선물거래가 완전히 중단되고 말았다.

표 3-8   대두 선물 거래량 및 미결제약정(2000~2017년)   (단위: 계약수)

연도	거래량(trading volume)				미결제약정 (open interest)
	연간거래량	일평균거래량	공개호가	전자거래	
2000	12,627,950	50,111	–	–	163,269
2001	12,150,369	48,601	–	–	156,016
2002	14,475,100	57,441	–	–	201,351
2003	17,641,814	70,007	–	–	238,593
2004	18,846,021	74,786	–	–	228,903
2005	20,216,137	80,223	97%	3%	279,605
2006	22,647,784	90,230	83%	17%	397,746
2007	31,726,316	125,898	34%	66%	555,441
2008	36,373,096	144,338	14%	86%	278,848
2009	35,758,855	141,901	10%	90%	418,247
2010	36,933,960	145,984	8%	92%	629,400
2011	45,143,755	179,142	7%	93%	460,918
2012	52,041,615	205,698	5%	95%	546,611
2013	46,721,081	185,401	2%	98%	576,092
2014	49,169,361	195,117	2%	98%	599,377
2015	54,095,051	213,814	1%	99%	647,229
2016	61,730,753	244,963	0%	100%	630,756
2017	54,504,169	217,148	0%	100%	708,342

주: 일평균 거래량(average daily volume)은 연간 거래량(annual trading volume)을 거래일수로 나누어 구
    한 값이다. 미결제약정(O/I)은 12월말을 기준으로 한 것이다.
자료: CME Group Inc.(www.cmegroup.com)

그림 3-18   대두 선물 거래량 및 미결제약정 추이(2000~2017년)   (단위: 계약수)

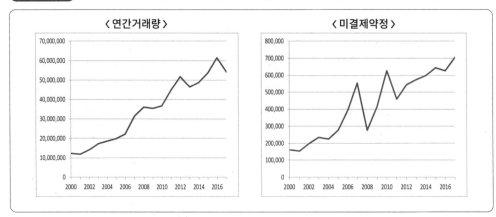

자료: CME Group Inc.(www.cmegroup.com)

4. 대두유 선물(Soybean Oil Futures)

대두유 선물은 시카고상품거래소(CBOT)에서 거래되는 농산물 선물계약 가운데 옥수수, 대두, 소맥 선물에 이어 네 번째로 거래량이 많은 상품이다. 〈표 3-9〉와 〈그림 3-19〉에서 보는 바와 같이, 2017년 기준 대두유 선물의 연간거래량은 약 3,000만

표 3-9　대두유 선물 거래량 및 미결제약정(2000~2017년)　　(단위: 계약수)

연도	거래량(trading volume)				미결제약정 (open interest)
	연간거래량	일평균거래량	공개호가	전자거래	
2000	5,369,903	21,309	–	–	134,085
2001	6,034,325	24,137	–	–	143,696
2002	6,816,483	27,050	–	–	144,555
2003	7,469,756	29,642	–	–	188,524
2004	7,593,314	30,132	–	–	142,917
2005	7,676,130	30,461	99%	1%	174,217
2006	9,488,524	37,803	89%	11%	260,307
2007	13,170,914	52,266	52%	48%	288,787
2008	16,928,361	67,176	21%	79%	208,332
2009	17,132,082	67,985	15%	85%	208,809
2010	20,791,164	82,179	13%	87%	358,042
2011	24,156,509	95,859	9%	91%	273,243
2012	27,627,590	109,200	5%	95%	305,710
2013	23,805,912	94,468	2%	98%	339,805
2014	23,769,391	94,323	1%	99%	355,341
2015	28,897,275	114,218	1%	99%	383,672
2016	29,429,298	116,783	0%	100%	370,720
2017	30,232,316	120,447	0%	100%	443,675

주: 일평균 거래량(average daily volume)은 연간 거래량(annual trading volume)을 거래일수로 나누어 구
　한 값이다. 미결제약정(O/I)은 12월말을 기준으로 한 것이다.
자료: CME Group Inc.(www.cmegroup.com)

그림 3-19　대두유 선물 거래량 및 미결제약정 추이(2000~2017년)　　(단위: 계약수)

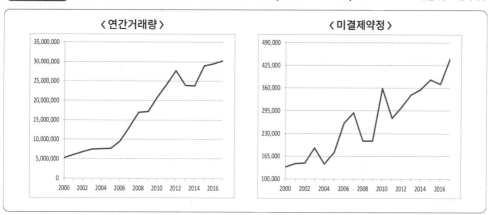

자료: CME Group Inc.(www.cmegroup.com)

계약, 일평균거래량은 약 12만 계약, 그리고 연말 미결제약정(O/I)은 약 44만 계약을
기록하였다.

거래방식에 따른 거래량 비중을 살펴보면, 2005년만 하더라도 장내에서 공개호
가에 의한 거래비중이 99%이고, 전자거래의 비중은 1%에 지나지 않았다. 그러나 시
카고상업거래소(CME)와 시카고상품거래소(CBOT)가 통합된 2007년 이후 전자거래의
비중이 급격히 증가하였으며, 2015년 7월부터는 공개호가에 의한 선물거래가 완전히
중단되고 말았다.

5. 대두박 선물(Soybean Meal Futures)

대두박 선물은 시카고상품거래소(CBOT)에서 거래되는 농산물 선물계약 가운데 옥
수수, 대두, 소맥, 대두유 선물에 이어 다섯 번째로 거래량이 많은 상품이다. 〈표 3-10〉

표 3-10 **대두박 선물 거래량 및 미결제약정(2000~2017년)**   (단위: 계약수)

연도	거래량(trading volume)				미결제약정 (open interest)
	연간거래량	일평균거래량	공개호가	전자거래	
2000	6,317,988	25,071	–	–	118,135
2001	6,743,772	26,975	–	–	143,259
2002	7,174,507	28,470	–	–	138,466
2003	8,219,942	32,619	–	–	178,880
2004	8,569,243	34,005	–	–	142,747
2005	8,324,616	33,034	99%	1%	137,665
2006	9,350,043	37,251	91%	9%	194,386
2007	12,213,315	48,466	56%	44%	242,052
2008	13,354,174	52,993	27%	73%	116,637
2009	12,880,767	51,114	20%	80%	162,514
2010	14,052,845	55,545	14%	86%	191,759
2011	16,920,194	67,144	9%	91%	194,557
2012	18,187,433	71,887	6%	94%	212,334
2013	20,237,181	80,306	2%	98%	262,217
2014	20,637,382	81,894	2%	98%	341,247
2015	24,315,276	96,108	1%	99%	401,996
2016	25,953,938	102,992	0%	100%	325,056
2017	25,996,399	103,571	0%	100%	376,516

주: 일평균 거래량(average daily volume)은 연간 거래량(annual trading volume)을 거래일수로 나누어 구
   한 값이다. 미결제약정(O/I)은 12월말을 기준으로 한 것이다.
자료: CME Group Inc.(www.cmegroup.com)

| 그림 3-20 | 대두박 선물 거래량 및 미결제약정 추이(2000~2017년) | (단위: 계약수) |

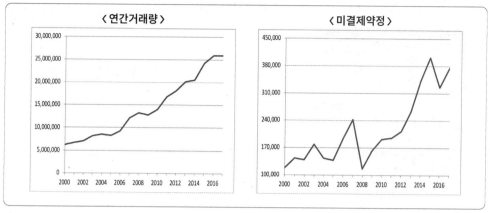

자료: CME Group Inc.(www.cmegroup.com)

과 〈그림 3-20〉에서 보는 바와 같이, 2017년 기준 대두유 선물의 연간거래량은 약 2,600만 계약, 일평균거래량은 약 10만 계약, 그리고 연말 미결제약정(O/I)은 약 38만 계약을 기록하였다.

거래방식에 따른 거래량 비중을 살펴보면, 2005년만 하더라도 장내에서 공개호가에 의한 거래비중이 99%이고, 전자거래의 비중은 1%에 지나지 않았다. 그러나 시카고상업거래소(CME)와 시카고상품거래소(CBOT)가 통합된 2007년 이후 전자거래의 비중이 급격히 증가하였으며, 2015년 7월부터는 공개호가에 의한 선물거래가 완전히 중단되고 말았다.

공개호가(公開呼價; open outcry)에 의한 거래

선물시장에서 공개호가에 의한 거래가 이루어지는 장면은 마치 왁자지껄한 경매장의 모습을 연상하게 한다. 그러나 공개호가와 경매는 엄연한 차이가 있다. 경매에서는 중매인들이 경쟁적인 가격에 물건을 사는 일방향 거래가 주로 이루어진다. 그러나 공개호가에서는 트레이더(trader)들이 주문의 형태에 따라 사기도 하고 팔기도 하는 양방향 거래가 이루어진다.

공개호가에 의한 거래는 'trading pit'라고 불리는 이색적인 구조물 내에서 이루어진다. Trading pit는 1878년 Ruben S. Jennings에 의해 고안되었는데, 8각형 모양으로 생긴 원형극장의 축소판이라고 할 수 있다. Pit는 입체적인 구조물로서 내부가 계단식으로 되어 있다. 계단에 서서 상대방을 바라보며 거래할 경우 평지(평면)에 서서 거래하는 것보다 거래상대방끼리 시선의 높이를 잘 맞출 수 있기 때문에 트레이더들이 의사소통을 용이하게 할 수 있는 장점이 있

그림 3-21 Trading Pit와 선물거래소의 로고(logo)

자료: CME Group Inc.(www.cmegroup.com)

다. 또한 거래품목별로 서로 다른 pit를 사용하고, pit 내에서는 결제월별로 또는 거래자 유형별로 트레이더들의 배치를 조정함으로써 훨씬 더 용이하게 거래할 수 있는 장점이 있다.

Trading pit는 거래의 장(場)일 뿐만 아니라 선물시장을 상징하는 상징물(symbol)이기도 하다. 시카고상품거래소(CBOT)와 CME Group의 로고(logo)에 등장하는 8각형 모양의 문양이 바로 pit를 형상화한 것이다. 선물시장의 오랜 유산 중 하나가 선물거래소의 로고에 남아 계속 이어지고 있는 것이다.

공개호가에 의한 거래에서는 육성(肉聲)과 수신호(手信號; hand signal)를 함께 사용하여 매매의사를 전달한다. 육성은 고함소리에 가까운 외심으로 가격과 수량을 간결하게 전달한다. 이 과정에서 통용되는 원칙은 다음과 같다. 선물을 매입하려는 트레이더는 수량 앞에 가격을 먼저 제시하여 "가격 for 수량"이라고 외친다. 반대로 선물을 매도하려는 트레이더는 가격 앞에 수량을 먼저 제시하여 "수량 at 가격"이라고 외친다. 이때 전체 가격을 다 외치지는 않고 마지막 자릿수, 즉 틱(tick)에 해당하는 부분만을 외친다. 그 이유는 시장가격의 흐름 상 앞자리 큰 숫자는 매매당사자들이 이미 서로 잘 알고 있기 때문에 굳이 다시 되뇔 필요가 없기 때문이다.

예컨대, 11월물 대두 선물 10계약을 ￠860'2/bu, 즉 ￠$860\frac{1}{4}$/bu에 거래한다고 가정하자. 매입자는 "one quarter for ten"이라고 간결하게 외친다. 반대로 같은 가격에 거래하려는 매도자는 "ten at one quarter"라고 간결하게 외친다. 그리고 매입자와 매도자가 외치는 가격이 서로 일치하면 거래가 성사된다.

트레이더들은 매매호가를 큰 소리로 외치면서 동시에 수신호도 함께 사용한다. 수신호(hand signaling)는 'arbitrage'의 약어인 'arb' 또는 'arbing'이라고도 한다. 수신호를 사용할 때 적용되는 기본적인 원칙은 다음과 같다. 먼저 매입의사를 표시할 때는 손바닥이 몸 안쪽을 향하도록 하고, 반대로 매도의사를 표시할 때는 손바닥이 몸 바깥쪽을 향하도록 한다. 가격은 몸으로부터

그림 3-22 대두 선물을 거래하는 수신호(hand signals)의 사례

자료: Chicago Board of Trade, "Hand Signals", EM91-4, 1998.

꽤 떨어진 거리에서 표현하고, 수량은 얼굴 가까이에서 표현한다. 수량을 표현할 때 1부터 5까지의 숫자는 손가락을 수직으로 세워서 표현하고, 6부터 9까지의 숫자는 손가락을 수평으로 뉘어서 표현한다. 그리고 1부터 9까지의 숫자는 턱의 위치에서 표현하는 한편 10의 배수는 이마의 위치에서 표현한다.

수신호는 매우 소란스런 장내에서 트레이더들끼리 매매의사를 정확하게 전달하는데 매우 유용한 수단이다. 또한 선물거래소 내에 위치한 선물중개회사(FCM)의 주문 데스크(order desk)에서 trading pit 내에 있는 브로커(broker)에게 주문을 신속히 전달하거나 주문 체결 결과를 통보받을 때도 유용하게 이용된다.

〈그림 3-22〉는 앞서 예제로 든 11월물 대두 선물 10계약을 ¢860'2/bu, 즉 ¢$860\frac{1}{4}$/bu에 거래할 경우 수신호하는 장면이다. 먼저 매입자의 손바닥이 몸 안쪽을 향하고 있는 반면 매도자의 손바닥은 몸 바깥쪽을 향하고 있다. 가격은 몸에서 일정 거리를 두고 검지와 중지 두 개의 손가락을 펼쳐서 $\frac{1}{4}$을 표시한다. 수량은 검지와 중지 두 개의 손가락을 펼쳐 이마의 위치에서 보임으로써 20계약임을 표시한다.

공개호가시장은 흥분과 에너지가 넘치는 매력적인 시장이었지만, CME Group이 2015년 7월부터 공개호가에 의한 선물거래를 전면 중단하기로 선언함에 따라 이제 역사의 뒤안길로 사라지게 되었다. 시대의 변모에 따라 167년간 이어져 내려온 공개호가방식이 마침내 종말을 고하게 된 것이다. 이제는 CME Globex를 이용한 전자거래만이 이루어질 뿐이어서 시카고를 방문하더라도 시카고상품거래소(CBOT) 방문자 갤러리의 유리창 너머로 역동적인 거래장면이 연출되는 것을 더 이상 바라볼 수 없게 되었다.

〈그림 3-23〉은 Chicago 선물시장에서 사용된 다양한 수신호를 보여주고 있다. 수신호는 가격이나 수량을 표현할 때뿐만 아니라 결제월, 옵션 등을 표현할 때도 유용하게 사용되었다.

그림 3-23   Chicago의 Trading Pit에서 사용되는 수신호(hand signals)

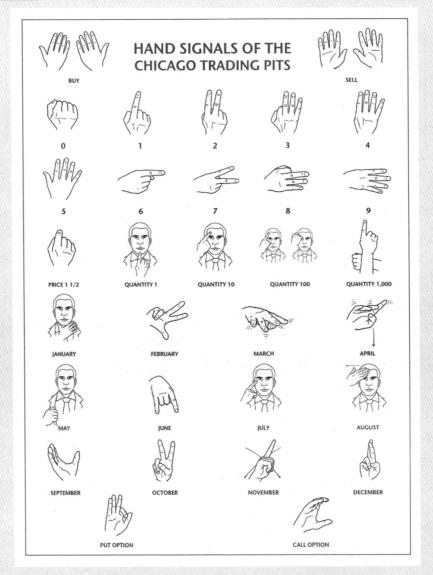

자료: Reuters Graphics(http://graphics.thomsonreuters.com), "The Futures Past", 2015.

SECTION **09 선물가격의 계절적 패턴**Seasonal Pattern; Seasonality

1. 옥수수 선물(Corn Futures)

〈그림 3-24〉는 1978년부터 2017년까지 40년에 걸친 옥수수 선물가격의 계절적 패턴을 지난 5년, 15년, 그리고 40년으로 구분하여 보여주고 있다.

옥수수 선물가격의 계절적 패턴은 크게 세 개의 시기로 구분할 수 있다. 첫째는, 늦봄부터 한여름까지이고, 둘째는 한여름부터 수확기까지이며, 셋째는 수확기 이후이다. 세 개의 시기 가운데 계절적 추세가 가장 두드러진 시기는 한여름부터 수확기까지라고 할 수 있는데, 이 시기에는 전형적으로 옥수수 선물가격이 하락추세를 형성하는 것이 일반적이다.

미국 Corn Belt지역에서 옥수수는 7월 중순에서 하순에 걸쳐 수분기(受粉期; pollination period)를 거치게 되는데, 이 시기에 옥수수의 수정이 이루어지기 때문에

그림 3-24　옥수수 선물가격의 계절적 패턴(1978~2017년)

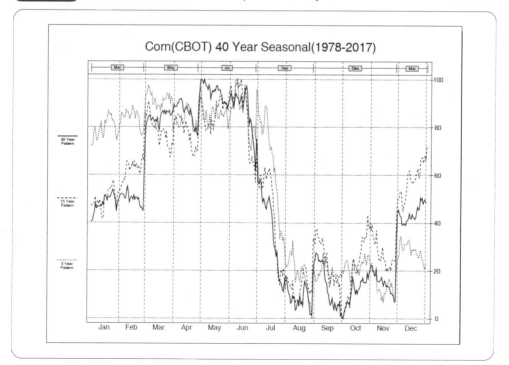

자료: Moore Research Center, Inc.(www.mrci.com)

옥수수 생육 상 가장 중요한 시기라고 할 수 있다. 이 시기의 날씨 전망에 따라 옥수수 선물가격이 크게 요동치곤 한다.

2. 소맥 선물(Wheat Futures)

〈그림 3-25〉는 1978년부터 2017년까지 40년에 걸친 Chicago SRW 소맥 선물가격의 계절적 패턴을 지난 5년, 15년, 그리고 40년으로 구분하여 보여주고 있다. 소맥 선물가격은 다른 품목과 달리 지난 5년, 15년, 40년간의 계절적 변동 패턴이 서로 유사하게 나타나지 않고 있다.

그럼에도 불구하고 Chicago SRW 소맥 선물가격의 장기적인 계절적 패턴은 크게 두 개의 시기로 구분할 수 있다. 하나는 늦겨울부터 봄까지의 시기로, 이 시기에는 소맥 가격이 수확기가 다가옴에 따라 전반적으로 하락하는 추세를 나타낸다. 다른 하나는 한여름부터 가을 또는 초겨울까지의 시기로, 이 시기에는 소맥 가격이 수확기의 최저가격에서 벗어나 전반적으로 상승하는 추세를 나타낸다.

그림 3-25 Chicago SRW 소맥 선물가격의 계절적 패턴(1978~2017년)

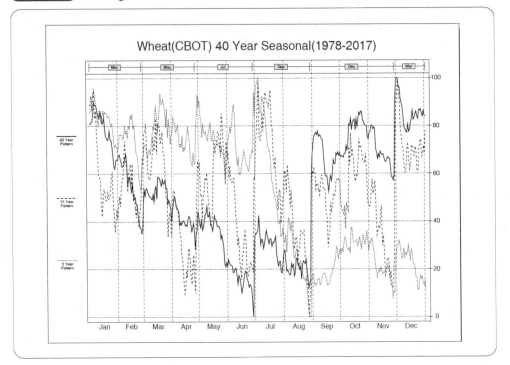

자료: Moore Research Center, Inc.(www.mrci.com)

3. 대두 선물(Soybean Futures)

〈그림 3-26〉은 1978년부터 2017년까지 40년에 걸친 대두 선물가격의 계절적 패턴을 지난 5년, 15년, 그리고 40년으로 구분하여 보여주고 있다.

옥수수 선물가격과 마찬가지로 대두 선물가격의 계절적 패턴도 크게 세 개의 시기로 구분할 수 있다. 첫째는, 늦봄부터 한여름까지이고, 둘째는 한여름부터 수확기까지이며, 셋째는 수확기 이후이다. 세 개의 시기 가운데 계절적 추세가 가장 두드러진 시기는 한여름부터 수확기까지라고 할 수 있는데, 이 시기에는 전형적으로 대두 선물가격이 하락추세를 형성하는 것이 일반적이다.

미국 Soybean Belt지역에서 대두는 8월에 생식생장기(生殖生長期; reproductive growth stage)를 거치게 되는데, 이 시기에 콩 꽃이 피고 꼬투리(pod)가 맺히기 때문에 대두의 생육 상 가장 중요한 시기라고 할 수 있다. 이 시기의 날씨 전망에 따라 대두 선물가격이 한바탕 요동치곤 한다.

그림 3-26 대두 선물가격의 계절적 패턴(1978~2017년)

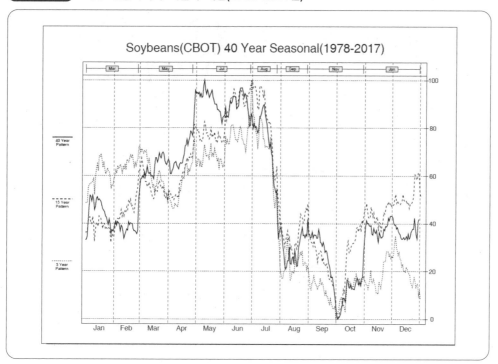

자료: Moore Research Center, Inc.(www.mrci.com)

4. 대두유 선물(Soybean Oil Futures)

〈그림 3-27〉은 1978년부터 2017년까지 40년에 걸친 대두유 선물가격의 계절적 패턴을 지난 5년, 15년, 그리고 40년으로 구분하여 보여주고 있다. 대두유 선물가격의 계절적 패턴은 전반적으로 대두 선물가격의 계절적 패턴과 유사하다.

그림 3-27 대두유 선물가격의 계절적 패턴(1978~2017년)

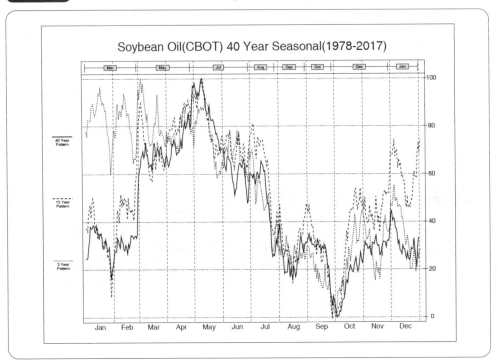

자료: Moore Research Center, Inc.(www.mrci.com)

5. 대두박 선물(Soybean Meal Futures)

〈그림 3-28〉은 1978년부터 2017년까지 40년에 걸친 대두박 선물가격의 계절적 패턴을 지난 5년, 15년, 그리고 40년으로 구분하여 보여주고 있다. 대두박 선물가격의 계절적 패턴은 전반적으로 대두 선물가격의 계절적 패턴과 유사하다.

그림 3-28 대두박 선물가격의 계절적 패턴(1978~2017년)

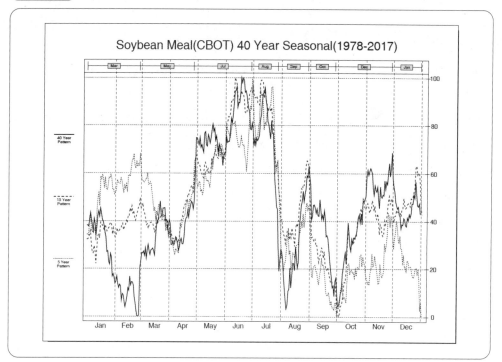

Soybean Meal(CBOT) 40 Year Seasonal(1978-2017)

자료: Moore Research Center, Inc.(www.mrci.com)

참고문헌 ◆

Chicago Board of Trade(1998), Agricultural Futures for the Beginner, General Information Series 1.

Chicago Board of Trade(2006), The Chicago Board of Trade Handbook of Futures & Options, New York: New York, McGraw-Hill.

Chicago Board of Trade(2006), An Introduction to Trading CBOT Agricultural Futures and Options.

Chicago Mercantile Exchange(2006), An Introduction to Futures and Options, Student Manual.

Chicago Mercantile Exchange(2006), CME Commodity Trading Manual.

CME Group Inc(2015), Self-Study Guide to Hedging with Grain and Oilseed Futures and Options.

Duffie, D.(1989), Futures Markets, Englewood Cliffs: New Jersey, Prentice-Hall, Inc.

Hull, J. C.(1998), Introduction to Futures and Options Markets, 3rd ed., Upper Saddle River: New Jersey, Prentice-Hall, Inc.

Kolb, R. W.(1999), Futures, Options, and Swaps, 3rd ed., Malden: Massachusetts, Blackwell Publishers Inc.

CHAPTER 04 선물을 이용한 헤징(Hedging)

SECTION 01 헤징^{Hedging}의 개념 및 기본 메커니즘^{Mechanism}

선물거래는 현물거래에 수반되는 가격 변동 위험을 관리하기 위한 수단이다. 그런데 농산물을 거래할 때 직면하는 가격위험은 경제주체가 어떤 입장에 놓여 있느냐에 따라 달라진다. 예컨대, 농산물의 수확을 앞두고 있거나 농산물을 재고로 보유하고 있는 농가 또는 유통업자는 향후 가격이 크게 하락할 경우 손실을 입게 되는 이른바 가격 하락 위험(downside risk)에 직면하게 된다. 반면 농산물을 원료로 사용하는 가공업자는 원료 농산물의 가격이 크게 상승할 경우 손실을 입게 되는 이른바 가격 상승 위험(upside risk)에 직면하게 된다. 이 경우 선물계약을 매도하거나 매입하여 헤징(hedging)함으로써 농산물의 가격 변동 위험을 제거할 수 있다.

헤징의 기본 메커니즘(mechanism)은 현물가격과 선물가격이 같은 방향으로 오르거나 내리는 원리에 입각한 것이다. 현물과 선물은 동일한 상품을 거래대상으로 하기 때문에 가격 움직임의 방향이 서로 같다는 것은 자명한 이치이다. 현물과 선물의 가격이 서로 같은 방향으로 움직일 때 현물시장과 선물시장에서 상반된 포지션을 취하게 되면, 필연적으로 어느 한 시장에서는 손실이 발생하지만 다른 시장에서는 이익이 발생하게 된다. 그리고 한 시장에서의 손실을 다른 시장에서의 이익으로 완전히 상쇄하게 되면 원하는 목표가격에 가격을 고정시킬 수 있게 된다. 이와 같은 방식으로 가격위험을 제거하는 것을 가리켜 '헤징(hedging)'이라고 한다. 헤징을 달리 표현하자면, 현물시장의 가격 변동 위험을 선물시장으로 전가(轉嫁; transfer of risk)하는 것이라고도 할 수 있다.

　헤징은 가격 하락 위험에 대비하여 선물계약을 매도하는 매도헤지(short hedge)와 가격 상승 위험에 대비하여 선물계약을 매입하는 매입헤지(long hedge)의 두 가지 유형으로 나뉜다. 매도헤지 또는 매입헤지는 현물이 아닌 선물을 기준으로 한 것으로 선물계약을 매도하는 거래인가 또는 매입하는 거래인가에 따라 부쳐진 명칭이다.

1. 매도헤지(Short Hedge)

　헤징의 기본 메커니즘을 이해하기 위해 먼저 선물계약을 매도하는 매도헤지의 사례를 살펴보자.

　Y농가는 5월에 옥수수를 파종하였다가 10월에 수확하여 판매한다고 가정하자. Y농가는 장차 옥수수를 수확하여 현물로 보유하게 될 예정이므로 현물시장에서는 매입포지션(long position)에 있다고 표현한다. 5월 현재 옥수수 현물가격은 $5.00/bu이다. Y농가는 5월(파종기)부터 10월(수확기) 사이에 옥수수 가격이 상승한다면 이익을 보겠지만, 반대로 옥수수 가격이 하락한다면 불가피하게 손실을 입게 될 것이다.

　Y농가는 10월까지 기다리는 동안 옥수수 가격의 하락 위험으로부터 보호받고자 한다. 이를 위해 옥수수 수확 물량에 상응하는 선물계약을 선물시장에서 매도하였다가 옥수수를 수확하여 현물시장에서 판매할 때 선물계약을 다시 매입(환매; 還買; short-covering)하는 전략을 구사하기로 힌다.[1] Y농가는 선물시장에서 선물계약을 매도하였기 때문에 선물 매도포지션(short position)을 취하였다고 표현한다.

　선물거래에서는 선물계약을 먼저 매입하였다가 나중에 다시 매도(전매; 轉賣)할 수도 있고, 반대로 선물계약을 먼저 매도하였다가 나중에 다시 매입(환매; 還買)할 수도 있다. 이른바 양방향 거래가 가능한 것이다. 선물계약을 사고파는 순서에 상관없이 낮은 가격에 사고, 높은 가격에 팔면 선물 포지션에서 이익이 발생하게 되는 것이다.

　수확기에 이르러 우려했던 대로 옥수수 가격이 하락했다면 어떤 결과가 발생할까? 현물시장에서는 예전보다 더 낮은 가격에 옥수수를 판매할 수밖에 없기 때문에 손실이 발생하게 된다. 그러나 선물시장에서는 파종기에 선물계약을 매도했던 가격

---

1 여기서, 과연 어느 결제월의 선물계약을 선택하여 매도할 것인지에 대한 문제가 제기된다. 헤징 (hedging) 시 결제월의 선택에 관한 일반적인 원칙은 제4절과 제5절에서 상세히 다루어진다.

표 4-1 가격 하락 시 매도헤지(short hedge)의 결과

구분	현물시장	선물시장
5월	옥수수 현물가격 $5.00/bu	옥수수 선물 매도 $5.00/bu
10월	옥수수 현물 매도 $4.00/bu	옥수수 선물 매입(환매) $4.00/bu
손익	–$1.00/bu	+$1.00/bu
순매도가격(NSP)	옥수수 현물 매도 $4.00/bu + 선물거래 이익 $1.00/bu =$5.00/bu	

보다 더 낮은 가격에 다시 매입(환매)하여 이익이 발생하게 된다. 현물시장에서 발생한 손실을 선물시장에서 발생한 이익으로 고스란히 상쇄하게 된다면, Y농가는 가격 하락 위험으로부터 벗어나는 목표를 온전히 달성할 수 있게 된다.

　논의를 단순화하기 위해 파종기에 옥수수 현물가격과 선물가격이 동일하게 $5.00/bu라고 가정하는 한편 현물가격과 선물가격의 움직임 폭이 동일하다고 가정하자. 만약 수확기까지 옥수수 가격이 $1.00/bu만큼 하락하였다면 어떻게 될까? 현물 포지션에서는 $1.00/bu만큼 손실이 발생하는 반면 선물 포지션에서는 $1.00/bu만큼 이익(=$5.00/bu－$4.00/bu)이 발생하게 된다. 현물시장에서 발생한 손실을 선물시장에서 발생한 이익으로 완전히 상쇄하고 나면, 결국 순매도가격(NSP; net selling price)은 $5.00/bu가 된다. 물론 이 경우 선물을 이용하여 헤징하지 않았더라면, 현물가격이 하락한 만큼 고스란히 손실을 입게 되어 순매도가격(NSP)은 $4.00/bu이 되었을 것이다.

　반대로 만약 수확기에 옥수수 가격이 $1.00/bu만큼 상승하였다면 어떻게 될까? 현물 포지션에서는 $1.00/bu만큼 이익이 발생하는 반면 선물 포지션에서는 $1.00/bu만큼 손실(=$5.00/bu－$6.00/bu)이 발생하게 된다. 현물시장에서 발생한 이익을 선물시장에서 발생한 손실로 고스란히 상쇄하고 나면, 결국 순매도가격(NSP)은 여전히 $5.00/bu가 된다. 물론 이 경우 선물을 이용하여 헤징하지 않았더라면, 현물가격이 상승한 만큼 고스란히 이익으로 남게 되어 순매도가격(NSP)은 $6.00/bu이 되었을 것이다.[2] 그러나 미래의 가격이 어떻게 될지는 누구도 장담할 수 없는 일이며, 불리한

---

2 이 대목에서 헤징의 기본 메커니즘에 대한 정확한 이해가 필수적으로 요구된다. 헤징의 메커니즘에 대한 정확한 이해가 없는 상태에서 이러한 상황에 직면하게 되면, 자칫 선물거래를 해서 공연히 손실을 입게 되었다는 생각을 가지게 될 수도 있다. 그러나 헤징은 가격이 하락하든 상승하든 상관없이 자신이 원하는 목표가격을 실현하는 수단이라는 점을 명심해야 한다. 매도헤지(short hedge)를 통하여 가격 하락에 대한 체계적인 대비 없이 운 좋게 가격이 상승하기를 바라는 것이야

표 4-2　가격 상승 시 매도헤지(short hedge)의 결과

구분	현물시장	선물시장
5월	옥수수 현물가격 $5.00/bu	옥수수 선물 매도 $5.00/bu
10월	옥수수 현물 매도 $6.00/bu	옥수수 선물 매입(환매) $6.00/bu
손익	+$1.00/bu	–$1.00/bu
순매도가격(NSP)	옥수수 현물 매도 $6.00/bu – 선물거래 손실 $1.00/bu =$5.00/bu	

가격 변동으로부터 보호받는 한편 목표가격을 실현한다는 측면에서 매도헤지는 여전히 유효하다.

　위의 두 가지 사례에서 주목할 점은 현물시장과 선물시장에서 발생한 손익이 서로 상쇄된다는 점이다. 즉, 현물시장에서 손실이 발생하면 선물시장에서 이익이 발생하여 서로 상쇄되고, 반대로 현물시장에서 이익이 발생하면 선물시장에서 손실이 발생하여 서로 상쇄된다. 그 결과 매도헤지를 통하여 가격의 하락 또는 상승에 관계없이 특정 수준(목표가격)에서 매도가격을 고정(lock-in)시킬 수 있게 된다. 결국 선물을 이용하여 매도헤지를 하게 되면 가격 하락으로부터 보호받는 대신 가격 상승에 따른 이익 실현 기회는 포기하게 된다.

그림 4-1　매도헤지(short hedge)의 개념도

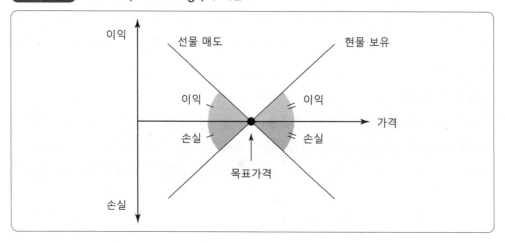

말로 칼날 위를 걷는 듯한 위태로운 투기행위라고 할 수 있다.

2. 매입헤지(Long Hedge)

이번에는 선물계약을 매입하는 매입헤지의 예를 살펴보자.

Y사료회사는 3월 현재시점에서 6월에 매입할 옥수수에 대한 구매계획을 수립하고 있다고 가정하자. Y사료회사는 현재 옥수수를 현물로 보유하고 있지 않고 장차 구매할 예정이므로 현물시장에서는 매도포지션(short position)에 있다고 표현한다. 3월 현재 옥수수 현물가격은 $4.00/bu이다. Y사료회사는 6월에 옥수수를 구매할 때까지 기다리는 사이에 가격이 크게 오르지는 않을까 우려하고 있다.

이러한 상황에서 Y사료회사는 옥수수 가격의 상승 위험으로부터 보호받고자 매입헤지에 들어간다. 즉, 옥수수 구매 예정 물량에 상응하는 선물계약을 선물시장에서 먼저 매입하였다가 옥수수 현물을 구매할 때 선물계약을 다시 매도(전매; 轉賣; long liquidation)하는 전략을 구사한다. Y사료회사가 매입한 옥수수 선물가격은 $4.00/bu이다. Y사료회사는 선물시장에서 선물계약을 매입하였기 때문에 선물 매입포지션(long position)을 취하였다고 표현한다.

만약 6월까지 옥수수 가격이 $1.00/bu만큼 상승하였다면 어떻게 될까? 현물 포지션에서는 $1.00/bu만큼 손실이 발생하는 반면 선물 포지션에서는 $1.00/bu만큼 이익(=$5.00/bu−$4.00/bu)이 발생하게 된다. 현물시장에서 발생한 손실을 선물시장에서 발생한 이익으로 완전히 상쇄하고 나면, 결국 순매입가격(NBP; net buying price)은 $4.00/bu가 된다. 물론 이 경우 선물을 이용하여 헤징하지 않았더라면, 현물가격이 상승한 만큼 고스란히 손실을 입게 되어 순매입가격(NBP)은 $5.00/bu이 되었을 것이다.

반대로 만약 옥수수 가격이 $1.00/bu만큼 하락하였다면 어떻게 될까? 현물 포지션에서는 $1.00/bu만큼 이익이 발생하는 반면 선물 포지션에서는 $1.00/bu만큼 손실

표 4-3 가격 상승 시 매입헤지(long hedge)의 결과

구분	현물시장	선물시장
3월	옥수수 현물가격 $4.00/bu	옥수수 선물 매입 $4.00/bu
6월	옥수수 현물 매입 $5.00/bu	옥수수 선물 매도(전매) $5.00/bu
손익	−$1.00/bu	+$1.00/bu
순매입가격(NBP)	옥수수 현물 매입 $5.00/bu − 선물거래 이익 $1.00/bu =$4.00/bu	

표 4-4   가격 하락 시 매입헤지(long hedge)의 결과

구분	현물시장	선물시장
3월	옥수수 현물가격 $4.00/bu	옥수수 선물 매입 $4.00/bu
6월	옥수수 현물 매입 $3.00/bu	옥수수 선물 매도(전매) $3.00/bu
손익	+$1.00/bu	–$1.00/bu
순매입가격(NBP)	옥수수 현물 매입 $3.00/bu + 선물거래 손실 $1.00/bu =$4.00/bu	

(=$3.00/bu–$4.00/bu)이 발생하게 된다. 현물시장에서 발생한 이익을 선물시장에서 발생한 손실로 완전히 상쇄하고 나면, 결국 순매입가격(NBP)은 여전히 $4.00/bu가 된다. 물론 이 경우 선물을 이용하여 헤징하지 않았더라면, 현물가격이 하락한 만큼 고스란히 이익으로 남게 되어 순매입가격(NBP)은 $3.00/bu이 되었을 것이다.3

위의 두 가지 사례에서도 현물시장과 선물시장에서 발생한 손익이 서로 상쇄된다는 점에 주목할 필요가 있다. 즉, 현물시장에서 손실이 발생하면 선물시장에서 이

그림 4-2   매입헤지(long hedge)의 개념도

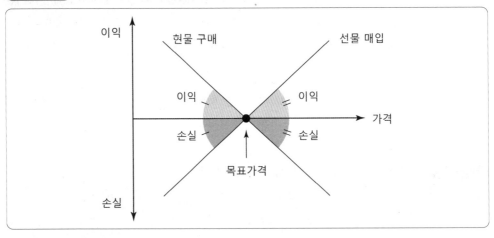

---

3 이 대목에서 헤징의 기본 메커니즘에 대한 정확한 이해가 필수적으로 요구된다. 헤징의 메커니즘에 대한 정확한 이해가 없는 상태에서 이러한 상황에 직면하게 되면, 자칫 선물거래를 해서 공연히 손실을 입게 되었다는 생각을 가지게 될 수도 있다. 그러나 헤징은 가격이 하락하든 상승하든 상관없이 자신이 원하는 목표가격을 실현하는 수단이라는 점을 명심해야 한다. 매입헤지(long hedge)를 통하여 가격 상승에 대한 체계적인 대비 없이 운 좋게 가격이 하락하기를 바라는 것이야말로 칼날 위를 걷는 듯한 위태로운 투기행위라고 할 수 있다.

익이 발생하여 서로 상쇄되고, 반대로 현물시장에서 이익이 발생하면 선물시장에서
손실이 발생하여 서로 상쇄된다. 그 결과 매입헤지를 통하여 가격의 하락 또는 상승
에 관계없이 특정 수준(목표가격)에서 매입가격을 고정(lock-in)시킬 수 있게 된다. 결
국 선물을 이용하여 매입헤지를 하게 되면 가격 상승으로부터 보호받는 대신 가격
하락에 따른 이익 실현 기회는 포기하게 된다.

SECTION 02 현물과 선물의 가격 변동 폭 차이를 반영한 헤징Hedging

앞서 살펴본 매도헤지와 매입헤지의 사례는 헤징의 기본 메커니즘에 대한 이해
를 돕기 위해 현실을 지나치게 단순화한 측면이 있다. 첫째는, 현물가격과 선물가격
이 동일하다고 가정한 점이다. 정상적인 가격구조라면 당연히 선물가격이 현물가격
보다 높아야 한다. 둘째는, 현물가격과 선물가격의 변동 폭이 동일하다고 가정한 점
이다. 현물과 선물은 동일한 상품을 거래대상으로 할 뿐만 아니라 동일한 수급요인에
의해 영향을 받기 때문에 현물가격과 선물가격은 동일한 방향으로 오르거나 내리는
경향이 있다. 즉, 현물가격이 상승할 때 선물가격도 상승하고, 반대로 현물가격이 하
락할 때 선물가격도 하락한다. 그러나 현물과 선물 간에는 엄연히 시차(時差)가 존재
하기 때문에 현물가격과 선물가격이 움직임의 방향은 동일하더라도 움직임의 폭은
동일하지 않다. 즉, 현물가격과 선물가격의 변동 방향은 동일하더라도 절대적인 변동
폭의 크기는 서로 다른 것이 일반적이다.

이러한 점을 감안할 때 보다 현실에 가까운 헤징의 사례는 다음과 같다.

1. 매도헤지(Short Hedge)

제1절에서 살펴본 매도헤지의 사례에서와 같이, 5월 현재의 옥수수 현물가격은
$5.00/bu이고, 선물가격은 $5.75/bu라고 가정하자. 그리고 10월(수확기)에 옥수수 현
물을 매도한 가격은 $4.50/bu이고, 선물을 매입(환매)한 가격은 $5.00/bu이다. 현물과
선물의 가격 하락폭을 계산해보면, 현물가격의 하락폭은 $0.50/bu인데 비해 선물가
격의 하락폭은 $0.75/bu이다. 결과적으로 매도헤지를 통하여 실현된 순매도가격

표 4-5 현물과 선물의 가격 변동 폭 차이를 반영한 매도헤지(short hedge)의 결과

구분	현물시장	선물시장
5월	옥수수 현물가격 $5.00/bu	옥수수 선물 매도 $5.75/bu
10월	옥수수 현물 매도 $4.50/bu	옥수수 선물 매입(환매) $5.00/bu
손익	–$0.50/bu	+$0.75/bu
순매도가격(NSP)	옥수수 현물 매도 $4.50/bu + 선물거래 이익 $0.75/bu =$5.25/bu	

(NSP)은 5월 현재의 옥수수 현물가격 $5.00/bu보다 $0.25/bu만큼 더 높은 $5.25/bu
이 되었다.

이와 같이 순매도가격(NSP)이 헤지를 시작하는 현재시점의 현물가격, 즉 목표가
격(objective price)보다 높게 실현된 근본적인 이유는 무엇일까? 그 이유는 바로 현물
가격의 하락폭보다 선물가격의 하락폭이 더 컸기 때문이다. 즉, 현물가격의 하락에
따른 손실보다 선물가격의 하락에 따른 이익이 더 컸기 때문이다. 결과적으로 현물시
장의 손실을 선물시장의 이익으로 상쇄하고도 남았기 때문이다.

반대로 현물가격의 하락폭이 선물가격의 하락폭보다 더 컸다면 어떻게 되었을
까? 현물가격의 하락에 따른 손실이 선물가격의 하락에 따른 이익보다 더 커서 결과
적으로 순매도가격(NSP)이 목표가격(objective price), 즉 헤지를 시작하는 현재시점의
현물가격보다 더 낮게 실현되었을 것이다. 요컨대, 매도헤지를 통하여 목표가격을 온
전히 실현시킬 수 있느냐 없느냐의 여부는 현물가격과 선물가격 간의 상대적인 변동
폭의 크기에 의해 결정된다는 것을 확인할 수 있다.

2. 매입헤지(Long Hedge)

제1절에서 살펴본 매입헤지의 사례에 대해서도 보다 현실적인 상황을 반영해 보
도록 하자. 3월 현재의 옥수수 현물가격은 $4.00/bu이고, 선물가격은 $4.50/bu이라
고 가정하자. 그리고 6월에 옥수수 현물을 매입한 가격은 $4.50/bu이고, 선물을 매도
(전매)한 가격은 $5.25/bu이다. 현물과 선물의 가격 상승폭을 계산해보면, 현물가격의
상승폭은 $0.50/bu인데 비해 선물가격의 상승폭은 $0.75/bu이다. 결과적으로 매입헤
지를 통하여 실현된 순매입가격(NBP)은 3월 현재의 옥수수 현물가격 $4.00/bu보다

| 표 4-6 | 현물과 선물의 가격 변동 폭 차이를 반영한 매입헤지(long hedge)의 결과 |

구분	현물시장	선물시장
3월	옥수수 현물가격 $4.00/bu	옥수수 선물 매입 $4.50/bu
6월	옥수수 현물 매입 $4.50/bu	옥수수 선물 매도(전매) $5.25/bu
손익	–$0.50/bu	+$0.75/bu
순매입가격(NBP)	옥수수 현물 매입 $4.50/bu – 선물거래 이익 $0.75/bu =$3.75/bu	

$0.25/bu만큼 더 낮은 $3.75/bu가 되었다.

이와 같이 순매입가격(NBP)이 헤지를 시작하는 현재시점의 현물가격, 즉 목표가격(objective price)보다 낮게 실현된 근본적인 이유는 무엇일까? 그 이유는 바로 현물가격의 상승폭보다 선물가격의 상승폭이 더 컸기 때문이다. 즉, 현물가격의 상승에 따른 손실보다 선물가격의 상승에 따른 이익이 더 컸기 때문이다. 결과적으로 현물시장의 손실을 선물시장의 이익으로 상쇄하고도 남았기 때문이다.

반대로 현물가격의 상승폭이 선물가격의 상승폭보다 더 컸다면 어떻게 되었을까? 현물가격의 상승에 따른 손실이 선물가격의 상승에 따른 이익보다 더 커서 결과적으로 순매입가격(NBP)이 목표가격(objective price), 즉 헤지를 시작하는 현재시점의 현물가격보다 더 높게 실현되었을 것이다. 요컨대, 매입헤지에서도 목표가격을 온전히 실현시킬 수 있느냐 없느냐의 여부는 현물가격과 선물가격 간의 상대적인 변동폭의 크기에 의해 결정된다는 것을 확인할 수 있다.

SECTION 03 베이시스 Basis

앞서 살펴본 것처럼 헤징을 통하여 실현되는 순매도가격(NSP) 또는 순매입가격(NBP)은 현물가격과 선물가격 간의 상대적인 변동의 크기에 의해 결정된다. 선물시장에서는 가격이 오르거나 내릴 때 현물가격과 선물가격 간의 상대적인 변동 정도를 베이시스(basis)의 변동으로 바꾸어 표현하는 것이 일반적이다. 본 절에서는 베이시스의 개념 및 베이시스의 변동에 대해 살펴보고자 한다.

1. 베이시스(Basis)의 개념

베이시스는 특정 지역의 현물가격과 특정 결제월의 선물가격간의 차이를 의미한다. 즉,

$$\text{베이시스(b)} = \text{현물가격(S)} - \text{선물가격(F)}$$

예컨대, 어느 지역의 옥수수 현물가격이 $5.00/bu이고, 옥수수 12월물(Dec) 선물가격은 $5.10/bu라고 가정하자. 이 경우 현물가격은 선물가격을 기준으로 하여 달리 표현하자면, 선물가격보다 ¢10/bu(=$0.10/bu)만큼 낮은 셈이 된다. 따라서 베이시스는 −10 Dec, 즉 "10 under(off) December"라고 표현한다. 반대로 현물가격이 선물가격보다 ¢10/bu(=$0.10/bu) 더 높으면, 베이시스는 +10 Dec, 즉 "10 over(on) December"라고 표현한다. 이와 같이 미국에서 곡물 트레이더(grain trader)들은 현물가격을 호가(呼價)할 때 특정 결제월의 선물가격을 기준으로 베이시스만큼 높거나 낮다고 표현하는 것이 일반적이다.

현물가격(옥수수)	$5.00/bu
선물가격(12월물)	$5.10/bu
베이시스(basis)	− ¢10/bu(Dec)

베이시스는 다분히 지역적인 개념으로, 곡물이 거래되는 지역이라면 어디에서든 베이시스를 산정할 수 있다. 선물가격은 선물거래소라는 중앙 집중화된 시장(centralized market)에서 형성되는 가격인 만큼 특정 지역에서 곡물이 거래될 때 거래의 기준가격(基準價格; benchmark price)으로 활용된다. 이러한 점을 감안할 때, 베이시스는 선물가격을 지역상황에 맞게 조정하는 역할을 한다고 할 수 있다.

2. 베이시스(Basis)의 변동

베이시스는 현물가격과 선물가격 간의 상대적인 변동을 반영하므로 현물 및 선

그림 4-3 | 베이시스의 변동(basis movement)

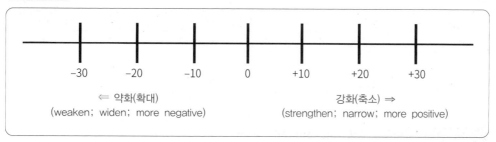

물가격에 영향을 미치는 요인들이 변동함에 따라 함께 변동한다. 베이시스 변동의 중요한 특징 중 하나는 현물가격이나 선물가격 수준의 절대적인 변동에 비해 훨씬 더 안정적이고 예측 가능하다는 점이다. 베이시스의 변동은 크게 베이시스 '강화(strengthening)'와 베이시스 '약화(weakening)'의 두 가지로 표현된다.

베이시스의 강화(strengthening) 또는 축소(narrowing)는 베이시스가 정(+)의 방향으로 변동함으로써 양의 베이시스의 경우 절대값이 보다 커지는 것을 말하고, 음의 베이시스의 경우는 절대값이 보다 작아지는 것을 의미한다. 반대로 베이시스의 약화(weakening) 또는 확대(widening)는 베이시스가 부(−)의 방향으로 변동함으로써 양의 베이시스의 경우 절대값이 보다 작아지는 것을 말하고, 음의 베이시스의 경우는 절대값이 보다 커지는 것을 의미한다.

베이시스의 변동을 표현하는 용어와 관련하여, 베이시스의 강화 또는 약화라는 표현은 직관적으로 이해하기가 용이한 반면 베이시스의 축소 또는 확대라는 표현은 상대적으로 이해하기가 용이하지 않은 측면이 있다. 그러나 이러한 용어가 만들어진 미국 내에서의 상황을 생각해보면 쉽게 이해할 수 있다.

정상시장(normal market)의 개념이 시사하는 것처럼, 현물가격보다 선물가격이 더 높으면 베이시스는 음(-)으로 표현된다. 그리고 미국 내의 지역에서 베이시스를 구해보면 대부분 음(-)으로 나타난다. 그런데, 베이시스가 강화되면, 음(-)의 절대값이 더 작아져 현물가격과 선물가격 간의 격차(gap)가 축소된다. 즉, 베이시스가 축소된다. 반대로 베이시스가 약화되면, 음(-)의 절대값이 더 커져 현물가격과 선물가격 간의 격차(gap)가 확대된다. 즉, 베이시스가 확대된다. 이와 같은 맥락에서 베이시스의 강화와 축소가 동일한 의미를 가지는 한편 베이시스의 약화와 확대가 동일한 의미를 가진다.

표 4-7 베이시스 강화(strengthening)의 예(例)

날짜	현물가격	–	7월물 소맥 선물가격	=	베이시스
6월 1일	$8.25	–	$8.70	=	–$0.45
6월 15일	$8.55	–	$8.95	=	–$0.40
7월 1일	$8.50	–	$8.85	=	–$0.35

표 4-8 베이시스 약화(weakening)의 예(例)

날짜	현물가격	–	3월물 옥수수 선물가격	=	베이시스
1월 30일	$6.60	–	$6.30	=	+$0.30
2월 15일	$6.45	–	$6.20	=	+$0.25
3월 1일	$6.50	–	$6.35	=	+$0.15

〈표 4-7〉과 〈표 4-8〉의 예제에서 베이시스의 변동은 현물가격과 선물가격 간의 상대적인 변동에서 비롯되는 것이며, 현물가격 및 선물가격의 절대적인 수준의 변동 및 변동 방향(즉, 상승 또는 하락)의 변화에서 비롯되는 것이 아니라는 것을 확인할 수 있다.

베이시스의 강화는 현물가격이 선물가격에 비해 상대적으로 더 강세를 나타낸다는 의미이다. 즉, 가격 상승 시 현물가격이 선물가격보다 상대적으로 더 크게 상승하는 한편, 가격 하락 시에는 현물가격이 선물가격보다 상대적으로 더 작게 하락한다는 것이다. 선물가격을 기준으로 바꾸어 표현하지면, 가격 상승 시 선물가격이 현물가격보다 상대적으로 더 작게 상승하는 한편, 가격 하락 시에는 선물가격이 현물가격보다 상대적으로 더 크게 하락한다는 것이다.

제2절에서 다룬 매도헤지의 사례에서, 가격이 하락할 때 선물가격의 하락폭이 현물가격의 하락폭보다 더 클 경우 순매도가격(NSP)이 목표가격(objective price; 헤지를

표 4-9 현물 및 선물 가격의 변동과 베이시스의 변동

구분	가격 상승 시		가격 하락 시	
	현물가격	선물가격	현물가격	선물가격
베이시스 강화(축소)	⇑	↑	↓	⇓
베이시스 약화(확대)	↑	⇑	⇓	↓

주: 가격 상승폭에 있어서 ⇑가 ↑보다 더 크다는 것을 나타내는 한편 가격 하락폭에 있어서는 ⇓가 ↓보다 더 크다는 것을 나타낸다.

시작하는 현재시점의 현물가격)보다 더 높게 실현된다는 것을 확인하였다. 이러한 헤지성과를 베이시스의 변동과 연계시켜보면, 매도헤지의 경우 베이시스가 강화될 때 순매도가격(NSP)이 목표가격보다 더 높아져 보다 유리하게 된다는 것이다. 즉, 베이시스의 강화는 매도헤져(short hedger)에게 유리하게 작용한다.

반대로 베이시스의 약화는 현물가격이 선물가격에 비해 상대적으로 더 약세를 나타낸다는 의미이다. 즉, 가격 상승 시 현물가격이 선물가격보다 상대적으로 더 작게 상승하는 한편, 가격 하락 시에는 현물가격이 선물가격보다 상대적으로 더 크게 하락한다는 것이다. 선물가격을 기준으로 바꾸어 표현하자면, 가격 상승 시 선물가격이 현물가격보다 상대적으로 더 크게 상승하는 한편, 가격 하락 시에는 선물가격이 현물가격보다 상대적으로 더 작게 하락한다는 것이다.

제2절에서 다룬 매입헤지의 사례에서, 가격이 상승할 때 선물가격의 상승폭이 현물가격의 상승폭보다 더 클 경우 순매입가격(NBP)이 목표가격(objective price; 헤지를 시작하는 현재시점의 현물가격)보다 더 낮게 실현된다는 것을 확인하였다. 이러한 헤지성과를 베이시스의 변동과 연계시켜보면, 매입헤지의 경우 베이시스가 약화될 때 순매입가격(NBP)이 목표가격보다 더 낮아져 보다 유리하게 된다는 것이다. 즉, 베이시스의 약화는 매입헤져(long hedger)에게 유리하게 작용한다.

SECTION 04 매도헤지 Short Hedge

매도헤지는 헤져가 이미 보유하고 있거나 장차 보유하게 될 예정인 농산물을 미래의 일정시점에 판매하고자 하는 상황에서 해당 농산물의 가격 하락 위험에 대비하고자 할 때 선물계약을 미리 매도함으로써 판매가격을 현재 수준의 가격으로 고정시키는 방법을 말한다. 헤져는 미래의 일정시점이 도래하면 그동안 보유해온 현물을 매도함과 동시에 앞서 매도해 놓은 선물계약을 환매(還買; short-covering)하여 청산하게 된다. 이러한 거래를 통하여 현물시장에서의 손실(이익)을 선물시장에서의 이익(손실)으로 상쇄하게 된다.

매도헤지에 있어서 유념해야 할 사항 중 하나는 헤징을 통하여 실현(달성)하고자 하는 목표가격이 무엇인가 하는 점이다. 매도헤지에서 헤져가 궁극적으로 실현하고자 하는 목표가격은 바로 헤지를 시작하는 현재시점의 현물가격이다. 그리고 헤져가 그 목표가격을 실현(달성)할 수 있느냐 없느냐의 여부는 현물가격과 선물가격 간의 상대적인 변동, 즉 헤지를 시작하는 시점과 헤지를 청산하는 시점 사이에 베이시스가 어떻게 변동하느냐에 따라 결정된다.

한편 매도헤지를 할 때 고려해야 할 사항 중 하나는 결제월(인도월)의 선택에 관한 문제이다. 즉, 선물계약의 여러 결제월(인도월) 가운데 어떤 결제월을 선택하여 헤징할 것인가 하는 점이다. 이 문제에 관한 일반적인 원칙은 향후 현물거래가 발생할 것으로 예상되는 시점, 즉 보유중인 현물을 매도할 것으로 예상되는 시점보다 후행(後行)하지만 가장 가까운 결제월(최근월물)을 선택하여 헤징한다는 것이다. 예컨대, 3월 현재 보유중인 옥수수를 6월 중순에 매도할 것으로 예정하는 가운데 가격 하락에 대비하여 매도헤지를 한다면, 옥수수 선물의 결제월인 3, 5, 7, 9, 12월물 가운데 7월물(JLY)을 선택하여 헤징한다. 매도한 선물계약은 만기 이전에 반대매매, 즉 환매하여 청산한다.

1. 매도헤지(Short Hedge)의 사례

다음의 예제를 통하여 매도헤지가 어떻게 이루어지는지 구체적으로 살펴보도록 하자.

• 상황

10월 1일 현재 Y곡물상은 5,000부셸(bu)의 옥수수를 재고로 보유하고 있으며, 11월 중순에 보유한 옥수수를 판매하게 될 것으로 예상하고 있다.4 Y곡물상은 한 달 반 정도를 기다리는 사이에 옥수수 가격이 하락하여 손실을 보게 되지는 않을까 우려하고 있다. 10월 1일 현재 옥수수 현물가격은 $5.53/bu이고, 옥수수 판매 예정시점인 11월 중순을 기준으로 최근월물에 해당하는 12월물(Dec) 선물은 $5.58/bu에 거래되고 있다.

• 헤지전략

Y곡물상은 10월 1일에 옥수수 가격의 하락 위험에 대비하여 12월물 옥수수 선

---

4 논의를 단순화하기 위해 선물 1계약분에 해당하는 5,000부셸(bu)의 옥수수를 보유한 것으로 가정한다.

물 1계약을 $5.58/bu에 매도한다. Y곡물상이 매도헤지를 통하여 실현하고자 하는 목표가격은 10월 1일 현재시점의 현물가격인 $5.53/bu이며, 향후 목표가격의 달성 여부는 궁극적으로 베이시스의 변동에 의해 결정될 것이다.

• 결과

Y곡물상은 11월 15일에 그동안 보유해온 5,000부셸(bu)의 옥수수를 현물시장에 판매하였다. 우려했던 대로 가격이 하락하여 옥수수를 판매한 가격은 $5.38/bu이었다. 이제 보유해온 옥수수를 판매함으로써 더 이상 가격 하락 위험에 노출되지 않게 되었으므로 옥수수를 판매함과 동시에 10월 1일에 매도해 놓았던 12월물 옥수수 선물 1계약을 $5.42/bu에 환매(short-covering)하였다. 그 결과 순매도가격(NSP; net selling price)은 $5.54/bu가 되었다.

위의 거래내용을 정리해보면 〈표 4-10〉과 같다.

표 4-10 매도헤지(short hedge)의 결과

날짜	현물시장(S)	선물시장(F)	베이시스(b)
10월 1일	$5.53(long)	$5.58(short)	-$0.05
11월 15일	$5.38(short)	$5.42(long)	-$0.04
손익	-$0.15	+$0.16	△b=+$0.01
순매도가격(NSP)	$5.54/bu		

위의 사례에서 Y곡물상이 실현하고자 한 목표가격은 10월 1일의 현물가격인 $5.53/bu이었으나, 매도헤지를 통하여 실현된 순매도가격(NSP)은 이보다 $0.01/bu만큼 더 높은 $5.54/bu이었다. 이러한 결과는 헤지를 시작한 10월 1일과 헤지를 종료한 11월 15일 사이에 베이시스가 -$0.05/bu에서 -$0.04/bu로 $0.01/bu만큼 강화(축소)된데 기인한다. 보다 원천적으로 따져보자면, 현물가격이 $0.15/bu 하락한데 비해 선물가격은 그보다 더 큰 폭인 $0.16/bu만큼 하락함으로써 선물시장의 이익이 현물시장의 손실을 상쇄하고도 남는데 따른 것이다.

요컨대, 매도헤지에 있어서 가격이 하락할 때 선물가격이 현물가격보다 상대적으로 더 크게 하락하여 베이시스가 강화(축소)된다면, 선물거래의 이익이 현물거래의 손실을 상쇄하고도 남게 된다. 그 결과 순매도가격(NSP)이 목표가격, 즉 헤지를 시작하는 시점의 현물가격보다 베이시스 강화(축소) 폭만큼 더 높아지게 된다.

위의 예제에서 헤징의 기본 원리에 충실하게 매도헤지가 이루어졌는지 살펴보도

록 하자. 먼저 헤지가 시작되는 10월 1일 현재시점의 경우 현물시장에서는 옥수수를 재고로 보유하여 매입포지션(long position)인 반면, 선물시장에서는 옥수수 선물계약을 매도하여 매도포지션(short position)을 취하였다. 한편 헤지를 종료(청산)하는 11월 15일의 경우 현물시장에서는 보유중인 옥수수를 매도하여 매도포지션을 취한 반면, 선물시장에서는 옥수수 선물계약을 매입(환매)하여 매입포지션을 취하였다. 이와 같이 헤지를 시작하는 시점과 헤지를 종료하는 시점 모두 현물시장과 선물시장에서 서로 상반된 포지션을 취함으로써 헤징의 기본 원리에 맞게 매도헤지가 이루어졌다는 것을 확인할 수 있다.

2. 매도헤지에서 순매도가격(NSP; Net Selling Price)의 계산

헤징을 하게 되면 헤져의 관심사는 현물거래와 선물거래를 모두 감안한 순포지션(net position)이 어떻게 되는가, 즉 순헤지가격(NHP; net hedged price)이 얼마인가에 집중되게 된다. 매도헤지에 있어서 순헤지가격, 즉 순매도가격(NSP)은 다음과 같이 계산된다.

먼저 헤지를 시작하는 시점 t_1의 현물가격과 선물가격을 각각 S_1, F_1이라고 하자. 그리고 헤지를 청산하는 시점 t_2의 현물가격과 선물가격을 각각 S_2, F_2라고 하자. 한편 시점 t_1에서의 베이시스를 b_1이라고 하고, 시점 t_2에서의 베이시스를 b_2라고 하자.5 여기서, 베이시스는 현물가격에서 선물가격을 뺀 값, 즉 $b_1 = S_1 - F_1$, 그리고 $b_2 = S_2 - F_2$로 정의한다. 매도헤지가 종결되는 시점 t_2에 실현되는 순매도가격(NSP)은 다음 몇 가지 방법에 의해 계산할 수 있는데, 그 결과는 동일하지만 함축된 의미는 서로 다르다.

표 4-11 매도헤지(short hedge)의 현물가격, 선물가격 및 베이시스

날짜	현물시장(S)	선물시장(F)	베이시스(b)
t_1(현재)	S_1(long)	F_1(short)	$b_1(=S_1-F_1)$
t_2(미래)	S_2(short)	F_2(long)	$b_2(=S_2-F_2)$

---

5 현재시점 t_1의 베이시스 b_1과 미래시점 t_2의 베이시스 b_2는 각각 헤징기간의 시작과 끝이라는 관점에서 기초베이시스(beginning basis)와 기말베이시스(ending basis)로 불리기도 한다. 또한 헤징을 시작하고 종료(청산)한다는 관점에서 개시베이시스(opening basis)와 청산(종료)베이시스(closing basis)로도 불린다.

$$\text{순매도가격(NSP)} = S_2 + (F_1 - F_2) \quad \text{❶}$$

이 식은 현물을 매도한 가격(S_2)에다 선물거래 이익($F_1 - F_2$)을 합산하여 순매도가격을 계산하는 방법으로, 직관적으로 가장 이해하기가 용이하다. 〈표 4-10〉의 매도헤지 사례에 이 공식을 적용하면 순매도가격(NSP)은 \$5.54/bu = \$5.38/bu + (\$5.58/bu − \$5.42/bu)이 된다.

$$\text{순매도가격(NSP)} = F_1 + b_2 \quad \text{❷}$$

이 식은 매도헤지를 시작하는 시점 t_1의 선물가격 F_1에다 헤지를 청산하는 시점 t_2의 베이시스 b_2를 더하여 순매도가격을 산정하는 방법이다. 식 ❶을 다시 정리하면, 순매도가격(NSP) $= S_2 + (F_1 - F_2) = F_1 + (S_2 - F_2) = F_1 + b_2$가 된다. 〈표 4-10〉의 매도헤지 사례에 이 공식을 적용하면 순매도가격(NSP)은 \$5.54/bu = \$5.58/bu − \$0.04/bu이 된다.

헤징은 미래에 이루어질 현물거래를 선물계약으로 대체하는 것으로도 이해할 수 있다. 즉, 매도헤지의 경우 미래에 현물을 판매할 것에 대신하여 현재시점에서 미리 선물계약을 매도해 놓는 것이라고도 할 수 있다.

헤져는 현재시점 t_1에서 선물계약을 매도함으로써 미래의 현물 매도가격을 선물가격 F_1으로 고정시키고자 하나, 실제로 매도헤지를 통하여 실현하게 되는 순매도가격은 $F_1 + b_2$이 됨으로써 b_2만큼의 오차가 발생하게 된다. b_2는 헤지가 종료되는 미래시점에 형성될 베이시스이기 때문에 현재시점에서는 알 수가 없다. 따라서 b_2의 불확실성으로 인한 헤징위험(hedging risk), 즉 베이시스 위험(basis risk)이 존재하게 된다.

식 ❷는 매도헤지에 있어서 베이시스가 상승할수록(강화될수록), 즉 b_2가 보다 큰 값일수록 순매도가격(NSP)이 더 높아져 보다 유리하게 된다는 것을 보여준다. 즉, 선물계약을 F_1에 매도하여 헤징에 들어가면, 이제 순매도가격을 결정하는데 남게 되는 것은 b_2인데, 헤지기간 동안 베이시스가 강화되어 b_2가 커질수록 순매도가격이 더 높아져서 보다 유리하게 된다.

한편 식 ❷는 미래에 예상되는 매도가격을 추정하고자 할 경우 그 방법론에 대한 중요한 시사점을 제공한다. 즉, 식 ❷는 어떤 방법으로든 미래의 특정 시점에 예상되는 베이시스(예상베이시스; expected basis)를 추정해 낼 수 있다면, 미래의 예상매도가격(ESP; expected selling price)을 미리 예측해 볼 수 있다는 것을 시사한다. 이를 식으로 표현하자면,

예상매도가격(ESP) = 선물가격(futures price) + 예상베이시스(expected basis)
$$= F_1 + \hat{b}_2$$

여기서, $\hat{b}_2$는 미래의 일정 시점에 예상되는 베이시스의 추정치를 의미한다. 위의 산식과 식 ❷의 차이점은 실현된 베이시스 b_2가 예상베이시스(expected basis) $\hat{b}_2$로 대체됨으로써 순매도가격(NSP)이 예상매도가격(ESP)으로 대체되었다는 것뿐이다. 미래의 특정 시점에 예상되는 베이시스를 추정하는 방법은 여러 가지가 있을 수 있지만, 가장 단순하면서도 유용한 방법의 하나는 과거 3년 내지 5년간의 베이시스를 평균하여 베이시스를 추정하는 방법이다.

예상베이시스(expected basis)를 이용하여 구한 예상매도가격(ESP)이 중요한 이유는 무엇보다도 헤져가 예상매도가격을 이용하여 농산물의 저장에 관한 합리적인 의사결정을 내릴 수 있기 때문이다. 즉, 헤져는 농산물의 저장이 끝날 시점의 예상매도가격을 구하여 그 가격이 현재시점의 현물가격과 저장기간 동안의 저장비용을 합산한 것보다 크면 농산물을 저장을 하고, 그렇지 않으면 농산물을 처분하는 것이 유리하다. 이와 같이 미래에 판매할 농산물의 매도가격을 미리 예측해볼 수 있다면, 농산물 유통과 관련된 다양한 의사결정을 내리는 데 많은 도움을 받을 수 있다.

$$순매도가격(NSP) = S_1 + (b_2 - b_1) = S_1 + \Delta b \quad \cdots\cdots ❸$$

이 식은 매도헤지를 시작하는 시점 t_1의 현물가격 S_1에다 헤징기간 동안의 베이시스 변동분 Δb을 더하여 순매도가격을 산정하는 방법이다. $b_1 = S_1 - F_1$, $F_1 = S_1 - b_1$, 그리고 $b_2 = S_2 - F_2$이므로, 식 ❶에서 순매도가격(NSP) $= S_2 + (F_1 - F_2) = S_2 + (S_1 - b_1 - F_2) = S_1 + (S_2 - F_2) - b_1 = S_1 + b_2 - b_1 = S_1 + \Delta b$가 된다. 〈표 4-10〉의 매도헤지 사례에 이 공식을 적용하면 순매도가격(NSP)은 $5.54/bu = $5.53/bu + $0.01/bu이 된다.

식 ❸을 통해서도 베이시스 위험(basis risk)의 존재를 다시 한 번 확인할 수 있다. 이 식은 매도헤지를 하였을 때 목표가격(S_1)을 온전히 달성할 수 있느냐 없느냐의 여부는 베이시스의 변동(Δb)에 달려 있다는 사실을 극명하게 보여준다. 즉, 헤지를 시

작하는 시점 t_1과 헤지를 청산하는 시점 t_2 사이의 베이시스 변동 여부에 따라 목표 가격 S_1의 달성 여부가 결정된다는 것이다. 헤징을 통하여 가격위험은 제거할 수 있지만, 베이시스 위험은 제거할 수 없다는 표현은 바로 여기에서 비롯된 것이다.

만약 베이시스의 변동이 없다면($\Delta b = 0$), 순매도가격(NSP)이 목표가격(S_1)과 동일해져 목표가격을 온전히 달성하게 된다. 이러한 경우를 가리켜 완전헤지(perfect hedge)라고 한다. 한편 베이시스가 강화(축소)된다면, 순매도가격(NSP)은 목표가격(S_1)보다 베이시스 강화 폭인 Δb만큼 더 높아져 보다 유리하게 된다. 반면 베이시스가 약화(확대)된다면, 순매도가격(NSP)이 목표가격(S_1)보다 베이시스 약화 폭인 Δb만큼 더 낮아져 보다 불리하게 된다.

다시 정리하자면, 매도헤지에서 베이시스의 유리한 변동이란 헤지를 시작하는 시점 t_1의 베이시스 b_1보다 헤지를 청산하는 시점 t_2의 베이시스 b_2가 더 높아지는 (강화되는) 것을 의미한다. 만약 이러한 원리에 따라 철저하게 선택적 헤지(selective hedge)를 실시하고자 한다면, 향후 베이시스가 강화될(상승할) 것으로 예상되는 경우에만 선택적으로 매도헤지를 시행하면 된다.

특히 매도헤지에서 시점 t_1과 t_2 사이에 베이시스가 강화되는 폭($+\Delta b$)이 해당 기간 동안의 저장비용을 충당하고도 남는다면, 이제는 매도헤지를 통하여 목표가격을 실현하는 수준을 뛰어넘어서 수익을 창출할 수 있게 된다. 예컨대, 만약 헤징기간 동안의 베이시스 상승 폭이 ¢10/bu인 반면 저장비용은 ¢8/bu에 불과하다면, 헤지를 통하여 목표가격을 실현하는 것을 넘어서 ¢2/bu의 추가적인 수익을 얻을 수 있는 것이다. 따라서 매도헤지를 시행할 때는 베이시스의 변동을 면밀하게 추적하고 관찰하는 것이 중요하다.

$$순매도가격(NSP) = S_1 + [(S_2 - S_1) + (F_1 - F_2)] \quad \text{❹}$$

이 식은 매도헤지를 시작하는 시점 t_1의 현물가격 S_1에다 현물거래와 선물거래의 총이익(gross return)을 합산하여 순매도가격을 산정하는 방법이다. 〈표 4-10〉의 매도헤지 사례에 이 공식을 적용하면 순매도가격(NSP)은 \$5.54/bu = \$5.53/bu + [(\$5.38/bu − \$5.53/bu) + (\$5.58/bu − \$5.42/bu)]이 된다.

3. 다양한 가격 상황에서의 매도헤지(Short Hedge) 결과

1) 가격 하락 시 매도헤지(Short Hedge)의 결과

앞서 살펴본 매도헤지의 사례에서는 가격이 전반적으로 하락하는 가운데 베이시스가 강화되는 경우를 다루었다. 이와 같이 가격이 하락할 때 베이시스의 변동에 따라 순매도가격(NSP)이 어떻게 달라지는지를 여러 가지 시나리오 하에서 살펴보도록 하자. 앞서 살펴본 매도헤지의 사례와 동일한 상황을 가정하고, 단지 선물가격의 하락 폭에 차이를 두어 베이시스의 변동 폭을 달리하였다.6

(1) 가격이 하락하였으나 베이시스가 강화된($\Delta b > 0$) 경우

현물가격이 \$5.38/bu로 하락하고, 선물가격은 \$5.40/bu으로 하락하여 결과적으로 베이시스가 +\$0.03만큼 강화된 경우이다. 이 경우 현물가격의 하락에 따른 손실(−\$0.15/bu)보다 선물가격의 하락에 따른 이익(+\$0.18/bu)이 더 커서 현물시장의 손실을 선물시장의 이익으로 상쇄하고도 남게 된다. 그 결과 순매도가격(NSP)은 목표가격 \$5.53/bu보다 베이시스 강화 폭(+\$0.03)만큼 더 높아진 \$5.56/bu이 된다. 요컨대, 매도헤지에서는 가격이 하락하더라도 베이시스가 강화될 경우 순매도가격(NSP)이 목표가격보다 베이시스 강화 폭만큼 더 높아져 헤져에게 유리하게 된다.

(2) 가격이 하락하였으나 베이시스의 변동이 없는($\Delta b = 0$) 경우

현물가격이 \$5.38/bu로 하락하고, 선물가격은 \$5.43/bu으로 하락하여 결과적으로 베이시스의 변동이 없는 경우이다. 이 경우 현물가격의 하락에 따른 손실(−\$0.15/bu)이 선물가격의 하락에 따른 이익(+\$0.15/bu)과 동일해져서 현물시장의 손

표 4-12 가격 하락 시 베이시스의 변동에 따른 매도헤지(short hedge) 결과

날짜	현물시장 (S)	선물시장 (F)	베이시스 (basis)	베이시스의 변동(△b)	순매도가격 (NSP)
10월 01일	\$5.53	\$5.58	−\$0.05		
11월 15일	\$5.38	(1)\$5.40	−\$0.02	+\$0.03	\$5.56
		(2)\$5.43	−\$0.05	\$0.00	\$5.53
		(3)\$5.47	−\$0.09	−\$0.04	\$5.49

6 본 예제에서는 현물가격의 변동 폭을 일정하게 유지한 채 선물가격의 변동 폭만을 달리하여 베이시스의 변동에 대해 살펴보았다. 그러나 실제로 베이시스의 변동은 현물가격과 선물가격 각각의 변동에 의해 유발되기 때문에 그 경우의 수가 무수히 많다.

실이 선물시장의 이익으로 고스란히 상쇄된다. 그 결과 순매도가격(NSP)은 목표가격
과 동일한 $5.53/bu이 된다. 이와 같이 베이시스의 변동이 없으면, 현물시장의 손실
을 선물시장의 이익으로 완전히 상쇄시킴으로써 이른바 완전헤지(perfect hedge)가 가
능하게 된다.

완전헤지가 가능하기 위해서는 통계학적으로 현물가격과 선물가격 간의 상관관
계를 나타내는 상관계수(相關係數; correlation coefficient; ρ)가 1로서 두 가격의 움직임
이 동일하여야만 한다. 그러나 실제 상황에 있어서 완전헤지의 사례를 찾아보기는 사
실상 어렵다. 왜냐하면 현물가격과 선물가격은 동일한 방향으로 움직이기는 하지만,
움직임 폭이 전적으로 동일한 경우는 거의 없기 때문이다.

이러한 사실에 빗대어 "The only perfect hedge is in a Japanese garden"이라
는 표현이 있다. 헤지(hedge)의 사전적 의미 가운데는 산울타리(생울타리), 즉 살아있
는 나무를 집 주위에 빙 둘러 심어서 만든 울타리라는 의미도 있다. 그리고 일본 사
람들은 조경이나 분재를 잘 하여 정원을 아름답게 가꾸기로 유명하다. 이 두 가지를
결합하여 완벽한 헤지(perfect hedge)는 일본 사람이 가꾸는 정원에나 있는 것이지 현
실적인 거래에서는 찾아보기가 어렵다는 비유를 하고 있는 것이다.

(3) 가격이 하락하였으나 베이시스가 약화된($\Delta b < 0$) 경우

현물가격이 $5.38/bu로 하락하고, 선물가격은 $5.47/bu로 하락하여 결과적으로
베이시스가 −$0.04만큼 약화된 경우이다. 이 경우 현물가격의 하락에 따른 손실
(−$0.15/bu)이 선물가격의 하락에 따른 이익(+$0.11/bu)보다 더 커서 현물시장의 손
실을 선물시장의 이익으로 모두 상쇄하지 못하게 된다. 그 결과 순매도가격은 목표가
격 $5.53/bu보다 베이시스 약화 폭(−$0.04)만큼 더 낮아진 $5.49/bu이 된다. 요컨대,
매도헤지에서는 가격이 하락하더라도 베이시스가 약화될 경우 순매도가격(NSP)이 목
표가격보다 베이시스 약화 폭만큼 더 낮아져 헤져에게 불리하게 된다.

2) 가격 상승 시 매도헤지(Short Hedge)의 결과

한편 매도헤지를 하였을 때 예상과는 정반대로 농산물 가격이 상승할 경우 베이
시스의 변동에 따라 순매도가격(NSP)이 어떻게 달라지는지를 여러 가지 시나리오 하
에서 살펴보도록 하자. 앞서 살펴본 매도헤지의 사례와 동일한 상황을 가정하고, 단
지 선물가격의 상승 폭에 차이를 둠으로써 베이시스의 변동 폭을 달리하였다.

표 4-13 가격 상승 시 베이시스의 변동에 따른 매도헤지(short hedge) 결과

날짜	현물시장 (S)	선물시장 (F)	베이시스 (basis)	베이시스의 변동($\triangle$b)	순매도가격 (NSP)
10월 01일	$5.53	$5.58	-$0.05		
11월 15일	$5.67	(1)$5.70	-$0.03	+$0.02	$5.55
		(2)$5.72	-$0.05	$0.00	$5.53
		(3)$5.75	-$0.08	-$0.03	$5.50

(1) 가격이 상승하였으나 베이시스가 강화된($\varDelta b > 0$) 경우

현물가격이 $5.67/bu로 상승하고, 선물가격은 $5.70/bu으로 상승하여 결과적으로 베이시스가 +$0.02만큼 강화된 경우이다. 이 경우 현물가격의 상승에 따른 이익(+$0.14/bu)이 선물가격의 상승에 따른 손실(-$0.12/bu)보다 더 커서 현물시장의 이익이 선물시장의 손실을 상쇄하고도 남게 된다. 그 결과 순매도가격(NSP)은 목표가격 $5.53/bu보다 베이시스 강화 폭(+$0.02)만큼 더 높아진 $5.55/bu이 된다. 요컨대, 매도헤지에서는 가격이 상승하더라도 베이시스가 강화될 경우 순매도가격(NSP)이 목표가격보다 베이시스 강화 폭만큼 더 높아져 헤져에게 유리하게 된다.

(2) 가격이 상승하였으나 베이시스의 변동이 없는($\varDelta b = 0$) 경우

현물가격이 $5.67/bu로 상승하고, 선물가격은 $5.72/bu로 상승하여 결과적으로 베이시스의 변동이 없는 경우이다. 이 경우 현물가격의 상승에 따른 이익(+$0.14/bu)이 선물가격의 상승에 따른 손실(-$0.14/bu)과 동일해져서 현물시장의 이익이 선물시장의 손실을 고스란히 상쇄하게 된다. 그 결과 순매도가격(NSP)은 목표가격과 동일한 $5.53/bu이 된다. 요컨대, 매도헤지에서 가격이 상승하더라도 베이시스의 변동이 없으면, 완전헤지가 실현된다.

(3) 가격이 상승하였으나 베이시스가 약화된($\varDelta b < 0$) 경우

현물가격이 $5.67/bu로 상승하고, 선물가격은 $5.75/bu로 상승하여 결과적으로 베이시스가 -$0.03만큼 약화된 경우이다. 이 경우 현물가격의 상승에 따른 이익(+$0.14/bu)보다 선물가격의 상승에 따른 손실(-$0.17/bu)이 더 커서 현물시장의 이익이 선물시장의 손실을 모두 상쇄하지 못하게 된다. 그 결과 순매도가격(NSP)은 목표가격 $5.53/bu보다 베이시스 약화 폭(-$0.03)만큼 더 낮아진 $5.50/bu이 된다. 요컨대, 매도헤지에서는 가격이 상승하더라도 베이시스가 약화될 경우 순매도가격(NSP)

이 목표가격보다 베이시스 약화 폭만큼 더 낮아져 헤져에게 불리하게 된다.

4. 매도헤지(Short Hedge)에 관한 결론

이상에서 다룬 내용을 종합해보면, 헤지거래에서 궁극적으로 중요한 것은 가격 변동의 방향, 즉 가격이 상승하느냐 또는 하락하느냐 하는 것이 아니라 현물가격과 선물가격 간의 상대적인 변동 폭에 의해 베이시스가 어떻게 변동하느냐 하는 점이다. 매도헤지의 경우는 가격 하락 시 선물가격이 현물가격보다 상대적으로 더 크게 하락하여(또는 가격 상승 시 선물가격이 현물가격보다 상대적으로 더 작게 상승하여) 베이시스가 강화(축소)될 때 순매도가격(NSP)이 최초의 목표가격(initial objective price; S_1)보다 베이시스 강화 폭만큼 더 높아져 헤져에게 유리하게 된다($NSP = S_1 + \Delta b > S_1$).

이러한 결론은 매도헤지를 실시하는 궁극적인 목적이 무엇인가를 생각해보면 쉽게 이해될 수 있다. 매도헤지에서 이루어지는 궁극적인 거래행위는 바로 보유하고 있는 현물을 매도(판매)하는 것이다. 따라서 현물가격이 선물가격보다 상대적으로 더 강세를 나타내어 베이시스가 강화(축소)될수록 헤져는 현물 판매에서 보다 유리하게 되는 것이다.

SECTION **05 매입헤지**|Long Hedge

매입헤지는 헤져가 미래의 일정 시점에 농산물을 구매하여야 하는 상황에서 해당 농산물의 가격 상승에 대비하고자 할 때 선물계약을 미리 매입함으로써 구매가격을 현재 수준의 가격으로 고정시키는 방법이다. 헤져는 미래의 일정시점이 도래하면 필요한 현물을 구매함과 동시에 앞서 매입해 놓은 선물계약을 전매(轉賣; long liquidation)하여 청산하게 된다. 이러한 거래를 통하여 현물시장에서의 손실(이익)을 선물시장에서의 이익(손실)으로 상쇄하게 된다.

매입헤지에 있어서도 헤징을 통하여 실현하고자 하는 목표가격은 바로 헤지를 시작하는 현재시점의 현물가격이다. 그리고 헤져가 자신의 목표가격을 온전히 달성할 수 있느냐 없느냐의 여부는 궁극적으로 헤지를 시작하는 현재시점과 헤지를 청산하는 미래시점 사이에 베이시스가 어떻게 변동하느냐에 의해 결정된다.

아울러 매입헤지 시 선물계약의 결제월(인도월)을 선택하는 방법도 매도헤지와 동일하다. 즉, 향후 현물거래가 발생할 것으로 예상되는 시점, 즉 필요한 현물을 구매할 것으로 예상되는 시점보다 후행(後行)하지만 가장 가까운 결제월(최근월물)을 선택하여 헤징한다. 매입한 선물계약은 만기 이전에 반대매매, 즉 전매하여 청산한다.

1. 매입헤지(Long Hedge)의 사례

다음의 예제를 통하여 매입헤지가 어떻게 이루어지는지 구체적으로 살펴보도록 하자.

• 상황

Y사료회사는 5월말에 5,000부셸(bu)의 옥수수를 구매할 예정이다. 2월 15일 현재시점의 현물가격은 $5.35/bu이나, 5월말까지 기다리는 사이에 옥수수 가격이 상승하여 손실을 보게 되지는 않을까 우려하고 있다. 옥수수 구매 예정시점인 5월말을 기준으로 최근월물에 해당하는 7월물(JLY) 선물은 $5.42/bu에 거래되고 있다.

• 헤지전략

Y사료회사는 2월 15일에 옥수수 가격의 상승 위험에 대비하여 7월물 옥수수 선물 1계약을 $5.42/bu에 매입한다. Y사료회사가 매입헤지를 통하여 실현하고자 하는 목표가격은 2월 15일 현재시점의 현물가격인 $5.35/bu이며, 목표가격의 실현 여부는 궁극적으로 베이시스의 변동에 의해 결정될 것이다.

• 결과

Y사료회사는 5월 25일에 현물시장에서 5,000부셸(bu)의 옥수수를 매입하였다. 우려했던 대로 가격이 크게 상승하여 옥수수를 구매한 가격은 $5.60/bu이었다. 이제 필요한 옥수수를 구매하여 더 이상 가격 상승 위험에 노출되지 않게 되었으므로 옥수수를 구매함과 동시에 2월 15일에 매입해 놓았던 7월물 옥수수 선물 1계약을 $5.70/bu에 전매(轉賣)하였다. 그 결과 순매입가격(NBP; net buying price)은 $5.32/bu가 되었다.

위의 거래내용을 정리하면 〈표 4-14〉와 같다.

표 4-14 매입헤지(long hedge)의 결과

날짜	현물시장(S)	선물시장(F)	베이시스(b)
2월 15일	$5.35(short)	$5.42(long)	−$0.07
5월 25일	$5.60(long)	$5.70(short)	−$0.10
손익	−$0.25	+$0.28	△b=−$0.03
순매입가격(NBP)		$5.32/bu	

위의 사례에서 Y사료회사가 실현하고자 한 목표가격은 2월 15일의 현물가격인 $5.35/bu이었으나, 매입헤지를 통하여 실현된 순매입가격(NBP)은 이보다 $0.03/bu만큼 더 낮은 $5.32/bu가 되었다. 그 이유는 헤지를 시작한 2월 15일과 헤지를 종료한 5월 25일 사이에 베이시스가 −$0.07/bu에서 −$0.10/bu로 $0.03/bu만큼 약화(확대)된데 따른 것이다. 보다 원천적으로 살펴보면, 현물가격이 $0.25/bu 상승한데 비해 선물가격은 그보다 더 큰 폭인 $0.28/bu만큼 상승함으로써 현물시장의 손실을 선물시장의 이익으로 상쇄하고도 남는데 따른 것이다.

요컨대, 매입헤지에 있어서 가격이 상승할 때 선물가격이 현물가격보다 상대적으로 더 크게 상승하여 베이시스가 약화(확대)된다면, 선물거래의 이익이 현물거래의 손실을 상쇄하고도 남게 된다. 그 결과 순매입가격(NBP)이 목표가격보다 베이시스 약화(확대) 폭만큼 더 낮아지게 된다.

위의 예제에서도 헤징의 기본 원리에 충실하게 매입헤지가 이루어졌는지 살펴보도록 하자. 먼저 헤지가 시작되는 2월 15일 현재시점의 경우 현물시장에서는 옥수수를 보유하고 있지 않아 매도포지션(short position)인 반면, 선물시장에서는 옥수수 선물계약을 매입하여 매입포지션(long position)을 취하였다. 한편 헤지를 종료하는 5월 25일의 경우 현물시장에서는 옥수수를 매입하여 매입포지션을 취한 반면, 선물시장에서는 옥수수 선물계약을 매도(전매)하여 매도포지션을 취하였다. 이와 같이 헤지를 시작하는 시점과 헤지를 종료하는 시점 모두 현물시장과 선물시장에서 서로 상반된 포지션을 취함으로써 헤징의 기본 원리에 맞게 매입헤지가 이루어졌다는 것을 확인할 수 있다.

2. 매입헤지에서 순매입가격(NBP; Net Buying Price)의 계산

헤징을 하게 되면 헤져의 관심사는 현물거래와 선물거래를 모두 감안한 순포지션(net position)이 어떻게 되는가, 즉 순헤지가격(NHP; net hedged price)이 얼마인가에

| 표 4-15 | 매입헤지(long hedge)의 현물가격, 선물가격 및 베이시스 |

날짜	현물시장(S)	선물시장(F)	베이시스(b)
t_1(현재)	S_1(short)	F_1(long)	$b_1(=S_1-F_1)$
t_2(미래)	S_2(long)	F_2(short)	$b_2(=S_2-F_2)$

집중되게 된다. 매입헤지에 있어서 순헤지가격, 즉 순매입가격(NBP)은 다음과 같이 계산된다.

먼저 헤지를 시작하는 시점 t_1의 현물가격과 선물가격을 각각 S_1, F_1이라고 하자. 그리고 헤지를 청산하는 시점 t_2의 현물가격과 선물가격을 각각 S_2, F_2라고 하자. 한편 시점 t_1에서의 베이시스를 b_1이라고 하고, 시점 t_2에서의 베이시스를 b_2라고 하자.[7] 여기서, 베이시스는 현물가격에서 선물가격을 뺀 값, 즉 $b_1=S_1-F_1$, 그리고 $b_2=S_2-F_2$로 정의한다. 매입헤지가 종결되는 시점 t_2에 실현되는 순매입가격(NBP)은 다음 몇 가지 방법에 의해 계산할 수 있는데, 그 결과는 동일하지만 함축된 의미는 서로 다르다.

$$순매입가격(NBP) = S_2 - (F_2 - F_1) \quad \text{❺}$$

이 식은 현물을 구매한 가격(S_2)에서 선물거래 이익(F_2-F_1)을 차감하여 순매입가격을 계산하는 방법으로, 직관적으로 가장 이해하기가 용이하다. 〈표 4-14〉의 매입헤지 사례에 이 공식을 적용하면 순매입가격(NBP)은 \$5.32/bu = \$5.60/bu − (\$5.70/bu − \$5.42/bu)이 된다.

$$순매입가격(NBP) = F_1 + b_2 \quad \text{❻}$$

이 식은 매입헤지를 시작하는 시점 t_1의 선물가격 F_1에다 헤지를 청산하는 시점 t_2의 베이시스 b_2을 더하여 순매입가격을 산정하는 방법이다. 식 ❺를 다시 정리하

---

7 현재시점 t_1의 베이시스 b_1과 미래시점 t_2의 베이시스 b_2는 각각 헤징기간의 시작과 끝이라는 관점에서 기초베이시스(beginning basis)와 기말베이시스(ending basis)로 불리기도 한다. 또한 헤징을 시작하고 종료(청산)한다는 관점에서 개시베이시스(opening basis)와 청산(종료)베이시스(closing basis)로도 불린다.

면, 순매입가격(NBP) $= S_2 - (F_2 - F_1) = F_1 + (S_2 - F_2) = F_1 + b_2$가 된다. 〈표 4-14〉의 매입헤지 사례에 이 공식을 적용하면 순매입가격(NBP)은 $5.32/bu = $5.42/bu - $0.10이 된다.

헤징은 미래에 이루어질 현물거래를 선물계약으로 대체하는 것으로도 이해할 수 있다. 즉, 매입헤지의 경우 미래에 현물을 구매할 것에 대신하여 현재시점에서 미리 선물계약을 매입해 놓는 것이라고도 할 수 있다.

헤져는 현재시점 t_1에서 선물계약을 매입함으로써 미래의 현물 매입가격을 선물가격 F_1으로 고정시키고자 하나, 실제로 매입헤지를 통하여 실현하게 되는 순매입가격(NBP)은 $F_1 + b_2$이 됨으로써 b_2만큼의 오차가 발생하게 된다. b_2는 헤지를 종료하는 미래시점에 형성될 베이시스이기 때문에 현재시점에서는 알 수가 없다. 따라서 b_2의 불확실성으로 인한 헤징위험(hedging risk), 즉 베이시스 위험(basis risk)이 존재하게 된다.

식 ❻은 매입헤지에 있어서 베이시스가 낮아질수록(약화될수록), 즉 b_2가 보다 작은 값일수록 순매입가격(NBP)이 더 낮아져 보다 유리하게 된다는 것을 보여준다. 즉, 선물계약을 F_1에 매입하여 헤징에 들어가면, 이제 순매입가격을 결정하는데 남게 되는 것은 b_2인데, 헤징기간 동안 베이시스가 약화되어 b_2가 작아질수록 순매입가격이 더 낮아져서 보다 유리하게 된다.

한편 식 ❻은 미래에 예상되는 매입가격을 추정하고자 할 경우 그 방법론에 대한 중요한 시사점을 제공한다. 즉, 식 ❻은 어떤 방법으로든 미래의 특정 시점에 예상되는 베이시스(예상베이시스; expected basis)를 추정해 낼 수 있다면, 미래의 예상매입가격(EBP; expected buying price)을 사전적으로 예측해 볼 수 있다는 것을 시사한다. 이를 식으로 표현하자면,

$$\text{예상매입가격(EBP)} = \text{선물가격(futures price)} + \text{예상베이시스(expected basis)}$$
$$= F_1 + \hat{b}_2$$

여기서, $\hat{b}_2$는 미래의 일정 시점에 예상되는 베이시스의 추정치를 의미한다. 위의 산식과 식 ❻의 차이점은 실현된 베이시스 b_2가 예상베이시스(expected basis) $\hat{b}_2$로 대체됨으로써 순매입가격(NBP)이 예상매입가격(EBP)으로 대체되었다는 것뿐이다. 미래의 특정 시점에 예상되는 베이시스를 추정하는 방법은 여러 가지가 있을 수 있

지만, 가장 단순하면서도 유용한 방법의 하나는 과거 3년 내지 5년간의 베이시스를 평균하여 베이시스를 추정하는 방법이다.

$$순매입가격(NBP) = S_1 + (b_2 - b_1) = S_1 + \Delta b \quad \text{................................} ❼$$

이 식은 매입헤지를 시작하는 시점 t_1의 현물가격 S_1에다 헤징기간 동안의 베이시스 변동분 Δb을 더하여 순매입가격을 산정하는 방법이다. $b_1 = S_1 - F_1$, $F_1 = S_1 - b_1$, 그리고 $b_2 = S_2 - F_2$이므로, 식 ❺에서 순매입가격(NBP) $= S_2 - (F_2 - F_1) = (S_2 - F_2) + F_1$ $= (S_2 - F_2) + S_1 - b_1 = S_1 + b_2 - b_1 = S_1 + \Delta b$가 된다. 〈표 4-14〉의 매입헤지 사례에 이 공식을 적용하면 순매입가격(NBP)은 \$5.32/bu = \$5.35/bu − \$0.03/bu이 된다.

이 식을 통해서도 베이시스 위험(basis risk)의 존재를 다시 한 번 확인할 수 있다. 이 식은 매입헤지를 하였을 때 목표가격(S_1)을 온전히 달성할 수 있느냐 없느냐의 여부는 궁극적으로 베이시스의 변동(Δb)에 달려 있다는 사실을 극명하게 보여준다. 즉, 헤지를 시작하는 시점 t_1과 헤지를 청산하는 시점 t_2 사이의 베이시스 변동 여부에 따라 목표가격 S_1의 달성 여부가 결정된다는 것이다. 헤징을 통하여 가격위험은 제거할 수 있지만, 베이시스 위험은 제거할 수 없다는 표현은 바로 여기에서 비롯된 것이다.

만약 베이시스의 변동이 없다면($\Delta b = 0$), 순매입가격(NBP)이 목표가격(S_1)과 동일해져 목표가격을 온전히 달성하게 된다. 이러한 경우를 가리켜 완전헤지(perfect hedge)라고 한다. 한편 베이시스가 약화(확대)된다면, 순매입가격(NBP)은 목표가격(S_1)보다 베이시스 약화 폭인 Δb만큼 더 낮아져 보다 유리하게 된다. 반면 베이시스가 강화(축소)된다면, 순매입가격(NBP)이 목표가격(S_1)보다 베이시스 강화 폭인 Δb만큼 더 높아져 보다 불리하게 된다.

다시 정리하자면, 매입헤지에서 베이시스의 유리한 변동이란 헤지를 시작하는 시점 t_1의 베이시스 b_1보다 헤지를 청산하는 시점 t_2의 베이시스 b_2가 더 낮아지는 (약화되는) 것을 의미한다. 만약 이러한 원리에 따라 철저하게 선택적 헤지(selective hedge)를 실시하고자 한다면, 향후 베이시스가 약화될(하락할) 것으로 예상되는 경우에만 선택적으로 매입헤지를 시행하면 된다.

$$순매입가격(NBP) = S_1 - [(S_1 - S_2) + (F_2 - F_1)] \quad \text{................................} ❽$$

이 식은 매입헤지를 시작하는 시점 t_1의 현물가격 S_1에다 현물거래와 선물거래의 총이익(gross return)을 차감하여 순매입가격을 산정하는 방법이다. 〈표 4-14〉의 매입헤지 사례에 이 공식을 적용하면 순매입가격(NBP)은 $5.32/bu = $5.35/bu − [($5.35/bu − $5.60/bu) + ($5.70/bu − $5.42/bu)]이 된다.

3. 다양한 가격 상황에서의 매입헤지(Long hedge) 결과

1) 가격 상승 시 매입헤지(Long Hedge)의 결과

앞서 살펴본 매입헤지의 사례에서는 가격이 전반적으로 상승하는 가운데 베이시스가 약화되는 경우를 다루었다. 이와 같이 가격이 상승할 때 베이시스의 변동에 따라 순매입가격(NBP)이 어떻게 달라지는지를 여러 가지 시나리오 하에서 살펴보도록 하자. 앞서 살펴본 매입헤지의 사례와 동일한 상황을 가정하고, 단지 선물가격의 상승 폭에 차이를 두어 베이시스의 변동 폭을 달리하였다.[8]

(1) 가격이 상승하였으나 베이시스가 강화된($\Delta b > 0$) 경우

현물가격이 $5.60/bu으로 상승하고, 선물가격은 $5.63/bu으로 상승하여 결과적으로 베이시스가 +$0.04만큼 강화된 경우이다. 이 경우 현물가격의 상승에 따른 손실(−$0.25/bu)이 선물가격의 상승에 따른 이익(+$0.21/bu)보다 더 커서 현물시장의 손실을 선물시장의 이익으로 모두 상쇄하지 못하게 된다. 그 결과 순매입가격(NBP)은 목표가격 $5.35/bu보다 베이시스 강화 폭(+$0.04)만큼 더 높아진 $5.39/bu가 된다. 요컨대, 매입헤지에서는 가격이 상승하더라도 베이시스가 강화될 경우 순매입가격

표 4-16 가격 상승 시 베이시스의 변동에 따른 매입헤지(long hedge)의 결과

날짜	현물시장 (S)	선물시장 (F)	베이시스 (basis)	베이시스의 변동($\triangle$b)	순매입가격 (NBP)
2월 15일	$5.35	$5.42	−$0.07		
5월 25일	$5.60	(1)$5.63	−$0.03	+$0.04	$5.39
		(2)$5.67	−$0.07	$0.00	$5.35
		(3)$5.72	−$0.12	−$0.05	$5.30

8 본 예제에서는 현물가격의 변동 폭을 일정하게 유지한 채 선물가격의 변동 폭만을 달리하여 베이시스의 변동에 대해 살펴보았다. 그러나 실제로 베이시스의 변동은 현물가격과 선물가격 각각의 변동에 의해 유발되기 때문에 그 경우의 수가 무수히 많다.

(NBP)이 목표가격보다 베이시스 강화 폭만큼 높아져 헤져에게 불리하게 된다.

(2) 가격이 상승하였으나 베이시스의 변동이 없는($\Delta b = 0$) 경우

현물가격이 \$5.60/bu로 상승하고, 선물가격은 \$5.67/bu으로 상승하여 결과적으로 베이시스의 변동이 없는 경우이다. 이 경우 현물가격의 상승에 따른 손실(−\$0.25/bu)이 선물가격의 상승에 따른 이익(+\$0.25/bu)과 동일해져서 현물시장의 손실을 선물시장의 이익으로 고스란히 상쇄하게 된다. 그 결과 순매입가격(NBP)은 목표가격과 동일한 \$5.35/bu이 된다. 이와 같이 베이시스의 변동이 없으면, 현물시장의 손실을 선물시장의 이익으로 완전히 상쇄시킴으로써 완전헤지(perfect hedge)가 실현된다.

(3) 가격이 상승하였으나 베이시스가 약화된($\Delta b < 0$) 경우

현물가격이 \$5.60/bu로 상승하고, 선물가격은 \$5.72/bu로 상승하여 결과적으로 베이시스가 −\$0.05만큼 약화된 경우이다. 이 경우 현물가격의 상승에 따른 손실(−\$0.25/bu)보다 선물가격의 상승에 따른 이익(+\$0.30/bu)이 더 커서 현물시장의 손실을 선물시장의 이익으로 상쇄하고도 남게 된다. 그 결과 순매입가격(NBP)은 목표가격 \$5.35/bu보다 베이시스 약화 폭(−\$0.05)만큼 더 낮아진 \$5.30/bu이 된다. 요컨대, 매입헤지에서는 가격이 상승하더라도 베이시스가 약화될 경우 순매입가격(NBP)이 목표가격보다 베이시스 약화 폭만큼 더 낮아져 헤져에게 유리하게 된다.

2) 가격 하락 시 매입헤지(Long Hedge)의 결과

한편 매입헤지를 하였을 때 예상과는 정반대로 농산물 가격이 하락할 경우 베이시스의 변동에 따라 순매입가격(NBP)이 어떻게 달라지는지를 여러 가지 시나리오 하에서 살펴보도록 하자. 앞서 살펴본 매입헤지의 사례와 동일한 상황을 가정하고, 단지 선물가격의 하락 폭에 차이를 둠으로써 베이시스의 변동 폭을 달리하였다.

(1) 가격이 하락하였으나 베이시스가 강화된($\Delta b > 0$) 경우

현물가격이 \$5.20/bu로 하락하고, 선물가격은 \$5.24/bu로 하락하여 결과적으로 베이시스가 +\$0.03만큼 강화된 경우이다. 이 경우 현물가격의 하락에 따른 이익(+\$0.15/bu)보다 선물가격의 하락에 따른 손실(−\$0.18/bu)이 더 커서 현물시장의 이익이 선물시장의 손실을 모두 상쇄하지 못하게 된다. 그 결과 순매입가격(NBP)은 목

표 4-17 가격 하락 시 베이시스의 변동에 따른 매입헤지(long hedge)의 결과

날짜	현물시장 (S)	선물시장 (F)	베이시스 (basis)	베이시스의 변동(△b)	순매입가격 (NBP)
2월 15일	$5.35	$5.42	-$0.07		
5월 25일	$5.20	(1)$5.24	-$0.04	+$0.03	$5.38
		(2)$5.27	-$0.07	$0.00	$5.35
		(3)$5.32	-$0.12	-$0.05	$5.30

표가격 $5.35/bu보다 베이시스 강화 폭(+$0.03)만큼 더 높아진 $5.38/bu이 된다. 요컨대, 매입헤지에서는 가격이 하락하더라도 베이시스가 강화될 경우 순매입가격(NBP)이 목표가격보다 베이시스 강화 폭만큼 더 높아져 헤져에게 불리하게 된다.

(2) 가격이 하락하였으나 베이시스의 변동이 없는($\Delta b = 0$) 경우

현물가격이 $5.20/bu로 하락하고, 선물가격은 $5.27/bu로 하락하여 결과적으로 베이시스의 변동이 없는 경우이다. 이 경우 현물가격의 하락에 따른 이익(+$0.15/bu)이 선물가격의 하락에 따른 손실(-$0.15/bu)과 동일해져서 현물시장의 이익이 선물시장의 손실을 고스란히 상쇄하게 된다. 그 결과 순매입가격(NBP)은 목표가격과 동일한 $5.35/bu가 된다. 요컨대, 매입헤지에서는 가격이 하락하더라도 베이시스의 변동이 없으면, 완전헤지가 실현된다.

(3) 가격이 하락하였으나 베이시스가 약화된($\Delta b < 0$) 경우

현물가격이 $5.20/bu로 하락하고, 선물가격은 $5.32/bu로 하락하여 결과적으로 베이시스가 -$0.05만큼 약화된 경우이다. 이 경우 현물가격의 하락에 따른 이익(+$0.15/bu)이 선물가격의 하락에 따른 손실(-$0.10/bu)보다 더 커서 현물시장의 이익이 선물시장의 손실을 상쇄하고도 남게 된다. 그 결과 순매입가격(NBP)은 목표가격 $5.35/bu보다 베이시스 약화 폭(-$0.05)만큼 더 낮아진 $5.30/bu이 된다. 요컨대, 매입헤지에서는 가격이 하락하더라도 베이시스가 약화될 경우 순매입가격(NBP)이 목표가격보다 베이시스 약화 폭만큼 더 낮아져 헤져에게 유리하게 된다.

4. 매입헤지(Long Hedge)에 관한 결론

이상에서 다룬 내용을 종합해보면, 헤지거래에서 궁극적으로 중요한 것은 가격

변동의 방향, 즉 가격이 상승하느냐 또는 하락하느냐 하는 것이 아니라 현물가격과 선물가격 간의 상대적인 변동에 의해 베이시스가 어떻게 변동하느냐 하는 점이다. 매입헤지의 경우는 가격 상승 시 선물가격이 현물가격보다 상대적으로 더 크게 상승하여(또는 가격 하락 시 선물가격이 현물가격보다 상대적으로 더 작게 하락하여) 베이시스가 약화(확대)될 때 순매입가격(NBP)이 최초의 목표가격(initial objective price; S_1)보다 베이시스 약화 폭만큼 더 낮아져 헤져에게 유리하게 된다(NBP $= S_1 + \Delta b < S_1$).

　　이러한 결론은 매입헤지를 실시하는 궁극적인 목적이 무엇인가를 생각해보면 쉽게 이해될 수 있다. 매입헤지에서 이루어지는 궁극적인 거래행위는 바로 현물을 구매(매입)하는 것이다. 따라서 현물가격이 선물가격보다 상대적으로 더 약세를 나타내어 베이시스가 약화(확대)될수록 헤져는 현물 구매에서 보다 유리하게 되는 것이다.

SECTION 06 헤징Hedging에 있어서 고려해야 할 주요 사항

　　헤징에 있어서 주의를 기울여야 할 몇 가지 사항들을 정리하면 다음과 같다.

1. 과도헤징(Overhedging) 또는 과소헤징(Underhedging)

　　선물계약은 기본 거래단위가 정해져 있고, 기본 거래단위의 배수(倍數; multiple)로만 거래된다. 예컨대, 시카고상품거래소(CBOT) 옥수수 선물의 경우 1계약은 5,000부셸(≒127m/t)로 정해져 있어 5,000부셸(bu) 단위로만 거래된다. 그런데 만약 17,000부셸(bu)의 옥수수에 대한 헤징을 해야 한다면, 과연 몇 계약을 거래하는 것이 적정할까? 만약 옥수수 선물 3계약(15,000부셸)을 거래한다면, 현물의 양보다 적어 과소헤징(underhedging)이 이루어지는 반면, 4계약(20,000부셸)을 거래한다면, 현물의 양보다 많아 과도헤징(overhedging)이 이루어지는 셈이 된다. 따라서 현물 포지션에 상응하여 선물 포지션을 더 많이 가져갈 것인가 아니면 더 적게 가져갈 것인가에 관한 의사결정이 이루어져야 한다. 이에 대한 의사결정을 위해서는 헤져 자신의 위험에 대한 태도, 재무능력 등 다양한 요인들이 검토되어야만 한다.

2. 직접헤지(Direct Hedge) 또는 교차헤지(Cross Hedge)

직접헤지는 헤지거래의 대상인 현물과 선물계약의 기초자산(underlying asset)이 동일한 경우의 헤징을 말한다. 예컨대, 옥수수를 취급하는 곡물상이 옥수수 선물을 이용하여 헤징한다면, 현물과 선물이 모두 동일한 옥수수를 거래대상으로 하기 때문에 직접헤지에 해당한다. 직접헤지는 현물과 선물의 가격 움직임이 유사하기 때문에 헤징을 통하여 가격위험을 제거하는 성과, 즉 헤지효과(hedging effectiveness)가 크게 나타난다.

한편 농산물 선물시장에서는 모든 농산물이 상장되어 거래되는 것이 아니기 때문에 현물과 꼭 일치하지 않는 선물계약을 이용하여 헤징이 이루어지기도 한다. 이와 같이 현물과 선물계약의 기초자산이 서로 다른 경우에 이루어지는 헤징을 교차헤지(cross hedge)라고 한다. 예컨대, 보리(barley)를 취급하는 곡물상의 경우 보리 선물계약이 선물거래소에 미처 상장되어 있지 않다면, 부득이 동일한 사료곡물인 옥수수 선물을 이용하여 헤징할 수 있는데, 이 경우가 교차헤지에 해당한다.

교차헤지에 있어서도 헤징을 통하여 현물가격의 변동 위험을 최소화하려면 무엇보다도 현물가격과 선물가격 간에 밀접한 상관관계가 존재하여야 한다. 그렇지 않을 경우 헤징을 하지 않을 때보다 오히려 가격위험이 더 커질 수도 있다. 또한 교차헤지를 성공적으로 수행하기 위해서는 해당 선물계약이 활발하게 거래되어 교차헤지에 따른 거래량이 시장에 별다른 충격을 미치지 않을 만큼 유동성이 풍부하여야 한다.

3. 결제월(Delivery Month)의 선택

헤징에 있어서 결제월(인도월)의 선택에 관한 문제, 즉 어느 결제월을 선택하여 헤징할 것인가의 문제는 앞서 다루어진 바 있다. 일반적인 원칙을 다시 정리하면, 가능한 한 실제 현물거래가 이루어질 시점과 가장 가까운 결제월을 선택하되, 그 결제월이 현물거래 예상시점보다 후행(後行)하여야 한다는 것이다. 즉, 장차 현물거래가 이루어질 것으로 예상되는 시점을 기준으로 최근월물을 선택하여 헤징한다.

이러한 원칙에 따라 결제월을 선택하여 헤징할 경우 미래에 현물거래가 이루어지는 시점은 곧 선물을 반대매매하여 청산하는 시점과 일치하며, 그 시점은 선물계약의 만기 이전이 된다. 즉, 매도헤지에 있어서 보유한 현물을 매도하는 동시에 매도해 놓은 선물을 환매하는 시점, 그리고 매입헤지에 있어서 필요한 현물을 매입하는 동시에 매입해 놓은 선물을 전매하는 시점은 모두 선물계약의 만기 이전에 해당한다. 결과적으로 선물계약은 대부분 만기 이전에 반대매매를 통하여 청산되며, 만기에 실물 인수도를 통하여 최종 결제되는 비중은 매우 낮다.

4. 헤지비율(Hedge Ratio)

헤지비율은 주어진 현물 포지션(cash position)에 대응하여 보유해야 할 선물 포지션(futures position)의 비율로 정의된다. 즉,

$$헤지비율(h) = \frac{선물\ 포지션(F)}{현물\ 포지션(S)}$$

헤징을 통하여 현물가격의 변동 위험을 최소화하려면 현물가격과 선물가격의 상대적인 변동 정도를 감안하여 최적의 헤지비율(optimal hedge ratio)을 산출하여야 한다. 일반적으로는 현물 포지션의 규모와 선물 포지션의 규모를 동일하게 유지하는 이른바 1:1 단순헤지(1:1 simple hedge)가 자주 이용된다. 그러나 1:1 단순헤지는 현물가격과 선물가격의 움직임이 동일하다고 암묵적으로 가정하거나 또는 현물가격과 선물가격 간의 상대적인 변동 폭을 면밀히 감안하지 않고 있기 때문에 헤져가 위험을 최소화하고자 할 때 적절하지 않게 된다.

현물가격과 선물가격의 상대적인 변동의 크기를 반영하여 산출한 헤지비율을 위험최소화 헤지비율(risk-minimizing hedge ratio) 또는 최소분산 헤지비율(minimum variance hedge ratio)이라고 하는데, 그 도출과정을 살펴보도록 하자.

현물을 보유하고 매도헤지를 통하여 헤징할 경우 현물 포지션(S)과 선물 포지션(F)의 결합으로 구성된 포트폴리오(P)의 일일 손익(daily return)은 다음과 같다.

$$P_t - P_{t-1} = (S_t - S_{t-1}) - h(F_t - F_{t-1}) \quad\cdots\cdots\cdots\cdots\cdots\cdots\cdots\cdots\cdots\cdots ❾$$

여기서 $P_t - P_{t-1}$는 포트폴리오(P)의 가치변동, $S_t - S_{t-1}$는 현물가격의 변동, h는 헤지비율, 그리고 $F_t - F_{t-1}$는 선물가격의 변동을 나타낸다.

이 포트폴리오의 분산(σ_P^2)은 현물가격의 분산(σ_S^2), 선물가격의 분산(σ_F^2), 그리고 현물가격과 선물가격 간의 공분산(covariance; $Cov(S,F)$)에 의해 결정된다. 즉,

$$\sigma_P^2 = \sigma_S^2 + h^2\sigma_F^2 - 2hCov(S, F) \cdots\cdots\cdots\cdots\cdots\cdots\cdots\cdots \quad ❿$$

포트폴리오(P)의 분산을 최소화시키는 헤지비율을 구하기 위해 σ_P^2를 h에 관하여 미분하면,

$$\frac{\partial \sigma_P^2}{\partial h} = 2h\sigma_F^2 - 2Cov(S,F) = 0 \cdots\cdots\cdots\cdots\cdots\cdots\cdots \quad ⓫$$

따라서 헤져의 위험을 최소화시키는 위험최소화 헤지비율(risk-minimizing hedge ratio)은 다음과 같다.

$$h^* = \frac{Cov(S, F)}{\sigma_F^2} \cdots\cdots\cdots\cdots\cdots\cdots\cdots\cdots\cdots\cdots\cdots\cdots\cdots \quad ⓬$$

위와 같은 논리적 전개를 바탕으로 실제 활용에서 위험최소화 헤지비율을 구할 때는 일반적으로 현물가격과 선물가격의 회귀방정식(regression equation)을 자주 이용한다. 즉,

$$S_t = \alpha + \beta F_t + \varepsilon_t \cdots\cdots\cdots\cdots\cdots\cdots\cdots\cdots\cdots\cdots\cdots \quad ⓭$$

그 이유는 무엇보다도 위의 회귀방정식에서 추정된 회귀계수 β가 바로 위험최소화 헤지비율(h^*)이 되기 때문이다. 즉,

$$\beta = \frac{Cov(S,F)}{\sigma_F^2} \cdots\cdots\cdots\cdots\cdots\cdots\cdots\cdots\cdots\cdots\cdots\cdots \quad ⓮$$

한편 헤지비율을 추정하는 실증연구에서는 현물가격과 선물가격의 수준(price level)을 회귀방정식의 변수로 사용하기보다는 현물가격과 선물가격의 변동분(price change; first difference)을 변수로 사용하는 경우가 많다. 즉,

$$\Delta S_t = \alpha + \beta \Delta F_t + \varepsilon_t \cdots\cdots\cdots\cdots\cdots\cdots\cdots\cdots\cdots\cdots \quad ⓯$$

여기서, ΔS_t는 현물가격의 변동분, ΔF_t는 선물가격의 변동분을 의미한다.

위의 회귀방정식에서 추정된 회귀계수 β가 바로 헤지비율이다. 예컨대, 추정 회귀계수가 0.95라고 하면, 선물가격이 1만큼 변동할 때 현물가격이 0.95만큼 변동한다는 의미가 되므로 헤지비율은 0.95가 된다.

한편 회귀방정식을 추정하여 얻어진 결정계수(決定係數; coefficient of determination; R^2)는 헤지효과(헤지성과)을 나타내는 지표로 이용된다. R^2는 통계학적으로 선물가격의 변동에 의해 설명되어지는 현물가격의 총 변동을 나타내며, 항상 0과 1사이의 수치를 나타내게 된다. 예컨대, R^2가 0.95라고 하면 선물가격의 변동이 현물가격 변동의 95%를 설명해준다는 의미가 된다. 결정계수 R^2가 1에 가까울수록 현물가격과 선물가격 간의 회귀관계에서 적합도(適合度; degree of fit)가 크다는 의미가 되므로 헤져가 원하는 대로 헤지효과가 나타날 가능성이 커지게 된다.

위험최소화 헤지비율 또는 최소분산 헤지비율을 산출하고 나면, 그 다음의 절차는 최적의 선물계약 수(optimal number of futures contracts; N^*)를 산정하는 것인데, 그 방법은 다음과 같다.

$$N^* = h^* \times \frac{Q_S}{Q_F} \quad\text{\dotfill} \quad \textbf{⑯}$$

여기서, h^*는 헤져의 위험을 최소화시키는 최적의 헤지비율, 즉 위험최소화 헤지비율이고, Q_S는 헤지하고자 하는 현물 포지션의 크기, 그리고 Q_F는 선물 1계약의 크기를 나타낸다.

5. 헤지거래의 적정성 여부에 대한 검증

헤징이 적절하게 잘 이루어졌는지 여부를 검증하는 데는 일반적으로 다음과 같은 세 가지 원칙이 활용된다.

첫째, 헤져는 현물가격 위험이 가격 상승에 따른 것이라면, 선물계약을 매입하는 매입헤지(long hedge)를 하여야 한다. 반대로 현물가격 위험이 가격 하락에 따른 것이라면, 선물계약을 매도하는 매도헤지(short hedge)를 하여야 한다.

둘째, 헤져는 헤지거래를 시작하는 시점에 현물시장과 선물시장에서 서로 상반된

포지션을 취하여야 한다. 즉, 매도헤지에서 헤지를 시작하는 시점 t_1에 현물시장(S_1)에서는 매입포지션(long position), 그리고 선물시장(F_1)에서는 매도포지션(short position)을 취하여야 한다.

표 4-18 매도헤지(short hedge)의 현물가격, 선물가격 및 베이시스

날짜	현물시장(S)	선물시장(F)	베이시스(b)
t_1(현재)	S_1(long)	F_1(short)	$b_1(=S_1-F_1)$
t_2(미래)	S_2(short)	F_2(long)	$b_2(=S_2-F_2)$

반대로 매입헤지에서는 헤지를 시작하는 시점 t_1에 현물시장(S_1)에서는 매도포지션(short position), 그리고 선물시장(F_1)에서는 매입포지션(long position)을 취하여야 한다.

표 4-19 매입헤지(long hedge)의 현물가격, 선물가격 및 베이시스

날짜	현물시장(S)	선물시장(F)	베이시스(b)
t_1(현재)	S_1(short)	F_1(long)	$b_1(=S_1-F_1)$
t_2(미래)	S_2(long)	F_2(short)	$b_2(=S_2-F_2)$

셋째, 헤지를 시작하는 시점 t_1의 선물 포지션(F_1)과 헤지를 종결하는 시점 t_2의 현물 포지션(S_2)은 서로 동일하여야 한다. 즉, 매도헤지의 경우 F_1과 S_2가 서로 동일한 매도포지션(short position)이어야 하고, 반대로 매입헤지의 경우는 F_1과 S_2가 서로 동일한 매입포지션(long position)이어야 한다.

참고문헌 ◆────────────────────────────────

Bobin, C. A.(1990), Agricultural Options: Trading, Risk Management, and Hedging, New York: New York, John Wiley & Sons, Inc.

Catlett, L. B., and J. D. Libbin(1999), Investing in Futures & Options Markets, Albany: New York, Delmar Publishers.

Catlett, L. B., and J. D. Libbin(2007), Risk Management in Agriculture: A Guide to Futures, Options, and Swaps, Clifton Park: New York, Thompson Delmar Learning.

Chicago Board of Trade(1998), Agricultural Futures for the Beginner, General Information Series 1.

Chicago Board of Trade(2006), Understanding Basis.

Chicago Board of Trade(2006), The Chicago Board of Trade Handbook of Futures & Options, New York: New York, McGraw-Hill.

Chicago Board of Trade(2006), An Introduction to Trading CBOT Agricultural Futures and Options.

Chicago Mercantile Exchange(2006), An Introduction to Futures and Options, Student Manual.

Chicago Mercantile Exchange(2006), CME Commodity Trading Manual.

CME Group Inc(2015), Self-Study Guide to Hedging with Grain and Oilseed Futures and Options.

Duffie, D.(1989), Futures Markets, Englewood Cliffs: New Jersey, Prentice-Hall, Inc.

Hull, J. C.(1998), Introduction to Futures and Options Markets, 3rd ed., Upper Saddle River: New Jersey, Prentice-Hall, Inc.

Hull, J. C.(2000), Options, Futures, & Other Derivatives, 4th ed., Upper Saddle River: New Jersey, Prentice-Hall, Inc.

Kolb, R. W.(1999), Futures, Options, and Swaps, 3rd ed., Malden: Massachusetts, Blackwell Publishers Inc.

Leuthold, R. M., J. C. Junkus, and J. E. Cordier(1989), The Theory and Practice of

Futures Markets, Lexington: Massachusetts, Lexington Books.

Purcell, W. D., and S. R. Koontz(1999), Agricultural Futures and Options: Principles and Strategies, 2nd ed., Upper Saddle River: New Jersey, Prentice-Hall, Inc.

Stasko, G. F.(2003), Marketing Grain and Livestock, 2nd ed., Ames: Iowa, Iowa State Press.

CHAPTER 05 선물을 이용한 거래전략

SECTION 01 투기거래^{投機去來; Speculation}

　　농산물 선물시장 참여자들 가운데는 현물거래에 수반되는 가격 변동 위험을 선물시장으로 전가하기 위해 참여하는 헤져(hedger)뿐만 아니라 가격 변동 위험을 기꺼이 감수하면서 이익 실현의 기회를 찾기 위해 선물시장에 참여하는 투기자(speculator)도 있다. 이와 같이 현물거래를 수반하지 않고 단순히 선물가격의 변동에 따른 시세차익만을 목적으로 하는 거래를 투기거래라고 한다.

　　투기(投機; speculation)라는 단어의 사전적 의미는 "기회를 틈타 큰 이익을 보려고 한다"는 것인데, 부동산 투기 등과 관련된 불미스러운 뉴스를 자주 접해오면서 투기라는 단어에 대해 부정적으로 생각하는 사람들이 많은 것이 사실이다. 그러나 투기거래는 선물시장에서 매우 중요한 경제적 기능을 수행한다. 무엇보다도 투기자들은 시장의 유동성(市場流動性; market liquidity)을 제고함으로써 효율적인 시장의 형성에 기여한다.

　　효율적인 시장의 개념을 다양하게 정의할 수 있겠지만, 거래자 입장에서는 자신이 원하는 가격에, 원하는 수량의 상품을 언제든지 사고 팔 수 있는 유동성이 풍부한 시장이 효율적인 시장이라고 할 수 있다. 그런데 만약 선물시장이 현물가격의 변동 위험을 전가하고자 하는 헤져들만으로 운영된다면, 거래가 빈번하게 이루어지지 않을 뿐만 아니라 거래량도 매우 적은 이른바 얇은 시장(thin market) 또는 한산한 시장(illiquid market)이 형성될 수밖에 없다. 다양한 유형의 투기자들은 거래의 공백을 메

워줄 뿐만 아니라 원활한 거래가 이루어질 수 있도록 촉진함으로써 시장의 유동성을 제고하는 역할을 한다.

시장의 유동성은 거래자들의 거래비용(去來費用; transaction cost)과도 직접적인 관련이 있다. 시장에서 이루어지는 모든 거래는 사자(bid; 매입; 買入)와 팔자(ask; offer; 매도; 賣渡)의 호가(呼價)를 바탕으로 이루어진다. 일반적으로 유동성이 풍부한 시장은 그렇지 않은 시장에 비해 매입-매도의 호가 차이(bid-ask spread)가 매우 작다. 거래자 입장에서는 상품을 매입할 때 시장의 매도호가(ask)에 응해서 사야 하고, 반대로 상품을 매도할 때는 시장의 매입호가(bid)에 응해서 팔아야 하는 만큼 매입-매도의 호가 차이는 고스란히 거래비용으로 남게 된다. 물론 매입-매도의 호가 차이는 시장조성자(市場造成者; market maker)에게 수익으로 남게 된다.

이와 같이 투기거래가 가지는 경제적 순기능이 존재하는 것이 사실이지만, 과도한 투기는 선물가격이 본원적인 가치로부터 벗어나게 하여 시장가격을 왜곡시킬 뿐만 아니라 더 나아가서는 시장조작 행위로 이어지기도 한다. 농산물 선물시장에서 투기자들에 의한 시장조작 행위는 크게 두 가지 유형으로 나뉜다.

첫째는, 코너(corner)로 불리는 매점매석(買占賣惜) 행위이다. 코너는 인위적인 공급부족 현상을 야기하기 위하여 현물시장에서 대량의 현물을 매집하는 한편 선물시장에서도 대량의 선물계약을 매입하여 보유하는 것을 말한다. 특히 코너를 시도하는 사람들은 선물거래소가 지정한 인도가능 등급(deliverable grade)의 현물을 집중적으로 매입하여 보유한다. 코너가 대규모로 광범위하게 진행되면 현물시장과 선물시장에서 다 같이 가격이 급등하는 현상이 발생하게 된다. 이 와중에 선물시장에서 매도포지션(short position)을 보유하고 있는 사람들은 하루가 다르게 치솟는 가격에 매도포지션을 환매(還買)할 수밖에 없기 때문에 큰 손해를 입게 된다.

특히 선물계약의 만기가 가까워지면 매도포지션을 보유한 사람들은 선물을 환매하거나 현물을 인도하는 두 가지 방법 중 하나를 선택하여야만 한다. 다행히 현물을 보유하고 있는 상태에서 선물계약을 매도한 경우라면, 자신이 보유하고 있는 현물을 선물계약의 만기에 인도하면 된다. 그러나 기존의 선물 매도가격이 현재의 선물가격보다 현저히 낮을 경우 큰 손해가 불가피하다. 한편 현물을 보유하지 않은 상태에서 순전히 선물계약만을 매도한 경우라면, 선물계약을 환매하여 청산하거나 현물을 매입하여 인도하여야만 하는데, 이미 현물가격과 선물가격이 급등해 있는 상황에서는 어느 방법을 택하든 큰 손해를 입을 수밖에 없는 곤경에 빠지게 된다.

이러한 상황을 미연에 방지하기 위한 노력의 일환으로 선물거래소는 인수도 가능물량의 범위를 확대시켜 놓는 방법을 사용한다. 선물거래소는 일반적으로 표준등급의 농산물을 최상위 등급인 1등급(No. 1 grade)으로 지정하기보다는 차상위 등급인 2등급(No. 2 grade)으로 설정함으로써 인수도 가능 물량을 확대하는 전략을 사용한다. 표준등급의 농산물이 인수도될 때는 계약가격 그대로 인수도하는 한편 표준등급보다 높은 등급의 농산물이 인수도될 때는 일정한 가격할증(premium)을 적용한다. 반면 표준등급보다 낮은 등급의 농산물이 인수도될 때는 일정한 가격할인(discount)을 적용한다.

둘째는, 스퀴즈(squeeze)이다. 스퀴즈는 현물을 매점(買占)하는 행위는 동반하지 않은 채 오로지 선물시장에서 대량의 선물계약을 매입함으로써 시장조작을 시도하는 행위를 일컫는다. 스퀴즈로 인해 선물가격이 급등하면, 선물계약의 매도자(short)는 높은 가격에 환매해야 하는 압박(squeeze)을 받게 되는데, 이를 '숏 스퀴즈(short squeeze)'라고 표현한다. 스퀴즈는 날씨 등의 요인으로 인해 현물 공급이 원활치 못한 상황하에서 선물계약을 대량 매입함으로써 이루어지는 경우가 많다.

이와 같은 시장조작 행위나 과도한 투기로 인한 시장실패(市場失敗; market failure)를 막기 위하여 선물거래소 및 감독기관[1]이 취하는 조치들은 다음과 같다.

첫째, 헤져와 투기자의 증거금(證據金; margin; 선물계약의 이행을 담보하기 위한 이행보증금) 수준을 차등하여 적용한다. 일반적으로 투기자들이 납부해야 할 투기적 증거금(speculative margin)은 헤져가 납부하는 헤지증거금(hedge margin)의 140% 수준에 해당한다. 따라서 헤져로서의 지위를 상실하게 되는 조치가 취해지면 그만큼 추가적으로 증거금을 더 납부해야 하는 재정 부담이 뒤따른다.

둘째, 투기적 거래한도(speculative position limit)를 설정한다. 즉, 투기자가 특정 결제월에 대하여 또는 전체 결제월을 합산하여 최대로 보유할 수 있는 선물 계약수를 설정한다. 이러한 조치를 통하여 투기자가 의도하는 대로 시장가격이 어느 한 방향으로 쏠리는 것을 방지한다.

셋째, 명백한 시장조작 행위가 발견될 때에는 선물거래소 및 감독기관이 비상조치권을 발동한다. 비상조치 가운데는 헤져로서의 지위를 박탈하거나 선물 포지션의 수를 일정 수준 이하로 줄이도록(청산하도록) 강제하는 것 등이 포함된다.

시장조작 행위에 대해 선물거래소와 감독기관이 어떻게 대처하는지 선물시장에서 널리 잘 알려져 있는 두 가지 사례를 통하여 살펴보도록 하자.

---

1 미국에서 선물시장에 대한 규제와 감독기능을 수행하고 있는 기관은 CFTC(Commodity Futures Trading Commission; 상품선물거래위원회)이다.

Hunt 형제의 은 시장(Silver Market) 조작 사례(1979~1980년)

1979년 헌트가의 삼형제(Hunt brothers; Bunker, Herbert, 그리고 Lamar)는 다수의 사우디아라비아 거부(巨富)들과 공모하여 은(銀)시장에 대한 코너(corner)를 시도하였다. 즉, 그들은 막대한 양의 은을 현물시장에서 매집하는 한편 선물시장에서 대량의 매입포지션(long position)을 취한 후 선물계약이 만기가 될 때 실물인도를 요구하였다. 그들이 현물시장을 통하여 은의 공급을 제한하는 한편 선물시장을 통하여 은에 대한 수요를 가속화시킨 결과 은 가격은 단기간에 급등하였다.

1979년 초 은 가격은 온스(troy ounce)당 $6 수준에 불과하였으나, 1980년 1월 21일에는 온스당 $40까지 가파른 상승을 지속하였다. 은 가격이 온스당 $50에 육박하게 되자 COMEX(Commodity Exchange)와 CFTC(Commodity Futures Trading Commission)는 마침내 비상조치권을 발동하여 거래제한 조치를 취하였다. 즉, 거래자들은 기존의 선물 포지션을 청산하는 거래만 할 수 있을 뿐 신규 포지션을 취하는 거래는 할 수 없게 하였다. 이러한 거래제한 조치가 취해진 다음날 은 가격은 하루 만에 무려 온스당 $12가 하락하였다.

1980년 1월부터 2월, 3월에 걸쳐 헌트 형제와 공모자들은 은 가격을 지탱하기 위해 온갖 노력을 기울였다. 그러나 거래소는 은 선물에 대한 증거금(margin)을 인상하는 조치를 취하였고, 3월 19일 헌트 형제는 마침내 증거금 납부를 이행하지 못하고 말았다.

1980년 3월 26일 은 가격을 지지하기 위한 최후의 필사적인 노력으로 헌트 형제와 공모자들은 그들이 보유하고 있는 실물을 담보로 채권을 발행할 계획을 발표하였다. 시장에서는 이러한 조치가 절망적인 행위로 받아들여졌으며, 그 다음날 은 시장은 다시 한 번 무너져 내려 온스당 $11.10에 마감하였다. 그리하여 1980년 3월 27일은 헌트 형제의 몰락에 빗대어 '은의 목요일(Silver Thursday)'로 알려지게 되었다.

Ferruzzi社의 대두 시장(Soybean Market) 조작 사례(1989년)

1988년 미국 중서부(Midwest) 곡창지대에는 사상 유례 없는 가뭄이 들어 대두 수확량이 크게 감소하였다. 이러한 시장상황을 틈타 이탈리아계 곡물상인 페루찌(Ferruzzi Finanziaria)社는 1989년 초 자회사인 Central Soya를 통하여 현물시장에서 많은 양의 대두를 매집함과 아울러 1989년 5월물 대두 선물계약에 대하여 엄청난 규모로 매입포지션을 취함으로써 시장조작을 시도하였다.

CBOT(Chicago Board of Trade)는 5월물 대두 선물계약이 현물로 인수도되기 시작하는 5월 2일에 페루찌와 거래하는 선물회사에게 페루찌가 보유하고 있는 5월물 선물계약 총 2,350만 부셸(4,700계약)을 순차적으로 전매하도록 할 책임이 있음을 상기시켰다. 그리고 5월 11일에는 페루찌에게 5월물 대두 선물계약을 전매하도록 직접 경고하였다.

5월 16일 CFTC(Commodity Futures Trading Commission)는 페루찌에 편지를 보내 페루찌가 현재 5월물 대두 선물계약 1,620만 부셸(3,240계약)을 보유하고 있는 것은 명백한 가격조작 행위에 해당한다고 통보하였다. 그리고 마침내 5월 18일 CFTC는 페루찌에게 헤져로서의 자격을 박탈한다고 통보하였다. 그리고 CBOT는 5월물 선물계약의 개시증거금을 계약당 1,500달러에서 15,000달러로, 그리고 유지증거금은 1,250달러에서 10,000달러로 변경하였다.

헤져로서의 자격상실이 의미하는 것은 페루찌가 헤지증거금 대신 헤지증거금의 140% 이상을 상회하는 투기증거금을 납부해야 함과 아울러 투기적 거래한도(투기자가 단일 결제월의 선물계약에 대해 보유할 수 있는 순포지션의 상한선)인 3백만 부셸(600계약) 이하로 5월물의 포지션 보유 한도를 낮추어야 한다는 것이다.

이에 따라 페루찌는 5월물의 포지션 보유 상한선을 맞추기 위해 5월물 대두 선물계약을 대거 전매하지 않으면 안 되었다. 다행히도 최종거래일 이전에 매도포지션을 서둘러 환매하려는 거래자들로 인하여 5월물 대두 선물계약은 거래소에서 큰 어려움 없이 청산되었다. 그러나 페루찌는 단순히 5월물 대두 선물계약의 매입포지션을 전매하는데 그친 것이 아니라 5월물을 매도하면서 동시에 7월물을 매입하여 선물 매입포지션을 이월(移越; roll over; roll forward)하기 시작하였다.

6월초에 이르렀을 때 페루찌는 3,200만 부셸(6,400계약)에 해당하는 7월물 대두 선물계약을 매입하여 확보하고 있었다. 그리고 7월초에 현물 인수도에 사용할 수 있는 현물 대두 공급량의 거의 대부분을 확보하기에 이르렀다. 즉, 페루찌는 700만 부셸의 현물 대두를 확보하고 있었고, 나머지 시장참여자들은 모두 합하여 160만 부셸의 현물 대두를 확보하는데 그쳤다.

페루찌가 3,200만 부셸(6,400계약)의 선물 매입포지션을 확보하고 있었으므로 나머지 시장참여자들이 확보하고 있는 160만 부셸(320계약) 상당의 현물 대두를 가지고는 도저히 정상적인 현물 인수도가 불가능한 상황이 되었던 것이다.

1989년 7월 11일 CBOT는 페루찌의 시장조작에 따른 사태의 위급함을 인식하고 7월 12일자로 페루찌의 헤져로서의 자격을 다시 박탈하였다. 이것은 페루찌가 다시 한 번 자기의 선물포지션을 투기자의 포지션 제한선인 300만 부셸(600계약) 이하로 낮추어야 한다는 것을 의미하였다.

CBOT는 페루찌의 미청산 선물 포지션을 계속적으로 청산하여 7월 20일까지는 100만 부셸(200계약) 이하로 낮추라고 지시하였다. 이러한 조치로 인해 대두 선물시장은 위기를 넘기고 7월물 대두 선물계약이 다시 정상적으로 거래되기 시작하였다.

그 후 페루찌는 CBOT를 상대로 소송을 제기하고 CBOT는 페루찌에 벌금을 부과하는 등 혼미한 상황이 지속되었으나, 1992년 페루찌가 CBOT에 200만 달러를 지불하고 소송을 취하함으로써 분쟁이 일단락되었다. 그러나 이러한 혼돈의 여파가 1993까지 이어져 마침내 페루찌의 회장이 자살하는 한편 총 3억 5천만 달러의 거래 손실이 발생한 것으로 밝혀졌다.

SECTION 02 차익거래差益去來; Arbitrage

　　동일한 상품이 두 시장에서 서로 다른 가격에 거래될 경우 가격이 싼 시장에서 매입하여 비싼 시장에 매도함으로써 매매차익을 얻고자 하는 거래를 차익거래(差益去來; arbitrage) 또는 재정거래(裁定去來)라고 한다. 이와 같이 가격 차이를 이용하여 이익을 얻기 위해서는 두 시장간 가격 차이가 차익거래에 수반되는 거래비용(수송비, 저장비 등)보다 커야 한다는 전제조건이 충족되어야만 한다.

　　먼저 두 지역 간에 이루어지는 공간적 차익거래(spatial arbitrage)에 대해 살펴보자.

　　예컨대, 특정 브랜드의 쌀(20kg 1포대 기준)이 청주에서 45,000원에 거래되는 한편 서울에서는 50,000원에 거래된다고 가정하자. 그리고 쌀 한 포대를 청주에서 서울로 또는 서울에서 청주로 수송하는데 드는 비용이 2,000원이라고 가정하자. 이러한 상황이 발생하게 되면, 기민한 상인들은 너도나도 청주에서 쌀을 사다가 서울에서 팔려고 할 것이다. 왜냐하면 두 지역 간 가격 차이(5,000원)가 수송비(2,000원)보다 크기 때문에 이러한 거래를 통하여 3,000원의 이익을 얻을 수 있기 때문이다.

　　많은 사람들에 의해 이러한 차익거래가 활발하게 이루어지면 어떻게 될까? 청주에서는 쌀의 반출물량이 늘어나는 반면 서울에서는 쌀의 반입물량이 늘어나게 될 것이다. 그 결과 수요공급의 원리에 따라 청주의 쌀 가격은 상승하는 반면 서울의 쌀 가격은 하락하게 된다. 청주와 서울의 쌀 가격 차이가 여전히 수송비보다 크다면 차익거래는 한동안 더 지속될 것이다. 그러나 두 지역 간의 쌀 가격 차이가 수송비와

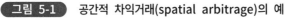

그림 5-1　공간적 차익거래(spatial arbitrage)의 예

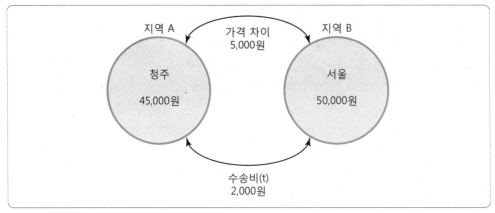

같아지거나 또는 수송비보다 작아지는 시점이 되면 더 이상 이익을 얻을 수 없기 때문에 차익거래는 중단될 것이다. 그 결과 청주와 서울 두 지역 간 가격 차이는 수송비 차이만 남게 되어 이른바 일물일가(一物一價)의 법칙(LOOP; law of one price)이 성립하게 된다. 결론적으로 두 지역(A, B) 간에 공간적 차익거래가 발생하지 않을 균형조건은 두 지역 간 가격(P_A, P_B) 차이가 수송비(t)보다 작거나 같아야 한다는 것이다. 즉, $|P_A - P_B| \leq t$.

이제 관점을 달리하여 두 지역 간에 이루어지는 공간적 차익거래를 두 시점 간에 이루어지는 시간적 차익거래(temporal arbitrage; intertemporal arbitrage)에 접목해 보도록 하자. 공간적 차익거래에 등장하는 두 지역을 현재와 미래라는 두 시점으로 대체하는 한편 두 지역 간에 상품을 이동시키는데 드는 수송비 대신 상품을 현재부터 미래의 어느 시점까지 저장하는데 드는 저장비용으로 대체해보자. 그러면 시간적 차익거래가 이루어지기 위한 필요조건은 두 시점 간의 가격차이가 저장비용보다 커야 한다는 것이 된다. 즉, 미래시점에 예상되는 가격과 현재가격 간의 차이가 저장비용보다 커야 한다. 이것은 마치 수확기와 단경기(端境期)의 쌀 가격 차이, 즉 계절진폭(季節振幅; seasonal amplitude)이 저장비용보다 클 때 쌀을 저장할 유인이 생기는 것과 마찬가지 원리라고 할 수 있다.

이제 한 걸음 더 나아가 현재시점의 가격을 현물가격으로 대체하는 한편 미래시점의 가격을 선물가격으로 대체해보자. 그러면 현물을 미래시점까지 보유해나가는데 드는 비용은 저장비용보다 폭넓은 개념인 보유비용(CC; cost of carry)으로 대체할 수 있다. 따라서 현물과 선물 간에 차익거래가 성립될 수 있는 조건은 현물가격과 선물

그림 5-2   시간적 차익거래(temporal arbitrage)의 개념도

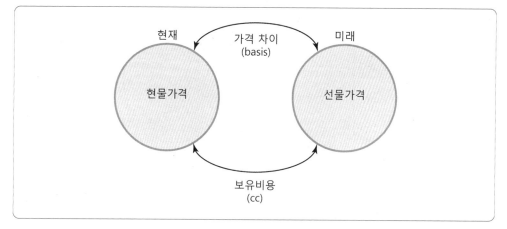

가격 간의 차이가 보유비용보다 커야 한다는 것이다.

선물시장에서 이루어지는 차익거래는 매입차익거래(cash and carry arbitrage)와 매도차익거래(reverse cash and carry arbitrage)의 두 가지 유형으로 나뉜다. 헤지거래에서는 선물계약을 사느냐 파느냐를 기준으로 매입헤지와 매도헤지로 구분하였지만, 차익거래에서는 현물을 사느냐 파느냐에 따라 매입차익거래와 매도차익거래로 구분한다.

1. 매입차익거래(Cash and Carry Arbitrage)

선물시장에서 차익거래 기회가 존재하는지 여부를 확인하는 절차는 선물의 이론가격을 산정하는 것에서부터 시작된다. 그 다음으로는 선물의 이론가격과 실제 선물가격(선물거래소에서 실제 거래되고 있는 가격) 중 어느 것이 더 높은가 또는 낮은가를 비교한다. 만약 실제 선물가격이 이론가격보다 높다면, 매입차익거래를 할 수 있는 기회가 생긴다.

〈그림 5-3〉에서 직선상에 있는 각 점들은 보유비용모형(cost-of-carry model)에 의해 구해진 선물계약의 이론가격을 나타낸다. 현재시점 t_1의 현물가격을 S_1, 현재시점 t_1로부터 미래시점 t_2까지 현물을 보유하는데 드는 보유비용을 CC_{12}, 그리고 만기가 t_2인 선물계약의 이론가격을 F_2라고 하자. 그러면 $F_2 = S_1 + CC_{12}$가 된다. 마찬가지로 만기가 t_3인 선물계약의 이론가격을 F_3라고 가정하자(즉, $F_3 = S_1 + CC_{13}$). 한편 만기가

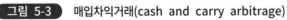

그림 5-3 매입차익거래(cash and carry arbitrage)

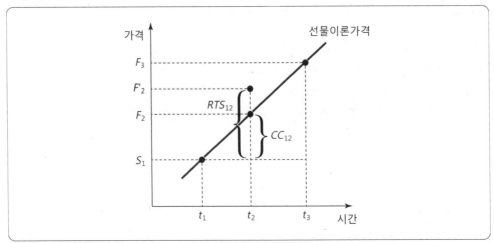

t_2인 선물계약이 실제 선물시장에서 거래되고 있는 가격은 F'_2라고 하자.

위의 그림에서 만기가 t_2인 선물계약의 이론가격이 F_2인 한편 실제 선물가격은 그보다 더 높은 F'_2이다. 즉, 실제 선물가격이 이론가격보다 높은 상태이다. 선물의 이론가격은 보유비용을 감안하여 선물가격이 마땅히 지녀야 할 적정가치(fair value)를 반영한 가격이라고 할 수 있다. 그런데 실제 선물가격이 이론가격보다 높다는 것은 적정가치를 초과한 상태, 즉 고평가된 상태라고 할 수 있다. 이를 실제 선물가격과 현물가격 간의 관계에서 보자면, 선물가격이 상대적으로 고평가되어 있는 반면 현물가격은 상대적으로 저평가되어 있는 상태라고 할 수 있다.

한편 현물가격 S_1과 실제 선물가격 F'_2간의 관계를 살펴보면, 선물가격과 현물가격 간의 차이($F'_2 - S_1$), 즉 베이시스(basis)가 보유비용 CC_{12}보다 큰 상태이다. 다른 관점에서 보자면, 선물가격과 현물가격 간의 차이($F'_2 - S_1$)는 시장에서 보장하는 저장수익(RTS; return to storage)을 나타낸다. 즉, 현재시점 t_1에서 현물(S_1)을 매입하여 저장함과 동시에 선물계약(F'_2)을 매도한 후 선물계약의 만기 시점 t_2에 저장한 현물을 인도한다면, 선물가격과 현물가격 간의 차이, 즉 RTS_{12}만큼의 저장수익을 얻게 된다. 저장수익 RTS_{12}과 보유비용 CC_{12}간의 관계에서 보자면, 저장수익이 보유비용보다 큰 상태이다.

위에서 논의된 내용을 종합해보면, 매입차익거래가 성립할 수 있는 조건은 다음과 같이 여러 가지 방식으로 표현될 수 있다. 첫째, 실제 선물가격이 이론가격보다 높다. 둘째, 선물가격이 현물가격에 비해 상대적으로 고평가되어 있다. 셋째, 현물가격과 선물가격 간의 차이, 즉 베이시스(basis)가 보유비용(CC)보다 크다. 넷째, 저장수익(RTS)이 보유비용보다 크다.

실제보다 가치가 고평가된 상품은 언젠가 본원적인 가치를 되찾게 되면 가격이 하락하는 반면, 실제보다 가치가 저평가된 상품은 언젠가 본원적인 가치를 되찾게 되면 가격이 상승한다. 매입차익거래는 바로 이러한 속성을 활용한다. 즉, 매입차익거래에서는 저평가된 현물을 매입하고, 동시에 고평가된 선물을 매도하는 전략을 사용한다.

다음의 예제를 통하여 매입차익거래에 대해 보다 자세히 살펴보도록 하자.

• 상황

현재 옥수수 현물가격은 $5.50/bu이고, 90일(3개월) 후에 만기가 도래하는 옥수

수 선물가격은 $5.70/bu이다. 시장이자율은 연리 7%이다. 그리고 옥수수 저장비용은
일반적으로 저장이 끝나고 나서 출고하는 시점에 정액식(定額式)으로 지불되는데, 곡
물 엘리베이터(elevator)가 부과하는 상업적 저장비용은 ¢2.6/bu/월(=$0.026/bu/월)이
다. 거래물량은 옥수수 선물 1계약에 해당하는 5,000부셸(bu)로 가정한다.

옥수수 현물가격	$5.50/bu
옥수수 선물가격(90일 후 만기)	$5.70/bu
이자율(연리)	7%
옥수수 저장비용	$0.026/bu/월

위와 같은 조건하에서 먼저 보유비용모형(cost-of-carry model)에 의한 선물계약의
이론가격을 구해보자. 제3장에서 살펴본 대로 선물의 이론가격을 구하는 공식은
$F = Se^{(r+u-y)T}$이다. 여기서, r은 이자율, u는 저장비용, y는 편의수익이고, T는 선
물계약 만기까지의 기간, 즉 잔존만기$\left(= \dfrac{t}{365}\right)$를 나타낸다. 그런데 이 공식은 이자율,
저장비용 및 편의수익이 현물가격의 일정 비율(정률식)로 표현될 수 있다는 것을 전제
로 한다. 따라서 저장비용이 정액식으로 표현될 때는 다음과 같이 수정이 불가피하
다. 한편 편의수익(convenience yield)은 정상적인 수급상황을 상정하여 0으로 가정
한다.

$$F_h = (S+U)e^{r \cdot \frac{t}{365}}$$

여기서, F_h는 선물의 이론가격으로 실제 선물가격(F_r)과 구분하기 위해 하첨자
h를 추가하였다. S는 현물가격, U는 저장비용(보다 정확하게는 저장비용의 현재가치에 해
당하는 금액), r은 이자율, 그리고 t는 잔존만기를 나타낸다. 저장비용은 저장이 종료
된 시점에 후불제로 지급될 것인 만큼 현재시점에서 저장비용을 충당하기 위해 준비
해두어야 할 금액은 나중에 지불될 저장비용의 현재가치(現在價値)에 해당하는 금액
이면 된다.

90일(3개월) 후에 지불될 저장비용($0.078=$0.026/bu/월×3개월)의 현재가치는 다
음과 같다.

$$U = 0.078e^{-0.07 \times \left(\frac{90}{365}\right)} = \$0.0767$$

따라서 90일 후에 만기가 도래하는 선물계약의 이론가격은 다음과 같다.

$$F_h = (5.50 + 0.0767)e^{0.07 \times \left(\frac{90}{365}\right)} = 5.50e^{0.07 \times \left(\frac{90}{365}\right)} + 0.078 = \$5.6738$$

선물계약의 이론가격과 실제 선물가격을 비교해보면, 실제 선물가격이 이론가격보다 \$0.0262/bu(=\$5.70/bu−\$5.6738/bu)만큼 더 높다는 것을 확인할 수 있다.

◆ 거래전략

실제 선물가격이 이론가격보다 높다는 것이 확인되었으므로, 즉 선물가격이 현물가격보다 상대적으로 고평가되어 있으므로 매입차익거래의 기회가 존재한다. 따라서 저평가되어 있는 현물을 매입하고, 동시에 고평가되어 있는 선물을 매도한다.

◆ 거래내역

매입차익거래를 위해 현재시점에서 해야 할 일은 먼저 현물을 구매하는데 필요한 자금과 나중에 지불할 저장비용을 충당하는데 필요한 자금을 차입하는 것이다. 저장비용과 관련하여 현재시점에서 준비해두어야 할 금액은 나중에 실제 지불할 전체 금액이 아니라 저장비용의 현재가치에 해당하는 금액이면 된다. 차입한 현금으로 옥수수를 구매하여 저장하는 한편 저장비용을 충당하는데 필요한 금액을 은행에 예치해 둔다. 그와 동시에 현물의 수량에 상응하는 옥수수 선물계약을 매도한다. 현물을 매입하고 동시에 선물을 매도함으로써 이제 현물가격과 선물가격 간의 차이를 미리 고정시켜 놓을 수 있게 되었다.

이후 선물계약의 만기 시점에 즈음하여 거래소가 지정한 실물인수도 기간이 도래하면, 앞서 매도해 둔 선물계약을 이행하여 현물을 인도하는 한편 선물 매도대금을 수취한다. 현물 인도에 충당할 옥수수는 앞서 구매하여 저장해둔 옥수수를 이용하면 되고, 저장비용을 지불하는데 필요한 금액도 미리 예치해둔 것이 있으므로 이를 인출하여 지불하면 된다. 앞서 예치해둔 저장비용의 현재가치에 해당하는 금액은 선물계약 만기까지 경과이자(經過利子; accrued interest)가 발생하게 되므로 원리금을 합하면 실제 지불하는 저장비용과 일치하게 된다. 그리고 옥수수 구매와 저장비용 지불을 위

표 5-1	매입차익거래(cash and carry arbitrage)의 내역	

날짜	거래내역	현금흐름
현재	현금 차입(연리 7%, 90일간) * 옥수수 현물가격: $5.50/bu * 저장비용($0.078)의 현재가치: $0.0767 * $5.5767(=$5.50/bu+$0.0767)×5,000bu=$27,883.50	+$27,883.50
	옥수수 현물 5,000bu 매입($5.50/bu) 및 저장	−$27,500.00
	차입한 저장비용 예치(연리 7%, 90일간) * 저장비용의 현재가치 $0.0767×5,000bu=$383.50	−$383.50
	옥수수 선물 1계약 매도: $5.70/bu	0
	현금흐름 합계	**0**

날짜	거래내역	현금흐름
미래	선물 매도포지션에 대해 옥수수 5,000bu 인도 및 선물 매도대금 수취	+$28,500.00
	* 예치한 저장비용 원리금 회수($=383.50e^{0.07 \times (\frac{90}{365})}$)	+$390.00
	* 저장비용 지급(=$0.026/bu×3개월×5,000bu)	−$390.00
	* 저장한 옥수수 회수 및 실물인수도(5,000bu)	
	현금 차입 원금 및 이자 상환($=27,883.50e^{0.07 \times (\frac{90}{365})}$)	−$28,369.00
	현금흐름 합계	**+$131.00**

해 차입한 자금에 대한 원리금을 상환한다.

이와 같이 자금의 정산이 모두 마무리되고 나면, 매입차익거래에 따른 이익이 남게 된다. 매입차익거래의 총이익은 실제 선물가격과 이론가격 간의 차이에다 거래 물량을 곱한 금액, 즉 $131(=$0.0262/bu×5,000bu)이 된다.

위에서 논의된 내용을 요약해보면, 매입차익거래에서 차익거래자(arbitrageur)는 차입한 자금으로 현물을 매입함과 동시에 선물을 매도하여 선물계약의 실물인수도시 점까지 현물을 저장한다. 그 후 선물계약의 실물인수도시점이 도래하면 저장했던 현 물을 인도함으로써 선물계약을 이행하는 한편 선물 매도대금을 수취한다. 저장비용 을 지불하고, 차입한 원리금을 상환하고 나면 차익거래의 이익이 남게 된다.

매입차익거래가 성립하기 위한 조건을 다시 정리하면, 선물계약의 실제가격 F_r 이 이론가격 F_h보다 높아야 한다는 것이다. 즉,

$$F_r \ > \ F_h = (S+U)e^{r \cdot \frac{t}{365}}$$

위의 산식이 보여주는 중요한 시사점은 차익거래를 실시함에 있어서 보유비용이 낮을수록 다른 사람들보다 유리한 위치에 놓이게 된다는 것이다. 즉, 차익거래자가 현물을 구매하기 위해 조달하는 자금의 이자비용이 낮을수록, 그리고 현물을 저장하는데 드는 저장비용이 더 적을수록 보유비용이 낮아지기 때문에 실제 선물가격과 이론가격 간의 격차가 생길 가능성이 커지며, 그만큼 차익거래를 할 수 있는 기회가 남들보다 더 많아지게 된다는 것이다.

한편 매입차익거래를 통한 총이익(Π_{CCA})은 실제 선물가격과 이론가격 간의 차이에다 거래물량(Q)을 곱한 금액이 된다. 즉,

$$\Pi_{CCA} = \left(F_r - (S+U)e^{r \cdot \frac{t}{365}} \right) \times Q$$

매입차익거래의 이익은 현물을 매입하고 선물을 매도하는 과정에서 고정시켜 놓은 마진(margin)에 의해 보장되며, 선물계약의 만기시점에 정산가격이 어떻게 결정되느냐에 따라 영향을 받지 않는다.

2. 매도차익거래(Reverse Cash and Carry Arbitrage)

매도차익거래는 매입차익거래와 정반대의 상황에서 이루어진다. 즉, 선물계약의 이론가격과 실제 선물가격을 비교한 결과, 실제 선물가격이 이론가격보다 낮다면, 매도차익거래가 이루어질 수 있는 기회가 발생한다.

매도차익거래가 성립할 수 있는 조건은 다음과 같이 여러 가지 방식으로 표현될 수 있다. 첫째, 실제 선물가격이 이론가격보다 낮다. 둘째, 현물가격이 선물가격에 비해 상대적으로 고평가되어 있다. 셋째, 현물가격과 선물가격 간의 차이, 즉 베이시스(basis)가 보유비용보다 작다. 넷째, 저장수익(RTS)이 보유비용(CC)보다 작다. 이러한 상황 하에서는 고평가되어 있는 현물을 매도하고, 동시에 저평가되어 있는 선물을 매입하는 거래전략을 활용한다.

〈그림 5-4〉에서와 같이 실제 선물가격 F'_2가 이론가격 F_2보다 낮을 경우는 저장수익 RTS_{12}이 보유비용 CC_{12}보다 작기 때문에 저장에 따른 수익을 얻기는커녕 비용조차 온전히 보전하지 못하게 된다. 이 경우 현물을 저장하기보다는 현물을 매도하여 그 대금을 운용함으로써 수익을 얻고, 아울러 보유비용을 절약하는 것이 유리하

그림 5-4   매도차익거래(reverse cash and carry arbitrage)

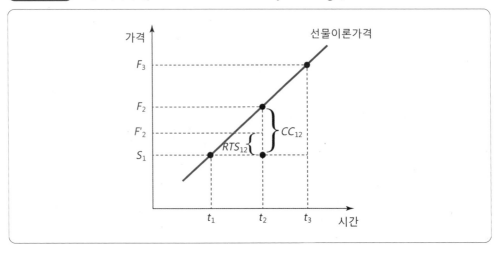

게 된다. 따라서 현물을 매도하고, 동시에 선물을 매입하는 매도차익거래 전략을 활용한다.

다음의 예제를 통하여 매도차익거래에 대해 보다 자세히 살펴보도록 하자.

◆ 상황

현재 옥수수 현물가격은 $5.50/bu이고, 90일(3개월) 후에 만기가 도래하는 옥수수 선물가격은 $5.56/bu이다. 시장이자율은 연리 7%이다. 그리고 옥수수 저장비용은 일반적으로 저장이 끝나고 나서 출고하는 시점에 정액식으로 지불되는데, 곡물 엘리베이터(elevator)가 부과하는 상업적 저장비용은 ¢2.6/bu/월(=$0.026/bu/월)이다. 거래물량은 옥수수 선물 1계약에 해당하는 5,000부셸(bu)로 가정한다.

옥수수 현물가격	$5.50/bu
옥수수 선물가격(90일 후 만기)	$5.56/bu
이자율(연리)	7%
옥수수 저장비용	$0.026/bu/월

매입차익거래와 동일한 방식으로 90일(3개월) 만기의 선물 이론가격을 구하면 다음과 같다.

$$F_h = (5.50 + 0.0767)e^{0.07 \times \left(\frac{90}{365}\right)} = 5.50e^{0.07 \times \left(\frac{90}{365}\right)} + 0.078 = \$5.6738$$

이제 선물계약의 이론가격과 실제 선물가격을 비교해보면, 실제 선물가격이 이론가격보다 낮다는 것을 확인할 수 있다. 이것을 실제 선물가격과 현물가격 간의 관계에서 놓고 보면, 현물가격이 상대적으로 고평가되어 있는 반면 선물가격은 상대적으로 저평가되어 있는 상태라고 할 수 있다. 왜냐하면 선물의 이론가격이야말로 보유비용을 반영한 적정가격(fair price)이라고 할 수 있는데, 실제 선물가격이 이론가격보다 낮게 형성되고 있는 만큼 선물가격이 저평가되어 있는 상태인 것이다. 선물계약의 이론가격과 실제 선물가격간의 차이는 $0.1138/bu(= \$5.6738/bu - \$5.56/bu)이다.

◆ 거래전략
선물의 이론가격이 실제가격보다 높으므로, 즉 현물가격이 선물가격보다 상대적으로 고평가되어 있으므로 매도차익거래 기회가 존재한다. 따라서 고평가되어 있는 현물을 매도하고, 동시에 저평가되어 있는 선물을 매입하는 거래전략을 이용한다.

◆ 거래내역
매도차익거래를 위해 현재시점에서 해야 할 일은 현물을 매도하고 동시에 선물을 매입하는 것이다. 그런데 현물을 가지고 있지 않은 상태에서 어떻게 현물을 매도할 수 있을까? 바로 여기서 공매도(空賣渡; short selling)의 개념이 도입된다. 공매도란 말 그대로 상품을 가지고 있지도 않은 상태에서 판다는 의미이다. 즉, 내가 실제 가지고 있지 않은 상품을 남에게 빌려서 매도하고 나중에 상환한다는 것이다. 현물을 공매도하면 매도대금을 은행에 예치하여 수익을 얻을 수 있다. 그리고 나중에 선물계약의 실물인수도 기간이 도래하면, 선물 매입포지션을 통하여 현물을 인수한 다음 차입한 현물(즉, 공매도 물량)을 상환하면 된다.

이후 선물계약의 만기 시점에 즈음하여 거래소가 지정한 실물인수도 기간이 도래하면, 앞서 예치한 공매도 대금의 원리금을 회수하고, 매입해 둔 선물계약을 이행하여 현물을 인수하는 한편 선물 매입대금을 지불한다. 인수한 현물은 공매도 물량을 상환하는데 사용한다. 현물을 저장하지 않음으로써 저장비용을 절약하는 효과도 얻게 된다.

이와 같이 자금의 정산이 모두 마무리되고 나면, 매도차익거래에 따른 이익이

| 표 5-2 | 매도차익거래(reverse cash and carry arbitrage)의 내역 |

날짜	거래내역	현금흐름
현재	옥수수 현물 5,000bu 공매도: $5.50/bu	+$27,500
	공매도 대금 예치(연리 7%, 90일간)	−$27,500
	옥수수 선물 1계약 매입: $5.56/bu	0
	현금흐름 합계	**0**

날짜	거래내역	현금흐름
미래	예치한 원금 및 이자 회수($=27,500e^{0.07 \times \left(\frac{90}{365}\right)}$)	+$27,979
	선물 매입포지션에 대해 옥수수 인수(5,000bu) 및 선물 매입대금 지불	−$27,800
	인수한 옥수수로 공매도 물량(5,000bu) 상환	0
	저장비용 절약(=0.026×3개월×5,000bu)	+$390
	현금흐름 합계	**+$569**

남게 된다. 매도차익거래의 총이익은 선물계약의 이론가격과 실제 선물가격 간의 차이에다 거래물량을 곱한 금액, 즉 $569(=$0.1138/bu×5,000bu)이 된다.

위에서 논의된 내용을 요약하면, 매도차익거래에서 차익거래자(arbitrageur)는 현물을 공매도(short selling)하여 받은 대금을 선물계약의 실물인수도시점까지 은행에 예치하고 아울러 선물계약을 매입한다. 그 후 선물계약의 실물인수도시점이 도래하면 예치금에 대한 원금 및 이자를 회수하고, 선물 매입포지션을 이용하여 인수한 현물로 공매도한 물량을 상환한다.

매도차익거래가 성립하기 위한 조건을 다시 정리하면, 선물계약의 실제가격 F_r이 이론가격 F_h보다 낮아야 한다는 것이다. 즉,

$$F_r \ < \ F_h = (S+U)e^{r \cdot \frac{t}{365}}$$

한편 매도차익거래를 통한 총이익(Π_{RCCA})은 선물의 이론가격과 실제가격 간의 차이에다 거래물량(Q)을 곱한 금액이 된다. 즉,

$$\Pi_{RCCA} = \left((S+U)e^{r \cdot \frac{t}{365}} - F_r \right) \times Q$$

표 5-3	매입차익거래와 매도차익거래의 비교	
시장	매입차익거래	매도차익거래
채권	자금 차입	공매도 대금 예치(대출)
현물	현물 구매 및 저장 ⇒ 만기에 현물 인도	현물 공매도(short selling)
선물	선물 매도	선물 매입 ⇒ 만기에 현물 인수 ⇒ 공매도 물량 상환

매도차익거래의 이익은 현물을 매도하고 선물을 매입하는 과정에서 고정시킨 마진(margin)에 의해 보장되며, 선물계약의 만기시점에 정산가격이 어떻게 결정되느냐에 따라 영향을 받지 않는다.

차익거래는 현물가격과 선물가격이 일정한 수준의 간격을 상시적으로 유지하도록 하는 중요한 경제적 기능을 수행한다. 즉, 현물가격과 선물가격이 일정 수준 이상으로 크게 벌어지게 되면, 즉각적으로 매입차익거래가 이루어져 그 격차가 다시 정상적인 수준으로 줄어들게 한다. 반대로 현물가격과 선물가격 간의 격차가 지나치게 좁아지게 되면, 즉각적으로 매도차익거래가 이루어져 그 격차가 다시 정상적인 수준으로 벌어지게 한다.

SECTION **03** 스프레드Spread **거래**

선물가격의 결정 원리를 설명하는 보유비용모형(cost-of-carry model)에 의하면, 현물가격과 선물가격 간에 적정한(일정한) 가격 차이가 유지되어야 할 뿐만 아니라 선물가격 내에서도 근월물과 원월물 간에 적정한(일정한) 가격 차이가 유지되어야만 한다. 그런데 만약 현물가격과 선물가격이 적정 수준 이상으로 차이가 벌어지거나 좁혀지게 되면, 이를 이용한 차익거래가 생겨나게 된다. 마찬가지로 선물계약의 근월물과 원월물 간에도 적정 수준 이상으로 가격 차이가 벌어지거나 좁혀지게 되면, 이를 이용한 스프레드 거래가 생겨나게 된다.

스프레드(spread)는 두 결제월간 선물가격의 차이를 말한다. 정상시장에서는 원월물의 가격이 근월물의 가격보다 높기 때문에 스프레드는 일반적으로 원월물의 가

격에서 근월물의 가격을 뺀 것으로 정의한다. 즉,

$$\text{스프레드(spread)} = \text{원월물(deferred) 가격} - \text{근월물(nearby) 가격}$$

스프레드 거래는 어느 한 결제월을 매입하고, 동시에 다른 결제월을 매도하는 거래를 말한다. 즉, 스프레드 거래는 가격이 상대적으로 낮다고 판단되는 결제월의 선물을 매입하고, 동시에 가격이 높다고 판단되는 결제월의 선물을 매도하는 거래전략을 말한다. 두 결제월의 선물가격이 서로 같은 방향으로 오르거나 내릴 때 어느 한 결제월을 매입하고 동시에 다른 결제월을 매도하게 되면, 필연적으로 어느 한 결제월에서는 이익이 발생하고 다른 결제월에서는 손실이 발생하게 마련이다. 스프레드 거래에서 이익의 폭이 손실의 폭보다 상대적으로 더 크려면, 두 결제월 간 상대적인 가격변동 폭의 크기가 중요하다.

스프레드 거래는 어느 한 결제월을 매입(매도)하고 동시에 다른 한 결제월을 매도(매입)하기 때문에 단순히 어느 한 결제월의 선물만을 매입하거나 매도하는 단순매매(outright trade)보다 시장에 미치는 위험도가 적다. 따라서 선물거래소가 책정하는 증거금(margin) 수준에 있어서 스프레드 거래의 증거금이 단순매매의 증거금보다 훨씬 더 낮다. 시카고상품거래소(CBOT)에서 거래되는 옥수수 선물의 경우 동일한 작물연도(crop year)에 속하는 두 결제월(예컨대, 5월물과 7월물) 간의 스프레드 거래에는 증거금이 부과되지 않는다.

스프레드 거래에서는 두 결제월 간의 상대적인 가격변동에 의해 손익이 결정된다. 따라서 스프레드 거래에서는 선물가격의 절대적인 수준이나 변동방향(상승 또는 하락)보다는 스프레드를 구성하는 두 결제월간 선물가격의 상대적인 변동 정도가 보다 중요시된다. 스프레드 거래는 일반적으로 소폭의 이익을 안정적으로 실현하기 위한 목적으로 이루어지며, 거래이익이 소폭인 대신 거래량은 대규모인 경우가 많다. 스프레드 거래는 시장의 유동성을 제고할 뿐만 아니라 시장가격이 일시적으로 왜곡되어 있을 때 정상적인 가격구조로 되돌리는 중요한 경제적 기능을 수행한다.

스프레드 거래는 서로 다른 두 결제월 간에 이루어지는 거래가 일반적이지만, 그 외에도 다양한 형태의 스프레드 거래가 존재한다. 스프레드 거래의 여러 가지 유형을 살펴보면 다음과 같다.

1. 결제월간 스프레드(Interdelivery Spread) 거래 또는 동일 상품간 스프레드 (Intracommodity Spread) 거래[2]

결제월간 스프레드 거래는 동일한 상품에 대해서 어느 한 결제월의 선물을 매입 (매도)하고, 동시에 다른 결제월의 선물을 매도(매입)하는 거래를 말한다. 결제월간 스프레드는 강세스프레드(bull spread)와 약세스프레드(bear spread)의 두 가지로 나뉜다.

1) 강세스프레드(Bull Spread)

강세스프레드(bull spread)는 근월물을 매입하고, 동시에 원월물을 매도하는 거래 를 말한다. 예컨대, 시카고상품거래소(CBOT)의 옥수수 선물시장에서는 구곡(old crop) 인 7월물을 매입하고, 동시에 신곡(new crop)인 12월물을 매도하는 스프레드 거래가 많이 이루어진다.[3] 근월물보다 원월물의 가격이 더 높은 정상시장 구조 하에서 근월 물을 매입하고, 동시에 원월물을 매도하는 강세스프레드가 많이 이루어질 경우 두 결 제월 간의 가격 차이, 즉 스프레드는 더 줄어들게(좁혀지게) 된다. 이와 같이 강세스프 레드는 두 결제월 간의 스프레드가 축소될 것으로 예상될 때 유용한 전략으로서 스 프레드가 축소된 폭만큼 이익이 발생한다.

한편 농산물 선물시장에서는 일반적으로 원월물보다 근월물에 거래가 집중되는 경향이 있다. 그 이유는 근월물과 원월물 모두 미래의 수급상황에 대한 예측을 바탕 으로 거래되기 때문에 다 같이 불확실성이 작용하지만, 그나마 현재시점으로부터 조 금이라도 더 가까운 근월물의 불확실성이 상대적으로 더 작기 때문이다.

근월물에 거래가 집중되다 보면, 선물가격이 상승할 때 근월물 가격이 원월물 가격보다 상대적으로 더 많이 상승하는 경향을 나타내게 된다. 그 이유는 오버슈팅 (overshooting), 군집행동(群集行動; herd behavior; 쏠림현상) 등 다양한 이유로 설명될 수 있다. 이러한 경향을 이용하여 강세스프레드 거래를 하게 되면 소폭의 이익을 안

---

2 영어의 접두사(prefix)에서 'inter'는 'between'의 의미를 지니는 반면 'intra'는 'within'의 의미를 지닌다. 예컨대, internet은 조직의 내·외부를 두루 연결하는 통신망인 반면 intranet은 조직 내부 에서만 연결되는 사내망(社內網)이다. 접두사의 의미를 염두에 두면 스프레드 거래의 명칭을 보다 잘 이해할 수 있다.

3 스프레드를 표현할 때 일반적으로 빗금(/; 슬래시; slash) 기호를 사용한다. 빗금의 앞에는 매입하 는 결제월을 표시하고, 빗금의 뒤에는 매도하는 결제월을 표시한다. 그리고 각각의 결제월을 "leg" 라고 표현하는데, 빗금 앞의 결제월을 "first leg", 빗금 뒤의 결제월을 "second leg"이라고 부른 다. 예컨대, 옥수수 7월물을 매입하고, 동시에 12월물을 매도하는 스프레드는 Jly/Dec spread로 표 시한다.

정적으로 실현할 수 있다.

다음 예제를 통해 강세스프레드 거래에 대해 자세히 살펴보자.

• 상황

3월 1일 현재 옥수수 선물가격은 5월물이 $6.50/bu, 그리고 7월물은 $6.58/bu에 거래되고 있어 5월물과 7월물 간의 스프레드는 +$0.08/bu로 벌어져 있는 상태이다. 두 결제월 간의 스프레드가 일반적인 수준보다 더 크게 벌어져 있어 향후 스프레드가 축소될 것으로 예상된다.

날짜	5월물(MAY)	7월물(JLY)	스프레드
3월 1일	$6.50/bu	$6.58/bu	+$0.08/bu

• 거래전략

향후 스프레드의 축소가 예상되는 만큼 근월물인 5월물을 1계약 매입하고, 동시에 원월물인 7월물을 1계약 매도하는 강세스프레드 전략을 구사하기로 한다. 3월 5일에 이르러 예상한 바대로 스프레드가 축소되자 스프레드를 반대매매하여 청산(unwind a spread trade)하는, 즉 5월물(근월물)을 1계약 전매하고 동시에 7월물(원월물)을 1계약 환매하는 거래를 한다.

날짜	5월물(MAY)	7월물(JLY)	스프레드
3월 5일	$6.52/bu	$6.57/bu	+$0.05/bu

• 결과

강세스프레드 거래 결과 스프레드가 +$0.08/bu에서 +$0.05/bu로 $0.03/bu만큼 축소($\Delta S = -$0.03/bu$)되었기 때문에 $0.03/bu의 이익이 발생하였다. 보다 구체적으로 살펴보면, 5월물을 3월 1일 $6.50/bu에 매입하였다가 3월 5일 $6.52/bu에 전매하여 $0.02/bu의 이익이 발생한 한편 7월물을 3월 1일 $6.58/bu에 매도하였다가 3월 5일 $6.57/bu에 환매하여 $0.01/bu의 이익이 발생하였다. 결과적으로 강세스프레드 거래를 통한 총이익은 $0.03/bu이 된다. 이러한 총이익은 스프레드가 축소된 폭($0.03/bu)과 정확히 일치한다. 만약 이러한 강세스프레드를 10계약 거래하였다면, 즉 5월물을 10계약 매입하고 동시에 7월물을 10계약 매도하는 거래를 하였다면, 총수익

표 5-4   강세스프레드(bull spread) 거래 결과

날짜	5월물	7월물	스프레드
3월 1일	매입 $6.50/bu	매도 $6.58/bu	+$0.08/bu
3월 5일	전매 $6.52/bu	환매 $6.57/bu	+$0.05/bu
손익	+$0.02/bu	+$0.01/bu	ΔS=−$0.03/bu
스프레드 이익: +$0.03/bu			

은 $1,500(=$0.03/bu×5,000bu×10계약)이 된다.

2) 약세스프레드(Bear Spread)

약세스프레드(bear spread)는 근월물을 매도하고, 동시에 원월물을 매입하는 거래를 말한다. 예컨대, 시카고상품거래소(CBOT)에서 거래되는 옥수수 선물의 5월물을 매도하고 동시에 7월물을 매입하는 거래이다. 근월물보다 원월물의 가격이 더 높은 정상시장 구조 하에서 근월물을 매도하고, 동시에 원월물을 매입하는 약세스프레드가 많이 이루어질 경우 두 결제월 간의 가격 차이, 즉 스프레드는 더 벌어지게(확대되게) 된다. 이와 같이 약세스프레드는 두 결제월 간의 스프레드가 확대될 것으로 예상될 때 유용한 전략으로서 스프레드가 확대된 폭만큼 이익이 발생한다.

한편 농산물 선물시장에서는 원월물보다 근월물에 거래가 집중되는 경향이 있기 때문에 선물가격이 하락할 때 근월물 가격이 원월물 가격보다 상대적으로 더 하락하게 된다. 이러한 경향을 이용하여 약세스프레드 거래를 하게 되면 소폭의 이익을 안정적으로 실현할 수 있다.

다음 예제를 통해 약세스프레드 거래에 대해 자세히 살펴보자.

◆ 상황

2월 15일 현재 옥수수 선물가격은 5월물이 $5.50/bu, 그리고 7월물은 $5.52/bu에 거래되고 있어 5월물과 7월물 간의 스프레드는 +$0.02/bu로 좁혀져 있는 상태이다. 두 결제월 간의 스프레드가 일반적인 수준보다 훨씬 더 좁혀져 있어 향후 스프레드가 확대될 것으로 예상된다.

날짜	5월물(MAY)	7월물(JLY)	스프레드
2월 15일	$5.50/bu	$5.52/bu	+$0.02/bu

◆ 거래전략

향후 스프레드의 확대가 예상되는 만큼 근월물인 5월물을 1계약 매도하고, 동시에 원월물인 7월물을 1계약 매입하는 약세스프레드 전략을 구사하기로 한다. 2월 25일에 이르러 예상한 바대로 스프레드가 확대되자 5월물(근월물)을 1계약 환매하고, 동시에 7월물(원월물)을 1계약 전매하여 스프레드를 청산한다.

날짜	5월물(MAY)	7월물(JLY)	스프레드
2월 25일	$5.42/bu	$5.48/bu	+$0.06/bu

◆ 결과

약세스프레드 거래 결과 스프레드가 +$0.02/bu에서 +$0.06/bu으로 $0.04/bu만큼 확대($\Delta$S=+$0.04/bu)되었기 때문에 $0.04/bu의 이익이 발생하였다. 보다 구체적으로 살펴보면, 5월물을 2월 15일 $5.50/bu에 매도하였다가 2월 25일 $5.42/bu에 환매하여 $0.08/bu의 이익이 발생한 한편 7월물을 2월 15일 $5.52/bu에 매입하였다가 2월 25일 $5.48/bu에 전매하여 $0.04/bu의 손실이 발생하였다. 결과적으로 약세스프레드 거래를 통한 이익은 $0.04/bu이 된다. 이러한 이익은 스프레드가 확대된 폭($0.04/bu)과 정확히 일치한다. 만약 이러한 약세스프레드를 20계약 거래하였다면, 즉 5월물을 20계약 매도하고 동시에 7월물을 20계약 매입하는 거래를 하였다면, 총수익은 $4,000(=$0.04/bu×5,000bu×20계약)이 된다.

표 5-5   약세스프레드(bear spread) 거래 결과

날짜	5월물	7월물	스프레드
2월 15일	매도 $5.50/bu	매입 $5.52/bu	+$0.02/bu
2월 25일	환매 $5.42/bu	전매 $5.48/bu	+$0.06/bu
손익	+$0.08/bu	−$0.04/bu	ΔS=+$0.04/bu
스프레드 이익: +$0.04/bu			

2. 품목간 스프레드(Intercommodity Spread) 거래

품목간 스프레드 거래는 결제월이 동일한 두 상품 간에 이루어지는 거래이다. 즉, 동일한 결제월의 두 상품을 대상으로 어느 한 상품을 매입(매도)하고, 동시에 다

른 상품을 매도(매입)하는 스프레드 거래를 말한다. 품목간 스프레드는 기본적으로 두 상품 간 상대적인 가격 변동의 차이를 이용하는데, 가격 상승 폭이 상대적으로 큰 상품을 매입하고, 동시에 가격 상승 폭이 상대적으로 작은 상품을 매도한다.

시카고상품거래소(CBOT)에서는 7월물 대두를 매입하고, 동시에 7월물 옥수수를 매도하는 스프레드 거래(July soybean/corn spread)가 많이 이루어진다. 대두와 옥수수는 서로 비슷한 시기에 파종하고 수확하기 때문에 생육주기가 유사할 뿐만 아니라 가격변동의 패턴도 유사한 경우가 많다. 그러나 가격변동 폭에 있어서는 대두가 옥수수보다 훨씬 더 크기 때문에 가격이 상승할 때 대두 가격이 옥수수 가격보다 더 큰 폭으로 상승한다. 품목간 스프레드 거래는 바로 이러한 특성을 활용한다.

〈표 5-6〉에 제시된 사례는 5월 10일에 7월물 대두 1계약을 $10.35/bu에 매입하고, 동시에 7월물 옥수수 1계약을 $3.90/bu에 매도하는 스프레드 거래이다. 그리고 5월 25일에 7월물 대두 1계약을 $10.70/bu에 전매하고, 동시에 7월물 옥수수 1계약을 $4.10/bu에 환매하여 스프레드를 청산하였다. 그 결과 스프레드가 +$6.45/bu에서 +$6.60/bu으로 $0.15/bu만큼 확대($\Delta S = +\$0.15/bu$)되어 $0.15/bu의 이익이 발생하였다. 만약 거래량이 10계약이었다면, 즉 대두를 10계약 매입하고 동시에 옥수수를 10계약 매도하는 스프레드 거래를 하였다면, 총수익은 $7,500(=$0.15/bu×5,000bu×10계약)이 된다.

표 5-6 품목간 스프레드(intercommodity spread) 거래 결과

날짜	대두(7월물)	옥수수(7월물)	스프레드
5월 10일	매입 $10.35/bu	매도 $3.90/bu	+$6.45/bu
5월 25일	전매 $10.70/bu	환매 $4.10/bu	+$6.60/bu
손익	+$0.35/bu	−$0.20/bu	$\Delta S = +\$0.15/bu$
스프레드 이익: +$0.15/bu			

3. 시장간 스프레드(Intermarket Spread) 거래

시장간 스프레드 거래는 서로 다른 두 시장 간에 이루어지는 거래이며, 상품과 결제월은 동일하다. 즉, 어느 한 거래소에서 특정 결제월의 선물을 매입(매도)하고, 동시에 다른 거래소에서 동일 품목, 동일 결제월의 선물을 매도(매입)하는 거래를 말한다.

미국에서는 소맥을 대상으로 시장간 스프레드 거래가 이루어지는 경우가 많다.

미국에서 재배되는 대표적인 소맥 품종은 HRW(Hard Red Winter wheat; 경질 적색 겨울밀), SRW(Soft Red Winter wheat; 연질 적색 겨울밀), 그리고 HRS(Hard Red Spring wheat; 경질 적색 봄밀)이다. HRW는 중부 대평원(Great Plains)에서 주로 재배되고, SRW는 미시시피 강 인접지역에서 주로 재배되며, HRS는 북부 대평원(Northern Plains)에서 주로 재배된다.

HRW와 SRW는 시카고상품거래소(CBOT)에서 거래되고 있는 한편 HRS는 미니애폴리스곡물거래소(MGEX; Minneapolis Grain Exchange)에서 거래되고 있다.[4] 세 종류의 소맥은 단백질 함량의 차이로 인해 가격 측면에서 일정한 할증(premium) 또는 할인(discount)의 관계를 형성한다. 그런데 두 소맥의 가격이 어떤 이유로 인해 일시적으로 크게 벌어지거나 좁혀지게 되면 한 거래소의 소맥을 매입하고, 동시에 다른 거래소의 소맥을 매도하는 스프레드 거래가 이루어진다. 시장간 스프레드 거래를 통해서 두 거래소의 소맥 가격이 다시 정상적인 가격 차이로 되돌아오게 된다.

4. 원료/제품 간 스프레드(Commodity/Product Spread) 거래

원료/제품 간 스프레드 거래는 원료상품의 선물을 매입(매도)하고, 동시에 원료를 가공하여 만든 제품의 선물을 매도(매입)하는 거래를 말한다. 농산물 선물시장에서 가장 대표적인 사례는 대두와 대두 가공제품(대두유 및 대두박)을 이용한 스프레드 거래이다. 대두유(大豆油; soybean oil)는 주로 식용유로 이용되는 한편, 대두박(大豆粕; soybean meal)은 가축사료의 중요한 단백질 공급원으로 이용된다.

일반적으로 대두 1부셸(=60파운드)을 가공하면 대두유 11파운드, 대두박 44파운드(단백질 함량 48%), 대두피(콩껍질; hull) 4파운드, 그리고 폐기물(waste; 흙, 먼지, 돌, 다른 작물의 씨앗 등) 1파운드가 생산된다. 여기서 생산된 대두박을 탈피(脫皮) 대두박(dehulled soybean meal)이라고 부른다. 가공과정에서 대두피(콩껍질)를 탈피하면, 하루에 착유(搾油)할 수 있는 총 물량이 늘어날 뿐만 아니라 단백질 함량이 보다 높은 고부가가치의 대두박을 생산해낼 수 있는 이점이 있다. 대두피(콩껍질)를 탈피하지 않을 경우에는 단백질 함량 44%의 대두박이 48파운드 생산된다. 시카고상품거래소(CBOT)는 1992년 10월에 대두박 선물의 표준 등급을 단백질 함량 44%의 대두박에서 단백

---

4 HRW는 전통적으로 미주리(Missouri)주의 캔자스상품거래소(KCBOT; Kansas City Board of Trade)에서 거래되어 왔으나, KCBOT가 CME group에 합병됨에 따라 현재는 SRW와 함께 시카고상품거래소(CBOT)에서 거래되고 있다.

질 함량 48%의 대두박으로 변경하였다. 한편 2019년 1월부터는 대두박 선물의 표준
등급이 단백질 함량 47.5%로 변경된다.

1) 가공마진(착유마진; Crush Margin)의 계산

대두 가공업자는 대두를 구매하여 가공한 후 대두유와 대두박을 판매함으로써
가공마진(crush margin), 즉 착유(搾油)마진을 얻는다. 가공마진(착유마진)은 원료인 대
두의 가격과 제품인 대두유 및 대두박의 판매가격 사이에 발생하는 차액이다. 가공마
진은 흔히 "Gross Processing Margin(GPM)" 또는 "Crush"라고도 부른다. 그런데 대
두, 대두유 및 대두박은 각각 거래단위가 다르기 때문에 가공마진을 정확히 산출하기
위해서는 거래단위를 통일하여 가격을 환산하는 작업이 선행되어야 한다.

시카고상품거래소(CBOT)에서 대두는 5,000부셸(≒136 m/t) 단위로 거래되고, 가
격은 부셸당 센트(¢/bu)로 표시된다. 한편 대두유는 60,000파운드(≒27 m/t; 30 short
ton) 단위로 거래되고, 가격은 파운드당 센트(¢/lb)로 표시된다. 그리고 대두박은
100short ton(≒91 m/t) 단위로 거래되고, 가격은 short ton당 달러($/short ton)로 표시
된다. 일반적으로 대두 가공마진을 계산할 때는 부셸(bu)당 가격으로 통일하여 환산
한다. 대두 가공마진을 구하는 산식은 다음과 같다.

$$\text{GPM(crush)} = [\text{대두유 가격}(¢/\text{lb}) \times 11 + \text{대두박 가격}(\$/\text{short ton}) \times 0.022]$$
$$- \text{대두 가격}(¢/\text{bu})$$

표 5-7 대두 가공마진(crush margin; 착유마진)의 산출 과정

1) 가격
• 대두 11월물 선물가격: ¢845.50/bu=$8.4550/bu • 대두유 12월물 선물가격: ¢28.36/lb=$0.2836/lb • 대두박 12월물 선물가격: $318.6/short ton
2) 전환계수(conversion factor): 부셸(bu) 단위 기준으로 환산하여 통일
• 대두유(¢/lb): 11 • 대두박($/short ton): 0.022(=44lbs÷2,000lbs) *1 short ton=2,000lbs
3) 제품가치(부셸당)
• 대두유: $0.2836×11=$3.1196/bu • 대두박: $318.6×0.022=$7.0092/bu • 합 계: $10.1288/bu
4) 가공마진(crush margin 또는 gross processing margin; GPM)
$10.1288/bu(가공제품)-$8.4550/bu(대두)=$1.6738/bu

〈표 5-7〉은 대두 11월물 선물가격이 ¢845.50/bu, 대두유 12월물 선물가격이 ¢28.36/lb, 그리고 대두박 12월물 선물가격이 $318.6/ton일 경우 가공마진을 산출한 결과를 보여주고 있다.

대두 가공업자는 자신의 생산비용과 가공마진을 비교하여 충분한 수익성이 확보되도록 끊임없이 노력한다. 가공마진이 가공비용을 초과할 때는 보다 많은 대두를 가공하고, 반대로 가공마진이 가공비용을 밑돌 때에는 가공 규모를 축소한다.

2) Crush Spread 거래

대두 가격이 대두유 및 대두박의 판매가격보다 상대적으로 더 많이 상승할 경우 대두 가공업자의 가공마진(착유마진; 搾油마진)이 줄어들게 된다. 이와 같이 가공마진이 줄어들 것으로 예상될 때, 원료인 대두 선물을 매입하고, 동시에 제품인 대두유와 대두박 선물을 매도하는 crush spread를 이용한다.

〈표 5-8〉에 제시된 사례를 통하여 crush spread 거래에 대해 구체적으로 살펴보도록 하자. 본 사례는 9월 28일에 가공마진(GPM)이 $1.6738/bu일 때 crush spread 거래에 들어간(put on a crush spread) 다음 10월 15일에 가공마진이 $1.3213/bu으로 줄어들었을 때 crush spread 거래를 청산한(lift a crush spread) 경우이다.

표 5-8   Crush Spread 거래의 사례

9월 28일	10월 15일
11월물 대두 선물 1계약 매입 ¢845.50/bu(=$8.4550/bu)	11월물 대두 선물 1계약 전매 ¢831.25/bu(=$8.3125/bu)
12월물 대두유 선물 1계약 매도 ¢28.36/lb(=$0.2836/lb)	12월물 대두유 선물 1계약 환매 ¢26.44/lb(=$0.2644/lb)
12월물 대두박 선물 1계약 매도 $318.6/short ton	12월물 대두박 선물 1계약 환매 $305.7/short ton

- 대　두: ($8.3125-$8.4550)×5,000bu=-$712.50
- 대두유: ($0.2836-$0.2644)×60,000lbs=$1,152.00
- 대두박: ($318.6-$305.7)×100short ton=$1,290.00

순이익(net gain):　　　　　　　$1,729.50

3) Reverse Crush Spread 거래

Crush`spread 거래와는 반대로 대두 가격이 하락하고 제품(대두유 및 대두박) 가격이 상승함으로써 가공마진(crush margin)이 확대될 것으로 예상될 때는 reverse crush

| 표 5-9 | Reverse Crush Spread 거래의 사례 |

7월 05일	9월 25일
11월물 대두 선물 1계약 매도 ¢830.00/bu(=$8.3000/bu)	11월물 대두 선물 1계약 환매 ¢855.50/bu(=$8.5550/bu)
12월물 대두유 선물 1계약 매입 ¢26.97/lb(=$0.2697/lb)	12월물 대두유 선물 1계약 전매 ¢29.18/lb(=$0.2918/lb)
12월물 대두박 선물 1계약 매입 $291.2/short ton	12월물 대두박 선물 1계약 전매 $314.7/short ton

- 대 두: ($8.3000-$8.5550)×5,000bu=-$1,275
- 대두유: ($0.2918-$0.2697)×60,000lbs=$1,326
- 대두박: ($314.7-$291.2)×100short ton=$2,350

순이익(net gain): $2,401

spread 거래를 이용한다. 즉, 원료인 대두 선물을 매도하고, 동시에 제품인 대두유와 대두박 선물을 매입하는 거래를 한다.

〈표 5-9〉에 제시된 사례를 통하여 reverse crush spread 거래에 대해 구체적으로 살펴보도록 하자. 본 사례는 7월 5일에 가공마진(GPM)이 $1.0731/bu일 때 reverse crush spread 거래에 들어간(put on a reverse crush spread) 다음 9월 25일에 가공마진이 $1.5782/bu로 확대되었을 때 reverse crush spread 거래를 청산한(lift a reverse crush spread) 경우이다.

4) Crush Package

대두 선물 1계약, 즉 5,000부셸(bu)을 crushing할 경우 대두유는 55,000lbs(=5,000bu×11lbs)가 생산되고, 대두박은 110short ton(=5,000bu×44lbs=220,000lbs이고, 220,000lbs÷2,000lbs=110short ton)이 생산된다. 그런데, 대두유 선물 1계약은 60,000파운드이고, 대두박 선물 1계약은 100short ton이기 때문에 대두 선물 1계약을 crushing함으로써 대두유 1계약과 대두박 1계약을 정확히 산출해내지 못한다. 즉, 대두유 55,000파운드는 대두유 선물 1계약 60,000파운드의 92%에 불과한 반면, 대두박 110short ton은 대두박 선물 1계약 100short ton을 10% 초과한다.

이러한 이유로 인하여 실제 crush spread 거래 또는 reverse crush spread 거래에서는 대두 선물 10계약에 대응하여 대두유 선물 9계약과 대두박 선물 11계약을 거래하는 것이 일반적이다. 즉, 대두 50,000부셸(bu)을 가공하여 얻어진 대두유와 대두박의 물량을 기준으로 각각 선물 계약수를 산출하여 거래한다. 이러한 거래를 흔히

"crush package"라고 부른다.

표 5-10   Crush Package

1) 대두(1계약=5,000bu)
   대두 50,000bu=**대두 선물 10계약**

2) 대두유(1계약=60,000lbs)
   대두 50,000bu×11lbs=대두유 550,000lbs
   550,000lbs÷60,000lbs=**대두유 선물 9계약***

3) 대두박(1계약=100short ton)
   대두 50,000bu×44lbs=대두박 2,200,000lbs(단백질 함량 48%)
   2,200,000lbs÷2,000lbs/short ton=대두박 1,100short ton
   =**대두박 선물 11계약**

주: * 대두유 선물 9계약은 540,000lbs(=60,000lbs×9계약)에 해당한다. 따라서 대두유 550,000lbs를 대두유 선물 9계약으로 헤징하게 되면, 실제로는 10,000lbs의 대두유를 과소헤징(under-hedging)하는 셈이 된다.

참고문헌 ◆

Catlett, L. B., and J. D. Libbin(2007), Risk Management in Agriculture: A Guide to Futures, Options, and Swaps, Clifton Park: New York, Thompson Delmar Learning.

Chicago Board of Trade(2006), The Chicago Board of Trade Handbook of Futures & Options, New York: New York, McGraw-Hill.

Chicago Board of Trade(2006), An Introduction to Trading CBOT Agricultural Futures and Options.

Chicago Board of Trade(2006), CBOT Soybean Crush Reference Guide.

Chicago Mercantile Exchange(2006), An Introduction to Futures and Options, Student Manual.

Chicago Mercantile Exchange(2006), CME Commodity Trading Manual.

CME Group Inc(2015), Self-Study Guide to Hedging with Grain and Oilseed Futures and Options.

Duffie, D.(1989), Futures Markets, Englewood Cliffs: New Jersey, Prentice-Hall, Inc.

Hull, J. C.(1998), Introduction to Futures and Options Markets, 3rd ed., Upper Saddle River: New Jersey, Prentice-Hall, Inc.

Hull, J. C.(2000), Options, Futures, & Other Derivatives, 4th ed., Upper Saddle River: New Jersey, Prentice-Hall, Inc.

Kolb, R. W.(1999), Futures, Options, and Swaps, 3rd ed., Malden: Massachusetts, Blackwell Publishers Inc.

Leuthold, R. M., J. C. Junkus, and J. E. Cordier(1989), The Theory and Practice of Futures Markets, Lexington: Massachusetts, Lexington Books.

Purcell, W. D., and S. R. Koontz(1999), Agricultural Futures and Options: Principles and Strategies, 2nd ed., Upper Saddle River: New Jersey, Prentice-Hall, Inc.

Stasko, G. F.(2003), Marketing Grain and Livestock, 2nd ed., Ames: Iowa, Iowa State Press.

SECTION 01 베이시스Basis와 곡물거래

제4장에서 이미 다룬 바와 같이, 베이시스(basis)는 어느 지역의 현물가격과 특정 결제월의 선물가격 간의 차이를 의미한다. 즉,

$$\text{베이시스(b) = 현물가격(S) - 선물가격(F)}$$

현물가격(옥수수)	$4.00/bu
선물가격(12월물)	$4.20/bu
베이시스(basis)	−$0.20/bu

위의 예에서는 현물가격이 12월물(DEC) 선물가격보다 ¢20(=$0.20)만큼 더 낮다. 이 경우 곡물 트레이더들은 베이시스가 "20 under December(−20 Dec)"라고 표현한다.

현물가격(옥수수)	$4.15/bu
선물가격(12월물)	$4.00/bu
베이시스(basis)	+$0.15/bu

반대로 위의 예에서는 현물가격이 12월물(DEC) 선물가격보다 ¢15(=$0.15)만큼

더 높다. 이 경우 곡물 트레이더들은 베이시스가 "15 over December(+15 Dec)"라고 표현한다.

베이시스는 선물가격을 기준으로 표현되며, 현물가격이 선물가격에 비해 얼마나 할인(discount) 또는 할증(premium)된 상태인가를 나타낸다. 따라서 베이시스는 선물가격을 특정 지역의 시장상황에 맞게 조정하여 지역화(localizing)하는 역할을 한다고 할 수 있다.

베이시스는 지역의 시장상황을 반영하기 때문에 다음 몇 가지 요인들에 의해 직접적인 영향을 받는다. 첫째는, 보유비용 또는 재고유지비용(carrying charges)으로, 여기에는 보관료, 보험료, 이자비용 등이 포함된다. 둘째는, 수송비용으로 바지선(barge), 철도, 해상운임 등이 포함된다. 셋째는, 해당 지역의 수급상황으로, 곡물의 품질, 가용 재고량, 소요량, 지역 날씨 등이 포함된다. 마지막으로는, 상·하차비 등의 취급비용, 중간상인의 이윤 등이 포함된다.

이러한 요인들은 지역마다 제각각 다르기 때문에 베이시스도 그에 따라 다르게 형성된다. 예컨대, 시카고상품거래소(CBOT)가 위치한 일리노이(Illinois) 지역의 옥수수 베이시스가 -30 Dec에 형성되는 반면, 멕시코 만(Gulf of Mexico) 지역(예컨대, Louisiana의 New Orleans)의 옥수수 베이시스는 +40 Dec에 형성되기도 한다. 무엇보다도 두 지역 간에는 거리에 따른 수송비의 차이가 존재한다. 지역적으로 멀리 떨어져 있을수록 수송비 부담이 커지기 때문에 이를 반영하여 베이시스도 상승(증가)한다. 다른 관점에서 보자면, 지역적으로 멀리 떨어져 있는 곡물을 유인해오려면(끌어오려면), 그만큼 더 높은 프리미엄을 지불해야 하기 때문에 베이시스도 커지게(상승하게) 된다.

해당 지역 현물시장의 수급상황도 베이시스에 영향을 미치는 주요 요인 중 하나이다. 어느 지역에 곡물 부족현상이 발생하면, 해당 지역의 현물가격은 선물가격에 비해 상대적으로 더 상승하게 된다. 이 경우 현물가격에서 선물가격을 뺀 베이시스는 음(-)의 값일 경우 그 절대값이 더 작아지거나 양(+)의 값일 경우에는 그 절대값이 더 커지게 된다. 즉, 베이시스가 강화(상승; strengthening basis)된다. 베이시스가 강화되면 매도자는 더 높은 가격에 곡물을 판매할 수 있기 때문에 베이시스의 강화는 곡물의 매도자에게 유리하게 작용한다.

반대로 어느 지역에 곡물 수요가 부진하거나 대량의 곡물이 공급될 예정이라면, 해당 지역의 현물가격은 선물가격에 비해 상대적으로 더 하락하게 된다. 이 경우 현물가격에서 선물가격을 뺀 베이시스는 음(-)의 값일 경우 그 절대값이 더 커지거나 양(+)의 값일 경우에는 그 절대값이 더 작아지게 된다. 즉, 베이시스가 약화(하락; weakening basis)된다. 베이시스가 약화되면 매입자는 더 낮은 가격에 곡물을 구매할

그림 6-1 Gulf of Mexico의 옥수수 베이시스(2000년 1월~2018년 6월)

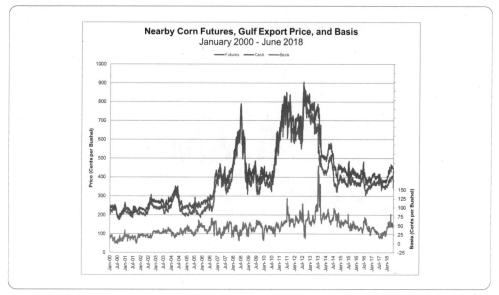

자료: CME Group, "Gulf Basis Update－Corn, Soybeans, and Wheat," updated July 2, 2018.

수 있기 때문에 베이시스의 약화는 곡물의 매입자에게 유리하게 작용한다.

〈그림 6-1〉~〈그림 6-3〉은 곡물 수출항이 위치한 멕시코 만(Gulf of Mexico) 지역

그림 6-2 Gulf of Mexico의 대두 베이시스(2000년 1월~2018년 6월)

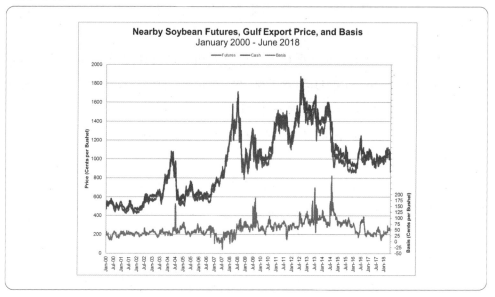

자료: CME Group, "Gulf Basis Update-Corn, Soybeans, and Wheat," updated July 2, 2018.

그림 6-3 **Gulf of Mexico의 소맥 베이시스(2000년 1월~2018년 6월)**

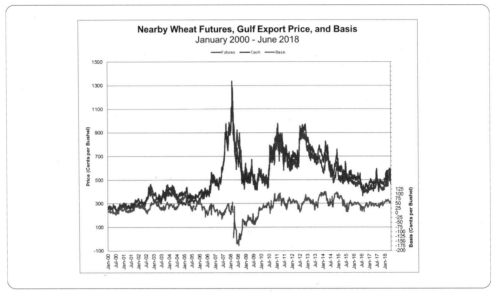

자료: CME Group, "Gulf Basis Update-Corn, Soybeans, and Wheat," updated July 2, 2018.

에서 지난 2000년 1월부터 2018년 6월까지 형성된 옥수수, 대두 및 소맥의 베이시스를 보여주고 있다. 각각의 그림에서 현물가격과 선물가격의 차이가 베이시스로 표현되어 있다. 그림에서 확인할 수 있는 바와 같이, 그동안 현물가격이나 선물가격이 큰 폭으로 변동했던 것에 비해 베이시스는 비교적 안정된 흐름을 이어왔다. 이와 같이 베이시스는 현물가격이나 선물가격에 비해 훨씬 더 안정적일 뿐만 아니라 일관된 변동 패턴을 보인다는 특징을 지니고 있다.

우리는 곡물의 가격을 표시할 때 단위당 얼마의 가격으로 호가(呼價)하는 이른바 'flat price' 방식에 익숙해져 있다. 예컨대, 쌀 10kg 한 포대에 29,000원과 같은 식이다. 반면 미국의 곡물 유통시스템에서는 이러한 직접표시방법보다는 선물가격을 기준으로 하여 베이시스로 표시하는 간접표시방법이 주로 사용된다.

예컨대, 12월물 옥수수 선물가격이 $3.75/bu일 때 5,000부셸(bu)의 옥수수를 -15 Dec(￠15 under December)에 구매하였다와 같은 식이다. 여기서, -15 Dec의 베이시스를 flat price로 바꾸어 표현하면, 옥수수 구매가격은 선물가격보다 ￠15(=$0.15) 낮은 $3.60/bu이 된다.

곡물 트레이더들의 전형적인 거래방식은 베이시스의 호가(呼價)를 통해서 이루어진다. 즉, 트레이더들은 곡물을 판매하려는 사람들에게 매입호가(bid)에 해당하는 매입베이시스(buy basis)를 제시하는 한편 곡물을 구매하려는 사람들에게는 매도호가 (offer)에 해당하는 매도베이시스(sell basis)를 제시한다. 그리고 매입베이시스와 매도 베이시스의 차이가 바로 수익의 원천이 된다. 이러한 관점에서 볼 때, 곡물 트레이더 들은 기본적으로 베이시스 트레이더(basis trader)라고 할 수 있다. 곡물 트레이더들의 매매 의사결정은 궁극적으로 베이시스의 변동에 기초하는 것이지 곡물의 가격 변동 에 의존하는 것이 아니다.

어느 곡물 트레이더가 12월물 옥수수 선물가격이 $3.75/bu일 때 5,000부셸(bu) 의 옥수수를 −15 Dec(¢15 under December)에 구매하였다가 백투백(back-to-back) 거 래로 −10 Dec(¢10 under December)에 다시 판매하였다고 하자. 이러한 베이시스 거 래를 flat price로 바꾸어 표현해보면, 옥수수 5,000부셸(bu)을 $3.60/bu에 구매하였 다가 $3.65/bu에 판매한 것이 된다. 결국 이 거래를 통하여 ¢5/bu(=$0.05/bu)의 수 익(총수익 $250=$0.05/bu×5,000bu)을 올린 셈이다.

여기서, 베이시스 −15 Dec는 매입베이시스(buy basis), 그리고 베이시스 −10 Dec는 매도베이시스(sell basis)가 된다. 그리고 매입베이시스와 매도베이시스 간의 차 이는 ¢5/bu(=$0.05/bu)이다. 곡물 매매가격의 차이와 베이시스의 차이를 살펴보면, 둘 다 모두 ¢5/bu(=$0.05/bu)로 동일하다. 결국 곡물거래에서 매매가격의 차이가 베 이시스의 차이로 바꾸어 표현되었을 뿐 내용적으로는 동일한 것이다.

요컨대, 곡물거래는 베이시스로 시작해서 베이시스로 끝난다고 해도 과언이 아 니다. 곡물거래의 요체(要諦)는 보다 낮은(lower), 즉 보다 약한(weaker) 베이시스에 곡물을 구매하여 보다 높은(higher), 즉 보다 강한(stronger) 베이시스에 곡물을 판매하 는 것이다. 다시 말해서, 곡물의 매도베이시스가 매입베이시스보다 더 높아야, 즉 더 강해야 한다는 것이다. 이러한 원리는 일반 상거래에서 상품을 낮은 가격에 사서 높 은 가격에 팔아야 이익이 발생하는 것과 전적으로 동일하다.

곡물시장의 현물계약(cash grain contract) 유형

곡물시장에서 농가, 엘리베이터(elevator) 및 트레이더(trader) 간에 이루어지는 현물계약의 유형은 매우 다양하다. 그 가운데 대표적인 현물계약으로는 선도계약(forward contract), Hedge-to-arrive(HTA) 계약, 베이시스 계약(basis contract), Delayed price(DP) 계약(지연가 격계약; 遲延價格契約) 등이 있다.

먼저 베이시스를 구하는 산식, 즉 베이시스(b) = 현물가격(S) − 선물가격(F)을 변형하면 다음과 같다.

$$현물가격(S) = 베이시스(b) + 선물가격(F)$$

현물계약들은 기본적으로 베이시스와 선물가격의 다양한 결합을 통하여 만들어진다.

1) Forward Contract(선도계약; 先渡契約)

선도계약에서는 곡물의 판매가격이 계약시점에서 미리 결정되고, 곡물의 인수도는 미래의 정해진 시점에 이루어진다. 선도계약에서는 농가가 판매할 곡물의 가격이 미리 결정되고, 계약단위도 신축적으로 결정할 수 있으며, 증거금(margin)을 적립해야 할 필요나 마진 콜(margin call)의 염려도 없다. 그러나 선도계약에서는 계약 불이행(default risk)의 위험이 상존하는 한편 매우 불리한 수준의 베이시스가 제시될 가능성이 크다.

2) Hedge-to-Arrive Contract(HTA 계약)

HTA 계약은 'futures only contract', 'futures fixed contract', 'basis-not-established contract' 등으로도 불린다. HTA 계약에서는 현물가격을 구성하는 베이시스와 선물가격 가운데 선물가격만을 계약시점에 먼저 결정하고 베이시스는 나중에, 즉 곡물 인수도 전에 결정한다. 선물가격을 결정할 때 농가가 직접 선물계약을 매도하기보다는 농가 대신 엘리베이터(elevator)가 선물계약을 매도하여 헤지하고 증거금에 대한 이자, 수수료 등을 징수하는 것이 일반적이다. 농가 입장에서는 선물계약을 매도함으로써 가격 하락으로부터 보호받을 수 있을 뿐만 아니라 향후 베이시스가 강화(상승)될 경우 최종 매도가격이 상승하여 유리해질 수 있다.

3) Basis Contract(베이시스 계약)

Basis 계약에서는 HTA 계약과는 정반대로 현물가격을 구성하는 베이시스와 선물가격 가운데 베이시스만을 계약시점에 먼저 결정하고 선물가격은 나중에 결정한다. 현물가격을 구성하는 베이시스와 선물가격 가운데 베이시스는 상대적으로 매우 작은 부분을 차지한다. 따라서 좋은 수준에서 베이시스를 잘 결정한다고 하더라도 만약 선물가격이 나중에 크게 하락한다면, 농가의 판매가격이 결코 유리해질 수 없다. 결론적으로 베이시스 계약은 베이시스가 꽤 강한(높은) 수준이고, 향후 선물가격이 상승할 것으로 믿을 만한 충분한 이유가 있을 때 농가가 선택할 수 있는 곡물 마케팅 전략이다.

4) Delayed Price(DP) Contract(지연가격계약; 遲延價格契約)

DP 계약은 'no price established contract', 'price later contract', 'deferred price contract' 등으로도 불린다. DP 계약에서는 농가가 엘리베이터(elevator)에게 곡물을 인도하지

만, 가격(선물가격과 베이시스)은 결정하지 않고 나중까지 남겨둔다. 엘리베이터(elevator)는 곡물에 대한 소유권을 가지게 되며, 본 계약을 이용하도록 유도하는 차원에서 농가에게 저장비용을 면제해주곤 한다. DP 계약은 곡물의 가격이 낮고 저장 공간도 부족한 수확기에 가장 흔히 이용된다. DP 계약은 베이시스와 선물가격이 극히 약세일 때만 유용하다고 할 수 있으며, 따라서 생산자가 다른 마땅한 대안이 없을 때 마지막으로 선택할 수 있는 곡물 마케팅 수단이다.

SECTION 02 베이시스^{Basis}의 기록 및 활용

어느 시점에 형성되고 있는 베이시스 호가(呼價)가 정상적인 수준보다 높은 것인지 또는 낮은 것인지를 평가하기 위해서는 과거의 베이시스 기록을 참조하는 것이 필요하다. 곡물가격은 해마다 크게 달라질 수 있지만, 베이시스는 급격하게 변화하지 않는 특성을 지니고 있기 때문에 과거의 베이시스 패턴에 기초하여 미래의 베이시스를 예측해 볼 수 있다. 베이시스를 기록하고 관리하는 일은 현물가격 수준을 평가하는데 도움을 줄 뿐만 아니라 가격 변동에 대비하여 헤징할 때 전반적인 헤지성과(hedging performance)에도 큰 영향을 미친다.

베이시스 자료를 수집하고 축적하는 방법은 매우 다양하다. 우선 본인의 거래상대방이 제시하는 베이시스 또는 현물가격을 정기적으로 공급받는다. 현물가격을 공급받을 경우에는 선물가격을 차감하여 베이시스로 환산한다. 여기서, 거래상대방은 곡물 엘리베이터, 트레이더, 가공업자, 공급사 등 매우 다양할 수 있다. 베이시스를 기록하는 주기도 일일 단위 또는 주간 단위가 될 수 있다. 주간 단위로 베이시스를 기록할 경우는 보통 주간의 중간 날, 즉 수요일이나 목요일 중 하루를 정하여 베이시스를 기록하는 것이 일반적이다. 베이시스를 기록하는 방법도 표, 차트 등 매우 다양한 도구들을 이용할 수 있지만, 가장 손쉬운 방법은 Excel 스프레드시트(spread sheet)를 이용하는 방법일 것이다.

〈표 6-1〉은 아이오와(Iowa) 지역에서 주간 단위로 옥수수 베이시스를 기록한 사례를 보여주고 있다. 베이시스는 최근월물을 기준으로 한 베이시스뿐만 아니라 원월물들을 기준으로 한 베이시스도 함께 기록해 두는 것이 좋다.

| 표 6-1 | 옥수수 주간 베이시스(weekly basis) 기록의 사례 | | | (단위: $/bu, Iowa 기준) |

월/주간		12월물(Dec)	3월물(Mar)	5월물(May)	7월물(Jul)
10월	1주	-0.39	-0.48	-0.52	-0.55
	2주	-0.39	-0.48	-0.51	-0.55
	3주	-0.33	-0.42	-0.47	-0.51
	4주	-0.37	-0.47	-0.52	-0.56
11월	1주	-0.35	-0.44	-0.49	-0.52
	2주	-0.32	-0.41	-0.46	-0.50
	3주	-0.30	-0.38	-0.44	-0.47
	4주	-0.28	-0.36	-0.41	-0.45
12월	1주	-0.26	-0.36	-0.42	-0.45
	2주	-0.24	-0.32	-0.39	-0.43
	3주		-0.30	-0.36	-0.41
	4주		-0.30	-0.37	-0.41
	5주		-0.30	-0.37	-0.42
1월	1주		-0.29	-0.35	-0.40
	2주		-0.29	-0.34	-0.38
	3주		-0.28	-0.34	-0.37
	4주		-0.29	-0.34	-0.37
2월	1주		-0.28	-0.34	-0.37
	2주		-0.28	-0.34	-0.36
	3주		-0.28	-0.33	-0.35
	4주		-0.28	-0.32	-0.34
3월	1주		-0.28	-0.30	-0.31
	2주		-0.31	-0.32	-0.33
	3주			-0.31	-0.32
	4주			-0.31	-0.33
	5주			-0.33	-0.34
4월	1주			-0.33	-0.35
	2주			-0.33	-0.34
	3주			-0.31	-0.33
	4주			-0.31	-0.32
5월	1주			-0.33	-0.30
	2주			-0.34	-0.29
	3주				-0.26
	4주				-0.27
6월	1주				-0.27
	2주				-0.27
	3주				-0.26
	4주				-0.27
	5주				-0.29
7월	1주				-0.40
	2주				-0.42

위의 〈표 6-1〉에서 결제월간 베이시스의 차이는 곧 결제월간 스프레드가 된다. 예컨대, 10월 첫째주에 12월물(Dec) 기준 베이시스는 −0.39이고, 3월물(Mar) 기준 베이시스는 −0.48이다. 두 베이시스 간의 차이는 0.09로, 12월물과 3월물 간의 스프레드가 $0.09/bu(= ¢9/bu)임을 나타낸다. 이를 수식화하면, 12월물 기준 베이시스는 (S−12월물)이고, 3월물 기준 베이시스는 (S−3월물)이 된다. 따라서 두 결제월간 베이시스의 차이는 [(S−12월물)−(S−3월물)]=(3월물−12월물), 즉 3월물(MAR)과 12월물(DEC) 간의 스프레드가 된다.

〈표 6-2〉는 〈표 6-1〉과 같은 방식으로 매년 베이시스를 기록하여 지난 5년 동안 축적된 베이시스의 평균(Avg), 최저값(Min) 및 최고값(Max)을 보여주고 있다. 곡물거래에서는 일반적으로 과거 3년 내지 5년 동안 축적된 베이시스 기록을 많이 사용한다. 이러한 베이시스 자료를 바탕으로 현재 호가되고 있는 베이시스가 과거의 평균치보다 높은 수준인지 또는 낮은 수준인지를 평가할 수 있다. 뿐만 아니라 현재의 베이시스가 과거의 최저값 또는 최고값 중 어느 것에 근접한 것인지 또는 그 범위를 벗어난 매우 이례적인 수준인지를 판가름할 수 있다.

과거의 베이시스 기록을 활용하는데 있어서 지난 몇 년간의 베이시스 평균치를 사용할 것인가의 문제는 지극히 개인의 주관적인 판단 및 경험에 달려 있다. 일반적으로 3년 평균치, 4년 평균치, 5년 평균치, 그리고 5년간의 베이시스 중 최고값 및 최저값을 제외한 나머지 3년간의 평균치, 이른바 '올림픽 평균(Olympic average)' 등이 주로 사용된다.

〈표 6-2〉의 베이시스 기록을 활용하는 사례를 하나 들어보도록 하자. 10월 첫째주에 산지 인근의 엘리베이터(elevator)에서 옥수수를 −40 Dec(¢40 under December)에 판매하겠다고 제안한다면, 이 오퍼(offer)를 수용할 것인가? 지난 5년간의 베이시스 기록을 살펴보면, 평균이 −0.27(¢27 under December), 최고값(Max)이 −0.03(¢3 under December), 그리고 최저값(Min)이 −0.43(¢43 under December)이었다. Elevator가 제시한 매도베이시스(sell basis) −40 Dec는 지난 5년간의 베이시스 중 최저값에 근접할 만큼 매우 낮은(약한) 수준이다. 따라서 엘리베이터(elevator)가 제시한 오퍼(offer)를 받아들여 옥수수를 구매한다면, 이는 더할 나위 없이 좋은 기회가 될 것이다.

여러 해에 걸친 베이시스 기록을 보유할 경우의 이점은 비슷한 상황이 전개된 연도들을 서로 비교해 볼 수 있다는 것이다. 예컨대, 올 봄의 파종기에 예년보다 강우량이 많아 옥수수 파종이 지연되었다면, 비슷한 상황이 전개되었던 해의 베이시스 기록을 살펴봄으로써 향후의 베이시스 추이를 예측하는데 도움을 받을 수 있다.

표 6-2 과거 5년간 옥수수 주간 베이시스(weekly basis) 기록의 사례

(단위: $/bu, Iowa 기준)

월/주간		12월물(Dec)			3월물(Mar)			5월물(May)			7월물(Jul)		
		Avg	Max	Min	Avg	Max	Min	Avg	Max	Min	Avg	Max	Min
10월	1주	-0.27	-0.03	-0.43	-0.36	-0.15	-0.53	-0.41	-0.11	-0.60	-0.45	-0.04	-0.67
	2주	-0.26	-0.02	-0.44	-0.35	-0.12	-0.54	-0.40	-0.06	-0.60	-0.44	0.01	-0.67
	3주	-0.29	-0.10	-0.45	-0.38	-0.09	-0.54	-0.43	-0.03	-0.63	-0.46	0.04	-0.71
	4주	-0.29	-0.08	-0.46	-0.38	-0.10	-0.55	-0.44	-0.07	-0.64	-0.47	0.00	-0.71
11월	1주	-0.27	-0.05	-0.46	-0.36	-0.08	-0.55	-0.41	-0.04	-0.62	-0.44	0.06	-0.70
	2주	-0.25	-0.03	-0.46	-0.34	-0.07	-0.55	-0.39	-0.04	-0.62	-0.43	0.06	-0.69
	3주	-0.23	0.00	-0.45	-0.31	-0.03	-0.52	-0.36	0.01	-0.59	-0.39	0.13	-0.66
	4주	-0.21	0.00	-0.42	-0.28	-0.04	-0.51	-0.34	-0.01	-0.57	-0.37	0.09	-0.65
12월	1주	-0.18	0.02	-0.36	-0.27	-0.05	-0.47	-0.33	-0.04	-0.54	-0.37	0.04	-0.62
	2주	-0.16	0.01	-0.37	-0.24	-0.03	-0.44	-0.31	-0.04	-0.51	-0.35	0.02	-0.58
	3주				-0.22	0.00	-0.42	-0.29	-0.04	-0.48	-0.33	-0.01	-0.56
	4주				-0.22	0.01	-0.40	-0.28	-0.02	-0.46	-0.33	0.00	-0.54
	5주				-0.21	0.02	-0.38	-0.27	-0.01	-0.44	-0.32	0.02	-0.51
1월	1주				-0.20	0.03	-0.37	-0.26	0.01	-0.43	-0.30	0.06	-0.50
	2주				-0.19	0.05	-0.36	-0.24	0.06	-0.43	-0.28	0.13	-0.50
	3주				-0.19	0.02	-0.37	-0.25	0.01	-0.44	-0.28	0.09	-0.51
	4주				-0.19	0.02	-0.37	-0.24	0.02	-0.45	-0.28	0.11	-0.52
2월	1주				-0.19	0.04	-0.38	-0.25	0.03	-0.46	-0.28	0.11	-0.53
	2주				-0.20	0.05	-0.39	-0.25	0.04	-0.47	-0.28	0.14	-0.54
	3주				-0.19	0.08	-0.42	-0.24	0.10	-0.49	-0.27	0.20	-0.56
	4주				-0.19	0.09	-0.41	-0.23	0.14	-0.48	-0.25	0.26	-0.55
3월	1주				-0.19	0.02	-0.40	-0.21	0.18	-0.47	-0.22	0.37	-0.53
	2주				-0.20	0.00	-0.38	-0.21	0.21	-0.45	-0.22	0.39	-0.53
	3주							-0.20	0.21	-0.44	-0.22	0.39	-0.51
	4주							-0.21	0.16	-0.42	-0.23	0.31	-0.49
	5주							-0.22	0.08	-0.41	-0.23	0.27	-0.48
4월	1주							-0.20	0.16	-0.40	-0.23	0.28	-0.48
	2주							-0.20	0.16	-0.39	-0.21	0.34	-0.46
	3주							-0.19	0.18	-0.39	-0.20	0.33	-0.45
	4주							-0.20	0.15	-0.39	-0.21	0.35	-0.44
5월	1주							-0.22	0.02	-0.38	-0.19	0.38	-0.44
	2주							-0.23	-0.05	-0.38	-0.18	0.41	-0.44
	3주										-0.16	0.45	-0.43
	4주										-0.16	0.44	-0.43
6월	1주										-0.16	0.43	-0.43
	2주										-0.16	0.45	-0.48
	3주										-0.16	0.49	-0.47
	4주										-0.16	0.47	-0.46
	5주										-0.19	0.33	-0.44
7월	1주										-0.29	-0.13	-0.43
	2주										-0.33	-0.13	-0.46

SECTION 03 베이시스 정보를 활용한 곡물거래

과거의 베이시스에 대한 정보는 곡물거래에 관한 의사결정에 매우 다양하게 이용될 수 있다.

1. 예상매도가격(ESP) 및 예상매입가격(EBP)의 산출

베이시스 정보는 미래의 예상매도가격(ESP; expected selling price) 또는 예상매입가격(EBP; expected buying price)을 계산하는 데 활용할 수 있다. 제4장에서 이미 다루었던 바와 같이, 매도헤지를 통한 순매도가격(NSP; net selling price)은 $NSP = F_1 + b_2$로 계산되는 한편 매입헤지를 통한 순매입가격(NBP; net buying price)도 $NBP = F_1 + b_2$로 계산된다. 즉, 헤지를 시작하는 현재시점의 선물가격(F_1)에다 헤지를 종료(청산)하는 시점의 베이시스(b_2)를 합산하여 계산된다.

우리는 헤지를 시작하는 현재시점에서 b_2를 미리 알 수 없다는 한계가 있지만, 어떤 방법으로 b_2의 추정치, 즉 $\hat{b}_2$를 구할 수 있다면, 이를 이용하여 예상매도가격 $ESP = F_1 + \hat{b}_2$ 및 예상매입가격 $EBP = F_1 + \hat{b}_2$를 계산해 낼 수 있다. 즉,

예상가격(expected price) = 선물가격(futures price) + 예상베이시스(expected basis)

여기서, 예상베이시스, 즉 b_2의 추정치($\hat{b}_2$)를 구하는 방법으로 과거 3년 또는 5년간의 베이시스 평균이 자주 활용된다.

예컨대, 어느 대두 농가가 대부분의 대두를 10월 셋째 주에 판매한다고 가정하자. 5월 15일 현재 11월물 대두 선물계약은 $9.75/bu에 거래되고 있다. 베이시스 기록을 살펴본 결과 지난 3년간 10월 셋째 주에 형성되었던 11월물 대두 선물 기준 베이시스의 평균은 −25 Nov($0.25 under November)이다. 그리고 현재의 대두 수급상황은 예년과 크게 다를 바 없다. 이러한 정보를 이용하여 대두의 예상매도가격(ESP)을 계산해보면 다음과 같다.

5월 15일의 11월물 대두 선물가격	+ 10월 셋째주의 예상베이시스	= 예상매도가격 (ESP)
$9.75/bu	− $0.25/bu	= $9.50/bu

다른 사례를 하나 더 살펴보자. Y사료회사는 2월 1일 현재 6월 첫째 주에 구매할 옥수수에 대한 구매계획을 수립하고 있다고 가정하자. 현재 7월물 옥수수 선물계약은 $3.80/bu에 거래되고 있다. 베이시스 기록을 살펴보니 지난 5년간 6월 첫째 주에 형성되었던 7월물 옥수수 선물 기준 베이시스의 평균은 +25 Jul($0.25 over July)이다. 이러한 정보를 이용하여 옥수수의 예상매입가격(EBP)을 계산해보면 다음과 같다.

2월 1일의 7월물 옥수수 선물가격	+ 6월 첫째주의 예상베이시스	= 예상매입가격 (EBP)
$3.80/bu	+ $0.25/bu	= $4.05/bu

예상매도가격(ESP) 또는 예상매입가격(EBP)을 산출해 낼 수 있는 능력은 새로운 거래를 할 수 있는 기회를 제공하기도 한다. 예컨대, 10월 현재 어느 곡물 엘리베이터(elevator)가 농가로부터 1년 후에 판매할 대두에 대한 매입호가(bid)를 제시해달라는 요청을 받았다고 가정하자. 시기상 아직 1년이나 넘게 남았기 때문에 인근의 엘리베이터(elevator)나 트레이더들도 아직 매매호가를 내지 않고 있는 상황이라서 주변에 참조할 만한 가격도 존재하지 않는다.

이러한 상황에서 과거의 베이시스 기록을 살펴본 결과, 지난 5년간 10월에 형성되었던 11월물 대두 선물 기준 베이시스가 평균 −20 Nov($0.20 under November)이라는 것을 확인하였다. 내년도 11월물 대두 선물가격에다 예상베이시스(expected basis) -20 Nov를 합산한 결과 대두의 예상매입가격(EBP)이 도출되었다. 이를 바탕으로 엘리베이터(elevator)는 자신의 이윤 폭을 좀 더 가미하여 농가에게 -22 Nov($0.22 under November)의 매입베이시스(buy basis)를 제시하였다. 대두 농가가 이 베이시스를 수락할 경우 엘리베이터(elevator)는 소중한 거래기회를 놓치지 않을 수 있게 된다.

2. 현물 매매호가(Bid-Offer)의 수락 또는 거부에 대한 결정

베이시스 정보는 현물에 대한 매입(bid) 또는 매도(offer) 호가를 그대로 받아들일 것인지 아니면 선물로 헤지한 다음 베이시스가 향상되기를 기다릴 것인지를 결정하는데 활용할 수 있다.

먼저, 곡물을 판매하여야 하는 상황에서 구매자의 매입(bid) 제의를 수락할 것인지 아니면 매입 제의를 거부하고 매도헤지를 할 것인지에 관한 의사결정에 베이시스 정보를 활용하는 사례를 살펴보도록 하자.

• 상황

5월 1일 옥수수 파종에 들어간 농가가 올해 수확할 옥수수의 판매계획을 미리 세우고자 한다. 인근의 엘리베이터(elevator)에 문의한 결과, 11월 15일까지 옥수수를 인도하는 조건으로 $3.95/bu의 매입가격(bid)을 제시하고 있다. 당일 12월물 옥수수 선물은 $4.35/bu에 거래되고 있다. 이러한 상황에서 과연 엘리베이터(elevator)가 제시하는 현물 매입가격을 받아들여 옥수수를 판매할 것인가?

• 거래전략

엘리베이터(elevator)가 제시한 현물가격과 선물가격을 이용하여 베이시스를 계산한 결과 베이시스는 −40 Dec($0.40 under December)가 된다($3.95−$4.35 = −$0.40). 지난 3년 동안 축적해온 베이시스 자료를 검토한 결과 11월 초에 형성되었던 12월물 옥수수 선물 기준 베이시스의 평균은 −30 Dec($0.30 under December)이다.

엘리베이터(elevator)가 제시한 베이시스 −40 Dec는 과거 3년간의 베이시스 평균 −30 Dec에 비해 무려 ¢10나 낮은 수준이다. 따라서 향후 베이시스가 강화될(상승할) 여지가 충분히 있다고 판단되므로 엘리베이터(elevator)의 매입가격을 받아들이지 않고 그냥 넘겨버리기로 한다.

다만, 현재의 옥수수 선물가격이 상당히 높은 수준이라고 판단되어 선물계약을 매도하여 헤지(short hedge)하기로 한다. 현재 상황과 같이 베이시스가 이례적으로 낮다(약하다)는 것은 현물가격이 선물가격에 비해 상대적으로 매우 약세, 바꾸어 표현하면, 선물가격이 현물가격에 비해 상대적으로 매우 강세라는 것을 의미한다. 따라서 현물이 약세인 상황에서 굳이 서둘러 현물을 매도하기 보다는 강세인 선물을 매도하여 헤지한 다음 기다리는 것이 유리하다. 향후 베이시스가 보다 강화될(상승할) 때 옥수수를 판매하는 한편 선물계약을 환매하여 헤지를 청산하기로 한다.

• 결과

매도헤지를 시행할 경우 예상매도가격(ESP)은 다음과 같다.

5월 1일의 12월물 옥수수 선물가격	+ 11월 초의 예상베이시스	= 예상매도가격 (ESP)
$4.35/bu	− $0.30/bu	= $4.05/bu

매도헤지를 하고 나면 이제 최종적으로 실현되는 순매도가격(NSP)에 영향을 미칠 유일한 변수는 실제로 실현되는 베이시스와 예상베이시스 간의 차이다. 만약 옥수수를 판매하고 아울러 매도헤지를 청산하는 시점에 실제 실현되는 베이시스가 예상베이시스보다 높다면(강하다면), 순매도가격(NSP)은 예상매도가격(ESP) $4.05/bu보다 더 높아질 것이다. 반대로 만약 실제 베이시스가 예상베이시스보다 낮다면(약하다면), 순매도가격(NSP)은 예상매도가격(ESP) $4.05/bu보다 더 낮아질 것이다.

여기서, 만약 엘리베이터(elevator)의 매입호가(bid)가 $3.95/bu이 아니라 $4.15/bu이었다면 어떻게 했을까? 12월물 옥수수 선물가격 $4.35/bu을 기준으로 베이시스를 계산해보면 − 20 Dec($0.20 under December)가 된다. 베이시스 − 20 Dec는 과거 3년 간의 베이시스 평균 − 30 Dec와 비교할 때 상당히 높은(강한) 수준이다. 이것은 엘리베이터(elevator)가 매입하겠다고 제시한 옥수수 현물가격이 상당히 높은 가격이라는 것을 의미한다. 따라서 엘리베이터(elevator)의 매입호가(bid) $4.15/bu를 받아들여 올해 수확할 옥수수의 일부 물량이라도 분할해서 판매하는 것이 현명한 결정이다.

다음으로, 곡물을 구매하여야 하는 상황에서 판매자(공급자)의 매도 제의(offer)를 수락할 것인지 아니면 매도 제의를 거부하고 매입헤지(long hedge)를 할 것인지에 관한 의사결정에 베이시스 정보를 활용하는 사례를 살펴보도록 하자.

◆ 상황

9월 1일 현재시점에서 내년 1월 초에 인도될 옥수수를 구매하고자 한다. 여느 때와 마찬가지로, 여러 공급사들로부터 현물 매도호가(offer)를 제시받아 비교해본 결과, 가장 유리한 가격은 $3.85/bu이다. 그리고 내년 3월물 옥수수 선물은 $3.65/bu에 거래되고 있다. 과연 이러한 상황에서 공급사가 제시하는 현물 매도가격을 받아들여 옥수수를 구매할 것인가?

◆ 거래전략

공급사가 제시한 현물가격과 선물가격을 이용하여 베이시스를 계산한 결과 베이시스는 + 20 Mar($0.20 over March)가 된다($3.85 − $3.65 = + $0.20/bu). 지난 5년 동안 축적해 온 베이시스 자료를 검토한 결과 1월 초에 형성되었던 3월물 옥수수 선물 기준 베이시스의 평균은 +8 Mar($0.08 over March)이다. 공급사가 제시한 베이시스 +20 Mar는 과거 5년간의 베이시스 평균 +8 Mar에 비해 무려 ₵12나 더 높은(강한) 수준이다. 따라서 향후 베이시스가 약화될(하락할) 여지가 충분히 있다고 판단되어 공급사의 매도 제의(offer)를 그냥 넘겨버리기로 한다.

다만, 향후 옥수수 가격이 상승할 위험에 대한 대비가 필요하므로 옥수수 선물 계약을 매입하여 헤지(long hedge)하기로 한다. 현재 상황과 같이 베이시스가 이례적으로 높다(강하다)는 것은 현물가격이 선물가격에 비해 상대적으로 매우 강세, 바꾸어 표현하면, 선물가격이 현물가격에 비해 상대적으로 매우 약세라는 것을 의미한다. 따라서 현물이 강세인 상황에서 굳이 서둘러 현물을 매입하기 보다는 상대적으로 약세인 선물을 매입하여 헤지한 다음 기다리는 것이 유리하다. 향후 베이시스가 보다 약화될(하락할) 때 옥수수를 구매하는 한편 선물계약을 전매하여 헤지를 청산하기로 한다.

• 결과

매입헤지를 시행할 경우 예상매입가격(EBP)은 다음과 같다.

9월 1일의 3월물 옥수수 선물가격	+ 1월 초의 예상베이시스	= 예상매입가격 (EBP)
$3.65/bu	+ $0.08/bu	= $3.73/bu

마침내 12월 15일에 이르러 베이시스가 +6 Mar($0.06 over March)까지 약화되는 (하락하는) 절호의 기회가 찾아온다. 베이시스 +6 Mar는 예상베이시스 +8 Mar보다도 낮은 수준이므로 지체 없이 옥수수를 구매함과 더불어 3월물 옥수수 선물을 전매하여 헤지를 청산한다. 당일의 3월물 옥수수 선물가격은 $3.95/bu이고, 옥수수 구매가격은 선물가격에 베이시스를 더한 $4.01/bu(=$3.95/bu+$0.06/bu)이 된다.

이제 매입헤지를 통해 최종적으로 실현된 순매입가격(NBP)을 계산해보도록 하자. 궁극적으로 옥수수를 구매한 가격은 $4.01/bu이고, 선물거래를 통한 이익은 $0.30/bu(=$3.95/bu−$3.65/bu)이다. 따라서 옥수수 순매입가격(NBP)은 $3.71/bu (=$4.01/bu−$0.30/bu)이 된다. 실현된 순매입가격(NBP)은 공급사가 제시한 가격 $3.85/bu보다 무려 $0.14/bu나 낮아진 가격이다.

| 표 6-3 | 베이시스 정보를 활용한 매입헤지(long hedge)의 결과 |

날짜	현물시장(S)	선물시장(F)	베이시스(b)
9월 1일	$3.85(short)	$3.65(long)	+$0.20
12월 15일	$4.01(long)	$3.95(short)	+$0.06
손익	−$0.16	+$0.30	Δb=−$0.14
순매입가격(NBP)		$3.71/bu	

여기서, 옥수수 순매입가격(NBP) $3.71/bu이 예상매입가격(EBP) $3.73/bu보다 낮아진 이유는 무엇일까? 그 이유는 매입헤지를 청산하는 시점에 실제로 실현된 베이시스 +$0.06/bu가 예상베이시스 +$0.08/bu보다 $0.02/bu만큼 더 낮아졌기(약화되었기) 때문이다.

3. 곡물 구매자 또는 판매자에 대한 결정

곡물을 구매하려는 사람들이 제시하는 매입호가(bid), 그리고 곡물을 판매하려는 사람들이 제시하는 매도호가(offer)가 제각각 다르듯이 매매호가에 반영되어 있는 베이시스 수준도 제각기 다르다. 곡물의 구매자 입장에서는 여러 판매자(공급자)들 가운데서 가장 낮은(약한) 베이시스를 제시하는 판매자(공급자)를 선택하는 것이 당연히 가장 유리하다. 반대로 곡물의 판매자 입장에서는 여러 구매자들 가운데서 가장 높은(강한) 베이시스를 제시하는 구매자를 선택하는 것이 당연히 가장 유리하다.

4. 곡물의 구매, 판매 및 저장 여부에 대한 결정

곡물을 구매하려는 사람은 판매자가 제시한 베이시스가 과거의 베이시스 평균치보다 낮으면 곧바로 현물을 구매하는 것이 유리하다. 반대로 판매자가 제시한 베이시스가 과거의 베이시스 평균치보다 훨씬 더 높으면 곧바로 현물을 구매하기보다는 선물을 매입하여 헤지(long hedge)한 다음 베이시스가 하락하기를(약화되기를) 기다리는 것이 유리하다.

반면, 곡물을 판매하려는 사람은 구매자가 제시한 베이시스가 과거의 베이시스 평균치보다 높으면 곧바로 현물을 판매하는 것이 유리하다. 반대로 구매자가 제시한 베이시스가 과거의 베이시스 평균치보다 훨씬 더 낮으면 곧바로 현물을 판매하기보다는 선물을 매도하여 헤지(short hedge)한 다음 베이시스가 상승하기를(강화되기를) 기다리는 것이 유리하다.

한편, 앞서 다루었던 것처럼, 베이시스 테이블에서 결제월간 베이시스의 차이는 곧 결제월간 스프레드가 된다. 선물가격 스프레드는 현재 시장에서 곡물을 기꺼이 구매하려고 하는 상황인지 아니면 곡물을 저장할 것을 권고하는 상황인지에 대한 신호를 곡물의 구매자와 판매자에게 보내준다. 만약 스프레드가 곡물의 저장비용보다 작다면, 이것은 지금 시장에서 곡물을 원하고 있으니 판매하라는 신호가 된다. 반대로 만약 스프레드가 곡물의 저장비용과 같거나 오히려 크다면, 이것은 곡물을 판매하기보다는 저장할 것을 권고(권유)한다는 시장의 신호(market signal)가 된다.

예컨대, 1월 15일에 지난 5년간의 베이시스 자료를 검토해본 결과, 옥수수 3월물과 5월물 간의 평균적인 스프레드가 ¢8/bu(=$0.08/bu)이었다. 즉, 5월물이 3월물에 비해 평균 ¢8/bu의 프리미엄으로 거래되었다. 한편 현재 옥수수 3월물과 5월물은 ¢6.5/bu(=$0.065/bu)의 스프레드에 거래되고 있다. 과연 이러한 상황에서 옥수수를 저장할 것인가 또는 판매할 것인가?

현재 시장에서 형성되고 있는 스프레드는 과거의 평균적인 스프레드보다 낮은 수준이다. 이것은 시장에서 추가적인 저장비용을 지불하려 하지 않는다는 신호가 된다. 따라서 당일 옥수수를 판매하는 것을 고려해볼 만하다. 한편 만약 베이시스가 저장비용을 충당할 만큼 또는 그 이상으로 상승할(강화될) 것이 예상된다면, 옥수수 판매를 유보하고 매도헤지에 들어갈 수 있다. 어느 경우든 과거의 베이시스 자료를 보유하고 현재의 시장 상황과 비교할 수 있다면, 그것은 곡물의 구매 및 판매에 관한 의사결정을 하는데 있어서 매우 귀중한 자산임에 틀림없다.

5. 헤지 시 결제월의 선택에 대한 결정

선물시장에서는 이런저런 이유로 인해 어느 한 결제월이 다른 결제월에 비해 특이하게 더 높거나 낮은 가격으로 거래되는 경우가 있다. 이 경우 마케팅 목적에 따라 가장 유리한 결제월을 선택하여 헤지를 실행할 수 있다.

예컨대, 11월 1일에 공급사로부터 5,000부셸(bu)의 옥수수를 $3.48/bu에 구매하였다고 하자. 당일 12월물 옥수수 선물은 $3.53/bu에 거래되고 있는 한편 내년 3월물 옥수수 선물은 $3.62/bu에 거래되고 있다. 옥수수의 가격 하락에 대비하여 매도헤지를 하고자 할 때 어느 결제월을 이용하여 헤지하는 것이 더 유리할까?

각각의 선물가격을 기준으로 베이시스를 계산해보면, -5 Dec($0.05 under December)

와 −14 Mar($0.14 under March)가 된다. 저장비용과 과거의 베이시스 패턴을 고려해본 결과, −5 Dec의 베이시스도 그런대로 괜찮지만, −14 Mar의 베이시스가 훨씬 더 유리하다고 판단된다. 왜냐하면 매도헤지에서는 베이시스가 강화될수록(상승할수록) 순매도가격(NSP)이 더 높아져서 보다 유리해지게 되는데, 3월물 기준 베이시스가 강화될(상승할) 여지가 훨씬 더 크기 때문이다. 따라서 12월물을 이용하여 헤지하기 보다는 3월물을 이용하여 헤지를 하고 베이시스가 강화되기를(상승하기를) 기다린다. 이후 베이시스가 예상한 수준까지 강화(상승)되는 시점에 옥수수를 판매함과 아울러 3월물 선물을 환매하여 헤지를 청산한다.

6. 헤지의 시행 여부, 개시시점 및 청산시점에 대한 결정

곡물의 매입자는 현재 시장에서 제시(offer)되고 있는 베이시스(매입자 입장에서 볼 때 매입베이시스)가 과거의 베이시스 수준보다 크게 높을(강할) 경우 현물을 바로 구매하기 보다는 매입헤지를 한 다음 베이시스가 하락(약화)하기를 기다리는 것이 유리하다. 이처럼 과거의 베이시스 정보는 매입헤지를 할 것인가 또는 말 것인가를 결정하는 기준을 제공한다. 일단 매입헤지를 시행한 다음에는 베이시스가 예상한 수준, 즉 과거의 베이시스 평균 수준으로 하락(약화)할 경우 매입한 선물을 전매하여 헤지를 청산한다. 이와 같이 과거의 베이시스 정보는 언제 매입헤지를 청산할 것인지를 결정하는 기준도 아울러 제공한다.

한편, 곡물의 매도자는 현재 시장에서 제시(bid)되고 있는 베이시스(매도자 입장에서 볼 때 매도베이시스)가 과거의 베이시스 수준보다 크게 낮을(약할) 경우 현물을 바로 판매하기보다는 매도헤지를 한 다음 베이시스가 상승(강화)하기를 기다리는 것이 유리하다. 이처럼 과거의 베이시스 정보는 매도헤지를 할 것인가 또는 말 것인가를 결정하는 기준을 제공한다. 일단 매도헤지를 시행한 다음에는 베이시스가 예상한 수준, 즉 과거의 베이시스 평균 수준으로 상승(강화)할 경우 매도한 선물을 환매하여 헤지를 청산한다. 이와 같이 과거의 베이시스 정보는 언제 매도헤지를 청산할 것인지를 결정하는 기준도 아울러 제공한다.

요컨대, 과거의 베이시스 정보는 헤지의 시행 여부 및 시점, 즉 헤지를 할 것인가 말 것인가, 그리고 언제 헤지를 개시할 것인가를 결정하는 기준을 제공한다. 아울러 베이시스 정보는 헤지의 청산 시점, 즉 언제 헤지를 청산할 것인가를 결정하는 기준도 제공한다. 그 외에도 과거의 베이시스 정보는 매우 이례적인 베이시스가 형성될 경우 이를 이익 실현의 기회로 바꾸거나 또는 손실을 회피하는 기회로 활용할 수 있는 수단을 제공한다.

SECTION 04 헤지 이월移越; Rolling Hedges을 통한 곡물 거래 이익의 창출

1. 헤지 이월(Rolling Hedges)의 개념 및 원칙

헤지를 이월(移越; roll over; roll forward)한다는 것은 만기가 곧 도래하는 근월물 (nearby month)로부터 만기가 보다 먼 원월물(deferred month)로 헤지를 전환(switch)해 나가는 것을 의미한다. 헤지를 이월하는 과정은 먼저 근월물을 이용하여 매입 또는 매도 포지션을 취한 다음 나중에 해당 포지션을 청산함과 동시에 보다 먼 원월물을 이용하여 동일한 매입 또는 매도 포지션을 취하는 것이다. 이렇게 함으로써 근월물에서 원월물로 헤지를 연장해 나갈 수 있게 된다.

헤지의 이월은 매도헤지와 매입헤지 모두 다 가능하다. 매도헤지를 이월할 경우 먼저 매도한 근월물을 환매함으로써 최초의 매도 포지션을 청산하고, 동시에 보다 먼 원월물을 매도함으로써 다음 결제월로 매도 포지션을 옮겨간다. 매입헤지를 이월할 경우는 먼저 매입한 근월물을 전매함으로써 최초의 매입 포지션을 청산하고, 동시에 보다 먼 원월물을 매입함으로써 다음 결제월로 매입 포지션을 옮겨간다.

예컨대, 1월 15일에 옥수수 5,000부셸(bu)을 구매하고, 나중에 해당 옥수수를 판매할 때까지 기다리는 사이에 옥수수 가격이 하락하는 것에 대비하여 3월물 옥수수 선물 1계약을 매도하는 헤지를 하였다고 가정하자. 그런데, 3월물 옥수수 선물계약의 최초포지션일(FPD; first position day)이 임박한 2월 25일이 되도록 아직 현물 판매가 이루어지지 않고 있어 매도헤지를 다음 결제월로 이월해야만 하는 상황이 발생하였다. 이 경우 헤지를 이월하는 방법은 먼저 3월물 옥수수 선물 1계약을 환매(還買)함으로써 1월 15일에 취한 매도 포지션을 청산하고, 동시에 5월물 옥수수 선물 1계약을 매도함으로써 3월물에서 5월물로 매도헤지를 이월하면 된다.

날짜	거래내역
1월 15일	• 옥수수 현물 구매 • 3월물 옥수수 선물 매도
2월 25일	• 3월물 옥수수 선물 환매 • 5월물 옥수수 선물 매도

헤지를 이월하고자 할 때 필수적으로 염두에 두어야 할 사항은 다음과 같다. 첫째, 베이시스의 변동이다. 헤지의 이월을 통하여 헤징기간이 연장됨에 따라 베이시스가 강화 또는 축소되는지를 확인하여야 한다. 둘째, 결제월간 스프레드의 폭이다. 헤지를 이월하는 시점에 두 결제월 간의 스프레드가 얼마나 되는지를 확인하여야 한다. 셋째, 보유비용의 크기이다. 특히 현물을 보유하는 매도헤지의 경우 헤징기간 동안 보유비용이 얼마나 되는지를 확인하여야 한다.

일반적으로 헤지를 이월하는 경우는 다음 몇 가지로 집약될 수 있다.

첫째, 장기간에 걸쳐 헤징을 하여야 하는 상황에서 원월물이 아예 거래되지 않거나 거래량이 매우 적어 적절한 헤지거래가 곤란할 경우이다. 이 경우 유동성이 풍부한 근월물을 이용하여 헤지한 다음 근월물이 만기가 될 때 보다 먼 원월물로 헤지를 이월하는 방법이 이용된다.

둘째, 현물을 구매하거나 판매할 계획에 맞춰 매입헤지 또는 매도헤지를 시행하였으나, 해당 선물계약의 만기가 도래할 때까지 실제 현물의 구매 또는 판매가 이루어지지 않을 경우이다. 이 경우에도 근월물을 이용하여 먼저 헤지한 다음 근월물이 만기가 될 때 만기가 보다 먼 원월물로 헤지를 이월하는 방법이 이용된다.

셋째, 헤지를 이월할 경우 결제월간 스프레드 및 베이시스의 변동이 수반된다. 그런데, 만약 결제월간 스프레드로부터 얻는 이익과 더불어 베이시스의 유리한 변동으로부터 얻는 이익이 보유비용보다 크다면, 근월물에서 원월물로 헤지를 이월함으로써 이익을 창출해 낼 수 있는데, 이 경우에 헤지를 이월하는 방법이 이용된다.

헤지를 이월할 때 관건이 되는 것은 바로 헤지를 이월할 최적의 시점(timing)을 포착하는 일이다. 대부분의 경우 헤져는 해당 선물계약의 실물인수도 기간이 가까워질 무렵에 헤지를 이월하게 되지만, 경우에 따라서는 실물인수도가 시작되기 몇 주 전에 헤지의 이월을 마치게 되는 경우도 많다.

특히 시카고상품거래소(CBOT)에서 거래되는 곡물 선물계약의 경우 실물인수도 기간(delivery period)이 시작되는 최초포지션일(FPD; 결제월 전월의 마지막 거래일 직전일) 이전에 헤지의 이월을 마치는 경우가 대부분이다. 이러한 사실은 선물계약을 매입한 매입헤져(long hedger)의 경우 특히 더 해당된다. 왜냐하면 실물인수도 과정에서는 선물계약의 매도자가 먼저 실물(현물)을 인도하겠다는 의사를 표명함으로써 실물인수도가 시작되는데, 선물계약의 매입자가 최초포지션일(FPD) 이후에도 선물 매입포지션을 보유하고 있게 되면 언제라도 실물 인수 통지를 받게 될 위험이 따르기 때문이다.

헤지를 이월하고자 할 때 염두에 두어야 할 사항들을 살펴보면 다음과 같다.

첫째, 매도헤지는 보유비용시장(carry market), 즉 정상시장(normal market)에서 이월해야 한다. 보유비용시장에서 매도헤지를 이월할 때는 보다 낮은 가격의 근월물 매도 포지션을 환매하고, 동시에 상대적으로 보다 높은 가격의 원월물을 매도하는 거래가 수반된다. 이 과정에서 근월물과 원월물 간의 정상 스프레드(carry spread)만큼 이익이 발생한다.

반면 역조시장(inverted market)에서 매도헤지를 이월할 때는 보다 높은 가격의 근월물 매도 포지션을 환매하고, 동시에 상대적으로 보다 낮은 가격의 원월물을 매도하는 거래가 수반된다. 이 과정에서 근월물과 원월물 간의 역조 스프레드(inverted spread)만큼 손실이 발생하게 된다.

둘째, 매입헤지는 역조시장에서 이월해야 한다. 보유비용시장(정상시장)에서 매입헤지를 이월할 때는 보다 낮은 가격의 근월물 매입포지션을 전매하고, 동시에 상대적으로 보다 높은 가격의 원월물을 매입하는 거래가 수반된다. 이 과정에서 근월물과

그림 6-4 매도헤지(short hedge)의 이월(roll over)

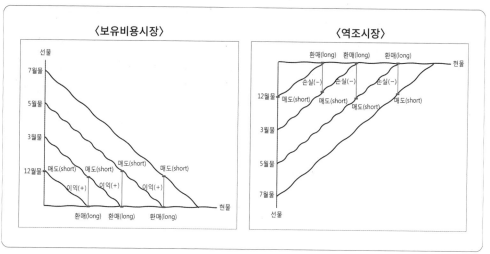

주: 위의 그림은 보유비용시장(정상시장)과 역조시장 하에서 선물계약의 만기가 다가옴에 따라 선물가격이 현물가격에 수렴하는 과정을 묘사하고 있으며, 선물계약의 만기 무렵에 매도헤지를 이월하는 상황을 전제로 하고 있다.

그림 6-5 매입헤지(long hedge)의 이월(roll over)

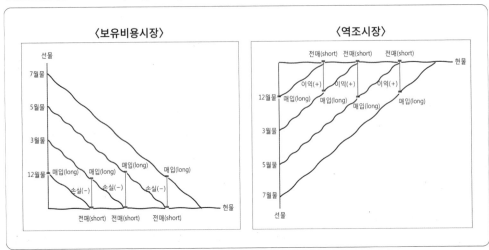

주: 위의 그림은 보유비용시장(정상시장)과 역조시장 하에서 선물계약의 만기가 다가옴에 따라 선물가격이
   현물가격에 수렴하는 과정을 묘사하고 있으며, 선물계약의 만기 무렵에 매입헤지를 이월하는 상황을 전
   제로 하고 있다.

원월물 간의 정상 스프레드(carry spread)만큼 손실이 발생한다.

　　반면 역조시장에서 매입헤지를 이월할 때는 보다 높은 가격의 근월물 매입 포지
션을 전매하고, 동시에 상대적으로 보다 낮은 가격의 원월물을 매입하는 거래가 수반
된다. 이 과정에서 근월물과 원월물 간의 역조 스프레드(inverted spread)만큼 이익이
발생하게 된다.

　　셋째, 시장상황에 따라서는 스프레드와 전혀 무관하게 헤지를 이월하여야만 하
는 경우도 발생한다. 즉, 정상시장(보유비용시장) 하에서 매도헤지를 이월하고, 역조시
장 하에서 매입헤지를 이월한다는 목표를 가지더라도 시장이 원하는 대로만 움직이
지 않을 경우가 많기 때문에 불리하더라도 헤지를 이월해야만 하는 경우가 빈번하게
발생한다. 이 경우는 최소한의 스프레드 비용으로 헤지를 이월하기 위한 노력이 수반
되어야만 한다.

2. 매도헤지의 이월(Rolling Short Hedges)

1) 옥수수 매도헤지(Short Hedge)의 이월

먼저 아래의 사례를 통하여 보유비용시장(정상시장)에서 매도헤지를 이월하는 경우를 살펴보도록 하자. 앞서 살펴본 바대로 보유비용시장(정상시장)에서 매도헤지를 이월하면 근월물과 원월물 간의 정상 스프레드(carry spread)만큼 이익이 발생한다. 따라서 결제월간 스프레드 이익을 반영하기 위한 조정 작업이 이루어져야 한다.

◆ 상황

Y사는 11월 1일에 옥수수 5,000부셸(bu)을 −20 Dec(￠20 under December)에 구매(long the basis)하였다. 구매한 옥수수를 바로 판매하기보다는 베이시스가 강화(축소)되기를 기다리기로 결정하고, 아울러 옥수수 가격 하락에 대비하여 12월물 옥수수 선물 1계약(=5,000bu)을 $3.75/bu에 매도(short futures)하여 헤지하였다.

옥수수의 보유비용은 저장비용, 이자비용, 보험료 등을 포함하여 1개월에 ￠4/bu라고 가정하자. 그리고 헤지를 이월하는 시점은 해당 결제월의 1일로 가정한다.

날짜	현물가격	12월물(Dec)	베이시스
11월 1일	$3.55/bu	$3.75/bu	−$0.20

◆ 헤지의 이월

12월 1일에 이르러 옥수수 선물가격 및 스프레드는 다음과 같다.

날짜	12월물(Dec)	3월물(Mar)	스프레드
12월 1일	$3.92/bu	$4.02/bu	+$0.10

Y사는 아직 현물을 판매하지 않은 상황이고, 11월 1일부터 12월 1일까지 1개월간의 보유비용이 ￠4/bu인 점을 감안할 때 12월물과 3월물 간의 스프레드(carry spread)+$0.10(=￠10)은 12월물에서 3월물로 매도헤지를 이월하기에 매력적인 것으로 판단된다. 그 이유는 매도헤지를 이월함으로써 얻는 스프레드 이익이 보유비용보다 크기 때문이다. 따라서 12월물 옥수수 선물 1계약을 $3.92/bu에 환매하고, 동시에 3월물 옥수수 선물 1계약을 $4.02/bu에 매도함으로써 헤지를 이월한다.

<table>
<tr><td rowspan="2" style="background:#6b6b6b; color:white;">매도헤지
(short hedge)</td><td style="text-align:center;">보유비용시장
(carry market)</td><td style="text-align:center;">역조시장
(inverted market)</td></tr>
<tr><td style="text-align:center;">매입베이시스에서
스프레드를 차감한다</td><td style="text-align:center;">매입베이시스에다
스프레드를 합산한다</td></tr>
</table>

표 6-4　매도헤지(short hedge)의 이월에 따른 매입베이시스의 조정

헤지의 이월을 통해 얻어진 스프레드 이익 +$0.10(= ¢10)을 최초의 매입베이시스 −20 Dec로부터 차감하면, 조정매입베이시스(adjusted buy basis)는 −30 Mar가 된다. 이를 달리 표현하자면, 헤지의 이월을 통하여 12월물을 기준으로 한 매입베이시스 −20 Dec(¢20 under December)가 3월물을 기준으로 한 매입베이시스 −30 Mar(¢30 under March)로 전환된 것이다. 즉, Y사가 보유하고 있는 옥수수(현물)의 가치가 3월물 선물가격을 기준으로 재조정된 것이다.

이와 같이 조정된 매입베이시스 −30 Mar에 1개월간의 보유비용 ¢4/bu을 더하면, 옥수수의 순매입베이시스(net buy basis)는 −26 Mar가 된다. 만약 12월 1일에 매도베이시스가 −20 Mar에 형성되어 옥수수를 판매하고 아울러 매도헤지를 청산한다면, 저장수익은 순매입베이시스(−26 Mar)와 매도베이시스(−20 Mar)의 차이인 ¢6/bu(=$0.06/bu)이 된다. 그리고 전체 물량에 대한 총저장수익은 $300(=$0.06/bu×5,000bu)이 된다.

한편, 3월 1일에 이르러 옥수수 선물가격과 스프레드는 다음과 같다.

날짜	3월물(Mar)	5월물(May)	스프레드
3월 1일	$4.00/bu	$4.09/bu	+$0.09

3월물과 5월물 간의 스프레드가 +$0.09(= ¢9)이고, 12월 1일부터 3월 1일까지 3개월간의 보유비용이 ¢12/bu(= ¢4/bu×3개월)이므로 헤지의 이월에 따른 스프레드 이익이 보유비용을 모두 상쇄하기에는 충분하지 않다. 그러나 헤징기간의 연장에 따른 베이시스의 상승(강화) 가능성을 감안하면, 3월물에서 5월물로 매도헤지를 이월하는 것이 여전히 유리하다고 판단된다. 따라서 Y사는 3월물 옥수수 선물 1계약을 $4.00/bu에 환매하고, 동시에 5월물 옥수수 선물 1계약을 $4.09/bu에 매도함으로써 헤지를 이월하였다.

헤지의 이월을 통해 얻어진 스프레드 이익 +$0.09(= ¢9)를 순매입베이시스 −26 Mar에서 차감하면, 이제 매입베이시스는 다시 −35 May(¢35 under May)로 조정된다. 이 조정매입베이시스 −35 May에 3개월간의 보유비용 ¢12를 더하면, 옥수수의 순매입베이시스는 다시 −23 May(¢23 under May)가 된다. 옥수수의 순매입베이시스를 조정된 현물가격으로 나타내면 $4.09/bu − $0.23/bu = $3.86/bu이 된다.

조정된 현물가격 $3.86/bu이 실제 구매가격 $3.55/bu보다 높아지긴 하였지만, 헤지의 이월을 통하여 11월 1일의 상황보다 훨씬 더 유리한 입장에 놓이게 되었다. 왜냐하면, 헤지의 이월을 통하여 저장비용을 상쇄하기에 충분한 스프레드를 확보하였고, 헤지를 이월하는 동안 매도베이시스가 강화(축소)되었을 뿐만 아니라 매도헤지를 유지하여 가격 하락으로부터 지속적으로 보호받았기 때문이다.

만약 헤지를 이월하는 당일인 3월 1일에 옥수수가 −10 May(¢10 under May)에 거래되는 것을 확인하고 그동안 저장해온 옥수수를 판매하는 동시에 5월물 옥수수 선물 1계약을 환매하여 헤지를 청산한다면 어떻게 될까? 저장수익은 순매입베이시스(−23 May)와 매도베이시스(−10 May)의 차이인 ¢13/bu(=$0.13/bu)이 된다. 그리고 전체 물량에 대한 총저장수익은 $650(=$0.13/bu×5,000bu)이 된다.

매도헤지를 이월할 때마다 제기되는 문제는 현물을 계속 저장할 것인가 아니면 현물을 판매하고 아울러 선물 매도포지션을 청산할 것인가의 여부이다. 일반적인 매도헤지의 이월 원칙에 따르면, 결제월간 스프레드가 저장비용을 상쇄하기에 충분하고, 베이시스가 강화(축소)되는 한 계속해서 헤지를 이월하는 것이 유리하다. 헤지의 이월을 위해서는 과거와 현재의 베이시스 및 결제월간 스프레드 패턴을 분석하는 한편 현재의 수급상황을 면밀히 검토하여야만 한다.

앞서 두 차례에 걸친 헤지의 이월에서는 보유비용시장(정상시장) 하에서 헤지의 이월이 이루어졌다. 그런데 만약 역조시장 하에서 매도헤지를 이월하면 어떤 결과가 초래될 것인가? 결론부터 먼저 말하자면, 이러한 상황 하에서는 저장비용조차 회수할 수 없을 뿐만 아니라 새로운 선물계약을 기준으로 한 조정매입베이시스가 역조 스프레드만큼 높아지게 되어 베이시스의 강화(축소)로 인한 이익을 기대하기가 힘들다.

예컨대, 5월 1일에 이르러 옥수수 선물가격이 아래와 같이 역조된 상태에 있다고 가정하자.

날짜	5월물(May)	7월물(Jul)	스프레드
5월 1일	$4.10/bu	$4.05/bu	−$0.05

위와 같이 5월물과 7월물 간의 스프레드가 역조된 상황에서 매도헤지를 이월한다면, 5월물 옥수수 선물 1계약을 $4.10/bu에 환매하고, 동시에 7월물 옥수수 선물 1계

약을 $4.05/bu에 매도하게 된다. 시장이 역조된 상황에서 매도헤지를 이월하기 때문에 매입베이시스는 순매입베이시스 −23 May에다 역조 스프레드(inverted spread) −$0.05(=¢5)를 반영하여 −18 Jul(¢18 under July)로 조정된다.

조정매입베이시스 −18 Jul에다 3월 1일부터 5월 1일까지 2개월간의 보유비용 ¢8/bu(=¢8/bu×2개월)를 합산하면 옥수수의 순매입베이시스는 −10 Jul(¢10 under July)가 된다. 만약 5월 1일에 매도베이시스가 −6 Jul이라면, 저장수익은 순매입베이시스(−10 Jul)와 매도베이시스(−6 Jul)의 차이인 ¢4/bu(=$0.04/bu)에 불과하게 된다. 그리고 전체 물량에 대한 총저장수익은 $200(=$0.04/bu×5,000bu)이 된다.

결과적으로 드러난 바와 같이, 5월 1일까지 기다리기보다는 3월 1일에 옥수수를 판매하고 아울러 선물 매도포지션을 청산한 것이 훨씬 더 유리한 결정이었다.

위에서 살펴본 옥수수 매도헤지의 이월 결과를 정리하면 〈표 6-5〉와 같다.

표 6-5 옥수수 매도헤지(short hedge)의 이월에 따른 결과

항목/날짜	11월 1일	12월 1일	3월 1일	5월 1일
매입베이시스 (buy basis)	−20 Dec			
스프레드 (spread)		+10 Mar	+9 May	−5 Jul
조정매입베이시스 (adjusted buy basis)		−30 Mar	−35 May	−18 Jul
보유비용 (cost of carry)		+4	+12	+8
순매입베이시스 (net buy basis)		−26 Mar	−23 May	−10 Jul
매도베이시스 (sell basis)		−20 Mar	−10 May	−6 Jul
순수익 **(net return)**		+6(=+$0.06)	+13(=+$0.13)	+4(=+$0.04)

위의 거래결과를 재확인하기 위하여 고정가격(flat price)을 기준으로 3월 1일까지의 거래내역을 정리해보면 〈표 6-6〉과 같다.

표 6-6 옥수수 매도헤지(short hedge)의 일자별 거래내역, 거래손익 및 순수익

날짜	거래내역	거래손익
11월 1일	• 옥수수 현물 매입: −20 Dec(=$3.55/bu) • 12월물 옥수수 선물 매도: $3.75	
12월 1일	• 12월물 옥수수 선물 환매: $3.92 • 3월물 옥수수 선물 매도: $4.02	−$0.17 (=$3.75-$3.92)
3월 1일	• 3월물 옥수수 선물 환매: $4.00 • 5월물 옥수수 선물 매도: $4.09	+$0.02 (=$4.02-$4.00)
	• 옥수수 현물 매도: −10 May(=$3.99/bu) • 5월물 옥수수 선물 환매: $4.09	$0.00 (=$4.09-$4.09)

① 옥수수 현물 매입가격: $3.55/bu
② 옥수수 선물거래 손익: −$0.15/bu
③ 보유비용(4개월): $0.16/bu(=$0.04/bu×4개월)
④ 옥수수 현물 매도가격: $3.99/bu

순수익: ④−①+②−③=+$0.13/bu

먼저 11월 1일에 옥수수를 구매한 가격은 $3.55/bu이다. 12월 1일에 헤지를 이월하면서 발생한 선물거래 손익(12월물)은 −$0.17/bu, 3월 1일에 헤지를 이월하면서 발생한 선물거래 손익(3월물)은 +$0.02/bu, 그리고 3월 1일에 헤지를 청산하면서 발생한 선물거래 손익(5월물)은 +$0.00/bu으로, 총 선물거래 손익은 −$0.15/bu이다. 그리고 11월 1일부터 3월 1일까지 4개월간의 보유비용은 $0.16/bu(=$0.04/bu×4개월)이다. 한편 3월 1일에 옥수수 현물을 판매한 가격은 $3.99/bu이다. 옥수수 현물 매도가격에서 매입가격을 차감한 후 헤지의 이월에 따른 선물거래 손익, 그리고 보유비용을 반영하면 순수익은 +$0.13/bu이 된다. 이러한 결과는 〈표 6-5〉에서 베이시스를 기준으로 계산된 것과 정확히 일치한다.

2) 소맥 매도헤지(Short Hedge)의 이월

이번에는 소맥의 매도헤지 사례를 통하여 헤지의 이월에 대해 한 번 더 살펴보도록 하자.

• 상황

Y사는 6월 1일에 소맥 5,000부셸(bu)을 −10 Jul(¢10 under July)에 구매(long the basis)하였다. 6월 1일 현재 소맥 선물가격 및 결제월간 스프레드는 다음과 같다.

날짜	7월물(Jul)	9월물(Sep)	12월물(Dec)	스프레드
6월 1일	$5.29/bu	$5.36/bu		+$0.07(Jul/Sep)
		$5.36/bu	$5.48/bu	+$0.12(Sep/Dec)

과거의 스프레드 패턴을 확인하고, 아울러 현재의 소맥 수급 상황을 종합적으로 분석해본 결과, 결제월간 스프레드는 현재의 수준으로 유지되거나 더 나아가서는 한층 더 확대될 것으로 예상된다. 또한 베이시스는 소맥의 수확기를 지나면서 향후 보다 더 강화(상승)될 것으로 예상된다. 이러한 상황 판단 하에서 Y사는 소맥을 저장하여 기다리기로 하는 한편 소맥 가격의 하락에 대비하여 7월물 소맥 1계약(=5,000bu)을 $5.29/bu에 매도(short futures)하여 헤지하였다.

앞의 예제에서와 같이, 소맥의 보유비용은 저장비용, 이자비용, 보험료 등을 포함하여 1개월에 ￠4/bu라고 가정하자. 그리고 헤지를 이월하는 시점은 해당 결제월의 1일로 가정한다.

• 헤지의 이월

7월 1일에 이르러 소맥 선물가격 및 스프레드는 다음과 같다.

날짜	7월물(Jul)	9월물(Sep)	12월물(Dec)	스프레드
7월 1일	$5.26/bu	$5.32/bu		+$0.06(Jul/Sep)
		$5.32/bu	$5.47/bu	+$0.15(Sep/Dec)

7월물과 9월물 간의 정상 스프레드(carry spread)가 +$0.06(=￠6)이고, 9월물과 12월물 간의 스프레드는 보다 더 확대될 것으로 예상된다. Y사는 이러한 판단 하에서 7월물 소맥 선물 1계약을 $5.26/bu에 환매하고, 동시에 9월물 소맥 선물 1계약을 $5.32/bu에 매도함으로써 헤지를 이월하였다.

6월 1일에 소맥을 구매할 때의 베이시스는 −10 Jul이고, 7월 1일에 헤지의 이월을 통해 얻어진 스프레드 이익은 +$0.06(=￠6)이다. 따라서 최초의 매입베이시스 −10 Jul로부터 스프레드 이익 +$0.06(=￠6)을 차감하면, 조정매입베이시스는 −16 Sep(￠16 under September)가 된다. 여기에다 6월 1일부터 7월 1일까지 1개월간의 보유비용 ￠4/bu을 반영하면, 순매입베이시스는 −12 Sep(￠12 under September)가 된다.

한편, 9월 1일에 이르러 소맥 선물가격과 스프레드는 다음과 같다.

날짜	9월물(Sep)	12월물(Dec)	스프레드
9월 1일	$5.56/bu	$5.74/bu	+$0.18

9월물과 12월물 간의 정상 스프레드(carry spread)가 +$0.18(=￠18)로 매우 매력적인 수준이라고 판단되어서 다시 한 번 헤지를 이월하기로 한다. 즉, 9월물 소맥 선물 1계약을 $5.56/bu에 환매하고, 동시에 12월물 소맥 선물 1계약을 $5.74/bu에 매도함으로써 헤지를 이월한다.

헤지를 이월하기 전의 순매입베이시스가 −12 Sep이었으므로, 여기에다 헤지의 이월을 통해 얻어진 스프레드 이익 +$0.18(=￠18)을 반영하면, 이제 매입베이시스는 다시 −30 Dec(￠30 under December)로 조정된다. 이 조정매입베이시스 −30 Dec에 2개월(7월 1일부터 9월 1일까지) 간의 보유비용 ￠8/bu를 반영하면, 소맥의 순매입베이시스는 이제 −22 Dec(￠22 under December)가 된다.

9월 10일에 이르러 Y사는 10월 1일에 납품할 것을 조건으로 −7 Dec에 소맥을 구매하겠다는 제안을 받았다. 이러한 제안에 동의하여 소맥을 판매하기로 계약하는 한편 12월물 소맥 선물 1계약을 당일의 시세인 $5.67/bu에 환매하여 헤지를 청산하였다.

9월 1일에 헤지를 이월함으로써 순매입베이시스(net buy basis)는 −22 Dec가 되었고, 여기에다 10월 1일에 소맥을 납품할 때까지 9월 한 달간의 보유비용 ￠4/bu을 반영하면, 이제 순매입베이시스는 −18 Dec(￠18 under December)가 된다. 그 결과 저장수익은 순매입베이시스(−18 Dec)와 매도베이시스(−7 Dec)의 차이인 ￠11/bu(=$0.11/bu)이 된다. 그리고 전체 물량에 대한 총저장수익은 $550(=$0.11/bu×5,000bu)이 된다.

위에서 살펴본 소맥 매도헤지의 이월 결과를 정리하면 〈표 6-7〉과 같다.

표 6-7   소맥 매도헤지(short hedge)의 이월에 따른 결과

항목/날짜	6월 1일	7월 1일	9월 1일	9월 10일
매입베이시스 (buy basis)	-10 Jul			
스프레드 (spread)		+6 Sep	+18 Dec	
조정매입베이시스 (adjusted buy basis)		-16 Sep	-30 Dec	-22 Dec
보유비용 (cost of carry)		+4	+8	+4
순매입베이시스 (net buy basis)		-12 Sep	-22 Dec	-18 Dec
매도베이시스 (sell basis)				-7 Dec
순수익 (net return)				+11(=+$0.11)

위의 거래결과를 재확인하기 위하여 고정가격(flat price)을 기준으로 9월 10일까지의 거래내역을 정리해보면 〈표 6-8〉과 같다.

표 6-8   소맥 매도헤지(short hedge)의 일자별 거래내역, 거래손익 및 순수익

날짜	거래내역	거래손익
6월 1일	• 소맥 현물 매입: -10 Jul(=$5.19/bu) • 7월물 소맥 선물 매도: $5.29	
7월 1일	• 7월물 소맥 선물 환매: $5.26 • 9월물 소맥 선물 매도: $5.32	+$0.03 (=$5.29-$5.26)
9월 1일	• 9월물 소맥 선물 환매: $5.56 • 12월물 소맥 선물 매도: $5.74	-$0.24 (=$5.32-$5.56)
9월 10일	• 소맥 현물 매도: -7 Dec(=$5.60/bu) • 12월물 소맥 선물 환매: $5.67	+$0.07 (=$5.74-$5.67)

① 소맥 현물 매입가격: $5.19/bu
② 소맥 선물거래 손익: -$0.14/bu
③ 보유비용(4개월): $0.16/bu(=$0.04/bu×4개월)
④ 소맥 현물 매도가격: $5.60/bu

순수익: ④-①+②-③=+$0.11/bu

먼저 6월 1일에 소맥을 구매한 가격은 $5.19/bu이다. 7월 1일에 헤지를 이월하면서 발생한 선물거래 손익(7월물)은 +$0.03/bu, 9월 1일에 헤지를 이월하면서 발생한 선물거래 손익(9월물)은 -$0.24/bu, 그리고 9월 10일에 헤지를 청산하면서 발생

한 선물거래 손익(12월물)은 +$0.07/bu로, 총 선물거래 손익은 −$0.14/bu이다. 그리고 6월 1일부터 소맥을 납품하는 10월 1일까지 4개월간의 보유비용은 $0.16/bu (=$0.04/bu×4개월)이다. 한편 9월 10일에 소맥 현물을 판매한 가격은 $5.60/bu이다. 소맥 현물 매도가격에서 매입가격을 차감한 후 헤지의 이월에 따른 선물거래 손익, 그리고 보유비용을 반영하면 순수익은 +$0.11/bu이 된다. 이 순수익은 〈표 6-7〉에서 베이시스를 기준으로 계산된 것과 정확히 일치한다.

3. 매입헤지의 이월(Rolling Long Hedges)

앞서 살펴본 것처럼, 매도헤져는 보유비용시장(정상시장)에서 헤지를 이월함으로써 이익을 실현할 수 있다. 반면 매입헤져는 역조시장에서 헤지를 이월함으로써 이익을 볼 수 있다. 매도헤지를 이월할 때와 마찬가지로, 매입헤지를 이월할 때도 스프레드 및 베이시스의 변동에 각별한 주의를 기울여야만 한다.

경우에 따라서는 불리한 시장상황 하에서 헤지를 이월하여야만 하는데, 특히 매입헤져가 이러한 상황에 놓이게 될 가능성이 훨씬 더 크다. 그 이유는 무엇보다도 곡물 선물시장이 역조시장을 형성하기보다는 보유비용을 반영한 정상시장 구조를 지니는 것이 일반적이기 때문이다. 따라서 매입헤져는 헤지를 이월할 때 결제월간 스프레드로부터 이익을 얻으려고 하기 보다는 스프레드 위험(spread risk)이 최소화되도록 관리해야 하는 경우가 더 많이 발생한다.

선물 매입포지션은 장차 현물을 소유(구매)하게 될 것을 의미하기 때문에 매입헤지를 이월하는 헤져는 그 소유권을 최소한의 비용으로 보다 먼 원월물로 이전하고자 하는 것이다. 한편, 매입헤지는 매도헤지와 달리 현물을 보유하고 있는 것을 전제로 하지 않기 때문에 저장비용을 포함한 보유비용을 감안할 필요가 없다.

1) 트레이더(Trader; Trading Company)의 매입헤지 이월

아래의 사례를 통하여 매입헤지가 이월되는 과정을 살펴보도록 하자.

• 상황

5월 1일 Y사는 5,000부셸(bu)의 대두를 +5 Aug(⊄5 over August)에 판매(short the basis)하기로 하는 선도계약을 체결하였다. 대두의 납품 시기는 7월 중순인데, 저장시설 여건, 금융비용 등을 감안할 때 계약 이행에 필요한 현물을 바로 구매하기보다는 납기에 즈음하여 구매한 후 인도하기로 결정하였다.

5월 1일 현재의 대두 현물 및 선물가격은 다음과 같다.

날짜	현물가격	선물가격		베이시스
5월 1일	$8.48	7월물(Jul)	$8.45	+$0.03
		8월물(Aug)	$8.43	+$0.05
		스프레드	−$0.02	

Y사의 대두 매도베이시스(sell basis)는 +5 Aug(￠5 over August) 또는 이에 상응하는 +3 Jul(￠3 over July)이 된다. 따라서 이보다 낮은, 즉 약세인(weak) 베이시스에 대두를 구매하면 이익을 실현할 수 있는 만큼 매입베이시스(buy basis)가 최대한 약화될(낮아질) 때 대두를 구매하는 것이 목표이다.

5월 1일 현재 대두 7월물과 8월물 간의 가격관계는 −$0.02(=￠2)의 역조 스프레드(inverted spread)를 나타내고 있다. 현재의 시장상황과 과거의 베이시스 및 스프레드 패턴을 분석해 본 결과, 대두 선물시장은 당분간 계속해서 역조된 상태, 즉 7월물 선물가격이 8월물 선물가격보다 높은 상태를 유지할 것으로 예상된다.

Y사는 선도거래로 대두를 판매하는 계약을 체결하였으나, 현물 대두는 아직 확보하지 못한 상황이므로 가격 상승에 대비하여 7월물 대두 선물 1계약을 $8.45/bu에 매입(long futures)하여 헤지한다. 비록 헤지를 시작하는 시점에 매입베이시스를 알 수는 없지만, 궁극적으로 매입헤지를 시행하는 시점부터 헤지를 이월하는 시점 사이에 언제라도 시장이 역조된 폭만큼 매입베이시스를 조정할 수 있다는 사실은 명확히 알고 있다.

Y사는 8월물 선물을 기준으로 현물을 매도(선도거래)하고, 아울러 7월물 선물을 이용하여 매입헤지를 실시하였으며, 7월물과 8월물 간의 역조 스프레드는 −$0.02(=￠2)이다. 따라서 향후 7월물과 8월물 간의 역조 스프레드가 추가적으로 더 확대된다면 더 큰 이익을 얻을 수 있다.

◆ 헤지의 이월

7월 1일에 이르러 대두 선물가격 및 스프레드는 다음과 같다.

날짜	7월물(Jul)	8월물(Aug)	스프레드
7월 1일	$8.70	$8.60	−$0.10

예상했던 대로 스프레드가 지속적으로 역조되고 그 폭이 확대되어 8월물이 7월물보다 ¢10 낮게 거래되고 있다. 따라서 7월물 대두 선물 1계약을 $8.70/bu에 전매하고, 동시에 8월물 대두 선물 1계약을 $8.60/bu에 매입함으로써 헤지를 이월한다. 5월 1일 헤지를 시작한 시점의 역조 스프레드가 −$0.02(= ¢2)였고, 7월 1일 헤지를 이월한 시점의 역조 스프레드가 −$0.10(= ¢10)이므로 헤지의 이월로부터 얻어진 스프레드 이익은 +$0.08(= ¢8)이다.

마침내 7월 15일에 이르러 대두 베이시스가 보다 약화(확대)되어 −2 Aug(¢2 under August)에 거래되고 있다. 이에 선도계약을 이행하기 위해 대두 5,000부셸(bu)을 $8.76/bu(즉, −2 Aug)에 매입하고, 동시에 대두 선물 매입포지션을 $8.78/bu에 전매하여 청산하였다.

날짜	현물가격	8월물(Aug)	베이시스
7월 15일	$8.76	$8.78	−$0.02

7월 15일에 이루어진 거래를 통해 Y사의 대두 매입베이시스는 −2 Aug(¢2 under August)로 확정되었다. 매입헤지의 이월을 통해 얻은 스프레드 이익 +$0.08(= ¢8)을 매입베이시스 −2 Aug로부터 차감하면 조정매입베이시스(adjusted buy basis)는 −10 Aug(¢10 under August)가 된다.

표 6-9 매입헤지(long hedge)의 이월에 따른 매입베이시스의 조정

매입헤지 (long hedge)	보유비용시장 (carry market)	역조시장 (inverted market)
	매입베이시스에다 스프레드를 합산한다	매입베이시스에서 스프레드를 차감한다

최종적으로 조정매입베이시스(−10 Aug)와 매도베이시스(+5 Aug)의 차액인 ¢15/bu (=$0.15/bu)가 순수익이 된다. 이 순수익은 베이시스 이익 ¢7[=매도베이시스(+5 Aug)−매입베이시스(−2 Aug)]과 스프레드 이익 ¢8을 합친 금액과 같다.

표 6-10 대두 매입헤지(long hedge)의 이월에 따른 결과

매입베이시스 (buy basis)	–2 Aug
스프레드 이익 (spread gain)	+8
조정매입베이시스 (adjusted buy basis)	–10 Aug(￠10 under August)
매도베이시스 (sell basis)	+5 Aug(￠5 over August)
순수익 **(net return)**	**+15(=$0.15)**

위에서 다룬 것처럼 매입헤지의 이월에 따른 스프레드 이익을 매입베이시스에 반영하여 조정하는 대신 매도베이시스에 반영하여 조정하여도 결과는 동일하다. 즉, 스프레드 이익만큼 매입베이시스를 낮추는, 즉 약화시키는 대신 매도베이시스를 높여도, 즉 강화시켜도 결과는 마찬가지다.

표 6-11 대두 매입헤지(long hedge)의 이월에 따른 결과(매도베이시스 조정)

매도베이시스 (sell basis)	+5 Aug
스프레드 이익 (spread gain)	+8
조정매도베이시스 (adjusted sell basis)	+13 Aug
매입베이시스 (buy basis)	–2 Aug
순수익 **(net return)**	**+15(=$0.15)**

위의 거래결과를 재확인하기 위하여 고정가격(flat price)을 기준으로 날짜별 거래내역을 정리하면 〈표 6-12〉와 같다.

표 6-12	대두 매입헤지(long hedge)의 일자별 거래내역, 거래손익 및 순수익	

날짜	거래내역	거래손익
5월 1일	• 대두 현물 매도: +5 Aug(=$8.48/bu) • 7월물 대두 선물 매입: $8.45	
7월 1일	• 7월물 대두 선물 전매: $8.70 • 8월물 대두 선물 매입: $8.60	+$0.25 (=$8.70-$8.45)
7월 15일	• 대두 현물 매입: -2 Aug(=$8.76/bu) • 8월물 대두 선물 전매: $8.78	+$0.18 (=$8.78-$8.60)

① 대두 현물 매도가격: $8.48/bu
② 대두 선물거래 이익: $0.43/bu
③ 대두 현물 매입가격: $8.76/bu

순수익: ①-③+②=+$0.15/bu

먼저 5월 1일에 선도거래로 대두를 판매한 가격은 $8.48/bu이다. 7월 1일에 헤지를 이월하면서 발생한 선물거래 이익(7월물)은 $0.25/bu, 7월 15일에 헤지를 청산하면서 발생한 선물거래 이익(8월물)은 $0.18/bu로, 총 선물거래 이익은 $0.43/bu이다. 그리고 7월 15일에 대두 현물을 구매한 가격은 $8.76/bu이다. 대두 현물 매도가격에서 매입가격을 차감한 후 헤지의 이월에 따른 선물거래 이익을 합산하면 순수익은 +$0.15/bu가 된다. 이 순수익은 〈표 6-10〉과 〈표 6-11〉에서 베이시스를 기준으로 계산된 것과 정확히 일치한다.

역조시장 하에서 매입헤지를 이월할 때 특히 유념하여야 할 사항은 베이시스가 급격히 변동할 수 있다는 점이다. 역조시장 그 자체는 현물에 대한 수요가 매우 강하다는 신호이다. 따라서 만약 현물을 구매하기도 전에 매입베이시스가 급격히 강화(상승)된다면, 역조 스프레드로부터 얻은 이익의 일부 또는 전부를 순식간에 잃게 될 수도 있다.

2) 가공업자(사료회사)의 매입헤지 이월

위의 사례에서는 트레이더의 입장에서 매입헤지의 이월을 통하여 매입베이시스와 매도베이시스 간의 차이를 극대화하고자 한 경우를 살펴보았다. 이제는 사료회사와 같은 가공업자가 매입헤지를 이월하는 사례를 살펴보도록 하자. 트레이더와 가공업자 간에는 분명한 입장 차이가 존재한다. 즉, 트레이더는 가급적 낮은 가격에 곡물을 구매하여 높은 가격에 판매하고자 한다. 그러나 원료 곡물을 가공하여 제품화하는 가공업자의 경우는 일반적으로 곡물을 최대한 낮은 가격에 구매하는데 주된 목표를 둘 뿐 곡물을 구매한 가격보다 높게 되파는 데는 관심을 두지 않는다.

• 상황

1월 중순 현재 시카고상품거래소(CBOT)의 3월물 옥수수 선물계약은 근래 들어 가장 낮은 가격인 $3.10/bu에 거래되고 있다. 옥수수 가공업체인 Y사는 현재의 옥수수 선물가격이 매력적인 수준이라고 판단하여 3개월분의 원료 15,000부셸(bu), 즉 옥수수 선물 3계약을 $3.10/bu에 매입(long futures)하였다. Y사는 향후 한 달 이내에 15,000부셸(bu)의 현물을 모두 구매할 수 있을 것으로 확신하고는 옥수수를 구매할 때마다 해당 수량에 맞춰 선물 매입포지션을 청산하기로 하였다.

그런데 2월 중순에 이르기까지 목표한 수량의 3분의 2에 해당하는 10,000부셸(bu)의 옥수수를 구매하는데 그쳤을 뿐이고, 나머지 5,000부셸(bu)의 옥수수에 대해서는 아직 3월물 선물 매입포지션으로 보유하고 있다. Y사는 향후 15일 이내에 나머지 옥수수를 모두 구매하지 못하게 될 경우 다음 결제월인 5월물로 헤지를 이월하기로 결정하였다.

Y사는 현재의 수급상황 및 과거의 스프레드 자료를 분석하여 최소한의 스프레드로, 더 나아가서는 가능한 한 역조시장 하에서 매입헤지를 이월할 기회를 찾고자 한다. 현재 옥수수 가격이 매우 낮고 유통물량이 많지 않아 수요가 늘어날 경우 결제월간 스프레드가 훨씬 좁혀지거나 더 나아가서는 역조되는 상황이 발생할 것으로 예상된다.

• 헤지의 이월

마침내 2월 25일에 이르러 옥수수 3월물과 5월물 간의 스프레드가 −$0.04(= ¢4)로 역조되어 매입헤지를 이월하기에 적절한 기회라고 판단되었다. 이러한 기회를 이용하여 3월물 옥수수 선물 1계약을 $3.20/bu에 전매하고, 동시에 5월물 옥수수 선물 1계약을 $3.16/bu에 매입하여 헤지를 이월하였다.

날짜	3월물(Mar)	5월물(May)	스프레드
2월 25일	$3.20	$3.16	−$0.04

매입헤지를 이월하는 과정에서 $3.10/bu에 매입해두었던 3월물 옥수수 선물 3계약 가운데 나머지 1계약을 $3.20/bu에 전매하여 $0.10의 이익이 발생하였다. 그 결과 5월물 옥수수 선물을 기준으로 한 새로운 매입헤지 가격은 3월물 옥수수 선물을 기준으로 한 최초의 매입헤지 가격보다 헤지의 이월에 따른 이익만큼 낮아지게 되었다.

즉, 5월물 기준 매입헤지 가격은 5월물 선물가격에서 헤지의 이월에 따른 거래이익을 차감한 $3.06/bu(=$3.16/bu-$0.10/bu)이 된다. 이러한 결과는 최초의 매입헤지 가격 ($3.10/bu)에서 역조 스프레드(inverted spread; -$0.04)를 차감한 것과 정확히 일치한다 (즉, $3.06/bu May=$3.10/bu Mar-$0.04/bu).

이러한 매입헤지의 이월 결과를 정리하면 〈표 6-13〉과 같다.

표 6-13 가격 상승 시 역조시장(inverted market)에서 매입헤지를 이월한 결과

최초의 헤지	3월물 옥수수 선물 매입: $3.10/bu
헤지의 이월	3월물 옥수수 선물 전매: $3.20/bu
	5월물 옥수수 선물 매입: $3.16/bu
	역조 스프레드(inverted spread): -$0.04(=¢4)
결과	헤지 이월 이익: $0.10/bu=$3.20/bu-$3.10/bu
	새로운 헤지가격(5월물 기준): $3.06/bu=$3.16/bu-$0.10/bu

위의 사례에서는 옥수수 선물가격이 상승하고, 결제월간 스프레드가 역조된 (-$0.04 = ¢4) 상황에서 매입헤지를 이월한 결과를 보여주었다. 만약 옥수수 선물가격이 하락하지만, 결제월간 스프레드는 동일하게 역조된(-$0.04=¢4) 상황에서 매입헤지를 이월한다면 어떤 결과가 발생할까?

표 6-14 가격 하락 시 역조시장(inverted market)에서 매입헤지를 이월한 결과

최초의 헤지	3월물 옥수수 선물 매입: $3.10/bu
헤지의 이월	3월물 옥수수 선물 전매: $3.00/bu
	5월물 옥수수 선물 매입: $2.96/bu
	역조 스프레드(inverted spread): -$0.04(=¢4)
결과	헤지 이월 손실: -$0.10/bu=$3.00/bu-$3.10/bu
	새로운 헤지가격(5월물 기준): $3.06/bu=$2.96/bu+$0.10/bu

〈표 6-14〉에 제시된 결과에서 확인할 수 있듯이, 역조 스프레드가 동일한 (-$0.04=¢4) 상황에서 매입헤지를 이월한다면, 선물가격의 변동 방향과는 상관없이 결과는 동일하다. 결론적으로, 역조시장 하에서 매입헤지를 이월하면, 구매하고자 하는 곡물에 대한 헤지가격(hedged price)을 역조 스프레드의 폭만큼 낮출 수 있다.

이상의 사례들에서는 스프레드가 역조된 상황에서, 즉 '네거티브 캐리(negative carry)' 하에서 매입헤지를 이월하는 경우를 살펴보았다. 마지막으로, 시장역조가 발생하지 않은 상황, 즉 '포지티브 캐리(positive carry)' 하에서 매입헤지를 이월할 경우 어떻게 되는지 살펴보도록 하자.

표 6-15   가격 상승 시 정상시장(carry market)에서 매입헤지를 이월한 결과

최초의 헤지	3월물 옥수수 선물 매입: $3.10/bu
헤지의 이월	3월물 옥수수 선물 전매: $3.20/bu
	5월물 옥수수 선물 매입: $3.23/bu
	정상 스프레드(carry spread): +$0.03(=¢3)
결과	헤지 이월 이익: $0.10/bu=$3.20/bu-$3.10/bu
	새로운 헤지가격(5월물 기준): $3.13/bu=$3.23/bu-$0.10/bu

새로운 매입헤지 가격은 최초의 매입헤지 가격 $3.10/bu(3월물 기준)보다 정상 스프레드 폭(+$0.03=¢3)만큼 높아진 $3.13/bu(5월물 기준)이 된다. 이러한 결과는 최초의 매입헤지 가격($3.10/bu)에다 정상 스프레드(carry spread; +$0.03)를 합산한 것과 정확히 일치한다(즉, $3.13/bu May=$3.10/bu Mar+$0.03/bu). 결국, 스프레드의 변동으로부터 혜택을 볼 수는 없었지만, 최소한의 비용으로(최소한의 스프레드로) 헤지를 이월함으로써 스프레드 위험을 적절히 관리한 사례라고 볼 수 있다.

4. 사전(事前) 스프레드거래(Prespreading)

앞서 헤지를 이월하는 과정에서는 한 결제월에서 다른 결제월로 헤지를 이월할 때마다 정상 스프레드 또는 역조 스프레드로부터 발생하는 이익을 확보하는 한편 베이시스의 향상(강화 또는 약화)에 따른 이익도 아울러 확보하고자 하였다. 그리고 마침내 헤지를 이월하는 것이 더 이상 이익이 되지 않는 시점에서는 헤지의 이월을 중단하였다.

사전 스프레드거래(prespreading)는 헤지를 이월하는 매 시점에서 결제월간 스프레드를 확보하는 방식이 아니라 전체 스프레드를 한꺼번에 확보하는 방식이다. 예컨대, 옥수수 12월물에서 시작하여 7월물까지 헤지를 이월한다고 가정하자. 일반적인 헤지의 이월 과정에서는 12월물에서 3월물로, 다시 3월물에서 5월물로, 그리고 5월물에서 7월물로 순차적으로 포지션을 이월해 가면서 헤지의 이월 시점에 결제월간 스

프레드를 확보한다. 반면 사전 스프레드거래에서는 12월물과 7월물 간의 스프레드 거래를 통하여 단번에 전체 스프레드를 확보한다. 'Spreading'이라는 표현 대신에 'prespreading'이라는 표현이 사용되는 것은 곡물을 매입하거나 매도하기 훨씬 전에 스프레드 거래를 통하여 미리 결제월간 스프레드를 고정시켜 놓기 때문이다. 그러나 사전 스프레드거래는 기본적으로 결제월간 스프레드 거래(spreading)를 바탕으로 한다.

매도헤지를 이월하는 경우와 마찬가지로, 만약 사전 스프레드거래를 통하여 충분한 폭의 정상 스프레드(carry spread)를 확보할 수 있다면, 저장비용을 충당(상쇄)할 수 있을 뿐만 아니라 헤징기간 동안 베이시스가 강화되는 것으로부터도 이익을 얻을 수 있다. 다만, 결제월간 스프레드를 순차적으로 확보하느냐 아니면 한꺼번에 확보하느냐에 있어서 양자 간에 차이가 있다.

옥수수의 경우 결제월간 스프레드를 확보하기 위해 사용되는 가장 대표적인 스프레드 거래는 12월물과 7월물 간 스프레드(Dec/Jul spread)이다. 즉, 금년도 12월물을 매입하고, 동시에 내년도 7월물을 매도하는 거래이다. 이 스프레드 거래는 가을(수확기)에 곡물을 구매하여 저장하였다가 이듬해 봄이나 여름에 곡물을 판매하는 거래관행과 일치할 뿐만 아니라 저장비용을 상쇄하고도 많은 수익을 실현할 수 있게 해준다.

사전 스프레드거래에서 관건이 되는 것은 결제월간 스프레드가 가장 크게 확대되어 있는 시점에 스프레드를 고정시키는 것이다. Dec/Jul spread의 경우 수확기 또는 그 직후에 해당하는 10월, 11월, 그리고 12월 초에 가장 확대되는 경향을 보인다. 그러나 11월말이 되면 12월물 선물계약에 대한 실물 인수도가 시작되기 때문에 11월이나 12월까지 기다렸다가 스프레드를 확정시키기에는 부담이 따를 수밖에 없다. 따라서 일반적으로 훨씬 이전에 Dec/Jul spread를 확정시키고, 12월물 선물계약의 인수도기간 전에 12월물을 먼저 전매하여 청산한다.

아래의 사례를 통하여 사전 스프레드거래에 대해 구체적으로 살펴보도록 하자.

• 상황

Y사는 수확기에 250,000부셸(bu)의 옥수수를 구매한 다음 베이시스가 예상수준으로 강화될(상승할) 때까지 저장하고자 한다. Y사는 베이시스가 강화될 때까지 스프레드 거래를 통하여 저장비용의 대부분 또는 전부를 충당(상쇄)하고자 한다.

• 거래전략

옥수수 12월물과 7월물 간의 스프레드(Dec/Jul spread) 거래, 즉 옥수수 12월물을 매입하고 동시에 7월물을 매도하는 거래를 통하여 가급적 큰 폭의 스프레드를 확보하고자 한다. 7월말부터 시작하여 분할거래를 통해서 총 50계약(=250,000bu)의 옥수수 선물에 대한 스프레드 거래를 진행한다. 9월까지 스프레드 거래를 완료한 결과, 매입한 12월물의 평균가격이 $4.12/bu, 그리고 매도한 7월물의 평균가격이 $4.31/bu로, Dec/Jul 스프레드를 ￠19($0.19/bu=$4.31/bu−$4.12/bu)에 확정시켜 놓았다. 이후 옥수수 현물을 구매할 때마다 해당 물량에 상응하는 12월물 옥수수 선물을 환매하여 청산한다. 그리고 7월물 옥수수 선물 매도포지션은 저장한 옥수수를 판매할 때까지 보유한다. 한편 옥수수의 저장비용은 1개월에 $0.0234/bu(=￠2.34/bu)이라고 가정하자.

• 결과

10월 초에 100,000부셀(bu)의 옥수수를 $4.00/bu에 구매하고, 이에 상응하는 20계약(=100,000bu)의 12월물 옥수수 선물을 $4.20/bu에 전매한다. 또한 10월 중순에 75,000부셀(bu)의 옥수수를 $4.02/bu에 구매하고, 이에 상응하는 15계약(=75,000bu)의 12월물 옥수수 선물을 $4.23/bu에 전매한다. 그리고 10월 말에 75,000부셀(bu)의 옥수수를 $4.08/bu에 구매하고, 이에 상응하는 15계약(=75,000bu)의 12월물 옥수수 선물을 $4.25/bu에 전매한다. 이로써 250,000부셀(bu)의 옥수수를 모두 구매하고, 아울러 12월물 옥수수 선물 50계약을 모두 전매하였다.

한편 이듬해 1월에 125,000부셀(bu)의 옥수수를 5월에 인도하는 조건으로 $4.56/bu에 판매하고, 이에 상응하는 25계약(=125,000bu)의 7월물 옥수수 선물을 $4.55/bu에 환매한다. 그리고 3월에 125,000부셀(bu)의 옥수수를 5월에 인도하는 조건으로 $4.47/bu에 판매하고, 이에 상응하는 25계약(=125,000bu)의 7월물 옥수수 선물을 $4.42/bu에 환매하여 청산한다. 이로써 250,000부셀(bu)의 옥수수를 모두 판매하고, 아울러 7월물 옥수수 선물 50계약을 모두 환매하였다.

위의 사전 스프레드거래 결과를 정리하면 〈표 6-16〉과 같다.

표 6-16 사전 스프레드거래(prespreading)의 결과

날짜	현물거래	선물거래	베이시스
7~9월		• 옥수수 12월물 50계약 매입: $4.12 (평균) • 옥수수 7월물 50계약 매도: $4.31 (평균) • 스프레드: **+$0.19**(평균)	
10월 초순	옥수수 100,000bu 매입: $4.00	옥수수 12월물 20계약 전매: $4.20	−$0.20
10월 중순	옥수수 75,000bu 매입: $4.02	옥수수 12월물 15계약 전매: $4.23	−$0.21
10월 하순	옥수수 75,000bu 매입: $4.08	옥수수 12월물 15계약 전매: $4.25	−$0.17
평균	$4.030	$4.224	**−$0.194**
1월	옥수수 125,000bu 매도: $4.56	옥수수 7월물 25계약 환매: $4.55	+$0.01
3월	옥수수 125,000bu 매도: $4.47	옥수수 7월물 25계약 환매: $4.42	+$0.05
평균	$4.515	$4.485	**+$0.030**

① 매입베이시스: −$0.194/bu Dec
② 스프레드 이익: +$0.19/bu Jul
③ 조정 매입베이시스(=①−②): −$0.384/bu Jul
④ 매도 베이시스: +$0.030/bu Jul
⑤ 저장비용: $0.164/bu(=$0.0234/bu×7개월)

순수익: ④−③−⑤=+$0.250/bu

먼저 옥수수의 구매가 완료된 시점에서 계산된 매입베이시스의 평균은 −$0.194/bu Dec이다. 그리고 Dec/July spread로부터 얻은 이익이 +$0.19/bu Jul이다. 스프레드 이익을 매입베이시스에서 차감하면, 조정 매입베이시스는 −$0.384/bu Jul가 된다. 한편 옥수수의 판매가 완료된 시점에서 계산된 매도베이시스의 평균은 +$0.030/bu Jul이다. 따라서 조정 매입베이시스와 매도베이시스의 차이, 즉 베이시스 이익은 +$0.414/bu가 된다. 여기서 11월부터 이듬해 5월까지 7개월간의 저장비용 $0.164/bu (=$0.0234/bu×7개월)을 차감하면, 순수익은 +$0.250/bu가 된다.

위의 사전 스프레드거래 결과를 재확인하기 위하여 고정가격(flat price)을 기준으로 거래내역을 정리해보면 〈표 6-17〉과 같다.

표 6-17   사전 스프레드거래(prespreading)의 거래 손익 및 순수익

구분	내역
① 현물거래 손익	$4.515/bu-$4.030/bu=+$0.485/bu
② 선물거래 손익	① 12월물: $4.224/bu-$4.12/bu=+$0.104/bu ② 7월물: $4.31/bu-$4.485/bu=-$0.175/bu ③ 순손익: -$0.071/bu(=$0.104/bu-$0.175/bu)
③ 저장비용	$0.164/bu(=$0.0234/bu×7개월)
순수익(=①+②-③)	+$0.250/bu (=$0.485/bu-$0.071/bu-$0.164/bu)

SECTION 05 베이시스Basis 정보를 활용한 곡물 구매전략

1. 베이시스 정보를 활용한 매입헤지(Long Hedge)

장차 곡물을 구매하고자 하는 경우 예상치 못한 가격 상승에 대비하여 선물계약을 매입하는 거래가 바로 매입헤지(long hedge; buying hedge)이다. 곡물 트레이더들은 이와 같이 선물 매입포지션을 보유하는 것을 가리켜 'short the basis(short cash & long futures)'라고 부른다. 'Short the basis(short cash)'라는 의미는 단순히 표현하자면, 지금 당장은 실물(현물)을 보유하고 있지 않지만 미래의 일정 시점에 실물(현물)을 구매할 예정이라는 것이다. 따라서 궁극적인 거래 손익은 실물을 구매할 적기(適期)를 기다리는 동안에 베이시스가 어떻게 변동하느냐에 달려 있게 된다.

베이시스 정보를 활용하여 매입헤지하는 요령을 아래의 사례를 통하여 구체적으로 살펴보도록 하자.

• 상황

9월 1일 Y사료회사는 내년 2월 중순에 인도될 12,700톤(m/t)의 옥수수에 대한 구매가격을 세 개의 공급사(supplier)로부터 제시받았다. Y사는 통상적으로 C&F(cost and freight; CFR; 해상운임포함 가격) 조건으로 옥수수를 구매하며, 공급사들이 제시한 옥수수 가격은 구체적으로 다음과 같다.

공급사 A	공급사 B	공급사 C
$173/mt	$175/mt	$171/mt

9월 1일 시카고상품거래소(CBOT)에서 거래되고 있는 내년 3월물(Mar) 옥수수 선물가격은 $3.90/bu로, 이를 톤당 가격으로 환산하면 $153.54/mt(=$3.90/bu×39.368bu)이다. 공급자별 C&F 가격에서 선물가격을 차감하여 베이시스, 즉 C&F 베이시스를 구하면 다음과 같다.

공급사	현물가격(S)	선물가격(F)	베이시스(b)
A	**$173/mt** (=$4.39/bu)	$3.90/bu (=$153.54/mt)	+$0.49/bu (=+$19.46/mt)
B	**$175/mt** (=$4.45/bu)	$3.90/bu (=$153.54/mt)	+$0.55/bu (=+$21.46/mt)
C	**$171/mt** (=$4.34/bu)	$3.90/bu (=$153.54/mt)	+$0.44/bu (=+$17.46/mt)

주: 공급사가 제시하는 현물가격은 일반적으로 톤(m/t)당 가격으로 표시되는 반면 선물가격은 부셸(bu)당 가격으로 표시되는 점을 감안하여 각각의 가격을 먼저 표시하고, 괄호 안에는 부셸(bu)당 가격 및 톤(m/t)당 가격으로 환산한 가격을 표시하고 있다.

• 헤지전략

만약 단순히 최저가낙찰방식을 따른다면, 공급사 C가 제시한 C&F 가격($171/mt)을 받아들여 옥수수를 구매하면 그만이다. 그런데, 보다 원천적으로 과연 지금이 옥수수를 구매할 최적기인가에 대한 의문이 제기된다. 다시 말해서, 지금 옥수수(현물)를 구매하는 것이 좋을지 아니면 선물로 매입헤지를 해놓고 좀 더 기다렸다가 옥수수를 구매하는 것이 좋을지에 대한 확신이 서지 않는다. 이러한 상황에서 구매 의사결정에 도움을 받을 수 있는 방법은 무엇일까?

그것은 바로 과거의 베이시스 기록을 활용하는 것이다. Y사는 지난 몇 년 동안 결제월별 선물가격을 기준으로 베이시스를 산출하여 Excel 파일에 꼼꼼하게 정리해왔다. 이러한 베이시스에 대한 기록이 이제 빛을 보게 되는 순간이다.

Y사는 지난 5년 동안 9월 1일을 전후로 한 시점에 3월물 옥수수 선물가격을 기준으로 한 베이시스 기록을 검토하였다. 그 결과 지난 5년간의 베이시스 평균이 +$15/mt Mar($15 over March)이고, 최고값이 +$17/mt Mar($17 over March), 그리고 최저값은 +$13/mt Mar($13 over March)라는 것을 확인하였다. 공급사 가운데 가장

낮은 가격($171/mt)을 제시한 공급사 C의 C&F 베이시스는 +$17.46/mt Mar($17.46 over March)이다. 이제 어떤 결정을 내려야 할까?

공급사 C의 C&F 베이시스는 지난 5년간의 베이시스 평균은 물론이거니와 최고 값도 넘어서는 아주 높은(강한) 수준이다. 이처럼 베이시스가 유례없이 강하다(높다)는 것은 무엇을 시사하는가? 베이시스($b = S - F$)가 매우 높다(강하다)는 것은 현물가격이 선물가격보다 상대적으로 훨씬 더 강세라는 것을 의미한다. 따라서 강세인 현물을 바로 구매하기보다는 상대적으로 약세인 선물을 매입하여 헤징하고, 베이시스가 약화되기를 기다리는 것이 유리하다.

이러한 판단 하에서 Y사는 12,700톤(m/t)의 옥수수에 해당하는 3월물(Mar) 옥수수 선물 100계약을 $3.90/bu에 매입하였다(옥수수 선물 1계약=5,000bu=127.007m/t). Y사는 옥수수 선물을 매입함으로써 옥수수 구매가격을 고정시킬 수 있게 되었다. 이제 남은 일은 베이시스가 원하는 대로 약화되기를(하락하기를) 기다리는 것이다. 곡물 트레이더들의 용어대로 표현하자면, Y사의 포지션은 'short the basis', 즉 'short cash and long futures(short cash/long futures)'가 된다.

• 결과

10월 중순에 이르러 동일한 조건으로 세 개의 공급사로부터 옥수수 구매가격을 제안 받은 결과는 다음과 같다.

공급사 A	공급사 B	공급사 C
$180/mt	$184/mt	$181/mt

한편 당일 시카고상품거래소(CBOT)에서 거래되고 있는 내년 3월물(Mar) 옥수수 선물가격은 $4.20/bu로, 이를 톤당 가격으로 환산하면 $165.35/mt(=$4.20/bu×39.368bu)이다. 공급자별 C&F 가격에서 선물가격을 차감하여 베이시스, 즉 C&F 베이시스를 구하면 다음과 같다.

공급사	현물가격(S)	선물가격(F)	베이시스(b)
A	**$180/mt** (=$4.57/bu)	$4.20/bu **(=$165.35/mt)**	+$0.37/bu **(=+$14.65/mt)**
B	**$184/mt** (=$4.67/bu)	$4.20/bu **(=$165.35/mt)**	+$0.47/bu **(=+$18.65/mt)**
C	**$181/mt** (=$4.60/bu)	$4.20/bu **(=$165.35/mt)**	+$0.40/bu **(=+$15.65/mt)**

세 개의 공급사가 제시한 C&F 가격을 기준으로 할 때 베이시스가 가장 낮은(약한) 것은 공급사 A의 +$14.65/mt Mar($14.65 over March)이다. 이를 바탕으로 Y사는 다시 과거의 베이시스 기록을 검토한다. 즉, 지난 5년 동안 10월 중순 시점에 3월물 옥수수 선물을 기준으로 한 베이시스 기록을 검토한다. 그 결과 공급사 A의 베이시스가 지난 5년간 베이시스의 평균을 밑돌 뿐만 아니라 최저값에 가까운 수준이라는 것을 확인하였다.

이제 베이시스가 매우 낮은(약한) 수준이라는 것을 확인한 만큼 베이시스를 확정하는 작업에 들어간다. 즉, 공급사 A의 C&F 가격을 수용하여 현물을 구매하고, 동시에 3월물 옥수수 선물 100계약을 $4.20/bu에 전매하여 매입헤지를 청산한다.

그 결과 옥수수의 순매입가격(NBP)은 〈표 6-18〉과 같다.

표 6-18 베이시스 정보를 활용한 매입헤지(long hedge)의 결과

날짜	현물시장(S)	선물시장(F)	베이시스(b)
9월 1일	**$171/mt** (=$4.34/bu)	$3.90/bu(long) **(=$153.54/mt)**	+$0.44/bu **(=+$17.46/mt)**
10월 중순	**$180/mt** (=$4.57/bu)	$4.20/bu(short) **(=$165.35/mt)**	+$0.37/bu **(=+$14.65/mt)**
거래손익	**-$9/mt** (=-$0.23/bu)	+$0.30/bu **(=+$11.81/mt)**	Δb=-$0.07/bu **(=-$2.81/mt)**
순매입가격 (NBP)		$4.27/bu **(=$168.19/mt)**	

결과적으로, Y사가 옥수수를 구매한 가격은 $180/mt(=$4.57/bu)이지만, 선물거래이익 +$0.30/bu(=$11.81/mt)을 반영하면, 순매입가격(NBP)은 $4.27/bu(=$168.19/mt)이 된다. 전체 옥수수 구매물량을 기준으로 계산된 금액은 다음과 같다.

구분	내역
옥수수 구매대금	$2,286,000 (=$180/mt×12,700m/t)
선물거래 이익	$150,000 (=$0.30/bu×5,000bu×100계약)
순매입금액 (순매입가격)	$2,136,000 (=$2,286,000-$150,000) **$168.19/mt** (=$2,136,000÷12,700m/t)

위의 거래결과를 베이시스 변동의 관점에서 음미해보도록 하자. 매입헤지에 관한 이론적 설명에서 다루었던 것처럼, Y사가 헤징을 통하여 실현하고자 하는 목표가격은 헤지를 시작하는 시점인 9월 1일의 현물가격 $171/mt(=$4.34/bu)이다. 그리고 헤지기간 동안 베이시스가 변동한 폭은 $\Delta b = -\$0.07/bu(=-\$2.81/mt)$이다. 따라서 옥수수 순매입가격($NBP = S_1 + \Delta b$)은 $4.27/bu(=$168.19/mt)이 된다. 이러한 결과는 베이시스가 $0.07/bu(=$2.81/mt)만큼 하락함으로써(약화됨으로써) 순매입가격(NBP)이 목표가격보다 베이시스 하락분(약화분)만큼 낮아지게 된 것이다.

만약 9월 1일에 어느 공급사가 제시한 C&F 가격이 $165/mt이었다면 어떻게 되었을까? 당일 3월물 옥수수 선물가격이 $3.90/bu(=$153.54/mt)이었으므로, 베이시스는 +$11.46Mar(=$165/mt-$153.54/mt)가 된다. 이러한 베이시스는 지난 5년간의 베이시스 평균(+$15/mt Mar)은 물론 최저값(+$13/mt Mar)보다도 낮은 수준이다. 그렇다면 어떤 결정을 내려야 할까?

이와 같이 베이시스가 역사적으로 매우 낮은(약한) 수준이라는 것은 현물가격이 선물가격에 비해 상대적으로 매우 약세(선물가격이 현물가격에 비해 상대적으로 매우 강세)라는 것을 의미한다. 따라서 선물을 매입하여 헤지하지 않고, 현물을 바로 구매하는 것이 유리하다. 즉, 공급사의 C&F offer를 받아들여 곧바로 현물을 구매한다.

위의 사례에서 살펴본 것처럼, 베이시스 정보를 이용하면 언제 현물을 구매해야 할지 또는 선물을 매입하여 헤지해야 할지에 대한 의사결정에 도움을 받을 수 있다. 요컨대, 만약 현재의 베이시스가 과거의 베이시스 수준에 비해 현저히 낮다(약하다)면, 현물이 매우 약세라는 것이므로 현물을 바로 구매한다. 반대로 만약 현재의 베이시스가 과거의 베이시스 수준에 비해 현저히 높다(강하다)면, 현물이 매우 강세라는 것이므로 (강세인) 현물을 바로 구매하기보다는 (약세인) 선물을 매입하여 헤지한 다음 베이시스가 약화(하락)되기를 기다린다.

2. 베이시스 정보를 활용한 매도헤지(Short Hedge)

보유중인 곡물을 장차 판매하고자 하는 경우 예상치 못한 가격 하락에 대비하여 선물계약을 매도하는 거래가 바로 매도헤지(short hedge; selling hedge)이다. 곡물 트레이더들은 이와 같이 선물 매도포지션을 보유하는 것을 가리켜 'long the basis(long cash & short futures)'라고 부른다. 'Long the basis(long cash)'라는 의미는 단순히 표현하자면, 현재 실물(현물)을 보유하고 있다는 것이다. 따라서 궁극적인 거래 손익은 현재 시점과 곡물을 판매하는 시점 사이에 베이시스가 어떻게 변동하느냐에 달려 있게 된다.

곡물을 구매하는 입장이라고 해서 반드시 선물계약을 매입하는 매입헤지만을 해야 하는 것은 아니다. 거래과정에서 어떤 유형의 가격 위험에 직면하느냐, 즉 가격 상승 위험에 직면하느냐 아니면 가격 하락 위험에 직면하느냐에 따라 헤지의 유형도 달라진다. 베이시스 정보를 활용하여 곡물을 구매한 후 매도헤지를 실시함으로써 순매입가격(NBP)을 낮추게 되는 사례를 살펴보도록 하자.

• 상황

10월 1일 Y제분회사는 내년 1월에 인도될 13,600톤(m/t)의 소맥을 구매하려고 한다. 당일 공급사의 C&F offer 가격은 $211.25/mt(=$5.75/bu=$211.25/mt÷36.743bu)이고, 시카고상품거래소(CBOT)의 3월물 소맥 선물가격은 $5.48/bu(=$201.35/mt=$5.48/bu×36.743bu)이다. 이를 바탕으로 계산된 C&F 베이시스는 +$9.90/mt Mar($9.90 over March)이다.

C&F 가격	3월물(Mar)	베이시스
$211.25/mt (=$5.75/bu)	$5.48/bu (=$201.35/mt)	+$0.27 (=+$9.90/mt)

Y사가 보유하고 있는 과거 베이시스 기록에 의하면, 10월 1일을 전후로 한 시점에 3월물 소맥 선물을 기준으로 한 과거 베이시스의 5년 평균은 +$11.75/mt Mar($11.75 over March)이다. 이러한 정보를 바탕으로 이제 어떤 결정을 내려야 할까? C&F offer를 받아들여 소맥을 구매할 것인가? 아니면 좀 더 기다릴 것인가?

10월 1일의 베이시스 +$9.90/mt Mar는 과거의 베이시스 평균 +$11.75/mt Mar보다 매우 낮은(약한) 상태이므로 곧바로 현물을 구매하는 것이 유리하다. 즉, 공급사의 C&F offer를 받아들여 $211.25/mt에 13,600톤(m/t)의 소맥을 구매하는 계약을 체결한다.

그런데, 소맥을 구매한지 채 몇 주가 지나지 않아 시장상황이 급변하면서 가격이 하락 반전하였고, 급기야는 소맥가격이 C&F 계약가격 이하로 하락할 우려마저 들게 되었다. 만약 이러한 상황이 실제로 발생한다면, 치열한 경쟁 환경 속에서 제품가격 인하의 압박 요인으로 작용하여 결국 매출이익이 줄어들 수밖에 없게 된다.

◆ 헤지전략

11월 1일 Y사는 소맥의 가격 하락 위험에 대비하기 위하여 소맥 선물시장을 이용하기로 결정한다. Y사는 C&F 계약을 통하여 이미 소맥을 구매한 상황이므로 소맥 선물계약을 매도하는 매도헤지에 들어간다. 소맥 구매물량 13,600톤(m/t)에 맞춰 3월물 소맥 선물 100계약을 $5.50/bu에 매도한다(100계약 = 13,600m/t ÷ 136mt/계약). 곡물 트레이더들의 용어대로 표현하자면, Y사의 포지션은 'long the basis', 즉 'long cash and short futures(long cash/short futures)'가 된다.

◆ 결과

1월 3일에 C&F 계약을 통하여 구매한 소맥을 인도받고, 동시에 3월물 소맥 선물 100계약을 $5.00/bu에 환매하여 매도헤지를 청산한다.

표 6-19 베이시스 정보를 활용한 매도헤지(short hedge)의 결과

날짜	현물시장(S)	선물시장(F)	베이시스(b)
10월 1일	$211.25/mt (=$5.75/bu)	$5.48/bu (=$201.35/mt)	+$0.27 (=+$9.90/mt)
11월 1일		$5.50/bu(short) (=$202.09/mt)	
1월 3일		$5.00/bu(long) (=$183.72/mt)	
거래손익		+$0.50/bu (=+$18.37/mt)	
순매입가격 (NBP)	$5.25/bu(=$5.75/bu-$0.50/bu) (=$192.88/mt=$211.25/mt-$18.37/mt)		

정리하자면, C&F 계약을 통하여 소맥을 구매한 가격은 $211.25/mt(= $5.75/bu)이다. 그리고 11월 1일에 3월물 소맥 선물을 $5.50/bu(= $202.09/mt)에 매도하였다가

1월 3일 $5.00/bu(=$202.09/mt)에 환매하여 얻은 이익은 +$0.50/bu(=+$18.37/mt)이다. 따라서 매도헤지를 통한 소맥의 순매입가격(NBP)은 $192.88/mt(=$5.25/bu)이 된다. 이러한 순매입가격(NBP)은 C&F 구매가격 $211.25/mt(=$5.75/bu)보다 선물거래이익 +$18.37/mt(=+$0.50/bu)만큼 더 낮아진 것이다.

전체 소맥 구매물량을 기준으로 계산된 금액은 다음과 같다.

구분	내역
소맥 구매대금	$2,873,000 (=$211.25/mt×13,600m/t)
선물거래 이익	$250,000 (=$0.50/bu×5,000bu×100계약)
순매입금액 (순매입가격)	$2,623,000 (=$2,873,000-$250,000) **$192.87/mt*** (=$2,623,000÷13,600m/t)

* 〈표 6-19〉에서 계산된 결과와 $0.01/mt의 차이가 발생된 이유는 〈표 6-19〉의 계산과정에서 소숫점 이하 2자리 숫자에서 반올림한데 기인한다.

위의 사례는 베이시스 정보를 활용하여 단순히 소맥을 구매하는데 그치지 않고, 시장상황 변화에 적극적으로 대처하여 매도헤지를 함으로써 순매입가격(NBP)을 보다 낮춘 경우이다. 이처럼 선물거래를 이용하면 단순히 현물을 구매하는 것보다 시장상황에 탄력적으로 대응하는 것이 가능해짐으로써 보다 적극적으로 이익을 실현할 수 있다.

3. 베이시스 정보를 활용한 매입헤지의 이월(Rolling Long Hedges)

헤지를 적절히 이월하면 헤징기간이 연장된 동안 베이시스의 유리한 변동으로부터 이익을 얻을 수 있을 뿐만 아니라 헤지의 이월 시 결제월간 스프레드로부터도 이익을 얻을 수 있다. 매입헤지에서는 헤징기간 동안 베이시스가 낮아져만, 즉 약화되어야만 이익이 발생한다. 그리고 매입헤지는 역조시장에서 이월하여야만 역조 스프레드만큼의 거래이익이 발생한다. 따라서 매입헤지를 이월하기 위해서는 현재의 시장상황, 과거의 베이시스 및 스프레드의 변동 패턴 등을 면밀하게 검토하여야 한다.

베이시스 정보를 활용하여 매입헤지를 이월하는 요령을 아래의 사례를 통하여 구체적으로 살펴보도록 하자.

• 상황

1월 10일 Y사료회사는 8월 말에 인도될 3,800톤(m/t)의 옥수수를 구매하고자 한다. 공급사가 제시한 C&F 베이시스는 +$0.20/bu Sep($0.20/bu over September)이다. 1월 10일의 옥수수 선물가격은 다음과 같다.

결제월	선물가격	
	$/bu	$/mt
3월물(Mar)	$4.3175/bu	$169.97/mt
5월물(May)	$4.3925/bu	$172.92/mt
7월물(Jul)	$4.4525/bu	$175.29/mt
9월물(Sep)	$4.4700/bu	$175.97/mt
7월/9월물 spread	+$0.0175/bu	+$0.69/mt

• 헤지전략

Y사는 현재의 옥수수 수급 상황, 과거의 베이시스 및 스프레드 패턴 등을 면밀하게 분석하였다. 그 결과, 공급사가 제시한 C&F 베이시스가 과거의 수준에 비해 상당히 높다(강하다)는 것을 확인하였다. 또한 현재 7월물과 9월물 간의 스프레드가 양(+)의 스프레드이긴 하지만, 시간이 지남에 따라 음(-)의 스프레드로 역조될 것으로 전망된다.

이러한 시장 전망을 토대로, Y사는 당장 옥수수를 구매하기 보다는 베이시스가 낮아질(약화될) 때까지 기다렸다가 옥수수를 구매하기로 결정한다. 그리고 옥수수 가격이 상승할 위험에 대비하기 위하여 옥수수 선물을 30계약 매입하여 헤지한다(3,800 m/t÷127 m/t ≒30계약).

여기서, 매입헤지를 할 때 어느 결제월(인도월)을 선택하여 헤지하는 것이 바람직할까? 일반적인 원칙에 따르자면, 현물거래가 발생할 것으로 예상되는 시점보다 후행(後行)하는 최근월물, 즉 현물의 인도 시기가 8월 말이므로 9월물 선물계약을 선택하여 헤지하는 것이 타당하다. 그런데, 7월물과 9월물 간의 스프레드가 역조될 것으로 예상되기 때문에 먼저 7월물을 매입하여 헤지한 다음 스프레드가 역조될 때 9월물로 헤지를 이월한다면, 역조 스프레드만큼 매입베이시스를 낮출 수 있기 때문에 보다 유리해진다. 이러한 판단 하에서, Y사는 1월 10일에 7월물 옥수수 선물 30계약을 $4.4525/bu에 매입한다.

• 결과

7월 1일에 이르러 옥수수 선물가격은 다음과 같다.

7월물(Jul)	$4.3125/bu	$169.77/mt
9월물(Sep)	$4.2925/bu	$168.99/mt
7월/9월물 spread	**−$0.02/bu**	**−$0.79/mt**

Y사가 예상했던 대로 7월물과 9월물 간의 스프레드가 역조되어 9월물이 7월물보다 $0.02/bu(＝$0.79/mt) 낮게 거래되고 있다. 이에 7월물 옥수수 선물 30계약을 $4.3125/bu에 전매하고, 동시에 9월물 옥수수 선물 30계약을 $4.2925/bu에 매입하여 헤지를 이월한다. 1월 10일에 7월물과 9월물 간의 스프레드가 ＋$0.0175/bu이었고, 7월 1일에 7월물과 9월물 간의 역조 스프레드가 −$0.02/bu이므로, 헤지의 이월을 통한 스프레드 이익(변동폭)은 $0.0375/bu(＝$0.0175/bu+$0.02/bu)가 된다.

마침내 8월 15일에 이르러 공급사가 애초의 C&F 베이시스보다 낮아진(약화된) ＋$0.18/bu Sep($0.18/bu over September)를 제시하자 이를 수용하여 옥수수를 구매한다. 아울러 9월물 옥수수 선물 30계약을 $4.49/bu에 전매하여 매입헤지를 청산한다.

위의 거래내역을 정리하면 〈표 6-20〉과 같다.

표 6-20 베이시스 정보를 활용한 매입헤지의 이월 결과

최초의 C&F 베이시스 (original C&F basis)	+$0.20/bu Sep	+$7.87/mt Sep
매입베이시스 (buy basis)	+$0.18/bu Sep	+$7.09/mt Sep
스프레드 이익 (spread gain)	−$0.0375/bu	−$1.48/mt
조정매입베이시스 (adjusted buy basis)	+$0.1425/bu Sep	+$5.61/mt Sep
순수익	**+$0.0575/bu** (=$0.20/bu-$0.1425/bu)	**+$2.26/mt** (=$7.87/mt−$5.61/mt)

최초의 C&F 베이시스는 ＋$0.20/bu Sep이고, 최종적으로 조정된 매입베이시스는 ＋$0.1425/bu Sep로, 양자 간에는 $0.0575/bu의 차이가 발생하였다. 즉, 최초의 C&F 베이시스에 비해 매입베이시스가 $0.0575/bu만큼 낮아져(약화되어) 보다 유리해진 것이다. 이러한 차이는 헤지의 이월에 따른 스프레드 이익 $0.0375/bu과 더불어

베이시스가 +$0.20/bu Sep에서 +$0.18/bu Sep로 $0.02/bu만큼 약화된(낮아진)데 기인한다($0.0575/bu＝스프레드 이익 $0.0375/bu＋베이시스 하락분 $0.02/bu).

위의 거래결과를 재확인하기 위하여 고정가격(flat price)을 기준으로 날짜별 거래 내역을 정리하면 〈표 6-21〉과 같다.

표 6-21 베이시스 정보를 활용한 매입헤지 이월의 일자별 거래내역, 거래손익 및 순수익

날짜	거래내역	거래손익
1월 10일	• 옥수수 C&F offer: +$0.20 Sep(=$4.67) • 7월물 옥수수 선물 매입: $4.4525	
7월 1일	• 7월물 옥수수 선물 전매: $4.3125 • 9월물 옥수수 선물 매입: $4.2925	−$0.14 (=$4.3125-$4.4525)
8월 15일	• 옥수수 현물 매입: +$0.18 Sep(=$4.67) • 9월물 옥수수 선물 전매: $4.49	+$0.1975 (=$4.49-$4.2925)

① 최초의 C&F 가격: $4.67/bu
② 옥수수 매입 가격: $4.67/bu
③ 선물거래 이익: $0.0575/bu(=$0.1975/bu-$0.14/bu)

순수익: ①-②+③=+$0.0575/bu

먼저 1월 10일의 C&F offer 가격과 8월 15일의 옥수수 구매가격은 $4.67/bu로 동일하다. 7월 1일에 헤지를 이월하면서 발생한 선물거래 손실(7월물)은 −$0.14/bu 이고, 8월 15일에 헤지를 청산하면서 발생한 선물거래 이익(9월물)은 $0.1975/bu로, 총 거래이익은 $0.0575/bu이다. 그 결과 최종적인 옥수수 구매가격이 최초의 C&F offer 가격보다 헤지의 이월에 따른 선물거래 이익만큼 낮아지게 되었다. 이 순수익은 〈표 6-20〉에서 베이시스를 기준으로 계산된 것과 정확히 일치한다.

SECTION 06 베이시스 거래 Basis Trading

앞서 베이시스는 현물가격에서 선물가격을 뺀 개념, 즉 $b=S-F$로 정의하였다. 이 식을 변형하면, $S=F+b$, 즉 현물가격은 선물가격에 베이시스를 합산한 것이 된다. 베이시스 거래의 기본 원리는 이와 같이 현물가격을 구성하는 선물가격과 베이시

스를 따로 분리하여 별도로 결정하는 것이다. 곡물 구매자는 보다 유리한 기회를 포착하여 선물가격과 베이시스를 각각 확정한 다음 이를 합산함으로써 보다 저렴한 가격에 곡물을 구매할 수 있다.

이와는 대조적으로 현물가격을 구성하는 선물가격과 베이시스를 따로 구분하여 고려하지 않고 하나의 고정된 가격으로 구매하는 방법을 고정가격(flat price 또는 fixed price)에 의한 구매라고 한다. 우리나라에서 곡물을 구매할 때 가장 일반적으로 사용되는 방법이 바로 고정가격에 의한 구매인데, 여러 공급사들로부터 가격을 제시받아 공개경쟁입찰(公開競爭入札; public open tender)방식으로 구매한다.

아래의 사례를 통하여 베이시스 거래가 이루어지는 과정을 구체적으로 살펴보도록 하자.

◆ 상황

6월 15일 현재 대두가공업체인 Y사는 연말에 사용할 20,000톤(m/t)의 대두에 대한 구매계획을 세우고 있다. 대두가격은 강보합세를 유지하고 있지만, 계절성(seasonality)을 고려할 때 향후 점진적인 가격 하락이 예상되므로 고정가격으로 한꺼번에 구매하는 것은 바람직하지 않은 것으로 판단된다.

◆ 거래전략

Y사는 고정가격(flat price) 구매 대신 베이시스 구매를 실시하기로 결정하고 공급사로부터 11월 선적분에 대한 C&F 베이시스를 제시받아 +$15/mt(=$0.41/bu) Nov($15/mt=$0.41/bu over November)에 확정하였다.[1] 이제 남은 일은 시장상황을 보아가며 적절한 시점에 대두 선물을 매입하는 것이다. 20,000톤(m/t)의 대두를 선물계약으로 환산하면 147계약이 된다(20,000m/t÷136.079m/t=147계약).

◆ 결과

Y사는 N선물회사에 개설해놓은 자사의 선물계좌를 이용하여 11월물 대두 선물 147

---

1 국내업체가 베이시스 구매를 할 경우 FOB(free on board) basis와 C&F(cost and freight) basis를 선택적으로 이용할 수 있다. FOB basis를 이용할 경우 선박 용선에 드는 선임(船賃; ocean freight)을 별도로 합산하여야 하는 반면, C&F basis(CFR basis)는 해상운임(선임)을 포함한다. 예컨대, 멕시코 만(Gulf of Mexico)에서 인천항으로 곡물을 들여올 경우, C&F Incheon basis=Gulf FOB basis+선임(ocean freight)이 된다. 본서에서는 C&F basis를 이용하기로 한다.

계약을 분할하여 매입하였다. 구체적으로 7월 3일에 50계약을 $9.50/bu(=$349.07/mt)에 매입하고, 8월 15일에 50계약을 $8.70/bu(=$319.67/mt)에 매입하는 한편, 9월 30일에 나머지 47계약을 $8.15/bu(=$299.46/mt)에 매입하였다.

이제 Y사는 필요한 수량의 선물계약을 모두 매입하였으므로 매입한 선물포지션을 공급사에게 넘겨 선물을 현물로 전환시키는 과정을 밟게 된다.[2] 이 과정에서 수반되는 거래가 바로 EFP(Exchange for Physicals; Exchange of Futures for Physicals)거래이다. EFP는 말 그대로 선물포지션을 현물포지션으로 전환하는 거래라고 할 수 있는데, 'against actuals', 'versus cash', 'ex-pit' 등 다양한 용어로도 불리고 있다.[3]

선물거래가 전산거래방식으로 전환되기 이전에 시카고상품거래소(CBOT)에서는 전통적으로 공개호가방식(open outcry system)으로 선물거래가 이루어져왔다. 당시 선물거래소 내에서는 중개인들이 팔각형 모양으로 된 계단식의 단상(壇上)에 모여서 거래를 진행하였는데, 그 단상을 'trading pit'라고 부른다. 그리고 모든 선물거래는 거래소 내의 trading pit에서 이루어져야 하는 것이 원칙이었다. 그런데 이러한 원칙에서 예외적인 것 중 하나가 바로 EFP거래다. 'Ex-pit'이라는 용어는 EFP거래가 trading pit의 밖에서, 즉 장외(場外; ex-pit)에서 이루어지는 거래라는데 초점을 두어 붙여진 명칭이다.

EFP거래를 수행하기 위해 Y사는 N선물회사와 공급사에 모두 연락을 취하게 된다. Y사는 N선물회사에, 보다 구체적으로는 N선물회사와 업무제휴를 맺고 있는 해외 선물중개회사(FCM)에 매입한 선물포지션을 공급사에게 넘겨주도록(give-up) 지시한다. 한편, 공급사에는 공급사가 거래하는 또 다른 해외 선물중개회사를 통하여 Y사가 매입해 놓은 선물포지션을 넘겨받도록(give-in; take) 지시한다. 그러면 해외에 있는 두 선물중개회사가 서로 연락을 취하여 선물포지션을 넘겨주고 받는 일을 마무리하게 된다.

EFP거래를 통하여 구매자(Y사)가 선물포지션을 넘겨주게 되면 그의 선물계좌에는 EFP거래가 시행된 가격으로 선물 매도포지션이 계상되어 매입포지션과 서로 청산된다. 이 매도포지션은 선물거래소에서 실제로 매도된 것이 아니라 어디까지나 장외

---

2 곡물무역에서는 일반적으로 선적기간(laydays) 10일 전까지 신용장(L/C; letter of credit) 개설이 완료되어야 한다. 이 점을 감안할 때 선물계약을 매입하여 공급사에 넘겨야 하는 최종기한은 선적기간보다 최소한 10일 이전이 된다. 그 이유는 베이시스와 선물가격을 합산한 구매가격(거래가격)이 확정되어야 그 금액에 맞춰 신용장(L/C)을 개설할 수 있기 때문이다. 한편 곡물의 선적기간은 국제 관례상 20일을 허용하고 있다.

3 이러한 거래방식이 원면(cotton) 거래에서는 'on-call'거래로 불리는가 하면, 원유(crude oil) 거래에서는 'trigger pricing'으로 불린다.

거래를 통하여 장부상에 계상된 것이다. 한편 공급사에게 넘어간 선물포지션은 그의 선물계좌에서 매입포지션으로 계상되어 이미 가지고 있는 매도포지션(공급사는 현물을 재고로 보유하고 있기 때문에 그에 대응하여 선물을 매도하는 매도헤지를 하게 된다)과 청산된다. EFP거래가 완료되면 매도자의 책임하에 선물거래소에 거래내역을 등록하기만 하면 되는데, 선물거래소는 등록 계약수와 결제월만을 공개할 뿐 가격은 공개하지 않는다.

대두 베이시스 거래의 내역을 정리하면 〈표 6-22〉와 같다. 먼저 C&F 베이시스는 +\$15/mt(=\$0.41/bu) Nov이다. 그리고 11월물 대두 선물계약을 매입한 평균가격은 \$8.80/bu(=\$323.21/mt)이다. 따라서 현물 구매가격은 베이시스와 선물가격을 합산한 \$338.21/mt(=\$9.21/bu)이 된다. 즉, \$338.21/mt(=\$9.21/bu)=\$15/mt(=\$0.41/bu)+\$323.21/mt(=\$8.80/bu)이다.

이 사례에서와 같이 선물가격이 하락하는 추세에 있을 경우에는 선물계약의 분할매입을 통하여 평균 매입가격을 인하하고, 궁극적으로는 현물 구매가격을 인하하는 효과를 누릴 수 있다. 그러나 반대로 선물가격이 상승하는 추세에 있다면, 선물계약의 분할매입을 통하여 평균 매입가격을 인하하는 효과를 달성할 수 없게 된다. 이와 같이 베이시스 거래를 통한 곡물 구매에서는 선물계약의 매입을 완료하기 전에 선물가격이 상승하게 되면 곡물 구매가격이 상승하게 되는 문제가 발생한다. 한편 베이시스를 일단 확정하고 나면 취소할 수가 없기 때문에 베이시스가 향상되더라도, 즉 하락하더라도 베이시스 약화에 따른 혜택을 볼 수 없다는 단점도 존재한다.

표 6-22 대두 베이시스 거래(basis trading)의 결과

날짜	거래내역
6월 15일	대두 20,000톤(m/t)에 대한 C&F basis 구매: +\$15/mt(=\$0.41/bu) Nov • 20,000m/t×36.7437bu=734,874bu • 734,874bu÷5,000bu=147계약
7월 3일	11월 대두 선물 50계약 매입: \$9.50/bu(=\$349.07/mt)
8월 15일	11월 대두 선물 50계약 매입: \$8.70/bu(=\$319.67/mt)
9월 30일	11월 대두 선물 47계약 매입: \$8.15/bu(=\$299.46/mt)
	선물가격 평균: \$8.80/bu(=\$323.21/mt)
구매가격 및 구매금액	현물 구매가격=베이시스+선물가격 =\$15/mt(=\$0.41/bu)+\$323.21/mt(=\$8.80/bu) =\$338.21/mt(=\$9.21/bu)
	총구매액: \$338.21/mt×20,000m/t=\$6,764,142

EFP 거래의 특징적인 측면은 이것이 어디까지나 장외거래(ex-pit transaction)이기 때문에 두 거래당사자, 즉 구매자(Y사)와 공급사 간에 합의만 이루어지면 EFP를 시행하는 가격을 임의로 정할 수 있다는 점이다. 즉, 공급사에 선물포지션을 넘길 때 선물을 매입한 가격 그대로 넘길 수도 있고, EFP를 시행하는 순간에 거래되고 있는 선물가격으로 넘기거나 당일의 정산가격(settlement price)으로 넘길 수도 있으며, 심지어는 당해 결제월의 선물계약이 거래되기 시작한 이후부터 현재까지의 최고가격(contract high)과 최저가격(contract low) 사이의 어느 한 가격을 정하여 넘길 수도 있다.

선물포지션을 매입한 가격 그대로 공급사에 넘긴다면 구매자(Y사)의 선물계좌에는 손익이 발생하지 않게 되므로 잔고가 '0'이 되고, 현물 구매가격은 고스란히 선물가격과 베이시스를 합산한 가격이 된다. 한편, 매입한 가격보다 높은 가격으로 EFP를 시행한다면 그 차액만큼 선물계좌에는 이익이 남게 되지만, 현물 구매가격은 그만큼 더 높아지게 된다. 반대로 매입한 가격보다 낮은 가격으로 EFP를 시행한다면 선물계좌에는 그 차액만큼 손실이 남게 되지만, 현물 구매가격은 그만큼 더 낮아지게 된다.

베이시스 거래의 사례를 한 가지 더 살펴보도록 하자.

• 상황
6월 1일 Y제분회사는 8월 말에 인도될 3,400톤(m/t)의 소맥을 구매하고자 한다. 공급사가 제시한 C&F 베이시스는 +$12.86/mt(=+$0.35/bu) Sep($12.86 over September)이고, 9월물 소맥 선물가격은 $4.50/bu이다. Y사는 공급사가 제시한 C&F 베이시스를 받아들여 베이시스 계약(basis contract)을 체결하였다. 이제 Y사는 6월 1일부터 공급사가 지정한 선적일 사이에 아무 때나 소맥 선물을 매입하여 구매가격을 확정지을 수 있다.

• 거래전략
Y사는 베이시스를 +$12.86/mt(=+$0.35/bu) Sep에 확정시키기는 하였으나, 여전히 소맥가격의 상승 위험에 노출되어 있다. 마침내 7월 1일 Y사는 9월물 소맥 선물 25계약을 $4.45/bu(=$163.51/mt)에 매입하였다(3,400m/t÷136.079m/t=25계약).

8월 1일에 이르러 9월물 소맥 선물가격은 $4.85/bu(=$178.21/mt)까지 상승한다. 공급사는 아직까지 헤징을 하지 않고 기다리고 있었으나, 이제 가격 하락에 대비하여 헤지할 적기라는 판단을 내리고 9월물 소맥 선물 25계약을 $4.85/bu에 매도하였다

(3,400m/t÷136.079m/t=25계약). 만약 공급사가 헤지를 하지 않은 상태에서 소맥 선물 가격이 하락한다면, 베이시스 거래의 매도가격(베이시스+선물가격)이 아직 확정되지 않은 상태이기 때문에 더 낮은 가격에 소맥을 판매하게 될 위험이 따른다.

• **결과**

8월 15일에 9월물 소맥 선물가격은 $4.60/bu(=$169.02/mt)에 거래되고 있다. Y사는 공급사에 연락하여 당일의 선물가격($4.60/bu)으로 EFP 거래를 실시할 의사를 타진하고, 공급사도 이를 수락하였다. 이제 Y사와 공급사는 각각 자기가 거래하는 선물회사의 이름과 계좌번호를 서로 교환한다.

Y사는 자기가 거래하는 선물회사에 연락하여 공급사의 선물회사와 계좌번호를 알려준 다음 자기의 계좌에서 9월물 소맥 선물 25계약을 $4.60/bu에 공급사 선물회사의 계좌로 넘겨주도록(give up; give versus cash) 지시한다. 한편 공급사는 자기가 거래하는 선물회사에 연락하여 Y사의 선물회사와 계좌번호를 알려준 다음 Y사 선물회사의 계좌로부터 9월물 소맥 선물 25계약을 $4.60/bu에 자기의 계좌로 넘겨받도록 (take; take versus cash) 지시한다.

결과적으로, 최종 송장가격(final invoice price)은 베이시스 $12.86/mt(=$0.35/bu)와 EFP 가격 $4.60/bu(=$169.02/mt)을 합산한 $181.88/mt(=$4.95/bu)이 된다.

이제 Y사와 공급사의 선물계좌에서는 어떤 일이 발생할까? 먼저 Y사의 선물계좌에서는 7월 1일 $4.45/bu에 매입해 두었던 9월물 소맥 선물 25계약이 8월 15일의 EFP 가격 $4.60/bu으로 전매(청산)된다. 그 결과 $0.15/bu(=$4.60/bu−$4.45/bu)의 거

표 6-23 소맥 베이시스 거래(basis trading)의 결과

날짜	Y사	공급사
6월 1일	C&F 베이시스 매입: +$12.86/mt(=+$0.35/bu) Sep	C&F 베이시스 매도: +$12.86/mt(=+$0.35/bu) Sep
7월 1일	9월물 소맥 선물 25계약 매입: $4.45/bu(=$163.51/mt)	
8월 1일		9월물 소맥 선물 25계약 매도: $4.85/bu(=$178.21/mt)
8월 15일	9월물 소맥 선물 25계약 인도: $4.60/bu(=$169.02/mt)	9월물 소맥 선물 25계약 인수: $4.60/bu(=$169.02/mt)
최종 송장가격(final invoice price): $4.95/bu=$0.35/bu basis+$4.60/bu EFP ($181.88/mt=$12.86/mt basis+$169.02/mt EFP)		

| 표 6-24 | 소맥 베이시스 거래(basis trading)에 따른 순매입가격(NBP)과 순매도가격(NSP) | |

Y사		
매입가격	$4.95/bu	$181.88/mt
선물거래 이익	−$0.15/bu (=$4.60/bu-$4.45/bu)	−$5.51/mt (=$169.02/mt-$163.51/mt)
순매입가격(NBP)	$4.80/bu	$176.37/mt
공급사		
매도가격	$4.95/bu	$181.88/mt
선물거래 이익	+$0.25/bu (=$4.85/bu-$4.60/bu)	+$9.19/mt (=$178.21/mt-$169.02/mt)
순매도가격(NSP)	$5.20/bu	$191.07/mt

래이익이 발생한다. Y사의 소맥 매입가격(송장가격)은 $4.95/bu(=$181.88/mt)이고, 여기서 선물거래 이익 $0.15/bu(=$5.51/mt)을 차감하면, 순매입가격(NBP)은 $4.80/bu(=$176.37/mt)이 된다.

한편 공급사의 선물계좌에서는 8월 1일 $4.85/bu에 매도해 두었던 9월물 소맥선물 25계약이 8월 15일의 EFP 가격 $4.60/bu으로 환매(청산)된다. 그 결과 $0.25/bu(=$4.85/bu−$4.60/bu)의 거래이익이 발생한다. 공급사의 소맥 매도가격(송장가격)은 $4.95/bu(=$181.88/mt)이고, 선물거래 이익 $0.25/bu(=$9.19/mt)을 합산하면, 순매도가격(NSP)은 $5.20/bu(=$191.07/mt)이 된다.

마지막으로, 베이시스 거래를 위해서는 선물을 매입하여야 하므로 구매자는 선물계좌를 보유하여야만 하는데, 여기에는 두 가지 방법이 이용된다. 하나는 통상적인 선물거래처럼 구매자가 선물회사에 자기명의로 선물계좌(총괄계좌 또는 중개계좌)를 개설하고 선물을 매입한 다음 공급사에 넘겨주는 방법이다. 다른 하나는 구매자가 직접 선물계좌를 보유하지 않고 공급사의 선물계좌를 이용하여 선물을 매입하는 방법이다. 후자의 경우 구매자는 공급사가 대납해주는 증거금에 대한 이자 및 수수료를 현물 구매가격에 포함시켜 지불하게 된다.

공급사의 선물계좌를 이용한 베이시스 거래 방식을 선물업계에서는 흔히 'BEO(Buyer's Executive Order)' 방식이라고도 부른다. BEO 방식에 의한 베이시스 거래에서는 일부 제한이 따른다. 구매자는 먼저 공급사와 베이시스 계약을 체결하여 베이시스를 확정한 후에야 선물을 매입할 수 있으며, 공급사에 선물계약의 매입 주문을 낼 때에도 최소 주문수량, 주문시간 등에 있어서 공급사가 정한 제한에 따라야 한다. 반면 선물회사에 자기명의의 선물계좌를 개설하고 베이시스 거래를 할 경우에는 공

급사와 베이시스를 먼저 확정한 다음 선물을 매입하여 EFP 거래를 할 수도 있고, 거
꾸로 선물을 먼저 매입한 다음 공급사와 베이시스를 확정하여 EFP 거래를 할 수도
있기 때문에 보다 탄력적인 운용이 가능하다.

참고문헌 ◆

Catlett, L. B., and J. D. Libbin(2007), Risk Management in Agriculture: A Guide to Futures, Options, and Swaps, Clifton Park: New York, Thompson Delmar Learning.

Chicago Board of Trade(1994), Offering Farmers Cash Contracts, Grain Merchandiser Series 1.

Chicago Board of Trade(1995), Improving Margins Using Basis, Grain Merchandiser Series 2.

Chicago Board of Trade(1995), Analyzing Ag Spreads, Grain Merchandiser Series 4.

Chicago Board of Trade(1998), Agricultural Futures for the Beginner, General Information Series 1.

Chicago Board of Trade(1998), Buyer's Guide to Managing Price Risk, General Information Series 3.

Chicago Board of Trade(2006), Understanding Basis.

Chicago Board of Trade(2006), The Chicago Board of Trade Handbook of Futures & Options, New York: New York, McGraw-Hill.

Chicago Board of Trade(2006), An Introduction to Trading CBOT Agricultural Futures and Options.

Chicago Mercantile Exchange(2006), An Introduction to Futures and Options, Student Manual.

Chicago Mercantile Exchange(2006), CME Commodity Trading Manual.

CME Group Inc(2015), Self-Study Guide to Hedging with Grain and Oilseed Futures and Options.

Lorton, S., and D. White(2010), The Art of Grain Merchandising, Silver Edition, White Commercial Corporation.

Purcell, W. D., and S. R. Koontz(1999), Agricultural Futures and Options: Principles and Strategies, 2nd ed., Upper Saddle River: New Jersey, Prentice-Hall, Inc.

Stasko, G. F.(2003), Marketing Grain and Livestock, 2nd ed., Ames: Iowa, Iowa State Press.

선물거래가 이루어지는 절차를 개괄적으로 살펴보면, 먼저 선물회사에 계좌(計座; account)를 개설하는 일로부터 시작된다. 계좌 개설 후 증거금(證據金; margin)으로 사용될 금액을 자신의 계좌에 예탁(預託; deposit)한다. 그리고 나서 거래하고자 하는 상품에 대한 매매 주문(注文; order)을 내고, 거래가 체결되면 체결 내용을 확인한다. 장 종료 후에는 보유중인 선물 포지션(미결제약정)에 대한 일일정산(日日精算; daily marking-to-market) 내역을 확인한다. 선물계약의 만기 이전에 보유한 포지션을 반대매매(전매 또는 환매)하여 청산하거나 만기 시에 현금 정산 또는 실물인수도를 통하여 최종 결제한다.

SECTION 01 선물 계좌先物計座; Futures Account

선물 계좌의 개설은 선물회사의 계좌 개설 약관에 동의, 서명하는 한편, 선물거래의 위험을 알리는 투자위험고지서(risk disclosure statement)에 서명함으로써 이루어진다. 개좌 개설 약관에는 거래 위탁의 방법, 증거금의 예탁, 결제대금의 납입, 매매 내역의 통지, 중개수수료 등 선물거래 위탁과 관련한 제반 사항들이 규정되어 있다.

국내에서 해외 농산물 선물거래에 이용되고 있는 선물계좌의 유형은 크게 두 가지로 나눌 수 있다. 하나는 중개계좌(仲介計座; fully-disclosed account)이고, 다른 하나는 총괄계좌(總括計座; omnibus account)이다.

중개계좌(fully-disclosed account)는 위탁자(예, 사료회사)가 국내 선물회사의 중개를 통하여 해외 선물중개회사(예, ADM Investor Services, Inc.)에 자기(위탁자)의 명의와 계산으로 개설하는 계좌를 말한다. 위탁자는 해외 선물중개회사에 자사의 재무제표(財務諸表; financial statements)를 보내 신용한도(credit line)를 받은 다음 지급보증용 Stand-by L/C(보증신용장)를 개설하고 거래하게 된다. 보증신용장은 주채무자가 계약을 불이행할 경우 채권자가 보증인(예, 주채무자의 주거래은행)에 대하여 보증의 실행을 요구할 수 있는 신용장을 말한다.

해외 선물중개회사(FCM)는 국내 위탁자의 선물거래에 대해 증거금을 대납(代納; margin financing)해 준다. 그리고 국내 위탁자는 증거금 및 정산차금(精算借金; open trade equity)에 대한 경과이자(經過利子; accrued interest), 수수료 등을 일정 기간(예, 한 달에 한 번 또는 분기에 한 번)마다 정산하여 현금으로 송금한다. 중개계좌를 이용하게 되면 매 거래마다 건별로 정산하고 송금하는 번거로움 없이 일정기간 동안 거래한 내역을 한꺼번에 정산할 수 있는 편리함이 있다.

한편 총괄계좌(omnibus account)는 국내 선물회사가 자기의 명의와 위탁자(예, 사료회사)의 계산으로 해외 선물중개회사(예, ADM Investor Services, Inc.)에 개설하는 계좌를 말한다. 총괄계좌에서는 위탁자가 아닌 국내 선물회사가 해외 선물중개회사(FCM)에 지급보증용 Stand-by L/C(보증신용장)를 개설한다. 국내 선물회사는 위탁자가 현금으로 납부한 증거금 범위 내에서 거래할 수 있도록 허용한다.

중개계좌는 주문과정에서 위탁자의 명의가 드러나는 반면, 총괄계좌는 위탁자의 명의가 개별적으로 드러나지 않고 국내 선물회사의 명의로 통합 처리된다. 국내 선물회사는 총괄계좌를 이용하는 위탁자들의 거래를 위탁자별로 분리하여 기장(記帳)하고 관리한다. 총괄계좌는 해외에서 직접 신용한도를 공여 받을 수 있을 만큼 회사 규모가 크지 않거나 대외신용도가 높지 않은 업체들이 이용하기에 유리한 선물계좌이다.

SECTION 02 증거금證據金; Margin

증거금은 선물계약의 성실한 이행을 보증하기 위해 납부하는 일종의 이행보증금

(performance bond; p-bond)이다. 선물계약의 매입자는 만기에 매입금액을 지불하고 현물을 인수해야 하는 의무가 있는 반면, 선물계약의 매도자는 만기에 매도금액을 수취하고 현물을 인도해야 하는 의무가 있다. 이와 같이 선물계약의 매입자와 매도자 모두 계약 이행의 의무를 지게 되며, 그에 따라 증거금을 납부해야 한다.

증거금은 일정 수준으로 고정되어 있는 것이 아니라 해당 상품의 거래량, 가격수준, 가격변동성 등 시장상황에 따라 자주 변동된다. 증거금을 책정하는 방식은 한 계약당 얼마의 금액을 정액으로 납부하도록 하는 정액식(定額式)이 있는가 하면 거래대금의 일정 비율을 납부하도록 하는 정률식(定率式)이 있다. 시카고상품거래소(CBOT)는 정액식으로 증거금을 책정하는 반면 우리나라의 한국거래소(KRX)는 정률식으로 증거금을 책정한다. 한편 투기자가 납부해야 하는 투기적 증거금(speculative margin)은 헤져(hedger)가 납부해야 하는 헤지증거금(hedge margin)의 140% 수준으로 더 높게 책정된다.

증거금은 선물거래소의 회원(청산회원; clearing member)인 선물회사가 거래소(청산소)에 예탁하는 거래증거금과 위탁자(고객)가 선물회사에 예탁하는 위탁증거금으로 구분된다. 전적으로 위탁자(고객)의 입장에서만 보자면, 거래증거금은 선물회사에게나 해당되는 사항이므로 본인에게 직접 해당되는 위탁증거금이 보다 중요한 의미를 지닌다.

1. 거래증거금(去來證據金; Exchange Margin; Clearing Margin)

위탁자가 낸 주문은 선물회사를 통하여 거래소에 전달된 후 체결된다. 선물거래소는 위탁자들을 개별적으로 상대하는 것이 아니라 회원, 즉 선물회사를 상대로 거래한다. 따라서 위탁자들의 주문은 자기가 거래하는 선물회사의 명의로 통합 처리된다. 여기서 선물거래소(청산소)의 청산회원인 선물회사가 자신의 명의로 체결된 거래에 대하여 성실한 계약이행을 보증하기 위하여 거래소(청산소)에 예치하는 금액을 거래증거금이라고 한다. 선물거래소(청산소)는 선물회사가 납부해야 할 거래증거금(clearing margin) 수준을 책정하여 통보한다.

2. 위탁증거금(委託證據金; Customer Margin)

위탁자(고객)가 선물회사에 납부하는 위탁증거금은 개시증거금, 유지증거금, 그리고 추가증거금(변동증거금)으로 세분된다.

1) 개시증거금(開始證據金; Initial Margin)

개시증거금(IM)은 말 그대로 위탁자가 거래를 개시하여 선물 포지션을 취득한 경우 품목별로 부과되는 증거금을 말한다. 일반적으로 개시증거금은 계약가액(거래금액)의 10% 이내 수준에 해당한다. 예컨대, 시카고상품거래소(CBOT)의 2018년 7월물 옥수수 선물가격이 ₵400.75/bu일 때 옥수수 선물의 개시증거금은 $792/계약이다. 옥수수 선물 1계약의 금액이 $20,037.50(=$4.0075/bu×5,000bu)이라는 점을 감안해 보면, 개시증거금은 계약가액(거래금액)의 3.95%[=($792÷$20,037.50)×100]에 불과하다.

이와 같이 선물거래는 적은 증거금을 이용하여 큰 계약가액(거래금액)의 상품을 사거나 팔 수 있기 때문에 이른바 지렛대 효과(leverage effect; 레버리지 효과)가 크다고 표현한다. 지레(lever)를 이용하면 적은 힘으로도 무거운 짐을 옮길 수 있는 것과 마찬가지 원리이다. 주식의 경우 T+2일 규정에 의해 거래일(T)로부터 2일 이내에 거래대금을 전액 결제하여야 하는 것과 비교해보면, 선물거래의 지렛대 효과가 매우 크다는 것을 확인할 수 있다.

2) 유지증거금(維持證據金; Maintenance Margin)

유지증거금(MM)은 위탁자가 선물 포지션(미결제약정)을 계속 보유해 나가기 위해 최소한 유지해야 하는 증거금을 말한다.

표 7-1 시카고상품거래소(CBOT) 선물계약의 증거금		(단위: 계약)
품 목	개시증거금(IM)	유지증거금(MM)
옥수수	$880	$800
소 맥	$1,705	$1,550
대 두	$2,585	$2,350
대두유	$660	$600
대두박	$1,815	$1,650

주: 2018년 10월 1일 기준
자료: CME Group Inc.(www.cmegroup.com)

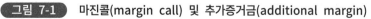

그림 7-1 마진콜(margin call) 및 추가증거금(additional margin)

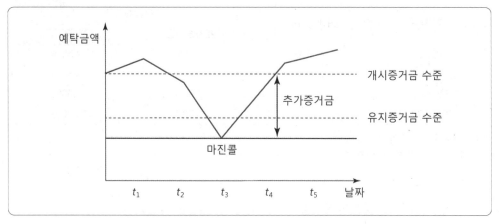

3) 추가증거금(追加證據金; Additional Margin; 변동증거금; Variation Margin)

위탁자의 예탁금액이 유지증거금 수준을 밑돌 경우 선물회사는 부족한 자금을 추가로 예탁하도록 통보하는데, 이를 마진콜(margin call)이라고 한다. 그리고 마진콜이 발생했을 때 추가적으로 납부해야 하는 자금을 가리켜 추가증거금(additional margin) 또는 변동증거금(variation margin)이라고 한다. 이때 위탁자가 추가로 납부해야 하는 금액은 유지증거금을 충족시키는 수준이 아니라 개시증거금을 충족시키는 수준 이상의 금액이어야 한다. 만약 위탁자가 정해진 시간 내에 추가증거금(변동증거금)을 납부하지 않으면, 선물회사는 계좌개설 약관에 의거하여 위탁자가 보유한 선물 포지션을 강제로 청산할 수 있다.

〈표 7-2〉는 한국거래소(KRX)에서 거래되는 상품들에 적용되는 증거금률을 보여주고 있다. 증거금의 책정방식은 거래대금(계약가액)의 일정 비율을 납부하도록 하는 정률식이다. 한국거래소(KRX)는 품목별 개시증거금률을 유지증거금률의 150% 수준으로 정하고 있으며, 유지증거금률은 거래증거금률과 동일한 수준으로 정하고 있다. 한편 한국거래소(KRX)는 계약당 주문증거금(사전증거금; preliminary margin), 즉 위탁자가 신규 포지션을 취하고자 할 때 주문에 앞서 사전적으로 선물회사에 예탁해야 하는 증거금(기본예탁금)을 운영하고 있다(예, 돈육선물 500만원). 정률식 증거금은 거래대금에 증거금률을 곱하여 증거금 수준을 별도로 계산하는 과정이 필요하다는 것 외에는 증거금의 적용방식에 있어서 정액식과 동일하다.

| 표 7-2 | 한국거래소(KRX)의 증거금률 |

구 분	거래증거금	위탁증거금	
		개시증거금	유지증거금
코스피200선물	4.50%	6.75%	4.50%
3년 국채선물	0.35%	0.525%	0.35%
미국달러선물	2.60%	3.90%	2.60%
돈육선물	13.00%	19.50%	13.00%

주: 2018년 10월 1일 기준
자료: 한국거래소(www.krx.co.kr)

3. 증거금의 일일정산(日日精算; Daily Marking-to-Market)

아래의 예제를 통해 증거금에 대한 관리가 어떻게 이루어지는지 살펴보도록 하자. 본 예제는 개시증거금(IM)과 유지증거금(MM) 수준이 서로 다른 투기적 거래를 대상으로 한다. 헤지거래에 적용되는 증거금(헤지증거금)은 투기적 거래의 유지증거금(MM) 수준에 해당한다. 즉, 투기적 거래의 유지증거금(MM) 수준이 헤지증거금에 해당한다. 또한 헤지증거금은 개시증거금(IM)과 유지증거금(MM)이 동일하다는 점에서 투기적 증거금과 차이가 있다.

1) 제1일(Day 1)

Y는 선물 계좌를 개설하고, $3,000을 예치한 후 옥수수 선물을 거래하고자 한다. 옥수수 선물의 개시증거금(IM)은 $792/계약, 그리고 유지증거금은 $720/계약이다. 선물회사의 중개수수료는 전화로 주문을 낼 경우 편도(片道; per side) 기준 $17.50/계약이다.

구분	금액
개시증거금(IM)	$792/계약
유지증거금(MM)	$720/계약
중개수수료 (brokerage fee)	$17.50/계약 (전화 주문, 편도(per side) 기준)

주: 헤지거래의 경우 개시증거금(IM)과 유지증거금(MM)은 $720/계약으로 동일하다.

2) 제2일(Day 2)

Y는 옥수수 선물 2계약을 ¢380.50/bu에 매입하였고, 당일의 정산가격은 ¢382.25/bu이다. 옥수수 선물 2계약을 매입한데 따른 중개수수료는 $35(=$17.50×2계약)이다. 예탁금 $3,000에서 중개수수료 $35를 빼고 나면 현금잔액(account balance)은 $2,965이다.

한편 당일의 정산가격을 기준으로 일일정산을 실시한 결과 $175[=(¢382.25/bu−¢380.50/bu)×2계약×5,000bu]의 미실현 이익(open trade equity; unrealized profit/loss)이 발생하였다. 따라서 예탁금액(계좌잔고; total equity) 합계는 현금잔액 $2,965+미실현 이익 $175=$3,140이 된다. 그리고 옥수수 선물 2계약을 매입한데 따른 개시증거금(IM)은 $1,584(=$792×2계약)이다. 예탁금액(계좌잔고) 가운데 개시증거금을 초과하는 금액, 즉 $1,556(=$3,140−$1,584)은 인출 가능한 금액이다. 예탁금액 중 개시증거금에 해당하는 금액은 선물계좌에서 증거금으로 묶여버리기 때문에 인출하거나 다른 거래의 증거금으로 활용할 수 없으며, 해당 선물 포지션이 청산되고 나면 증거금으로 묶였던 금액이 풀려나게 된다.

3) 제3일(Day 3)

새로운 매매거래는 없으며, 옥수수 선물가격이 크게 상승하여 당일의 정산가격은 ¢396.75/bu이다. 전일 대비 정산가격이 ¢14.50/bu만큼 상승한 결과, 예탁금액은 전일의 예탁금액 $3,140보다 $1,450(=¢14.50/bu×2계약×5,000bu)이 증가한 $4,590이 된다. 예탁금액(계좌잔고) 가운데 옥수수 선물 2계약의 개시증거금(=$792×2계약=$1,584)을 초과하는 금액, 즉 $3,006(=$4,590−$1,584)은 인출 가능하다.

4) 제4일(Day 4)

옥수수 선물 1계약을 ¢397.25/bu에 전매하여 청산하였다. 그 결과 $837.50(=(¢397.25/bu−¢380.50/bu)×1계약×5,000bu)의 거래이익과 중개수수료 $17.50이 발생하였다. 거래이익에서 중개수수료를 빼면 실현된 순이익은 $820이다. 종전의 현금잔액 $2,965에다 금일의 순이익 $820을 더하면 새로운 현금잔액은 $3,785(=$2,965+$820)가 된다.

한편 제2일(Day 2)에 매입하여 아직 청산하지 않고 남아 있는 옥수수 선물 1계약에 대한 일일정산(정산가격 ¢395.75/bu)을 실시한 결과, 미실현 이익 $762.50(=(¢395.75/bu

− ¢380.50/bu)×1계약×5,000bu)이 발생하였다. 따라서 현금잔액과 미실현 이익을 합산한 예탁금액(계좌잔고)은 $4,547.50(=$3,785+$762.50)이 된다. 예탁금액(계좌잔고) 가운데 옥수수 선물 1계약의 개시증거금(=$792)을 초과하는 금액, 즉 $3,755.50(=$4,547.50−$792)은 인출 가능하다.

5) 제5일(Day 5)

옥수수 선물 2계약을 ¢395.50/bu에 신규로 매입하였다. 이제 보유한 옥수수 선물은 모두 3계약이 된다. 옥수수 선물 2계약을 추가로 매입한데 따른 중개수수료는 $35(=$17.50×2계약)이다. 종전의 현금잔액 $3,785에서 중개수수료 $35를 빼고 나면 새로운 현금잔액은 $3,750이다.

한편 당일의 정산가격 ¢400.50/bu을 기준으로 옥수수 선물 3계약에 대한 일일정산을 실시한 결과 $1,500의 미실현 이익이 발생하였다. 즉, 옥수수 선물 1계약으로부터 $1,000[=(¢400.50/bu−¢380.50/bu)×1계약×5,000bu]의 미실현 이익이 발생하고, 나머지 옥수수 선물 2계약으로부터 $500[=(¢400.50/bu−¢395.50/bu)×2계약×5,000bu]의 미실현 이익이 발생하였다. 따라서 현금잔액과 미실현 이익을 합산한 예탁금액(계좌잔고)은 $5,250(=$3,750+$1,500)이 된다. 예탁금액(계좌잔고) 가운데 옥수수 선물 3계약의 개시증거금(=$792×3계약=$2,376)을 초과하는 금액, 즉 $2,874(=$5,250−$2,376)는 인출 가능하다.

6) 제6일(Day 6)

옥수수 선물 1계약을 ¢389.75/bu에 전매하여 청산하였다. 그 결과 $462.50[=(¢389.75/bu−¢380.50/bu)×1계약×5,000bu]의 거래이익과 중개수수료 $17.50이 발생하였다. 거래이익에서 중개수수료를 빼면 실현된 순이익은 $445이다. 종전의 현금잔액 $3,750에다 금일의 순이익 $445를 더하면 새로운 현금잔액은 $4,195(=$3,750+$445)가 된다.

한편 제5일에 매입하여 아직 청산하지 않고 남아 있는 옥수수 선물 2계약에 대한 일일정산(¢388.75/bu)을 실시한 결과, −$675[=(¢388.75/bu−¢395.50/bu)×2계약×5,000bu]의 미실현 손실이 발생하였다. 따라서 현금잔액과 미실현 손실을 합산한 예탁금액(계좌잔고)은 $3,520(=$4,195−$675)이 된다. 예탁금액(계좌잔고) 가운데 옥수수 선물 2계약의 개시증거금(=$792×2계약=$1,584)을 초과하는 금액, 즉 $1,936(=$3,520−$1,584)은 인출 가능하다.

7) 제7일(Day 7)

새로운 매매거래는 없으며, 옥수수 선물가격이 크게 하락하여 당일의 정산가격은 ₵372.00/bu이다. 전일 대비 정산가격이 ₵16.75/bu만큼 하락한 결과 예탁금액은 $1,675(=₵16.75/bu×2계약×5,000bu)가 감소한 $1,845(=$3,520−$1,675)가 된다. 예탁금액(계좌잔고) 가운데 옥수수 선물 2계약의 개시증거금(=$792×2계약=$1,584)을 초과하는 금액, 즉 $261(=$1,845−$1,584)은 인출 가능하다. 옥수수 선물가격의 하락으로 예탁금액 및 인출가능금액이 크게 줄어들기는 하였지만, 예탁금액 $1,845이 유지증거금 $1,440(=$720×2계약)을 초과하고 있기 때문에 아직까지는 마진콜(margin call)이 발생하거나 다른 문제가 생기지 않고 있다.

8) 제8일(Day 8)

새로운 매매거래는 없으며, 옥수수 선물가격의 하락세가 지속되어 당일의 정산가격은 ₵363.25/bu이다. 전일 대비 정산가격이 ₵8.75/bu만큼 하락한 결과 예탁금액(total equity)은 $875(=₵8.75/bu×2계약×5,000bu)만큼 줄어든 $970(=$1,845−$875)이 된다. 이제 예탁금액 $970이 유지증거금 $1,440(=$720×2계약)을 밑돌고 있기 때문에 마진콜(margin call)이 발생한다.

이 경우 추가적으로 납부해야 하는 금액, 즉 추가증거금(변동증거금)은 유지증거금 $1,440(=$720×2계약)을 충족시키는 수준인 $470(=$1,440−$970) 이상이 아니라 개시증거금 $1,584(=$792×2계약)를 충족시키는 수준인 $614(=$1,584−$970) 이상이어야 한다. 즉, Y는 $614 이상의 금액을 자신의 선물계좌에 추가적으로 예탁해야만 옥수수 선물 2계약을 계속해서 보유해 나갈 수 있다. 만약 Y가 선물회사의 마진콜

표 7-3 날짜별 거래내역 및 증거금의 일일정산 내역

날짜	거래내역	정산가격	예탁금액	인출가능액
제1일	$3,000 예탁			
제2일	옥수수 선물 2계약 매입 @₵380.50	₵382.25	$3,140.00	$1,556.00
제3일		₵396.75	$4,590.00	$3,006.00
제4일	옥수수 선물 1계약 전매 @₵397.25	₵395.75	$4,547.50	$3,755.50
제5일	옥수수 선물 2계약 매입 @₵395.50	₵400.50	$5,250.00	$2,874.00
제6일	옥수수 선물 1계약 전매 @₵389.75	₵388.75	$3,520.00	$1,936.00
제7일		₵372.00	$1,845.00	$261.00
제8일		₵363.25	$970.00	**margin call**

(margin call)에 응하여 추가적인 금액(추가증거금)을 납입하지 않는다면, 선물회사는 계좌 개설 약관에 따라 Y가 매입하여 보유하고 있는 옥수수 선물 2계약을 강제로 청산할 수 있다.

SECTION 03 주문注文; Order

1. 주문 체결의 우선순위

선물회사를 통하여 선물거래소에 전달된 주문은 가격 및 시간 우선의 원칙에 따라 체결된다. 가격 우선의 원칙에 따르면, 매입 주문은 가장 높은 가격에 사려는 주문부터 우선적으로 체결되고, 반대로 매도 주문은 가장 낮은 가격에 팔려는 주문부터 우선적으로 체결된다. 그리고 동일한 가격의 매입 또는 매도 주문이라면, 시간 우선의 원칙에 따라 선물거래소에 가장 먼저 전달된 주문부터 우선적으로 체결된다.

2. 주문의 유형

1) 시장가주문(Market Order)

현재 시장에서 호가(呼價)되고 있는 가격에 신속히 거래를 체결시켜 줄 것을 요구하는 주문이다. 중개인이 구두(口頭)로 주문할 때는 "Sell 10 December Corn at the Market"과 같은 식으로 주문을 낸다. 시장가주문에서 위탁자의 매입 주문은 시장의 매도호가(ask)에 체결되는 반면, 매도 주문은 시장의 매입호가(bid)에 체결된다. 시카고상품거래소(CBOT)에서 거래되는 곡물 선물의 경우 매입-매도 호가 차이(bid-ask spread)는 일반적으로 1틱(tick), 즉 ¢1/4 수준이다.

농산물 선물시장에서 가격변동이 극심할 때 시장가주문을 이용하게 되면, 거래자가 목표했던 가격보다 상당히 동떨어진 가격에 주문이 체결될 수 있으므로 각별한 주의가 요구된다. 특히 여름철 날씨 전망에 따라 가격이 수시로 오르내리는 이른바 '날씨시장(weather market)'이 형성될 때는 가격 변동이 극심해지기 때문에 가급적 시장가주문을 이용하지 않는 것이 바람직하다. 예전에 공개호가방식으로 거래할 때는 날씨시장에서 가격변동이 극심할 경우 기록원(記錄員; pit recorder)이 장내에서 거래된 가격을 가격정보시스템에 손으로 일일이 다 입력하지 못하는 상황이 간혹 발생하곤 했는데, 이를 가리켜 'fast market'이라고 불렀다.

2) 지정가주문(Limit Order)

특정 가격을 지정하여 최소한 그 가격 또는 그보다 유리한(or better) 가격에 매매하고자 하는 주문이다. 매입 주문의 경우 지정가보다 높은 가격에 주문이 체결될 수는 없으며, 반대로 매도 주문의 경우는 지정가보다 낮은 가격에 주문이 체결될 수 없다. 예컨대, "Buy 5 December Corn at 525¾ (or better)"라고 구두로 매입주문을 낼 경우 최소한 ₵525.75나 그보다 낮은 가격에 주문이 체결되며, ₵525.75보다 높은 가격에 주문이 체결될 수는 없다.

3) 역지정가주문(Stop Order)

일반적인 상거래에서는 물건을 살 때 시장가격보다 다만 얼마라도 더 싼 가격에 사려고 하는 한편, 물건을 팔 때는 시장가격보다 조금이라도 더 비싼 가격에 팔려고 한다. 이와는 정반대로 역지정가주문에서는 현재의 시장가격보다 높은 가격에 매입주문을 내는 한편, 현재의 시장가격보다 낮은 가격에 매도주문을 낸다. 역지정가주문이라는 용어도 여기서 유래되었다.

역지정가주문은 시장가격이 특정 수준(stop level)에 도달하게 되면 시장가주문(market order)로 변환되어 현재의 시장가격에 곧바로 체결되는 특성을 지닌다. 역지정가주문에서 매입주문(buy order), 즉 롱스탑(long stop; buy stop)은 현재의 시장가격보다 높은 가격에 내야 하고, 반대로 매도주문(sell order), 즉 숏스탑(short stop; sell stop)은 현재의 시장가격보다 낮은 가격에 내야 한다. 예컨대, "Buy 20 November Soybean at 977½ Stop"이라고 구두로 매입주문을 낼 경우 롱스탑(long stop) 가격 ₵977.50은 현재의 시장가격보다 높은 수준에서 설정된다.

언뜻 보기에는 매우 비상식적으로 보일 수도 있겠지만, 역지정가주문은 여러 가지 상황에서 지극히 유용하게 이용된다. 첫째는, 시장가격이 불리하게 움직일 경우 손실 폭을 미리 설정한 수준으로 제한, 즉 손절매(損切賣(買); stop loss)하고자 할 때 이용된다. Stop order라는 표현도 손실을 끊어낸다는 의미의 stop loss(손절; 損切)에서 유래된 것이다.

예컨대, 옥수수 선물 5계약을 ₵405.00/bu에 매입해 놓은 상황에서 만약 시장가격이 ¢ 395.00/bu로 ¢ 10만큼 하락한다면, $2,500의 손실[−$2,500 = (¢ 395.00/bu −
¢ 405.00/bu) × 5계약 × 5,000bu]이 발생하게 된다. 이 정도의 손실은 감내할 수 있지만,
향후 시장가격이 ¢ 5.00/bu 이상 추가적으로 하락한다면, 더 이상 손실이 커지기 전에
매입포지션을 정리하고자 한다. 이 경우 시장가격보다 ¢ 5.00/bu 낮은 ¢ 390.00/bu에
매도스탑(short stop) 주문을 미리 내놓으면 된다. 일단 시장가격이 ¢ 390.00/bu에 도
달하게 되면, 역지정가주문은 곧바로 시장가주문으로 바뀌어 ¢ 390.00/bu 근처의 가
격에서 체결된다.

둘째는, 기존의 포지션에서 이미 확보하고 있는 이익을 일정폭으로 보호하고자
할 때 이용된다. 예컨대, 옥수수 선물 10계약을 ¢ 400.00/bu에 매도해 놓은 상황에서
시장가격이 ¢ 385.00/bu로 하락하면, 이미 $7,500의 이익[$7,500 = (¢ 400.00/bu −
¢ 385.00/bu) × 10계약 × 5,000bu]을 확보하게 된다. 향후 시장가격이 더 하락하리라 기
대되지만, 시장가격이 돌연 방향을 선회하여 크게 상승한다면, 이미 확보해 놓은
이익을 대부분 잠식당할 수도 있다. 이 경우 시장가격보다 다소 높은 ¢ 387.50/bu에
매입스탑(long stop) 주문을 미리 내놓으면, 시장가격이 갑자기 상승하더라도
¢ 387.50/bu 수준에서 매도포지션을 환매하게 되어 이미 확보한 이익을 상당부분 지
켜낼 수 있게 된다.

만약 운 좋게도 시장가격이 계속 하락하여 이익 폭이 커지고 있다면 어떻게 하
는 것이 좋을까? 이 경우는 기존의 매입스탑 주문을 취소하고, 시장가격이 하락하는
추세에 맞춰 매입스탑 수준을 단계적으로 낮춰 가면 된다. 이와 같이 시장가격을 뒤
쫓아 가면서 스탑 수준(stop level)을 계속적으로 변경해가는 것을 두고 'trailing the
stop'이라고 표현한다.

셋째는, 새로운 포지션을 취할 때 이용된다. 선물시장에서는 특정 가격수준이 돌
파될 경우 추세(trend) 또는 국면이 전환되는 것으로 인식되는 심리적인 가격수준이
존재한다. 이러한 심리적 가격수준을 흔히 지지선(support level) 또는 저항선(resistance
level)이라고 부른다. 이와 같이 특정한 가격수준이 돌파되어 추세 전환이 이루어질
경우에 대비하여 새로운 포지션을 취하고자 할 때 역지정가주문이 이용된다. 예컨
대, 현재 옥수수 선물가격이 ¢ 397.75/bu에 거래되고 있는데, 머지않아 시장가격이
¢ 400.00/bu을 뚫고 올라간다면, 상승추세가 한동안 지속될 것으로 예상된다. 이 경
우 현재의 시장가격보다 높고 심리적으로 주요 저항선으로 인식되고 있는 ¢ 400.00/bu
에 매입스탑(long stop) 주문을 내고 기다리면 된다.

이상에서 살펴본 대표적인 주문의 유형 외에도 시장이 열릴 때 시가(始價;

opening price)에 체결되도록 하는 개장가주문(market-on-open; MOO order), 시장이 끝날 때 종가(終價; closing price)에 체결되도록 하는 종장가주문(market-on-close; MOC order), 정산가격(settlement price)에 체결되도록 하는 정산가주문(trade at settlement; TAS order) 등 매우 다양한 형태의 주문이 있다.

3. 주문의 조건

주문에 조건을 달아서 그 조건이 충족되는 경우에 한해 주문이 집행되도록 할 수 있다. 첫째는, 전량조건(FOK; fill or kill)으로, 주문 전달 즉시 전량 체결이 가능하다면 체결시키고, 그렇지 않으면 해당 주문을 모두 취소하도록 하는 조건이다. 예컨대, 옥수수 선물 20계약을 전량조건(FOK)으로 매입할 경우 15계약만 즉시적으로 체결 가능하다면, 이 주문은 전체적으로 취소된다.

둘째는, 충족조건(FAK; fill and kill)으로, 주문 전달 즉시 체결 가능한 수량만 체결시키고, 나머지 주문 잔량은 모두 취소하는 조건이다. 예컨대, 옥수수 선물 20계약을 충족조건(FAK)으로 매입할 경우 15계약만 즉시적으로 체결 가능하다면, 15계약은 체결시키고 나머지 5계약의 주문은 취소된다.

셋째는, 당일조건(FAS; fill and store)으로, 주문 전달 즉시 체결 가능한 수량은 체결시키고 미체결 잔량은 당일 장중 동안 체결 대기시키는 조건이다. 장 종료 후의 미체결 주문은 모두 취소된다. 예컨대, 옥수수 선물 20계약을 당일조건(FAS)으로 매입할 경우 15계약만 즉시적으로 체결 가능하다면, 15계약은 체결시키고 나머지 5계약의 주문은 장이 끝날 때까지 계속해서 집행시킨다.

SECTION 04 일일정산 日日精算; Daily Marking-to-Market

일일정산은 아직 청산하지 않고 남아 있는 선물계약, 즉 미결제약정(O/I; 미청산 잔고)에 대하여 당일의 정산가격을 기준으로 그 가치를 재평가하여 미실현손익을 산출하는 것을 말한다. 손익 평가 결과, 이익이 발생하면 그만큼 선물계좌의 예탁금(예치금)이 증가하고, 반대로 손실이 발생하면 그만큼 선물계좌의 예탁금이 줄어들게 된

다. 일일정산은 선물계약을 반대매매하여 청산하거나 선물계약의 만기에 실물인수도에 의한 최종결제가 이루어지기 전까지 매일매일 계속된다.

예컨대, 옥수수 선물 10계약을 $\cent 400.75/bu$에 매입하였는데, 당일의 정산가격이 $\cent 405.25/bu$라면, 일일정산을 통하여 $2,250[= (\cent 405.25/bu - \cent 400.75/bu) \times 10계약 \times 5,000bu]$의 미실현 이익이 발생한다. 그 결과 선물계좌의 예탁금은 전일에 비해 $2,250만큼 증가한다. 이와 반대로 옥수수 선물 10계약을 $\cent 400.75/bu$에 매도한 사람은 일일정산 결과 $2,250의 미실현 손실이 발생하여 그만큼 예탁금이 줄어들게 된다. 선물시장에서는 누군가가 이익을 보면 그와 반대로 거래한 다른 누군가는 반드시 같은 크기의 손실을 보게 된다. 선물시장에서는 모든 거래자의 이익과 손실을 합산하면 정확히 0이 되기 때문에 선물거래는 흔히 '제로섬 게임(zero-sum game)'이라고 부른다.

일일정산의 기준이 되는 정산가격은 거래가 종료될 무렵 일정 시간 동안 거래된 가격을 평균하여 산정하는 것이 일반적이다. 시카고상품거래소(CBOT)에서 거래되는 곡물 선물계약의 경우 거래량 가중평균 방식(volume-weighted average price; VWAP)을 이용한다.

구체적으로 살펴보면, 거래가 가장 활발한 근월물의 경우 거래 종료 전 1분간(정산기간; settlement period; central time 기준으로 오후 1시 19분부터 1시 20분까지) CME Globex에서 거래된 단순매매(outright trade)의 가격을 거래량으로 가중평균하여 정산가격을 산출한다. CME Globex의 주간 거래시간은 월요일부터 금요일까지 8:30a.m.-1:20p.m.이나. 가중평균하여 산출한 정산가격은 1틱(tick), 즉 1/4센트($\cent$) 단위의 가격으로 반올림한다.

한편 원월물의 경우는 정산기간(settlement period), 즉 central time 기준으로 오후 1시 19분부터 1시 20분까지 CME Globex에서 거래된 캘린더 스프레드 거래(calendar spread trade)의 가격을 거래량으로 가중평균하여 정산가격을 산출한다. 캘린더 스프레드(calendar spread)는 어느 한 결제월을 매입(매도)하고, 동시에 다른 한 결제월을 매도(매입)하는 결제월간 스프레드(inter-delivery spread; intra-market spread; time spread; horizontal spread)를 말한다.

정산가격을 산정함에 있어서 근월물의 경우 단순매매의 가격을 이용하는 반면 원월물의 경우는 스프레드 거래의 가격을 이용하는 것은 무엇보다도 유동성(liquidity)을 고려한 조치이다. 근월물의 경우 결제월 가운데 거래가 가장 활발하게 이루어지기 때문에 정산기간(시장 종료 직전 1분) 동안 선물계약을 사거나 파는 단순매매의 거래량이 적지 않다. 그러나 원월물의 경우는 아무래도 근월물보다 거래량이 적을 수밖에 없기 때문에 단순매매보다 대량의 거래가 이루어지는 스프레드 거래의 가격을 이용한다. 다시 말해서, 원월물의 경우는 정산기간(시장 종료 직전 1분) 동안 거래되는 단순매매의 개별 건당 거래량이 적을 수 있는 반면, 스프레드 거래는 개별 단위 물량이 크기 때문에 거래량이 보다 많은 스프레드 거래의 가격을 이용하는 것이다.

SECTION **05** **청산**淸算; Clearing **및** **최종결제**最終決濟; Final Settlement

대부분의 선물계약은 만기 이전에 반대매매(offset trade)를 통하여 청산된다. 즉, 선물계약을 매입하면 다시 전매(轉賣)하여 청산하는 한편 선물계약을 매도하면 다시 환매(還買)하여 청산하게 된다. 다시 말해서, 선물거래에서는 매입과 매도의 순서에 상관없이 사는 거래(매입)와 파는 거래(매도)가 하나의 쌍(pair; 켤레)으로 합치되면 포지션이 서로 청산되어 매매가 종료된다. 낮은 가격에 사서 높은 가격에 팔거나 (BLASH; buy low and sell high) 또는 높은 가격에 팔아서 낮은 가격에 되사면(SHABL; sell high and buy low), 매매의 순서에 상관없이 매매가격의 차이에 따라 이익이 발생하는 원리는 동일하다.

한편 선물계약의 만기까지 청산되지 않고 남아 있는 선물포지션은 현금정산(cash settlement) 또는 실물인수도(physical delivery)를 통하여 최종 결제된다. 현금정산 방식은 KOSPI200선물과 같이 기초자산이 지수(指數; index)로 되어 있어 실물인수도가 불가능한 상품에 주로 이용된다. 이 방식에서는 선물계약을 매매한 가격과 최종거래일(만기일) 정산가격(최종결제가격) 간의 차액을 현금으로 수수함으로써 결제가 이루어진다.

실물인수도 방식에서는 선물거래소가 지정한 장소에서 선물계약의 매도자와 매입자가 실물을 인수도 함으로써 최종결제가 이루어진다. 시카고상품거래소(CBOT)에서 거래되는 곡물 선물계약은 실물인수도 방식에 따라 최종 결제된다.

그러나 시카고상품거래소(CBOT)에서 거래되는 곡물 선물계약의 연간 거래량 대비 실물인수도량의 비율은 1% 미만에 불과하다. 이와 같이 선물거래량 대비 실물인수도량의 비율이 현저히 낮은 이유는 첫째, 선물시장의 본원적인 기능에 기인한다고 할 수 있다. 현물의 공급원(供給源)으로서 핵심적인 기능을 수행하는 것은 어디까지나 현물시장이다. 한편 가격위험의 관리 기능을 수행하는 선물시장에서 실물인수도체계 (physical delivery system)의 주된 목적은 차익거래(arbitrage)를 통하여 해당 결제월의 실물인수도기간 동안 선물가격과 현물가격이 서로 수렴하도록 하는 데 있다.

둘째, 선물시장의 실물인수도 체계를 이용하여 현물을 인수할 경우 본인이 원하지 않는 인수도 장소에서 현물을 인수해야 하는 경우가 생길 수 있기 때문이다. 이 경우 그냥 현물을 구매하는 것보다 운송비용, 관리비용 등 추가적인 비용이 발생하여 효율적이지 않게 된다.

셋째, 헤징의 기본 메커니즘에 있어서 선물계약의 만기 이전에 반대매매를 통하여 선물계약이 청산되도록 되어 있기 때문이다. 헤져가 어느 결제월(인도월)을 선택하여 헤징할 것인가를 결정할 때 적용하는 일반적인 원칙은, 가능한 한 현물거래가 발생할 것으로 예상되는 시점과 가장 가까운 결제월을 택하되, 그 결제월이 현물거래 예상시점보다 후행하여야 한다는 것이다. 그 결과 거의 대부분의 선물계약이 만기 이전에 반대매매로 청산되며, 따라서 만기에 이르러 실물인수도되는 비중은 매우 낮게 된다.

시카고상품거래소(CBOT)는 만기 시 인수도될 곡물의 품질, 인수도 시기, 인수도 장소 등에 대한 제반 기준을 마련해 놓고 있다. 실물인수도를 개시할 수 있는 권리는 선물계약의 매도자, 즉 매도포지션의 보유자에게 부여되어 있는데, 이를 매도자의 선택권(seller's option)이라고 부른다. 이와 같이 선물계약의 매도자에게 실물 인수도의 주도권을 부여하게 된 이유는 무엇보다도 현물을 실제로 보유하고 있는 매도자로 하여금 실물인도 의사를 밝히게 함으로써 원활한 실물인수도가 이루어지도록 하기 위함이다.

1. 실물인수도 기간(Delivery Period)

시카고상품거래소(CBOT)에서 실물인수도가 이루어지는 기간은 선물계약의 매도자가 실물을 인도하겠다는 의사를 최초로 표명할 수 있는 최초포지션일(FPD; first position day)로부터 실물 인수도가 마지막으로 이루어지는 최종인도일(LDD; last delivery day)까지의 기간이라고 할 수 있다. 최초포지션일(FPD)는 결제월 전월의 두 번째 마지막 거래일에 해당하며, 최종인도일(LDD)는 최종거래일(LTD; last trading day; 결제월 15일의 직전 거래일) 직후 제2거래일에 해당한다.

〈표 7-4〉에 제시된 바와 같이, 시카고상품거래소(CBOT)에서 곡물 선물계약의 실

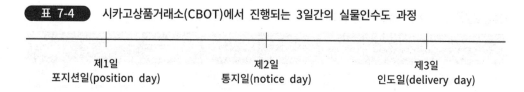

표 7-4 시카고상품거래소(CBOT)에서 진행되는 3일간의 실물인수도 과정

제1일
포지션일(position day)

제2일
통지일(notice day)

제3일
인도일(delivery day)

물인수도는 3일간에 걸친 일련의 과정(3-day process)으로 진행된다. 구체적으로 제1일은 포지션일(position day)이고, 제2일은 통지일(notice day)이며, 제3일은 인도일(delivery day)이다.

〈표 7-5〉에서 보는 바와 같이, 최초포지션일(FPD), 최초통지일(FND), 그리고 최초인도일(FDD)은 3일간의 실물인수도 과정이 처음 시작되는 기간이다. 그리고 최종포지션일(LPD), 최종통지일(LND), 그리고 최종인도일(LDD)은 3일간의 실물인수도 과정이 마지막으로 진행되는 기간이다. 양 끝단의 기간 사이에 어느 날짜에라도 매도자가 실물을 인도하겠다는 의사를 표시하게 되면 3일간에 걸친 실물인수도 과정이 개시된다.

표 7-5 시카고상품거래소(CBOT)의 실물인수도 기간

최초포지션일 (FPD)	최초통지일 (FND)	최초인도일 (FDD)	~	최종포지션일 (LPD)	최종통지일 (LND)	최종인도일 (LDD)
결제월 전월의 두 번째 마지막 거래일	결제월 전월의 마지막 거래일	결제월의 첫 거래일	~	최종거래일 직후 제1거래일	최종거래일 직후 제1거래일	최종거래일 직후 제2거래일

주: 최종포지션일(LPD)과 최종통지일(LND)은 최종거래일(LTD) 직후 제1거래일로 서로 동일하다.

〈표 7-6〉은 시카고상품거래소(CBOT) 옥수수 선물계약의 결제월별 주요 거래 일정을 보여주고 있다. 2018년 12월물(CZ18)을 기준으로 살펴보면, 최초 상장일(First Trade)은 2014년 12월 15일이고, 최종거래일(Last Trade)은 2018년 12월 14일이다. 최초포지션일(FPD)은 2018년 11월 29일이고, 최초통지일(FND)은 2018년 11월 30일이며, 최초인도일(FDD)은 2018년 12월 3일이다. 한편 최종포지션일(LPD) 및 최종통지일(LND)은 2018년 12월 17일이고, 최종인도일(LDD)은 2018년 12월 18일이다.

표 7-6 시카고상품거래소(CBOT) 옥수수 선물계약의 주요 거래 일정

Contract Month	Product Code	First Trade Last Trade	Settlement	First Holding Last Holding	First Position Last Position	First Notice Last Notice	First Delivery Last Delivery
Dec 2018	CZ18	15 Dec 2014 14 Dec 2018	14 Dec 2018	27 Nov 2018 17 Dec 2018	29 Nov 2018 17 Dec 2018	30 Nov 2018 17 Dec 2018	03 Dec 2018 18 Dec 2018
Mar 2019	CH19	15 Dec 2016 14 Mar 2019	14 Mar 2019	25 Feb 2019 15 Mar 2019	27 Feb 2019 15 Mar 2019	28 Feb 2019 15 Mar 2019	01 Mar 2019 18 Mar 2019
May 2019	CK19	15 Dec 2016 14 May 2019	14 May 2019	25 Apr 2019 15 May 2019	29 Apr 2019 15 May 2019	30 Apr 2019 15 May 2019	01 May 2019 16 May 2019
Jul 2019	CN19	15 Dec 2015 12 Jul 2019	12 Jul 2019	25 Jun 2019 15 Jul 2019	27 Jun 2019 15 Jul 2019	28 Jun 2019 15 Jul 2019	01 Jul 2019 16 Jul 2019
Sep 2019	CU19	15 Dec 2016 13 Sep 2019	13 Sep 2019	27 Aug 2019 16 Sep 2019	29 Aug 2019 16 Sep 2019	30 Aug 2019 16 Sep 2019	03 Sep 2019 17 Sep 2019
Dec 2019	CZ19	15 Dec 2015 13 Dec 2019	13 Dec 2019	25 Nov 2019 16 Dec 2019	27 Nov 2019 16 Dec 2019	29 Nov 2019 16 Dec 2019	02 Dec 2019 17 Dec 2019
Mar 2020	CH20	15 Dec 2017 13 Mar 2020	13 Mar 2020	25 Feb 2020 16 Mar 2020	27 Feb 2020 16 Mar 2020	28 Feb 2020 16 Mar 2020	02 Mar 2020 17 Mar 2020
May 2020	CK20	15 Dec 2017 14 May 2020	14 May 2020	27 Apr 2020 15 May 2020	29 Apr 2020 15 May 2020	30 Apr 2020 15 May 2020	01 May 2020 18 May 2020
Jul 2020	CN20	09 Oct 2017 14 Jul 2020	14 Jul 2020	25 Jun 2020 15 Jul 2020	29 Jun 2020 15 Jul 2020	30 Jun 2020 15 Jul 2020	01 Jul 2020 16 Jul 2020
Sep 2020	CU20	15 Dec 2017 14 Sep 2020	14 Sep 2020	26 Aug 2020 15 Sep 2020	28 Aug 2020 15 Sep 2020	31 Aug 2020 15 Sep 2020	01 Sep 2020 16 Sep 2020
Dec 2020	CZ20	09 Oct 2017 14 Dec 2020	14 Dec 2020	24 Nov 2020 15 Dec 2020	27 Nov 2020 15 Dec 2020	30 Nov 2020 15 Dec 2020	01 Dec 2020 16 Dec 2020
Jul 2021	CN21	15 Dec 2017 14 Jul 2021	14 Jul 2021	25 Jun 2021 15 Jul 2021	29 Jun 2021 15 Jul 2021	30 Jun 2021 15 Jul 2021	01 Jul 2021 16 Jul 2021
Dec 2021	CZ21	15 Dec 2017 14 Dec 2021	14 Dec 2021	24 Nov 2021 15 Dec 2021	29 Nov 2021 15 Dec 2021	30 Nov 2021 15 Dec 2021	01 Dec 2021 16 Dec 2021

주: 2018년 10월 1일 기준
자료: CME Group Inc.(www.cmegroup.com)

〈그림 7-2〉는 〈표 7-6〉에서 살펴본 실물인수도 일정을 바탕으로 2018년 12월물(DEC 2018) 옥수수 선물계약의 실물인수도 기간을 달력에 표시한 것이다. 2018년 12월물의 최초통지일(FND; first notice day)은 결제월 전월의 마지막 거래일, 즉 2018년 11월 30일(금요일)에 해당하고, 최종통지일(LND; last notice day)은 최종거래일(LTD) 직후 제1거래일인 2018년 12월 17일(월요일)에 해당한다.

그림 7-2 시카고상품거래소(CBOT) 옥수수 선물계약의 실물인수도 기간(2018년 12월물 기준)

2. 실물인수도 절차(Delivery Procedures)

시카고상품거래소(CBOT)는 2000년 결제월부터, 즉 옥수수와 소맥의 경우 2000년 3월물, 그리고 대두의 경우는 2000년 1월물부터 창고증권(warehouse receipt)을 이용한 실물인수도 방식 대신 선적증명서(shipping certificate)를 이용한 실물인수도 방식으로 전환하였다. 선적증명서는 거래소에 의해 인가된 운송업자(shipper)가 발행한다. 선적증명서는 양도성 증권(negotiable instrument)으로서 본 증명서의 소유자에게 정해진 조건에 따라 해당 상품을 인도하겠다는 약속증서이다. 한편 창고증권은 현재 창고에 보관중인 현물 재고를 바탕으로 발행되는 유가증권이다.

선적증명서는 운송업자가 보관중인 현물 재고뿐만 아니라 향후 수확할 곡물 또는 장차 처리할 물량 등을 바탕으로 발행하는 증명서이다. 따라서 선적증명서는 창고증권에 비해 발행자(issuer)에게 보다 큰 유연성을 부여해준다. 선적증명서는 상품이 장기간 동안 저장되지 않는 경우에 흔히 이용되는 반면, 창고증권은 저장된 상품에 대한 소유권을 증명하는 권리증서(title)로 이용된다.

창고증권을 이용한 실물인수도 방식에서 선적증명서를 이용한 실물인수도 방식으로 전환된 것은 곡물시장에서 발생한 유통방식의 변화를 반영한 조치이다. 무엇보다도 정부의 곡물 저장정책이 폐지되는 한편 농장 내(on-farm) 저장시설이 확충되면서 곡물 엘리베이터(grain elevator), 특히 터미널 엘리베이터(terminal elevator)의 역할이 급격히 감소하였다. 그 결과 시카고 인근지역에서 대규모의 저장능력을 갖춘 터미널 엘리베이터들이 여러 곳 문을 닫으면서 곡물 인수도에 이용될 수 있는 저장 공간이 크게 줄어들게 되었다. 또한 철도산업에 대한 규제가 완화되면서 보다 많은 양의 곡물이 산지의 컨트리 엘리베이터(country elevator)에서 가공지역 및 소비지역으로 직접 운송되게 되었다. 이러한 변화 속에서 곡물 유통시설들은 저장능력을 최소화하면서 대량의 곡물을 취급하는 처리시설(throughput)로 탈바꿈하게 되었다. 그리고 이러한 과정에서 선적증명서가 창고증권보다 더 유용한 거래수단이라는 것이 확인되었다.

선적증명서는 창고증권과 달리 저장중인 곡물에 의해 담보(보증)되지 않는다. 따라서 대부분의 선적증명서 발행자는 선적증명서 시장가치의 110%에 상당하는 신용장(L/C)을 개설하여야 한다. 또한 선적증명서의 발행자는 자사 순자산 가치의 25%를 초과하여 선적증명서를 발행할 수 없을 뿐만 아니라 2백만 달러의 운전자본(운영자본; working capital)을 확보하여야 한다.

선물계약의 매도자가 현물을 인도하고자 하는 의사를 통지하는 것으로부터 실제 현물 인도가 이루어지기까지 3일간에 걸친 일련의 과정(3-day process)을 보다 구체적으로 살펴보면 다음과 같다.

1) 제1일(Day 1): 포지션일(Position Day) 또는 의사표시일(Intention Day)

포지션일은 선물계약의 매도자가 실물인수도를 통하여 최종 결제하고자 할 경우 현물을 인도하겠다는 의사를 통보하는 날이다. 현물을 인도하고자 하는 매도자는 자기가 거래하는 선물회사(선물회사가 거래소의 청산회원으로서 청산회사의 기능을 겸하는 경우가 대부분임)를 통하여 당일 오후 4시 이전까지 청산소(淸算所; clearing house)에 현물 인도 의사를 통보하는 현물 인도 통지서(delivery notice)를 제출하여야 한다.[1]

한편 선물 매입포지션을 보유하여 현물 인수를 희망하는 매입자는 매입 수량과 매입 날짜를 기록한 매입포지션 보고서를 당일 오후 8시까지 청산소에 제출하여 현물을 인수할 적격 대상임을 보고하여야 한다. 매입포지션 보고서가 제출된 날, 즉 포지션일의 정산가격이 매도자가 발행하는 송장(invoice)의 가격으로 이용된다. 선물 매

---

1 CME Group에서 청산기능을 수행하는 청산소(clearing house)의 정식 명칭은 CME Clearing이다.

입포지션의 보유자들은 매입포지션을 보유해온 기간이 오래된 순서대로 순위가 매겨지게 되는데, 가장 오랫동안 매입포지션을 보유한 사람이 1순위가 된다. 최초포지션일(FPD) 이후에는 해당 선물계약의 일일가격제한폭이 폐지된다.

2) 제2일(Day 2): 통지일(Notice Day)

통지일은 말 그대로 청산소가 선물계약의 매입자에게 현물을 인수하도록 통지하는 날이다. 매도자로부터 현물인도 통지서를 제출받은 청산소는 시장 개장 전인 오전 7시까지 현물을 인수할 매입자를 물색하여 서로 연결 짓게 되는데, 여기에는 흔히 선입선출(先入先出; FIFO; first-in, first-out)의 원칙이 적용된다. 즉, 선물 매입포지션을 가장 오랫동안 보유해온 사람에게 가장 먼저 현물 인수를 통지하게 된다. 보다 구체적으로, 청산소는 가장 오랫동안 매입포지션을 보유해온 청산회사(선물회사)에게 현물 인수를 할당하며, 차례로 청산회사는 자기의 고객 중 가장 오랫동안 매입포지션을 보유해온 고객에게 현물을 인수할 것을 통지한다. 이렇게 하는 이유는 매입포지션을 청산하지 않고 가장 오랫동안 보유해온 사람이 현물을 인수하고자 하는 의사가 가장 강하다고 판단하기 때문이다. 현물 인수를 통지받은 매입자가 현물 인수를 수용할 경우 해당 통지는 정지된다(stopped).

한편 현물 인수 통지서를 받았으나 실제로 현물을 인수할 의향이 없는 경우 매입자, 즉 매입포지션 보유자는 매입포지션과 동일한 수량의 매도포지션을 취하여 서로 상쇄시키는 한편, 다른 매입포지션 보유자에게 현물 인도 통지서가 할당될 수 있도록 현물 인도 통지서를 다시 제출(re-tender)하여야만 한다. 그런데 이와 같이 제출된 현물 인도 통지서가 청산소를 통하여 새로운 매입포지션 보유자에게 할당되기까지는 최소한 하루 이상의 시간이 소요되므로 현물 인도 통지서를 다시 제출하는 사람은 해당기간 동안의 창고료, 보험료 및 기타 수수료 등 이른바 재고유지비용(보유비용)을 납부하여야만 한다.

현물을 인수할 매입자가 결정되면 매도자는 청산소를 통하여 매입자를 확인한 다음 자기가 인도할 상품의 내역을 담은 송장(送狀; invoice)을 오후 4시 이전까지 청산회사(선물회사)를 통하여 청산소에 전달한다. 그리고 송장을 전달받은 청산소는 매입자의 청산회사(선물회사)를 통하여 매입자에게 송장을 전달한다. 송장에는 상품의 등급, 수량, 인수도 지점, 인도일 및 인도가격, 등급 및 인수도 위치에 따른 할인 및 할증, 보관료 등 실물인도와 관련한 제반사항들이 표시된다.

3) 제3일(Day 3): 인도일(Delivery Day)

현물을 인도하고자 하는 매도자는 선적증명서(shipping certificate)를 자신이 거래하는 청산회사(선물회사)를 통하여 청산소에 제출한다. 한편 매입자는 오후 1시까지 인수금액에 해당하는 수표(check)를 자신의 청산회사(선물회사)를 통하여 청산소에 제출해야 한다. 청산소는 수표를 제출받은 다음 매도자에게 수표를 전달하여 매도한 금액을 지급받을 수 있도록 하고, 매입자에게는 선적증명서를 전달하여 현물을 인수할 수 있도록 한다.

3. 품질 등급 및 등급간 가격차(Grade and Grade Differentials)

시카고상품거래소(CBOT)에서는 표준등급과 다른 등급의 곡물이 인수도될 때 등급에 따른 가격차(grade differentials)를 반영하도록 하고 있다. 〈표 7-7〉에서 보는 바와 같이, 옥수수의 경우 2등급 황색 옥수수(U.S. No. 2 Yellow Corn)는 계약가격(contract price) 그대로 인수도되고, 1등급 황색 옥수수(U.S. No. 1 Yellow Corn)는 계약가격보다 ¢1.5/bu 할증(premium)된 가격에 인수도된다. 그리고 3등급 황색 옥수수(U.S. No. 3 Yellow Corn)는 계약가격보다 ¢1.5/bu 할인(discount)된 가격에 인수도된다.

표 7-7 옥수수의 품질 등급 및 등급별 가격차(grade differentials)

품질 등급(grade)	가격차(할증 또는 할인)
U.S. No. 1 Yellow Corn (최대 수분함량 15%)	계약가격보다 ¢1.5/bu 할증(premium)
U.S. No. 2 Yellow Corn (최대 수분함량 15%)	계약가격(par)
U.S. No. 3 Yellow Corn (최대 수분함량 15%)	계약가격보다 ¢1.5/bu 할인(discount)

주: 2018년 10월 1일 기준
자료: CME Group Inc.(www.cmegroup.com)

〈표 7-8〉은 Chicago SRW 소맥 선물계약의 품질 등급 및 등급별 가격차를 나타내고 있다. No. 2 Soft Red Winter(SRW), No. 2 Hard Red Winter(HRW), No. 2 Dark Northern Spring(DNS), No. 2 Northern Spring(NS)는 계약가격 그대로(at contract price) 인수도된다.

표 7-8 Chicago SRW 소맥의 품질 등급 및 등급별 가격차(grade differentials)

품질 등급(grade)	가격차(할증 또는 할인)
No. 2 Soft Red Winter(SRW)	계약가격(par)
No. 2 Hard Red Winter(HRW)	
No. 2 Dark Northern Spring(DNS)	
No. 2 Northern Spring(NS)	
No. 1 Soft Red Winter(SRW)	계약가격보다 ¢3 할증(premium)
No. 1 Hard Red Winter(HRW)	
No. 1 Dark Northern Spring(DNS)	
No. 1 Northern Spring(NS)	

주: 2018년 10월 1일 기준
자료: CME Group Inc.(www.cmegroup.com)

한편 이들보다 상위등급에 해당하는 No. 1 Soft Red Winter(SRW), No. 1 Hard Red Winter(HRW), No. 1 Dark Northern Spring(DNS), No. 1 Northern Spring(NS)은 계약가격보다 ¢3/bu 할증된 가격에(at ¢3/bu premium) 인수도된다. SRW 이외의 다른 소맥들도 인수도 가능하기는 하지만, SRW 이외의 다른 소맥들은 시카고 인근에서 멀리 떨어져 있는 지역에서 생산되기 때문에 운송비용 등 비용상의 불리함으로 인해 실제로는 잘 인수도되지 않는다.

⟨표 7-9⟩는 KC HRW 소맥 선물계약의 품질 등급 및 등급별 가격차를 나타내고 있다. 단백질 함량 11% 이상의 No. 2 Hard Red Winter(HRW) 소맥은 계약가격 그대로 인수도된다. 그리고 단백질 함량 11% 이상의 No. 1 Hard Red Winter(HRW) 소맥은 계약가격보다 ¢1.5/bu 할증(premium)된 가격에 인수도된다. 한편 단백질 함량 10.5%~11%의 No. 1 Hard Red Winter(HRW) 및 No. 2 Hard Red Winter(HRW) 소맥은 계약가격보다 ¢10/bu 할인(discount)된 가격에 인수도된다.

표 7-9 KC HRW 소맥의 품질 등급 및 등급별 가격차(grade differentials)

품질 등급(grade)	가격차(할증 또는 할인)
No. 1 HRW, 단백질 함량 11% 이상	계약가격보다 ¢1.5/bu 할증
No. 2 HRW, 단백질 함량 11% 이상	계약가격(par)
No. 1 HRW, 단백질 함량 10.5%~11%	계약가격보다 ¢10/bu 할인
No. 2 HRW, 단백질 함량 10.5%~11%	계약가격보다 ¢10/bu 할인

주: 2018년 10월 1일 기준
자료: CME Group Inc.(www.cmegroup.com)

표 7-10 대두의 품질 등급 및 등급별 가격차(grade differentials)

품질 등급(grade)	가격차(할증 또는 할인)
U.S. No. 1 Yellow Soybeans (최대 수분함량 13%)	계약가격보다 ¢6.0/bu 할증(premium)
U.S. No. 2 Yellow Soybeans (최대 수분함량 14%)	계약가격(par)
U.S. No. 3 Yellow Soybeans (최대 수분함량 14%)	계약가격보다 ¢6.0/bu 할인(discount)

주: 1) 2018년 10월 1일 기준
   2) 3등급 황색 대두(U.S. No. 3 Yellow Soybeans)는 이물질 함량(최대 3%)을 제외한 다른 모든 조건들이 2등급 황색 대두(U.S. No. 2 Yellow Soybeans; 이물질 함량 최대 2%)와 동일하다.
자료: CME Group Inc.(www.cmegroup.com)

〈표 7-10〉은 대두 선물계약의 품질 등급 및 등급별 가격차를 나타내고 있다. 2등급 황색 대두(U.S. No. 2 Yellow Soybeans)는 계약가격 그대로 인수도되고, 1등급 황색 대두(U.S. No. 1 Yellow Soybean)는 계약가격보다 ¢6.0/bu 할증(premium)된 가격에 인수도된다. 그리고 3등급 황색 대두(U.S. No. 3 Yellow Soybeans)는 계약가격보다 ¢6.0/bu 할인(discount)된 가격에 인수도된다.

4. 실물인수도 지점(Delivery Location) 및 지역별 가격차(Location Differentials)

〈그림 7-3〉은 미국에서 곡물 운송과 관련된 내륙 수로(水路; waterways) 체계를 보여주고 있다. 시카고상품거래소(CBOT)가 지정한 곡물의 실물인수도 지점들은 일리노이 강(Illinois river) 및 미시시피 강(Mississippi river)의 수로에 인접한 지역에 위치한 곡물창고(elevator)들인 경우가 대부분이다.

전통적으로 시카고상품거래소(CBOT)에서 만기가 도래한 곡물 선물계약의 실물인수도는 Chicago(IL)-Burns Harbor(IN) Switching District로 지칭되는 시카고 인근지역에서 이루어졌다. 즉, 시카고 인근지역에 위치한 거래소 지정 창고에서 발행된 창고증권의 인수도를 통하여 실물인수도가 이루어졌다.

그러나 1980년대, 1990년대를 지나는 동안 정부의 곡물 저장정책 폐지와 농장 내(on-farm) 저장시설의 증가 등으로 말미암아 시카고 지역의 곡물 저장능력이 급격히 감소하게 되었다. 이에 따라 시카고 지역은 곡물교역에서 상대적인 중요도가 크게 약화되었다. 반면에 일리노이 강(Illinois River)을 따라 주변지역에 위치한 생산 및 소비 중심지들이 새로운 실물인수도 장소로 부상하게 되었다. 이에 맞춰 시카고상품거

그림 7-3 미국의 내륙 수로(US inland waterways) 체계

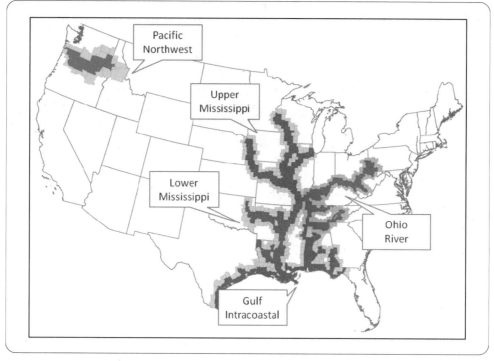

자료: "Inland Navigation in the United States", prepared by the University of Kentucky and the University of Tennessee, November 2014.

래소(CBOT)는 2000년부터 일리노이 강변에 위치한 선적기지(shipping station)들을 새로운 실물인수도 지점으로 지정함으로써 〈그림 7-4〉과 같이 '일리노이 수로(水路) 인수도 체계(Illinois Waterway Delivery System)'를 형성하게 되었다.

〈표 7-11〉은 옥수수 선물계약의 실물인수도 지점 및 지역별 가격 차이를 나타내고 있다. 옥수수의 실물인수도 장소는 Illinois River 및 Mississippi River를 따라 4개 지구(zone)로 나누어져 있다. Chicago(IL)-Burns Harbor(IN), Indiana Switching District에 위치한 선적기지(zone 1)에서 실물인수도가 이루어질 때는 계약가격 그대로 인수도된다. 시카고지역에서 멀어질수록 바지선(barge) 운임 등을 감안하여 인수도가격이 할증(premium)되게 되는데, 할증금액은 일리노이 강을 따라 하류지역으로 내려가서 시카고 지역으로부터 멀어질수록 증가한다.

Lockport(IL)-Seneca(IL) Shipping District에 위치한 선적기지(zone 2)에서 인수도될 때는 계약가격보다 ¢2.0/bu 할증된 가격에, Ottawa(IL)-Chillicothe(IL) Shipping District에 위치한 선적기지(zone 3)에서 인수도될 때는 ¢2.5/bu 할증된 가격에 인수

그림 7-4 일리노이 수로(水路) 인수도 체계(Illinois Waterway Delivery System)

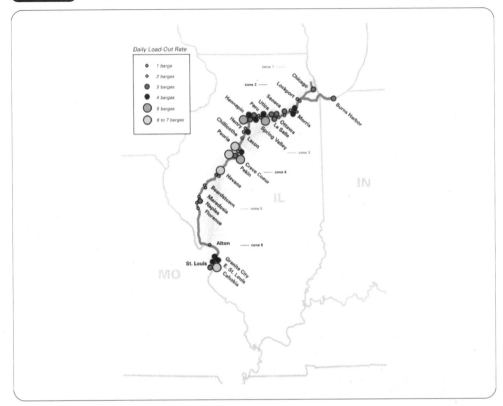

자료: CME Group Inc.(www.cmegroup.com)

도된다. 그리고 Peoria(IL)-Pekin(IL) Shipping District에 위치한 선적기지(zone 4)에서는 ¢3.0/bu 할증된 가격에 인수도된다.

〈표 7-12〉는 Chicago SRW 소맥 선물계약의 실물인수도 지점 및 지역별 가격 차이를 나타내고 있다. Chicago Switching District, Burns Harbor, Indiana Switching

표 7-11 옥수수 실물인수도 지점 및 지역별 가격차(location differentials)

실물인수도지점(delivery location)	가격차(할증 또는 할인)
Chicago and Burns Harbor, Indiana Switching District	계약가격(par)
Lockport–Seneca Shipping District	계약가격보다 ¢2.0/bu 할증
Ottawa–Chillicothe Shipping District	계약가격보다 ¢2.5/bu 할증
Peoria–Pekin Shipping District	계약가격보다 ¢3.0/bu 할증

주: 2018년 10월 1일 기준
자료: CME Group Inc.(www.cmegroup.com)

표 7-12	Chicago SRW 소맥 선물계약의 지역별 가격차(location differentials)

실물인수도지점(delivery location)	가격차(할증 또는 할인)
Chicago Switching District, Burns Harbor, Indiana Switching District, Ohio River, Toledo, Ohio Switching District	계약가격(par)
Northwest Ohio territory	계약가격보다 ¢10/bu 할인
Mississippi River	계약가격보다 ¢20/bu 할증
St. Louis–Alton Territory	계약가격보다 ¢10/bu 할증

주: 2018년 10월 1일 기준
자료: CME Group Inc.(www.cmegroup.com)

District, Ohio River, Toledo, Ohio Switching District에 위치한 곡물창고에서 실물인수도가 이루어질 때는 계약가격 그대로 인수도된다. 그리고 다른 지역에 위치한 곡물창고(elevator)에서 실물인수도가 이루어질 때는 〈표 7-12〉에 제시되어 있는 대로 할증 또는 할인이 적용된다.

〈표 7-13〉은 KC HRW 소맥 선물계약의 실물인수도 지점 및 지역별 가격 차이를 나타내고 있다. Kansas City, Missouri/Kansas에 위치한 곡물창고에서 실물인수도가 이루어질 때는 계약가격 그대로 인수도된다. 그리고 다른 지역에 위치한 곡물창고(elevator)에서 실물인수도가 이루어질 때는 〈표 7-13〉에 제시되어 있는 대로 할증 또는 할인이 적용된다.

〈표 7-14〉는 대두 선물계약의 실물인수도 지점 및 지역별 가격 차이를 나타내고 있다. 대두의 실물인수도 장소는 Illinois River 및 Mississippi River를 따라 6개 지구(zone)로 나누어져 있다. Chicago(IL)-Burns Harbor(IN) Switching District에 위치한 선적기지(zone 1)에서 실물인수도가 이루어질 때는 계약가격 그대로 인수도된다. 시카고지역에서 멀어질수록 바지선(barge) 운임 등을 감안하여 인수도가격이 할증

표 7-13	KC HRW 소맥 선물계약의 지역별 가격차(location differentials)

위치(location)	가격차(할증 또는 할인)
Kansas City, Missouri/Kansas	계약가격(par)
Wichita, Kansas	계약가격보다 ¢6/bu 할인
Hutchinson, Kansas	계약가격보다 ¢9/bu 할인
Salina/Abilene, Kansas	계약가격보다 ¢12/bu 할인

주: 2018년 10월 1일 기준
자료: CME Group Inc.(www.cmegroup.com)

표 7-14 대두 실물인수도 지점 및 지역별 가격차(location differentials)

실물인수도지점(Delivery Location)	가격차(할증 또는 할인)
Chicago and Burns Harbor, Indiana Switching District	계약가격(par)
Lockport-Seneca Shipping District	계약가격보다 ￠2.0/bu 할증
Ottawa-Chillicothe Shipping District	계약가격보다 ￠2.5/bu 할증
Peoria-Pekin Shipping District	계약가격보다 ￠3.0/bu 할증
Havana-Grafton Shipping District	계약가격보다 ￠3.5/bu 할증
St. Louis-East St. Louis and Alton Switching Districts	계약가격보다 ￠6.0/bu 할증

주: 2018년 10월 1일 기준
자료: CME Group Inc.(www.cmegroup.com)

(premium)되게 되는데, 할증금액은 일리노이 강을 따라 하류지역으로 내려가서 시카고 지역으로부터 멀어질수록 증가한다.

　　Lockport(IL)-Seneca(IL) Shipping District에 위치한 선적기지(zone 2)에서 인수도될 때는 계약가격보다 ￠2/bu 할증된 가격에, Ottawa(IL)-Chillicothe(IL) Shipping District에 위치한 선적기지(zone 3)에서 인수도될 때는 ￠2.5/bu 할증된 가격에 인수도된다. Peoria(IL)-Pekin(IL) Shipping District에 위치한 선적기지(zone 4)에서는 ￠3/bu 할증된 가격에, Havana(IL)-Grafton(IL) Shipping District에 위치한 선적기지(zone 5)에서는 ￠3.5/bu 할증된 가격에 인수도된다. 마지막으로 Alton(IL)-St. Louis(MO) Switching District에 위치한 선적기지(zone 6)에서 실물인수도가 이루어질 때는 계약가격보다 ￠6/bu 할증된 가격에 인수도된다.

참고문헌 ◆

Chicago Board of Trade(2006), The Chicago Board of Trade Handbook of Futures & Options, New York: New York, McGraw-Hill.

Chicago Mercantile Exchange(2006), An Introduction to Futures and Options, Student Manual.

Chicago Mercantile Exchange(2006), CME Commodity Trading Manual.

CME Group(2017), Corn and Soybean Delivery Terms.

CME Group(2018), CBOT Rule Book (https://www.cmegroup.com/rulebook/CBOT/).

CHAPTER 08 선물가격의 분석

선물가격은 매우 다양한 요인들에 의해 영향을 받기 때문에 미래의 선물가격을 정확히 예측하기란 사실상 불가능에 가깝다. 그럼에도 불구하고 기본적인 수급요인에 대한 분석, 과거 및 현재의 시장가격에 대한 분석 등을 통하여 미래의 선물가격을 예측하려는 시도가 끊임없이 이어져 왔다. 선물가격의 분석 방법은 기본적 분석(fundamental analysis)과 기술적 분석(technical analysis)의 두 가지로 나뉜다.

SECTION 01 기본적 분석Fundamental Analysis

기본적 분석은 상품의 수요 및 공급 요인에 대한 분석을 통하여 내재가치(內在價值; intrinsic value)를 평가하고, 이를 바탕으로 미래의 가격을 예측하는 방법을 말한다. 기본적 분석에서는 수요 요인과 공급 요인 중 어느 것이 더 우세한지를 분석한다. 예컨대, 만약 농산물 수요는 변함이 없는 상태에서 극심한 가뭄으로 인해 공급이 줄어들 것으로 예상된다면, 수요가 공급을 초과하여 가격이 상승하게 된다. 기본적 분석은 가격 변동의 방향, 예상되는 가격 변동의 범위 등을 파악해내는데 유용한 것으로 알려져 있다.

1. 주요 곡물의 생물학적 특성 및 수급(需給) 동향

곡물에 대한 기본적 분석을 위해서는 해당 곡물의 재배 및 생산, 유통, 가공, 무역 등 기본적인 사항들에 대한 이해가 선행되어야 한다. 본 절에서는 주요 곡물 가운데 옥수수, 대두, 소맥의 생물학적 특성 및 수급 동향에 대해 살펴보고자 한다.

1) 옥수수(Corn; Maize)

옥수수는 사료곡물(feed grain)을 대표하는 작물로 일반적으로 'corn'으로 불리지만, FAO(Food and Agriculture Organization of the United Nations; UN식량농업기구) 등에서는 공식적으로 'maize'라고 부른다. 사료곡물에는 옥수수를 비롯하여 수수(sorghum), 귀리(oat), 호밀(rye), 보리(barley) 등이 포함되지만, 옥수수의 비중이 절대적으로 높다. 옥수수는 다른 작물에 비해 환경 적응성이 매우 커서 전 세계 각지에서 고루 재배되고 있다. 옥수수는 멕시코, 중남미 등에서 식용으로 재배되기도 하지만, 대부분 가축 사료용으로 많이 이용되고 있다.

오늘날 전 세계적으로 재배되고 있는 옥수수 품종은 100~150개에 이르는 것으로 알려지고 있다. 대표적인 옥수수 품종은 dent corn(마치종; 馬齒種), flint corn(경립종; 硬粒種), pod corn(유부종; 有浮種), waxy corn(나종; 糯種; 찰옥수수), popcorn(폭립종; 爆粒種; 팝콘), flour corn(연립종; 軟粒種), sweet corn(감미종; 甘味種) 등이 있다. 이 가운데 가장 주류를 이루는 것은 단연 마치종이다. 마치종이라는 명칭은 옥수수가 완숙될 때 낟알의 전분(starch)이 고르게 건조되지 않고 부분적으로 수축하면서 낟알이 마치 말 이빨 모양으로 생기기 때문에 붙여진 이름이다. 옥수수는 색깔에 따라 황색 옥수수(yellow corn), 흰색 옥수수(white corn), 그리고 혼합 옥수수(mixed corn)로 구분된다.

〈그림 8-1〉에서 보는 바와 같이, 옥수수의 생장은 영양생장기(營養生長期; vegetative growth stage)와 생식생장기(生殖生長期; reproductive growth stage)로 나뉜다. 영양생장기는 잎, 줄기, 뿌리 등 영양기관의 생장기를 의미하고, 생식생장기은 꽃, 열매(종자) 등 생식기관의 생장기를 의미한다.

영양생장기는 씨앗이 발아하여 여러 개의 잎이 나고, 옥수수의 맨 꼭대기에 수술(tassel)이 달리는 시기까지를 말한다. 보다 구체적으로 옥수수의 영양생장기(V)는 다음과 같이 구분된다.

그림 8-1   옥수수의 생장(영양생장+생식생장) 과정

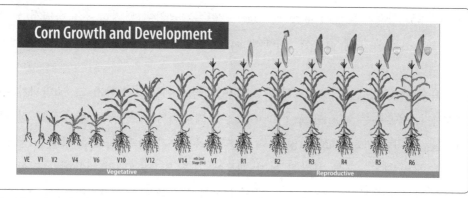

자료: Ciampitti, I.A., R.W. Elmore, and J. Lauer, "Corn Growth and Development," Kansas State University Agricultural Experiment Station and Cooperative Extension Service, MF3305, June 2016.

1) VE: 발아기(發芽期; emergence stage) － 씨앗이 싹트는 시기
2) VN: 본엽기(本葉期; Nth leaf stage) － 본엽(本葉)이 열리는 숫자(N)가 순차적으로 증가하는 시기(V1: 제1본엽~V18: 제18본엽)
3) VT: 출웅기(出雄期; tasseling stage) － 수술(tassel)이 달리는 시기

한편 생식생장기는 옥수수 수염(silk)이 자라 수분(受粉; pollination; 가루받이)이 이루어지고, 낟알이 맺힌 후 영글어서 완숙하는 시기까지를 말한다. 옥수수 수분기(受粉期; pollination period; 수술의 꽃가루가 암술머리에 붙어서 수정이 이루어지는 시기)에 수술(tassel)은 옥수수 수염(silk)이 자라나기 2~3일 전에 먼저 달린다. 꽃가루는 주로 아침이나 저녁에 떨어지는데, 꽃가루가 수염에 떨어져 밑씨(배주; 胚珠; ovule)와 결합하면 수정이 이루어진다. 보다 구체적으로 옥수수의 생식생장기(R)는 다음과 같이 구분된다.

1) R1: 출사기(出絲期; silking stage) － 옥수수 수염(silk)이 나는 시기
2) R2: 유수형성기(幼穗形成期; blister stage) － 옥수수 낟알이 마치 물집(수포; 水疱)처럼 맑게 형성되는 시기
3) R3: 유숙기(乳熟期; milk stage) － 옥수수 낟알이 마치 흰색의 우유처럼 형성되는 시기
4) R4: 호숙기(湖熟期; dough stage) － 옥수수 낟알이 마치 죽이나 풀처럼 형성되는 시기
5) R5: 황숙기(黃熟期; dent stage) － 옥수수 낟알이 마치 말 이빨처럼 움푹 들어가

면서 노랗게 익는 시기

6) R6: 성숙기(成熟期; maturity stage) ─ 옥수수 낟알이 완전히 성숙하면서 낟알의
밑 부분에 검은색 층(black layer)이 형성되는 시기

옥수수의 용도는 식용으로부터 사료용, 산업용에 이르기까지 그 쓰임새가 매우
다양하다. 옥수수는 'corn-hog cycle(옥수수와 돼지 가격의 순환적인 변동)'로도 잘 알려
져 있는 것처럼 가축 사료로 많이 이용된다. 옥수수가 가축 사료로 각광을 받게 된
이유는 무엇보다도 전분 함량이 높기 때문에 가축 및 가금류의 비육에 유리할 뿐만
아니라 다른 곡물보다 식물성 기름 함량이 높아서 훌륭한 에너지원이 되기 때문이다.
또한 옥수수는 동일한 재배면적과 생산요소의 투입을 전제로 할 때 다른 작물에 비
해 곡물 및 조사료 측면에서 사료 생산량이 더 많다는 장점도 있다.

옥수수의 산업적 용도로는 액상과당(high fructose corn syrup; HFCS; 고과당 옥수수
시럽), 감미료(sweetener) 등의 가공식품에서부터 바이오에탄올(bioethanol), 골프 티
(golf tee) 등의 제조에 이르기까지 매우 폭넓다. 특히 최근 들어 바이오에탄올을 제조
하는데 사용되는 옥수수의 양이 크게 증가해 왔는데, 미국의 경우 국내 옥수수 소비
량의 40% 이상이 연료용 바이오에탄올을 생산하는데 사용되고 있다. 바이오에탄올은
화석연료인 가솔린보다 산소 함유량이 더 높기 때문에 보다 완전한 연소가 이루어져
공해물질의 배출이 저감(低減)되는 것으로 알려져 있다. 옥수수에서 바이오에탄올을
제조하고 남는 부산물인 주정박(酒精粕; dried distillers grains with solubles; DDGS)은 가
축 사료원료로 이용된다.

옥수수의 가공방식은 습식가공(wet milling)과 건식가공(dry milling)의 두 가지로
나뉜다. 습식가공방식은 옥수수 낟알을 이산화황(SO_2; 아황산가스) 용액에 담가서 껍질
을 제거한 후 분쇄하여 전분, 덱스트린(dextrin), 옥배유(corn oil; 옥수수 씨눈으로 짠 기
름), 액상과당(HFCS), 에탄올 등을 만드는데 이용된다. 한편 건식가공방식은 옥수수
낟알에 물을 살포하거나 수증기를 가하여 연화(軟化)시킨 후 옥분(cornmeal; 옥수수 가
루), 시리얼(breakfast cereal), 호미니(hominy; 옥수수 죽을 만들기 위해 분쇄한 것), 사료 등
을 만드는데 이용된다.

〈표 8-1〉에서 보는 바와 같이, 전 세계적으로 옥수수를 많이 생산하는 나라는
미국, 중국, 브라질, 유럽연합(EU), 아르헨티나, 우크라이나 등이다. 주요 수출국 역시
주요 생산국과 일치하는데, 미국, 브라질, 아르헨티나, 우크라이나 4개국의 수출량이
전 세계 수출량의 87%(2018/19년 기준)을 차지하는 과점시장 구조이다. 한편 주요 수

表 8-1 세계 옥수수 생산 및 수출입 동향(2014/15~2018/19년)   (단위: 1,000톤, %)

구분/연도		2014/15	2015/16	2016/17	2017/18	2018/19	비중
생산량	미국	361,091	345,506	384,778	370,960	376,615	35.2
	중국	215,646	224,632	219,552	215,891	225,000	21.0
	브라질	85,000	67,000	98,500	82,000	94,500	8.8
	EU	75,734	58,748	61,888	62,277	60,800	5.7
	아르헨티나	29,750	29,500	41,000	32,000	41,000	3.8
	우크라이나	28,450	23,333	27,969	24,115	31,000	2.9
	기타	226,990	224,522	244,868	246,398	240,084	22.5
	합계	1,022,661	973,241	1,078,555	1,033,641	1,068,999	100.0
수출량	미국	46,831	51,098	55,593	62,500	61,000	38.7
	브라질	21,909	35,382	19,794	24,500	25,000	15.8
	아르헨티나	18,448	21,679	22,951	23,500	27,000	17.1
	우크라이나	19,661	16,595	21,334	18,500	25,000	15.8
	러시아	3,213	4,691	5,589	5,300	4,000	2.5
	남아공	746	759	1,816	2,100	1,900	1.2
	기타	17,582	14,726	14,623	13,280	13,850	8.8
	합계	128,390	144,930	141,700	149,680	157,750	100.0
수입량	멕시코	11,341	14,011	14,569	16,200	16,200	10.3
	EU	8,908	13,792	15,023	18,000	19,500	12.4
	일본	14,657	15,201	15,169	15,200	15,000	9.5
	한국	10,168	10,121	9,231	9,800	10,200	6.5
	베트남	6,700	8,600	8,500	9,500	10,000	6.3
	이집트	7,839	8,722	8,773	9,400	9,700	6.1
	기타	68,777	74,483	70,435	71,580	77,150	48.9
	합계	128,390	144,930	141,700	149,680	157,750	100.0

주: 비중(%)은 2018/19년 기준 생산량, 수출량 및 수입량에서 각국이 차지하는 점유율을 의미한다.
자료: USDA FAS, "Grain: World Markets and Trade," September 2018.

입국은 멕시코, 유럽연합(EU), 일본, 한국, 베트남, 이집트 등이다.

미국은 세계 최대의 옥수수 생산국인 동시에 수출국이다. 〈그림 8-2〉는 미국의 주요 옥수수 생산 지역 및 생산 비중을 보여주고 있다. 미국에서 옥수수가 주로 재배되는 지역은 흔히 '콘벨트(corn belt)'로 불리는 중서부 지역(Midwest Region), 즉 노스다코타(North Dakota), 사우스다코타(South Dakota), 네브래스카(Nebraska), 캔자스(Kansas), 미네소타(Minnesota), 아이오와(Iowa), 미주리(Missouri), 위스콘신(Wisconsin), 일리노이(Illinois), 인디애나(Indiana), 오하이오(Ohio), 미시간(Michigan)에 이르는 12개 주이다. 이 지역에서도 특히 아이오와(Iowa)와 일리노이(Illinois)는 전통적으로 옥수수 생산의 중심지가 되어 왔다. 미국에서 중서부 지역은 가장 비옥한 토양지대를 이루는

그림 8-2   미국의 주요 옥수수 생산 지역 및 비중(2012~2016년 평균 기준)

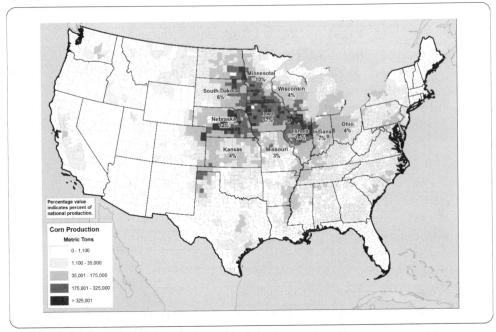

자료: USDA FAS IPAD, "Crop Production Maps"(https://ipad.fas.usda.gov/ogamaps/cropproductionmaps.aspx)

한편 지형적으로도 평탄지 내지 완경사지를 이루고 있어 기계화 영농에 적합한 조건을 갖추고 있다.

콘벨트(corn belt)에서 옥수수는 주로 5월 초부터 파종되기 시작하지만, 미네소타(Minnesota)나 사우스다코타(South Dakota)처럼 위도가 높은 지역에서는 옥수수 파종이 보다 늦어지는 경향이 있다. 옥수수는 생장기간이 120일 정도로 다른 작물들에 비해 상대적으로 짧다. 옥수수는 7월 중순에서 하순에 걸쳐 수분기(受粉期; pollination period)를 거치게 되는데, 이 시기가 옥수수의 생육 상 가장 중요한 시기라고 할 수 있다. 수분기는 약 10일간에 걸쳐 지속되는데, 옥수수 낟알의 수정(受精) 여부가 결정되는 만큼 수분기의 날씨는 단수(單收; 단위면적당 수확량; yield)에 지대한 영향을 미친다. 옥수수는 8월 말에 완숙기(完熟期)에 접어들고, 10월 중순에서 11월 중순에 걸쳐 수확이 이루어진다.

콘벨트(corn belt)보다 위도가 낮은 남부지방에서는 옥수수가 3, 4월의 이른 시기에 파종되기도 하고, 수확도 10월 이전에 이루어지기도 한다. 이러한 경향을 반영하여 미농무부(USDA)는 옥수수의 작물연도(crop year)를 9월 1일부터 이듬해 8월 31일까지로 정하고 있다. 옥수수 주산지에서 본격적인 수확이 10월 중순부터 이루어진다는 사실을 감안하면, 옥수수 선물시장에서 신곡(new crop)이 거래되는 최초의 결제월은 12월(Dec)이 된다.

　브라질은 중국에 이어 세계 제3위의 옥수수 생산국이자 제2위의 수출국이다. 브라질에서는 옥수수 2모작(二毛作; double cropping)이 광범위하게 행해지고 있다. 브라질에서 2모작 옥수수는 1모작에 비해 '보잘 것 없는 수확(little harvest)'을 의미하는 'Safrinha'로 불린다. 2모작 옥수수의 생산량은 불과 몇 년 전까지만 하더라도 전체 옥수수 생산량의 약 1/4에 불과하였으나, 최근에는 전체 옥수수 생산량의 약 65%를 차지하고 있다. 2모작 옥수수의 생산량이 크게 증가함에 따라 옥수수 주산지도 남부(South) 및 남동부지역(Southeast)에서 중서부지역(Center-West)으로 이동하게 되었다. 1모작 옥수수는 대부분 국내에서 소비되는 반면 2모작 옥수수는 대부분 아시아 및 중동지역으로 수출되어 국제 곡물시장에서 미국, 우크라이나 등과 경합을 벌인다.

　브라질은 경지면적이 광활하고, 열대(tropical)에서 아열대(subtropical)에 이르는 다양한 기후대에 걸쳐 있다. 그 결과 〈표 8-2〉에서 보는 바와 같이, 1모작과 2모작으

표 8-2　브라질의 지역 및 주(州)별 옥수수 1모작 및 2모작 재배 일정

지역/주(州)	1모작(1st season)		2모작(2nd season)	
	파종기	수확기	파종기	수확기
중서부(Center-West)				
마투그로수(Mato Grosso)	10~12월	2~5월	1~2월	5~7월
마투그로수두술(Mato Grosso do Sul)	10~12월	1~4월	1~2월	5~7월
고이아스(Goiás)	10~12월	1~4월	1~2월	5~7월
남부(South)				
파라나(Paraná)	9~11월	1~5월	1~3월	5~9월
히우그란지두술(Rio Grande do Sul)	8~11월	2~5월		
남동부(Southeast)				
미나스제라이스(Minas Gerais)	10~12월	2~5월	2~3월	6~9월
상파울루(São Paulo)	10~12월	1~5월	1~3월	5~9월
북동부(Northeast)				
바이아(Bahia)	10~1월	2~6월	5~7월	8~11월
마라냥(Maranhao)	11~2월	5~9월	2~3월	6~7월
세아라(Ceará)	1~4월	6~8월		
북부(North)				
혼도니아(Rondonia)	8~10월	1~4월	1~3월	6~7월
파라(Para)	10~12월	1~5월		

자료: Allen E., and C. Valdes, "Brazil's Corn Industry and the Effect on the Seasonal Pattern of U.S. Corn Exports," USDA AES-93, June 2016.

로 재배되는 옥수수의 파종기 및 수확기가 지역 및 주(州)별로 매우 상이하다. 브라질에서 옥수수는 전체 재배면적의 불과 3%만이 관개시설의 혜택을 보고 있으며, 전체 옥수수 재배면적의 절반은 가뭄으로 인한 피해를 입는 경우가 흔하다.

브라질에서 옥수수의 주요 생산지역은 크게 두 개의 지역으로 구분된다. 하나는 전통적인 옥수수 주산지인 남부(South) 및 남동부(Southeast) 지역이다. 이 지역에서는 대두와 옥수수, 그리고 대두와 면화를 번갈아 재배하는 윤작(輪作; crop rotation; 돌려짓기)이 활발하게 이루어진다. 남동부(Southeast) 지역에는 미나스제라이스(Minas Gerais), 상파울루(São Paulo), 리우데자네이루(Rio de Janeiro), 그리고 이스피리투산투(Espírito Santo)의 4개 주(州)가 포함된다. 그리고 남부(South)지역에는 히우그란지두술(Rio Grande do Sul), 산타카타리나(Santa Catarina), 그리고 파라나(Paraná)의 3개 주(州)가 포함된다. 남부 및 남동부지역에서 1모작 옥수수는 대부분 9월에 파종하여 이듬해 3월에 수확한다. 이 지역에서는 고품질의 옥수수 종자를 사용하고, 고도로 기계화된 농장에서 재배하기 때문에 타 지역에 비해 단위면적당 수확량이 훨씬 높은 편이다. 이 지역에서 재배되는 1모작 옥수수는 대부분 인근의 국내 가축사료 시장으로 유입되어 양돈 및 양계사료로 이용된다.

다른 하나의 옥수수 주산지는 신개척지역(frontier region)인 중서부(Center-West)의 세라도(Cerrado) 지역이다. 세라도(Cerrado)는 브라질의 열대 사바나지역(tropical savanna; 대초원)으로 옥수수, 대두 및 면화 생산에 적합하다. 과거에 세라도(Cerrado)는 작물 재배에 적합하지 않은 버려신 땅으로 간주되었으나, 신성 및 비옥도가 낮은 토양에 적용할 수 있는 농업기술이 개발됨으로써 농업발전이 촉진되었다. 더욱이 대두와 옥수수의 윤작체계를 도입하면서 대두가 공기 중의 질소를 고정시키는 효과를 발휘함에 따라 비료 사용의 효율성이 제고되는 한편 수확량이 크게 증가하였다. 예컨대, 중서부(Center-West) 지역의 마투그로수(Mato Grosso)에서는 전작(前作; 1모작)인 대두의 수확이 끝난 후인 1월부터 2모작 옥수수의 파종이 시작된다. 브라질의 중서부(Center-West) 지역에는 마투그로수(Mato Grosso), 마투그로수두술(Mato Grosso do Sul), 고이아스(Goiás), 그리고 연방 직할구(Distrito Federal)의 4개 지역이 포함된다.

〈그림 8-3〉은 1모작 옥수수의 주요 생산 지역 및 생산 비중을 보여주고 있다. 브라질에서 1모작 옥수수는 미나스제라이스(Minas Gerais), 히우그란지두술(Rio Grande do Sul), 파라나(Paraná), 산타카타리나(Santa Catarina), 상파울루(São Paulo), 바이아(Bahia)에서 주로 생산된다. 2014년부터 2016년까지 3개년의 평균 생산량을 기준으로 할 때, 상위 5개 주(州)의 옥수수 생산량은 전체 1모작 옥수수 생산량의 72%를 차지하였다.

그림 8-3 브라질 1모작(1st season) 옥수수의 주요 생산 지역 및 비중(2014~2016년 평균 기준)

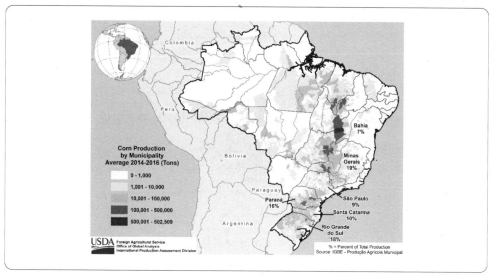

자료: USDA FAS IPAD, "Crop Production Maps" (https://ipad.fas.usda.gov/ogamaps/cropproductionmaps.aspx)

〈그림 8-4〉는 브라질 2모작 옥수수의 주요 생산 지역 및 생산 비중을 보여주고 있다. 브라질에서 2모작 옥수수는 마투그로수(Mato Grosso), 파라나(Paraná), 마투그로수두술(Mato Grosso do Sul), 고이아스(Goiás), 상파울루(São Paulo)에서 주로 생산된다. 2014년부터 2016년까지 3개년의 평균 생산량을 기준으로 할 때, 5개 주(州)의 옥수수

그림 8-4 브라질 2모작(2nd season) 옥수수의 주요 생산 지역 및 비중(2014~2016년 평균 기준)

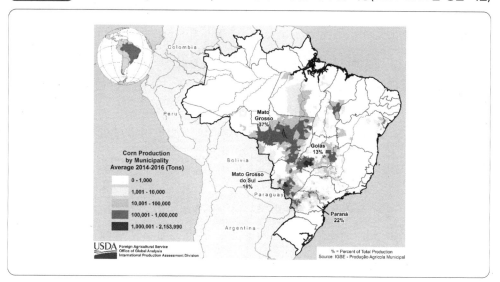

자료: USDA FAS IPAD, "Crop Production Maps" (https://ipad.fas.usda.gov/ogamaps/cropproductionmaps.aspx)

그림 8-5　아르헨티나의 주요 옥수수 생산 지역 및 비중(2014~2017년 평균 기준)

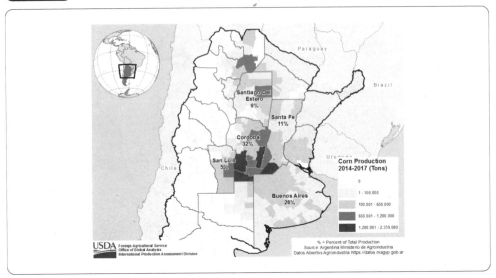

자료: USDA FAS IPAD, "Crop Production Maps" (https://ipad.fas.usda.gov/ogamaps/cropproductionmaps.aspx)

생산량은 전체 2모작 옥수수 생산량의 88%를 차지하였다. 특히 마투그로수(Mato Grosso)와 파라나(Paraná) 2개 주의 옥수수 생산량은 전체 2모작 생산량의 59%를 차지하였다.

　아르헨티나는 세계 제3위의 옥수수 수출국이다. 〈그림 8-5〉는 아르헨티나의 주요 옥수수 생산 시역 및 생산 비중을 보여주고 있다. 아르헨티나에서는 보통 9~11월에 옥수수를 파종하여 이듬해 3~5월에 수확한다. 아르헨티나에서 옥수수는 코르도바(Cordoba), 부에노스 아이레스(Buenos Aires), 싼타페(Santa Fe), 산티아고델에스테로(Santiago del Estero), 산루이스(San Luis)에서 주로 생산된다. 2014년부터 2017년까지 4개년의 평균 생산량을 기준으로 할 때, 5개 주(州)의 옥수수 생산량은 아르헨티나 전체 옥수수 생산량의 83%를 차지하였다.

　우크라이나는 세계 제4위의 옥수수 수출국이다. 〈그림 8-6〉은 우크라이나의 주요 옥수수 생산 지역 및 생산 비중을 보여주고 있다. 우크라이나에서 옥수수는 일반적으로 4월 말 또는 5월 초에 파종하고, 수확은 9월 말에 시작되어 11월 초까지는 거의 끝나게 된다. 전체 옥수수 재배면적 가운데 25~50%만이 곡물로 수확되고, 나머지는 사일리지(silage; 발효·저장한 목초)로 사용하기 위해 보통 8월 중에 예초(刈草)된다. 옥수수 재배면적은 여러 가지 장애요인, 특히 노후화된 수확기계, 높은 생산비(특히 수확 후 건조비용) 등에도 불구하고 지속적으로 증가해 왔다. 우크라이나에서 옥수수는

그림 8-6   우크라이나의 주요 옥수수 생산 지역 및 비중(2013~2017년 평균 기준)

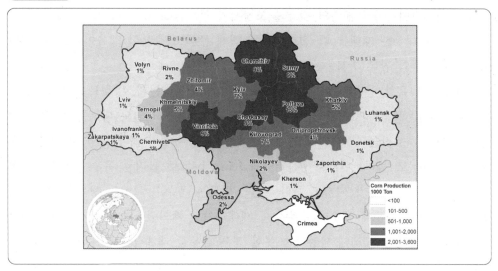

자료: USDA FAS IPAD, "Crop Production Maps" (https://ipad.fas.usda.gov/ogamaps/cropproductionmaps.aspx)

주로 양계 및 양돈 사료로 이용되는데, 특히 2000년 이후 양계 사육두수의 증가와 더불어 옥수수 생산량 및 소비량이 꾸준히 증가해 왔다.

우크라이나에서 옥수수는 중부지역(central region)의 폴타바 주(Poltava Oblast), 체르니히우 주(Chernihiv Oblast), 수미 주(Sumy Oblast), 체르카시 주(Cherkasy Oblast), 빈니차 주(Vinnytsia Oblast), 키에프 주(Kyiv(Kiev) Oblast), 키로보흐라드 주(Kirovohrad Oblast), 지토미르 주(Zhytomyr Oblast)에서 주로 생산된다. 우크라이나산 옥수수는 아시아, 중동 및 아프리카(MENA; Middle East & North Africa), 그리고 유럽연합(EU)에 주로 수출된다.

2) 대두(Soybeans)

대두는 식물성 유지(植物性 油脂; vegetable oil)를 대표하는 작물로 전 세계 유지종자(oilseed) 생산량의 55% 이상을 차지한다. 대두는 지금으로부터 5천 년 전 중국에서 최초로 재배되기 시작한 것으로 알려지고 있으며, 미국에서 대규모로 재배되기 시작한 것은 1930년대 중반 이후이다. 대두는 우리나라를 비롯한 동양권에서 연식품(軟食品; 두부; tofu), 장류(醬類; 간장, 고추장, 된장, 청국장 등 콩으로 만든 발효식품), 두유(豆乳) 등의 원료로 이용되어 왔지만, 서양에서는 주로 기름(식용유)을 얻기 위한 유지작물(oilseed crop)로 이용되어 왔다.

대두는 1년생의 콩과식물(legume)로서 꼬투리가 맺히는 다른 콩과식물과 마찬가지로 뿌리혹박테리아가 흙속의 질소를 고정시켜 암모늄(ammonium)으로 변환시켜 준다. 그 결과 대두를 재배할 때 질소비료를 적게 주어도 충분한 생육이 가능할 뿐만 아니라 옥수수와 같은 작물을 윤작하기에도 유리하다.

대두는 비옥한 양질토(壤質土; loam soil)에서 잘 자라는데, 양질토는 옥수수, 귀리, 호밀, 수수 등의 사료작물을 재배하는데도 적합하다. 그 결과 대두는 재배면적에 있어서 이들 사료작물과 어느 정도 경합관계에 놓일 수밖에 없다. 특히 미국의 경우 'soybean belt'로 불리는 대두 생산지역과 'corn belt'로 불리는 옥수수 생산지역이 유사하게 겹치는 이유가 되기도 한다. 다만, 대두는 옥수수에 비해 생육기간이 상대적으로 더 짧기 때문에 애초에 옥수수를 재배하기로 계획했다가 파종기에 계속되는 강우로 인해 옥수수를 제때 파종하지 못할 경우 대두를 대체작물로 재배하는 경우도 많다.

대두의 생장은 영양생장기와 생식생장기로 나뉜다. 영양생장기는 잎, 줄기, 뿌리 등 영양기관의 생장기를 의미하고, 생식생장기은 꽃, 씨앗(종자) 등 생식기관의 생장기를 의미한다. 〈그림 8-7〉은 대두의 생장(영양생장+생식생장) 과정을 보여주고 있다.

대두의 영양생장기는 콩 씨앗이 발아하여 떡잎(자엽; 子葉; cotyledon)과 초생엽(初生葉)이 나고, 줄기(주경; 主莖)에 본엽(本葉)이 완전히 전개되는 시기까지를 말한다. 초생엽은 한 장의 잎사귀로 된 잎(단엽; 單葉; unifoliate)이 한 쌍을 이루어 마주나기 형태로 달린다. 그리고 본엽은 3장의 작은 잎(小葉)으로 구성된 삼출엽(三出葉; 三出腹葉; trifoliate)이며, 초생엽과는 달리 어긋나기 형태로 달린다. 보다 구체적으로 대두의 영양생장기(V)는 다음과 같이 구분된다.

그림 8-7   대두의 생장(영양생장+생식생장) 과정

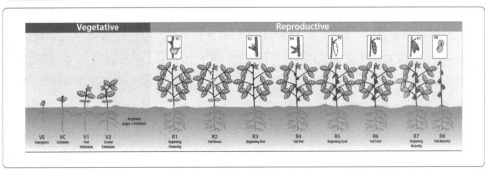

자료: Ciampitti, I.A., "Soybean Growth and Development," Kansas State University Agricultural Experiment Station and Cooperative Extension Service, MF3339, February 2017.

1) VE: 발아기(發芽期; emergence) − 씨앗이 발아하여 떡잎이 토양 표면으로 출현하는 시기

2) VC: 초생엽 출엽기(初生葉 出葉期; cotyledon) − 떡잎이 완전히 자라고, 초생엽(unifoliate leaves)이 전개되는 시기

3) V1: 제1본엽 전개기(第一本葉 展開期; first trifoliate) − 제1본엽이 전개되는 시기

4) V2: 제2본엽 전개기(第二本葉 展開期; second trifoliate) − 본줄기(주경; 主莖; main stem)에 제2본엽이 전개되는 시기

5) V3~VN: 제N본엽 전개기(第N本葉 展開期; Nth trifoliate) − 본줄기(주경; 主莖; main stem)에 제N본엽이 전개되는 시기

한편 대두의 생식생장기는 콩 꽃이 피기 시작하여 꼬투리(pod)가 맺히고 씨앗(종자; seed)이 영글어서 완숙하는 시기까지를 말한다. 보다 구체적으로 대두의 생식생장기(R)는 다음과 같이 구분된다.

1) R1: 개화 시작기(開花始作期; beginning bloom) − 본줄기(주경; 主莖; main stem)의 어느 한 마디(node)에서 꽃이 피기 시작하는 시기

2) R2: 개화기(開花期; full bloom) − 본줄기의 상위 두 마디 중 한 마디에서 꽃이 완전히 피는 시기

3) R3: 착협기(着莢期; beginning pod) − 본줄기의 상위 네 마디 중 한 마디에서 꼬투리(협; 莢)가 3/16인치(약 5mm)에 달하는 시기

4) R4: 협비대기(莢肥大期; full pod) − 본줄기의 상위 네 마디 중 한 마디에서 꼬투리(협; 莢)가 3/4인치(약 2cm)에 달하는 시기

5) R5: 입비대 시작기(粒肥大始作期; beginning seed) − 본줄기의 상위 네 마디 중 한 마디에서 꼬투리의 종실(種實; seed)이 1/8인치(약 3mm)에 달하는 시기

6) R6: 입비대성기(粒肥大盛期; full seed) − 본줄기의 상위 네 마디 중 한 마디에서 꼬투리가 푸른 콩(green seed)으로 충만한 시기

7) R7: 성숙 시작기(成熟始作期; beginning maturity) − 본줄기에 착생한 정상적인 꼬투리의 하나가 고유의 성숙된 꼬투리 색을 나타내는 시기

8) R8: 성숙기(成熟期; full maturity) − 95%의 꼬투리가 고유의 성숙된 꼬투리 색을 나타내는 시기

대두는 매우 다양한 용도로 이용되지만, 무엇보다도 대두유와 대두박을 생산하는데 가장 많이 이용된다. 대두유는 우리가 흔히 알고 있는 콩기름(식용유)이고, 대두박은 기름을 짜고 남은 콩깻묵이다. 대두박은 단백질 함량이 매우 높기 때문에 가축 사료의 주요 단백질 공급원으로 이용된다. 이러한 관계로 인해 대두, 대두유 및 대두박을 하나로 묶어서 '대두제품군(soybean complex)'으로 지칭하곤 한다.

대두 가공기술은 매우 빠르게 변모해 왔는데, 과거에는 기계적 추출방식, 즉 기계적 압착방식이 사용되었으나, 오늘날에는 헥산(hexane)과 같은 용매(溶媒; solvent; 어떤 물질을 녹이는 물질)를 이용한 화학적 추출방식이 주로 사용되고 있다. 화학적 추출방식에서는 먼저 대두를 잘게 부순 다음 얇게 으깬 조각(flake)으로 만들고, 여기에 용매를 넣어 기름(대두유)을 추출하고 난 후 용매를 증발시켜 제거한다. 화학적 추출방식을 사용하면 대두박에 기름 성분이 거의 남지 않게 된다. 가공과정에서 콩껍질(대두피; 大豆皮)을 제거한 후 대두유를 추출하면 단백질 함량 48%의 대두박이 남게 된다. 대두 1부셸(bushel)의 무게는 평균 60파운드(lbs)인데, 대두를 탈피(脫皮)한 후 용매 추출방식으로 가공하면, 대두유 11파운드, 대두박 44파운드(단백질 함량 48%), 대두피(콩껍질; hull) 4파운드, 그리고 이물질 및 폐기물(waste; 먼지, 흙, 돌, 다른 작물의 씨앗 등) 1파운드가 남게 된다.

대두유는 쇼트닝(shortening), 마가린, 샐러드유, 조리용 기름 등과 같은 식용유 제품을 만드는데 주로 이용된다. 최근에는 대두유가 바이오연료(biofuel), 특히 바이오디젤(biodiesel)을 생산하는데도 많이 이용되고 있어 국제 곡물가격 상승의 한 요인으로 작용하고 있다. 한편 대두박은 축산사료의 원료로 대부분 이용되는데, 배합사료의 염기성 단백질(鹽基性 蛋白質; basic protein) 및 아미노산(amino acid) 요구량을 충족시키는데 이용된다. 따라서 대두박 수요는 가축 사육두수, 더 나아가서는 전반적인 육류 수요와 밀접한 관련을 가지고 있다.

〈표 8-3〉에서 보는 바와 같이, 전 세계적으로 대두를 많이 생산하는 나라는 미국, 브라질, 아르헨티나, 파라과이 등이다. 2018/19년 기준 4개국의 생산비중은 전 세계 대두 생산량의 85.3%를 차지한다. 주요 수출국 역시 주요 생산국과 일치하는데, 브라질과 미국 두 나라의 수출량이 전 세계 대두 수출량의 83.5%(2018/19년 기준)를 차지하는 전형적인 과점시장 구조이다. 한편 주요 수입국은 중국, 유럽연합(EU), 멕시코 등이며, 특히 중국이 단일국가로서 전 세계 대두 수입량의 60% 이상(2018/19년 기준 61.0%)을 차지한다.

| 표 8-3 | 세계 대두 생산 및 수출입 동향(2014/15~2018/19년) | | | | | (단위: 1,000톤, %) |

구분/년도		2014/15	2015/16	2016/17	2017/18	2018/19	비중
생산량	미국	106,878	106,857	116,920	119,518	127,726	**34.6**
	브라질	97,200	96,500	114,600	119,500	120,500	**32.6**
	아르헨티나	61,450	58,800	55,000	37,800	57,000	**15.4**
	파라과이	8,154	9,217	10,336	10,000	9,800	2.7
	기타	46,275	44,203	51,265	50,002	54,291	14.7
	합계	319,957	315,577	348,121	336,820	369,317	100.0
수출량	브라질	50,612	54,383	63,137	76,700	75,000	**47.8**
	미국	50,136	52,870	58,960	57,969	56,064	**35.7**
	아르헨티나	10,575	9,922	7,026	2,100	8,000	5.1
	파라과이	4,576	5,400	6,129	6,250	5,900	3.8
	캐나다	3,763	4,236	4,592	4,928	5,000	3.2
	기타	6,548	5,705	7,512	5,668	6,939	4.4
	합계	126,210	132,516	147,356	153,615	156,903	100.0
수입량	중국	78,350	83,230	93,495	94,000	94,000	**61.0**
	EU	13,914	15,120	13,422	14,500	15,800	10.3
	멕시코	3,819	4,126	4,126	4,600	4,750	3.1
	기타	28,278	30,855	33,310	38,755	39,569	25.7
	합계	124,361	133,331	144,353	151,855	154,119	100.0

주: 비중(%)은 2018/19년 기준 생산량, 수출량 및 수입량에서 각 국이 차지하는 점유율을 의미한다.
자료: USDA FAS, "Oilseeds: World Markets and Trade,"September 2018.

미국은 세계 최대의 대두 생산국이자 브라질에 이어 세계 제2위의 대두 수출국
이다. 〈그림 8-8〉은 미국의 주요 대두 생산 지역 및 생산 비중을 보여주고 있다. 미
국에서 대두는 흔히 'soybean belt'로 불리는 아이오(Iowa)와에서 오하이오(Ohio)에
걸친 지역, 그리고 남부의 미시시피 델타지역(Mississippi Delta)에서 주로 생산된다.
'Soybean belt'를 좀 더 넓게 바라보면, 노스다코타(North Dakota), 사우스다코타
(South Dakota), 네브래스카(Nebraska), 캔자스(Kansas), 미네소타(Minnesota), 아이오와
(Iowa), 미주리(Missouri), 위스콘신(Wisconsin), 일리노이(Illinois), 인디애나(Indiana), 오
하이오(Ohio), 미시간(Michigan)에 걸친 지역이다. 특히 아이오와(Iowa)와 일리노이
(Illinois)는 전통적으로 대두 생산의 중심이 되어 왔다.

그림 8-8   미국의 주요 대두 생산 지역 및 비중(2012~2016년 평균 기준)

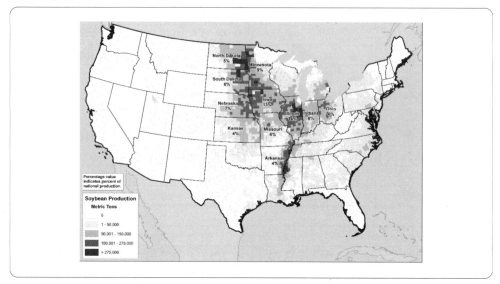

자료: USDA FAS IPAD, "Crop Production Maps" (https://ipad.fas.usda.gov/ogamaps/cropproductionmaps.aspx)

미국에서 대두는 일반적으로 5월에서 6월에 걸쳐 파종하고, 9월에서 10월 사이에 수확한다. 대두의 작물연도(유통연도)는 수확이 시작될 무렵인 9월 1일부터 이듬해 8월 31일까지이다. 미국에서는 200여 종의 대두가 재배되고 있는데, 황색 대두(yellow soybean)가 주류를 이루며, 나머지 품종들은 각 지역마다의 고유한 생육조건, 특히 일조시간에 맞춰 서로 다르게 직응해온 것들이다.

미국에서 재배되고 있는 대두 중 90% 이상이 유전자변형 대두(genetically modified soybean), 특히 제초제 저항성 대두(herbicide-tolerant soybean)이다. "농사는 잡초와의 싸움"이라는 말처럼, 대두를 재배할 때도 가장 어려운 일 가운데 하나가 바로 제초작업이다. 1974년 몬산토(Monsanto)는 글리포세이트(glyphosate)를 주요 성분으로 하는 제초제 'Roundup'을 개발하였다. 그리고 1996년에는 글리포세이트에 저항성을 갖는 유전자변형 대두 'Roundup Ready Soybean'을 출시하였다. 'Roundup Ready Soybean'을 심은 후 제초제 'Roundup'을 살포하면 잡초만 죽고 대두는 멀쩡하게 살아남는다.

유전자변형 작물(genetically modified crops)의 유해성에 대한 논란이 완전히 가시지 않고 있는 가운데 IP 대두(identity preserved soybean; 형질 보존된 대두), 즉 유전자변형이 이루어지지 않은 Non-GMO(non-genetically modified organisms) 대두에 대한 관심도 여전히 큰 상황이다. 그런데 이미 GMO 대두의 재배 및 유통이 주류가 되어버

그림 8-9   브라질의 주요 대두 생산 지역 및 비중(2014~2016년 평균 기준)

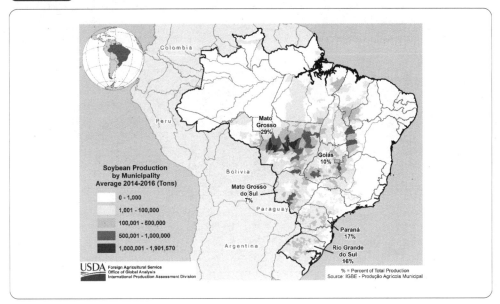

자료: USDA FAS IPAD, "Crop Production Maps" (https://ipad.fas.usda.gov/ogamaps/cropproductionmaps.aspx)

린 상황에서 Non-GMO 대두를 별도로 재배하고, 유통과정에서 GMO 대두가 혼입(混入)되지 않도록 별도로 관리하려면 추가적인 비용이 발생할 수밖에 없는 실정이다.

　　브라질은 미국에 이어 세계 제2위의 대두 생산국이자 세계 최대의 대두 수출국이다. 〈그림 8-9〉는 브라질의 주요 대두 생산 지역 및 생산 비중을 보여주고 있다. 브라질에서 대두는 마투그로수(Mato Grosso), 파라나(Paraná), 히우그란지두술(Rio Grande do Sul), 고이아스(Goiás), 마투그로수두술(Mato Grosso do Sul)에서 주로 생산된다. 2014년부터 2016년까지 3개년의 평균 생산량을 기준으로 할 때, 5개 주(州)의 대두 생산량은 브라질 전체 대두 생산량의 약 80%를 차지하였다. 특히 마투그로수(Mato Grosso)와 파라나(Paraná) 2개 주의 대두 생산량은 전체 생산량의 약 50%를 차지한다.

　　아르헨티나는 세계 제3위의 대두 생산국이자 수출국이다. 〈그림 8-10〉은 아르헨티나의 주요 대두 생산 지역 및 생산 비중을 보여주고 있다. 아르헨티나에서는 일반적으로 11월, 12월에 대두를 파종하여 이듬해 4월, 5월에 수확한다. 아르헨티나에서 대두는 코르도바(Cordoba), 부에노스 아이레스(Buenos Aires), 싼타페(Santa Fe), 엔트레리오스(Entre Rios)에서 주로 생산된다. 2014년부터 2017년까지 4개년의 평균 생산량을 기준으로 할 때, 코르도바(Cordoba), 부에노스 아이레스(Buenos Aires), 싼타페(Santa Fe) 3개 주(州)의 대두 생산량은 전체 대두 생산량의 80%를 차지하였다.

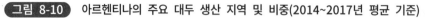

그림 8-10　아르헨티나의 주요 대두 생산 지역 및 비중(2014~2017년 평균 기준)

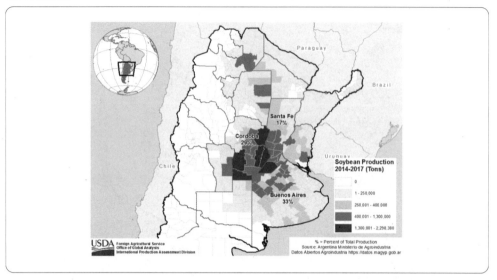

자료: USDA FAS IPAD, "Crop Production Maps"
　　　(https://ipad.fas.usda.gov/ogamaps/cropproductionmaps.aspx)

3) 소맥(Wheat)

소맥은 전 세계적으로 옥수수 다음으로 생산량 및 소비량이 많은 곡물이다. 우리나라에서도 소맥은 쌀 다음으로 소비량이 많아 '제2의 주식'으로 불린다. 이와 같이 소맥은 세계인의 주식 중 하나로 공고히 사리 잡고 있으나, 기후변화 등으로 인해 생산이 불안정해지면서 국제 곡물가격 변동의 주요 요인으로 작용하고 있다.

소맥의 종류를 구분하는 기준은 매우 다양하다. 첫째, 소맥은 파종 시기에 따라 겨울밀(winter wheat)과 봄밀(spring wheat)로 나누어진다. 겨울밀은 가을에 파종하여 새싹이 움튼 다음 추운 겨울 동안 동면(冬眠; winter dormancy) 상태에 들어간다. 그리고 이듬해 봄에 생장이 재개되어 여름에 수확된다. 한편 봄밀은 봄에 파종하여 늦여름이나 가을에 수확된다. 둘째, 소맥은 단백질 함량에 따라 경질밀(hard wheat)과 연질밀(soft wheat)로 나누어진다.[1] 소맥을 빻아 가루로 만든 밀가루는 단백질 함량에 따

---

[1] 경질(硬質)밀로 만들어진 밀가루가 강력분(强力粉)이고, 연질(軟質)밀로 만들어진 밀가루가 박력분(薄力粉)이며, 중력분(中力粉)은 강력분과 박력분의 중간이다. 밀가루를 물과 혼합하면 글리아딘(gliadin)과 글루테닌(glutenin)이라는 단백질이 서로 결합하여 글루텐(gluten)을 형성하는데, 글루텐 단백질 중 글리아딘은 점성(粘性; 끈적끈적한 성질) 및 신장성(伸張性; 길게 늘어나는 성질)이 있고, 글루테닌은 탄력성(彈力性)을 가지고 있다. 이 두 개의 단백질은 밀가루 종류에 따라 점유하는 비율(함량)이 서로 다르다. 강력분(强力粉)은 단백질 함량이 높아 주로 빵을 만드는데 이용된다('빵

라 용도가 다르게 사용된다. 그리고 단백질 함량이 높은 경질밀일수록 단백질 함량이 낮은 연질밀에 비해 상대적으로 더 높은 가격에 거래된다. 셋째, 소맥은 껍질의 색깔에 따라 적색밀(red wheat)과 백색밀(white wheat)로 나누어진다.

한편 소맥은 제분용 소맥(milling wheat)과 사료용 소맥(feed wheat)으로 나누어지기도 한다. 제분용 소맥은 사람이 먹는 밀가루를 만드는데 쓰이고, 사료용 소맥은 가축사료를 만드는데 쓰인다. 그러나 제분용 소맥과 사료용 소맥이 별개의 품종으로 따로 재배되는 것이 아니라 일반 소맥 중에서 품질이 떨어지는 소맥이 식용이 아닌 가축 사료용으로 이용된다. 소맥은 일반적으로 식량작물로 간주되지만, 품질이 낮은 소맥이 대량으로 생산되거나 또는 소맥 가격이 크게 하락하여 옥수수나 기타 사료작물과 경쟁적인 관계가 될 때는 가축사료로 많이 이용된다.

소맥의 생장 단계를 나타내는 방법은 여러 가지가 있지만, 일반적으로 피케스 척도(Feekes scale)가 많이 이용된다. 피케스 척도는 네덜란드의 농학자인 Willem Feekes(1907~1979년)가 1941년에 곡물류의 생육단계를 나타내기 위해 만든 척도이다. 피케스 척도에 의해 소맥의 생장 과정을 구분하면 〈그림 8-11〉과 같다.

1) Feekes 1~4: 출아(出芽; emergence) 및 분얼기(分蘖期; tillering) − 새싹이 지상으로 나오고 가지치기를 하는 시기. 분얼(分蘖; tillering)은 줄기의 밑동에 있는 마디에서 가지가 갈라져 나오는 것으로 새끼치기, 포기벌기, 가지치기 등으로

그림 8-11 피케스 척도(Feekes Scale)에 의한 소맥의 생장 과정

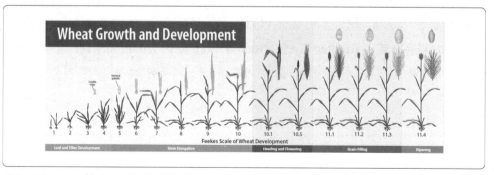

자료: Lollato, R., "Wheat Growth and Development," Kansas State University Agricultural Experiment Station and Cooperative Extension Service, MF3300, May 2018.

용 밀가루'라고 표기되기도 함). 그리고 박력분(薄力粉)은 단백질 함량이 낮아 주로 과자나 쿠키를 만드는데 이용된다('과자용 밀가루'라고 표기되기도 함). 한편 중력분(中力粉)은 주로 국수를 만드는데 이용된다('다목적용 밀가루'라고 표기되기도 함).

도 표현된다.

2) Feekes 5~10: 절간신장기(節間伸長期; stem elongation; stem extension) — 줄기가 본격적으로 자라는 시기

3) Feekes 10.1~10.5: 출수(出穗; heading) 및 개화기(flowering) — 밀 이삭이 나오고 개화(開花)하여 수분(受粉)이 이루어지는 시기

4) Feekes 11.1~11.3: 등숙기(登熟期; grain filling) — 낟알이 여무는 시기. 등숙기는 유숙기(乳熟期; milk stage), 호숙기(糊熟期; dough stage) 등으로 나뉜다.

5) Feekes 11.4: 완숙기(ripening) — 낟알이 완전히 여물어 수확하는 시기

〈표 8-4〉에서 보는 바와 같이, 전 세계적으로 소맥을 많이 생산하는 나라는 유럽연합(EU), 중국, 인도, 러시아, 미국, 캐나다 등이다. 주요 수출국 역시 주요 생산국과 일치하는데, 러시아, 미국, 캐나다, 유럽연합(EU), 우크라이나, 호주, 아르헨티나 등이다. 한편 주요 수입국은 이집트, 인도네시아, 브라질, 알제리 등이다. 우리나라는 미국, 캐나다, 호주 3개국에서 대부분의 제분용 소맥을 수입한다.

미국에서 재배되는 소맥은 크게 다섯 가지 종류, 즉 Hard Red Winter(HRW), Soft Red Winter(SRW), Hard Red Spring(HRS), White, 그리고 Durum으로 나뉜다. 각각의 소맥 품종들은 지역마다의 특유한 생육조건에 맞춰 서로 다르게 적응해 왔으며, 파종 및 수확 시기, 단백질 함량 및 용도 등에 있어서 서로 다른 특성을 지니고 있다.

〈표 8-5〉는 미국의 소맥 품종별 생산량 및 생산 비중을 보여주고 있다. 다섯 가지의 품종 가운데 가장 높은 생산 비중을 차지하는 것은 Hard Red Winter(HRW)이다. 그 다음으로 Hard Red Spring(HRS)과 Soft Red Winter(SRW)가 각각 2위와 3위를 차지하고 있다. 다섯 가지 소맥 가운데 생산비중이 가장 낮은 것은 Durum이다.

표 8-4 세계 소맥 생산 및 수출입 동향(2014/15~2018/19년) (단위: 1,000톤, %)

구분/연도		2014/15	2015/16	2016/17	2017/18	2018/19	비중
생산량	EU	156,912	160,480	145,369	151,681	137,500	18.8
	중국	126,208	130,190	128,845	129,770	128,000	17.5
	인도	95,850	86,530	87,000	98,510	99,700	13.6
	러시아	59,080	61,044	72,529	84,992	71,000	9.7
	미국	55,147	56,117	62,833	47,371	51,078	7.0
	캐나다	29,442	27,647	32,140	29,984	31,500	4.3
	파키스탄	25,979	25,086	25,633	26,674	26,300	3.6
	우크라이나	24,750	27,274	26,791	26,981	25,500	3.5
	호주	23,743	22,275	31,819	21,300	20,000	2.7
	아르헨티나	13,930	11,300	18,400	18,000	19,500	2.7
	기타	117,221	128,023	120,725	123,011	122,920	16.8
	합계	728,262	735,966	752,084	758,274	732,998	100.0
수출량	러시아	22,800	25,543	27,809	41,415	35,000	19.3
	미국	23,023	21,817	29,319	23,067	29,000	16.0
	캐나다	24,883	22,118	20,235	21,989	24,000	13.2
	EU	35,455	34,763	27,426	23,277	23,000	12.7
	우크라이나	11,269	17,431	18,107	17,775	16,500	9.1
	호주	16,575	15,780	22,061	15,512	14,000	7.7
	아르헨티나	4,200	8,750	12,275	13,575	13,500	7.4
	기타	23,740	25,961	25,018	26,042	26,798	14.7
	합계	161,945	172,163	182,250	182,652	181,798	100.0
수입량	이집트	11,300	11,925	11,175	12,407	12,500	6.9
	인도네시아	7,477	10,045	10,176	10,516	10,500	5.8
	브라질	5,869	5,922	7,788	6,702	7,500	4.1
	알제리	7,257	8,153	8,414	8,172	7,200	4.0
	방글라데시	3,929	4,720	5,556	6,200	7,000	3.9
	EU	5,979	6,928	5,299	5,824	6,000	3.3
	일본	5,878	5,715	5,911	5,876	5,800	3.2
	필리핀	5,054	4,918	5,704	5,986	5,800	3.2
	기타	109,202	113,837	122,227	120,969	119,498	65.7
	합계	161,945	172,163	182,250	182,652	181,798	100.0

주: 비중(%)은 2018/19년 기준 생산량, 수출량 및 수입량에서 각 국이 차지하는 점유율을 의미한다.
자료: USDA FAS, "Grain: World Markets and Trade,"September 2018.

표 8-5 미국의 소맥 품종별 생산량 및 생산 비중(1990/91~2018/19년) (단위: 1,000톤, %)

연도	합계	HRW	HRS	SRW	White	Durum
1990/91	74,294 (100.0)	32,539 (43.8)	15,096 (20.3)	14,797 (19.9)	8,530 (11.5)	3,332 (4.5)
1995/96	59,405 (100.0)	22,453 (37.8)	12,922 (21.8)	12,399 (20.9)	8,847 (14.9)	2,784 (4.7)
2000/01	60,642 (100.0)	23,026 (38.0)	13,671 (22.5)	12,760 (21.0)	8,196 (13.5)	2,988 (4.9)
2005/06	57,244 (100.0)	25,311 (44.2)	12,699 (22.2)	8,392 (14.7)	8,091 (14.1)	2,752 (4.8)
2010/11	58,869 (100.0)	27,381 (46.5)	15,351 (26.1)	5,966 (10.1)	7,409 (12.6)	2,762 (4.7)
2015/16	56,118 (100.0)	22,601 (40.3)	15,449 (27.5)	9,772 (17.4)	6,009 (10.7)	2,286 (4.1)
2016/17	62,834 (100.0)	29,448 (46.9)	13,372 (21.3)	9,396 (15.0)	7,791 (12.4)	2,828 (4.5)
2017/18	47,372 (100.0)	20,421 (43.1)	10,478 (22.1)	7,951 (16.8)	7,027 (14.8)	1,494 (3.2)
2018/19	51,079 (100.0)	17,996 (35.2)	15,864 (31.1)	7,942 (15.5)	7,278 (14.2)	1,999 (3.9)

주: 1. 괄호안의 숫자는 비율(%)을 나타낸다.
　　2. 소맥의 marketing year는 당해 연도 6월 1일부터 이듬해 5월 31일까지이다.
자료: USDA, Wheat Outlook, September 14, 2018.

(1) Hard Red Winter Wheat(HRW; 경질 적색 겨울밀)

HRW는 단백질 함량이 높은 경질(硬質)의 적색 겨울밀이다. HRW는 미국 소맥 생산량의 약 40%를 차지한다. 주요 재배지역은 중부 대평원(Great Plains), 즉 텍사스 북부(Texas Panhandle)에서 오클라호마(Oklahoma), 캔자스(Kansas), 콜로라도(Colorado), 네브래스카(Nebraska), 사우스다코타(South Dakota)에 이르는 지역이다. 이들 지역은 연평균 강우량이 25인치(≒635mm) 이하의 건조한 지역으로, 겨울에는 대개 영하의 기온을 나타낸다. HRW는 9월 초에서 10월 말에 걸쳐 파종하고, 이듬해 7월 초에서 8월 중순까지 수확한다. 소맥 1부셸(60파운드)을 제분하면 약 43파운드(lbs)의 밀가루가 생산된다. HRW는 단백질 함량(10~13.5%)이 높아서 주로 빵을 만드는데 이용된다.

전통적으로 HRW는 미주리(Missouri)의 Kansas City에 위치한 Kansas City Board of Trade(KCBOT)에서 거래되어 온 한편 SRW(Soft Red Winter)는 시카고상품거래소(CBOT)에서 거래되어 왔다. 그런데, KCBOT가 2012년에 CME Group으로 합병되면

서 HRW는 CME Group의 거래 플랫폼(trading platform)에 흡수되었다. HRW는 CME Group에서 거래되고 있는 KC HRW Wheat Futures의 기초자산(거래대상)이다.

(2) Soft Red Winter Wheat(SRW; 연질 적색 겨울밀)

SRW는 단백질 함량이 비교적 낮은 연질(軟質)의 적색 겨울밀이다. SRW는 미국 소맥 생산량의 15~20%를 차지한다. 주요 재배지역은 미시시피 강(Mississippi River)에 인접한 지역들, 즉 미주리(Missouri), 일리노이(Illinois), 인디애나(Indiana), 오하이오(Ohio), 미시간(Michigan), 켄터키(Kentucky), 테네시(Tennessee), 아칸소(Arkansas), 그리고 동부의 노스캐롤라이나(North Carolina) 등이다. 이들 지역은 약간 습한 기후를 나타내어 SRW의 재배에 알맞지만, HRW의 생산에는 적합하지 않은 지역이다. SRW는 9월 중순에서 11월 초에 걸쳐 파종하고, 이듬해 5월 말에서 7월까지 수확한다. SRW는 단백질 함량이 낮아서 케이크, 쿠키, 크래커, 스낵류, 제과류 등을 만드는데 주로 이용된다. SRW는 시카고상품거래소(CBOT)에서 거래되고 있는 Chicago SRW Wheat Futures의 기초자산이다.

〈그림 8-12〉는 미국의 겨울밀 재배 지역만을 별도로 표시하고 있다. 겨울밀 가운데는 HRW(경질 적색 겨울밀), SRW(연질 적색 겨울밀), 그리고 White Wheat(백색밀)이 포함된다. 앞서 살펴본 대로 HRW는 중부 대평원(Great Plains)에서 주로 재배되며, 특히 캔자스(Kansas)가 최대의 생산지역이다. SRW는 미시시피강에 인접한 지역에서 주

그림 8-12 미국의 주요 겨울밀(winter wheat) 생산 지역 및 비중(2012~2016년 평균 기준)

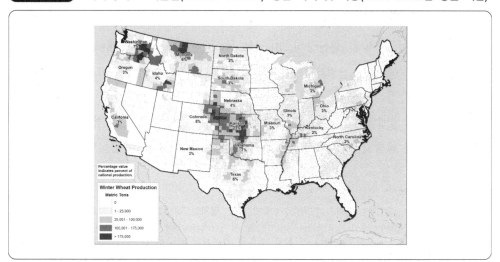

자료: USDA FAS IPAD, "Crop Production Maps" (https://ipad.fas.usda.gov/ogamaps/cropproductionmaps.aspx)

로 재배되며, 특히 오하이오(Ohio)가 최대의 생산지역이다. 그리고 백색밀(White)은 Pacific Northwest(PNW)[2] 지역에서 주로 재배되며, 특히 워싱턴(Washington)이 최대의 생산지역이다.

(3) Hard Red Spring Wheat(HRS; 경질 적색 봄밀)

HRS는 단백질 함량이 높은 경질(硬質)의 적색 봄밀이다. HRS는 미국 소맥 생산량의 20~30%를 차지한다. 주요 재배지역은 북부 대평원(Northern Plains), 즉 몬태나(Montana), 노스다코타(North Dakota), 사우스다코타(South Dakota), 미네소타(Minnesota)에 이르는 지역이다. 이들 지역은 겨울에 매우 추운 날씨를 보이기 때문에 HRW의 재배에는 적합하지 않다. 이 지역의 토양은 매우 검은 흑토이며, 여름에는 아주 건조하고 무더운 날씨를 나타낸다. HRS는 4월 중순에서 6월 말에 걸쳐 파종하고, 7월 말에서 9월 초까지 수확한다. HRS는 단백질 함량(13~16.5%)이 매우 높아서 프리미엄급 소맥으로 간주된다. HRS는 베이글(bagel) 등의 전문 제과류, 파스타(pasta) 등을 만드는 데 사용되거나 단백질 함량이 낮은 다른 소맥과 혼합하여 빵을 만드는 데 사용되기도 한다.

HRS의 하위품종(subclass)으로는 Dark Northern Spring(DNS), Northern Spring(NS), 그리고 Red Spring(RS)의 세 가지 종류가 있다. HRS는 미니애폴리스곡물거래소(MGEX; Minneapolis Grain Exchange)에서 거래되는 Hard Red Spring(HRS) Wheat Futures의 기초자산(거래대상)이다.

(4) White Wheat(백색밀)

백색밀은 미국 소맥 생산량의 10~15%를 차지한다. 주요 재배지역은 Pacific Northwest(PNW; 워싱턴, 오리건), 캘리포니아(California), 아이다호(Idaho), 위스콘신(Wisconsin), 미시건(Michigan), 뉴욕(New York) 등이다. 백색밀은 주로 겨울밀로 재배되지만, 봄밀로 재배되기도 한다. 백색밀은 연질밀이 주로 많지만, 경질밀이 재배되기도 한다. 연질 백색밀(Soft White)은 단백질 함량이 낮지만, 단위면적당 수확량(단수)

---

2 Pacific Northwest(PNW) 지역의 지리적 경계에 대한 명확한 정의는 존재하지 않으나, 일반적으로 미국의 워싱턴(Washington), 오리건(Oregon) 및 아이다호(Idaho), 그리고 캐나다의 브리티시컬럼비아(British Columbia)가 포함된다. 그리고 경우에 따라서는 미국의 워싱턴(Washington)과 오리건(Oregon)만을 포함하기도 한다. 이 지역에 위치한 대도시로는 워싱턴의 시애틀(Seattle)과 터코마(Tacoma), 오리건의 포틀랜드(Portland), 그리고 브리티시컬럼비아의 밴쿠버(Vancouver) 등이다.

이 높다. 연질 백색밀의 하위종(subclass)으로는 Soft White(SW), White Club(WC), 그리고 Western White(WW)의 세 가지 종류가 있다.

(5) Durum Wheat(듀럼밀)

듀럼은 미국 소맥 생산량의 3~5%를 차지한다. 듀럼은 봄밀(spring wheat)로 재배되며, 주요 재배지역은 노스다코타(North Dakota)와 미네소타(Minnesota)이다. 듀럼은 단백질 함량(12~16%)이 매우 높아서 마카로니(macaroni), 스파게티(spaghetti) 등과 같은 파스타(pasta) 제품에 주로 이용된다. 듀럼의 하위종으로는 Hard Amber Durum(HAD), Amber Durum(AD), 그리고 Durum의 세 가지가 있다.

〈그림 8-13〉은 미국의 봄밀(spring wheat) 재배 지역만을 별도로 표시하고 있다. 봄밀 가운데는 HRS(경질 적색 봄밀)과 Durum(듀럼밀)이 포함된다. 봄밀은 북부 대평원(Northern Plains)에서 주로 재배되며, 특히 노스다코타(North Dakota)가 최대의 생산지역이다.

호주는 미국에 이어 두 번째로 많은 양의 제분용 소맥을 우리나라에 수출하는 나라이다. 소맥은 호주에서 재배되는 주요 동계작물 중 하나이다. 호주에서 소맥은 주로 4월에서 6월 사이에 파종하고, 11월과 12월에 주로 수확한다. 퀸즐랜드(Queensland) 중부지역에서는 8월중에 수확이 시작되며, 이후 동부 해안지역을 따라 빅토리아(Victoria)까지 순차적으로 수확이 진행되어 마침내 1월중에 마무리된다. 서부 해안지

그림 8-13 미국의 주요 봄밀(spring wheat) 생산 지역 및 비중(2012~2016년 평균 기준)

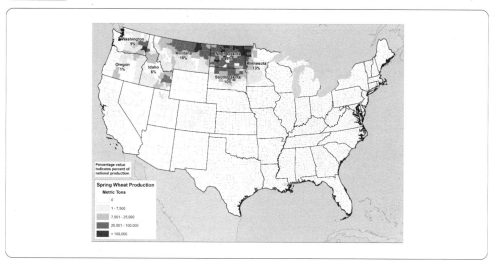

자료: USDA FAS IPAD, "Crop Production Maps" (https://ipad.fas.usda.gov/ogamaps/cropproductionmaps.aspx)

역에서는 10월중에 수확이 시작되어 1월중에 완료된다.

　　호주는 주요 소맥 생산국들과는 달리 소맥 생산량 및 단수의 변동이 큰 편이다. 그 이유는 무엇보다도 강수량의 연간 편차가 크기 때문이다. 호주는 강우량이 부족하여 지하수나 강과 같은 수자원이 부족할 뿐만 아니라 수자원 확보를 위한 관개비용이 비싸다. 호주는 농업용수를 확보하는 주된 방법이 하늘에서 내리는 비인 만큼 강수량이 곡물 생산량 및 단수를 결정하는 중요한 요인으로 작용한다.

　　호주의 소맥 생산량은 전 세계 소맥 생산량의 약 3% 수준에 불과하지만, 소맥 수출량은 전 세계 수출량의 10~15%를 차지한다. 호주의 소맥 수출량 가운데 40% 이상이 서호주(Western Australia; WA)에서 생산되는 한편 동부 해안지역에서 생산되는 소맥은 대부분 국내 소비용으로 충당된다. 호주산 소맥 중 가장 많은 비중을 차지하는 품종은 Australian Premium White(APW)로 전체 소맥 생산량의 30~40%를 차지한다. 그 다음으로는 Australian Standard White(ASW)로 전체 소맥 생산량의 20~25%를 차지하며, Australian Hard(AH)는 전체 소맥 생산량의 15~20%를 차지한다.

　　〈그림 8-14〉는 호주의 주요 소맥 생산 지역 및 생산 비중을 보여주고 있다. 소맥 주산지는 서호주(Western Australia), 뉴 사우스 웨일즈(New South Wales), 남호주(Southern Australia), 빅토리아(Victoria), 퀸즐랜드(Queensland)이며, 특히 서호주(WA)와 뉴 사우스 웨일즈(NSW)에 집중되어 있다. 보다 구체적으로 소맥 주산지는 서호주의 서남부 연안지역, 뉴 사우스 웨일즈의 동부지역, 남호주의 동남부 연안지역, 빅토리

그림 8-14　호주의 주요 소맥 생산 지역 및 비중(2001, 2005 및 2010년 평균 기준)

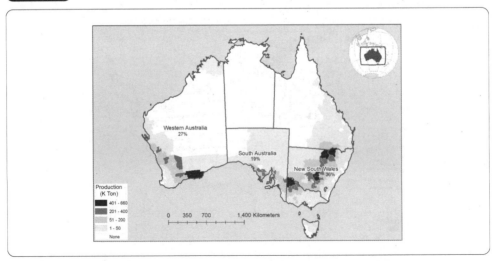

자료: USDA FAS IPAD, "Crop Production Maps" (https://ipad.fas.usda.gov/ogamaps/cropproductionmaps.aspx)

아의 서부지역, 그리고 퀸즐랜드의 동남부지역에 분포하고 있다.

　캐나다는 미국과 호주에 이어 세 번째로 많은 제분용 소맥을 우리나라에 수출하는 나라이다. 캐나다에서 재배되는 소맥은 대부분 봄밀(spring wheat)이다. 봄밀은 4월 하순부터 6월 초순까지 파종하고, 6월에서 7월 사이에 이삭이 맺히며, 8월 중순부터 10월 중순에 걸쳐 수확한다. 캐나다산 소맥 가운데 가장 대표적인 것은 Canada Western Red Spring(CWRS)이다. CWRS는 미국의 Hard Red Spring(HRS)과 유사한 제분 특성을 지니고 있는데, 단백질 함량이 11.5~14.5%로 매우 높은 편이다. 따라서 제빵용 외에도 국수, 파스타 등 다양한 용도로도 이용된다. 그 다음으로 중요한 비중을 차지하는 것은 Canada Western Amber Durum(CWAD)이다. CWAD는 듀럼종으로 단백질 함량이 매우 높기 때문에 마카로니, 스파게티 등 파스타 제품의 원료가 되는 세몰리나(semolina)로 사용되는 한편 쿠스쿠스(couscous; 듀럼밀을 갈아서 만든 세몰리나에 소금물을 뿌려가며 좁쌀만 한 알갱이로 둥글린 것)를 만드는데도 사용된다.

　〈그림 8-15〉는 캐나다의 주요 봄밀 생산 지역 및 생산 비중을 나타내고 있다. 캐나다에서 봄밀은 캐나다 대초원(Canadian Prairies)을 형성하는 앨버타(Alberta), 서스캐처원(Saskatchewan), 그리고 매니토바(Manitoba)의 3개 주(州)에서 주로 생산된다. 2012년부터 2016년까지 5개년간의 평균 생산량을 기준으로 할 때, 서스캐처원(Saskatchewan), 앨버타(Alberta), 그리고 매니토바(Manitoba) 3개 주(州)의 봄밀 생산 비중 합계는 무려 97%에 달한다.

그림 8-15 캐나다의 주요 봄밀(spring wheat) 생산 지역 및 비중(2012~2016년 평균 기준)

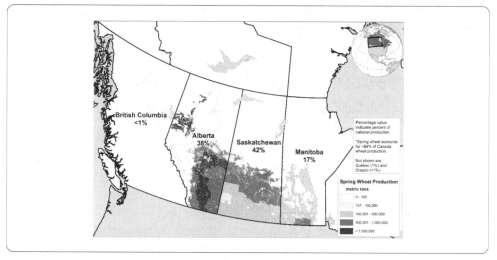

자료: USDA FAS IPAD, "Crop Production Maps" (https://ipad.fas.usda.gov/ogamaps/cropproductionmaps.aspx)

2. 곡물시장의 주요 수급요인(需給要因; Supply and Demand Factors) 및 정보원(情報源; Information Sources)

곡물시장의 대표적인 수급요인으로는 날씨, 재배면적(파종면적 및 수확면적), 단수(yield), 작황, 생산량, 수출입, 가공수요, 재고량, 환율, 정부정책 등을 들 수 있다. 본 절에서는 곡물가격 형성에 영향을 미치는 주요 수급요인들을 공급요인과 수요요인으로 나누어 살펴보고자 한다. 아울러 해당 수급요인들에 대한 정보를 파악할 수 있는 다양한 정보원(information source), 특히 미농무부(USDA)의 수급보고서에 대해 살펴보고자 한다.

미농무부(USDA)의 각종 수급보고서는 곡물시장 참여자들에게 객관적이고 시기적절하며 포괄적인 수급정보를 제공함으로써 미래의 가격에 대한 예측을 형성하고 사업에 관한 의사결정을 하는데 도움을 준다. 미농무부(USDA)의 곡물 수급보고서는 포괄성(comprehensiveness), 객관성(objectiveness) 및 시의성(時宜性; timeliness)을 지니는 것으로 널리 인식되고 있기 때문에 다른 공공기관 및 사설기관들이 내놓는 수급전망치의 기준값(benchmark)으로 이용되고 있다.

1) 공급요인(Supply Factors)

(1) 재배면적(Acreage)

재배면적(파종면직 및 수확면직)은 곡물의 생신량을 결정짓는 주요 변수 중 하니이다. 작물 재배면적과 관련하여 연중 가장 먼저 발간되는 미농무부(USDA)의 보고서는 농가의 재배의향면적을 조사하는 'Prospective Plantings'이다. 재배의향면적(planting intentions)은 말 그대로 농가가 어떤 작물을 어느 면적만큼 재배하고자 계획하고 있는지를 파악하는 것이다. 이 보고서는 미농무부(USDA)의 NASS(National Agricultural Statistics Service)가 3월 31일 오후 12시(미국 동부시간 기준)에 발표한다.

'Prospective Plantings'에서 발표되는 재배면적 추정치는 2월 말에서 3월 초에 걸쳐 실시되는 농가 표본조사, 일명 '3월 농업조사(March Agricultural Survey)'에서 수집된 자료를 기초로 한다. 본 설문조사는 농가명부에서 무작위로 농가를 표본 추출하여 재배의향을 묻게 되는데, 이렇게 추출된 농가 표본을 '농가명부표본(list frame sample)'이라고도 부른다.

작물 재배면적과 관련하여 연중 두 번째로 발간되는 미농무부(USDA) 보고서는 실제 재배면적을 조사하는 'Acreage'이다. 이 보고서는 미농무부(USDA)의 NASS(National

그림 8-16 미국의 옥수수 및 대두 파종면적 동향

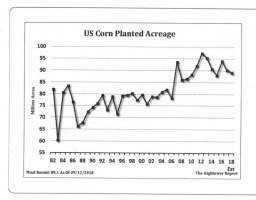
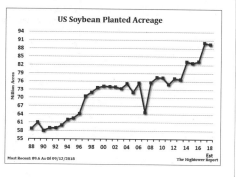

자료: CME Group Inc.(www.cmegroup.com)

Agricultural Statistics Service)가 6월 30일 오후 12시(동부시간 기준)에 발표한다. 'Acreage'에서 발표되는 재배면적 추정치는 대략 6월 첫째 및 둘째 주에 걸쳐 실시되는 농가 표본조사, 일명 '6월 농업조사(June Agricultural Survey)'에 기초한다.

　　6월 농업조사는 두 가지의 표본조사 방식을 병행하여 진행된다. 하나는 농가 목록(명부)에서 표본 농가를 추출하는 '농가명부 표본조사(list frame survey)'이고, 다른 하나는 지구(구역) 단위로 표본 농가를 추출하는 '농지구획 표본조사(area frame survey)'이다. 농가명부 표본조사(list frame survey)는 'Prospective Plantings'에서와 같이 모든 농가를 대상으로 한 목록에서 임의로 농가 표본을 추출한다. 그리고 농지구획 표본조사(area frame survey)는 전체 농지를 일정한 구획으로 나누어 표본조사를 실시하는 방식이다.

　　〈그림 8-16〉은 미국의 옥수수와 대두 파종면적 동향을 보여주고 있다. 옥수수와 대두의 파종면적은 그동안 지속적으로 증가해왔다. 2018/19년 기준 옥수수의 파종면적은 89.1백만 에이커(약 3,600만 ha), 그리고 대두의 파종면적은 89.6백만 에이커(약 3,600만 ha)로 서로 유사한 수준이다.

　　〈그림 8-17〉은 미국의 소맥 파종면적 동향을 보여주고 있다. 옥수수, 대두와는 반대로 소맥의 파종면적은 그동안 지속적으로 감소해왔다. 2018/19년 기준 소맥의 파종면적은 47.8백만 에이커(약 1,900만 ha)를 기록하였다.

그림 8-17 미국의 소맥 파종면적 동향

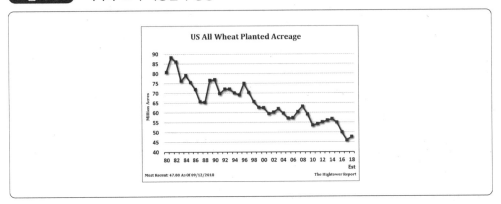

자료: CME Group Inc.(www.cmegroup.com)

(2) 단수(單收; Yield)

단수(單收; yield), 즉 단위면적당 수확량은 곡물의 생산량을 결정짓는 주요 변수 중 하나이다. 미농무부(USDA)의 World Agricultural Outlook Board(WAOB)는 매년 5, 6, 7월에 발간되는 'World Agricultural Supply and Demand Estimates(WASDE)'에 서 곡물의 단수 및 생산량 전망치를 제공한다. 그러나 이 전망치는 실측조사를 기반 으로 한 것이 아니라 과거의 단수에 대한 추세분석(trend analysis)을 기초로 추정한 것 이다.

한편 미농무부(USDA)의 National Agricultural Statistics Service(NASS)가 매년 8, 9, 10, 11월에 발간하는 'Crop Production'에서는 실측조사를 기초로 단수와 생산량 에 대한 추정치를 제공한다. NASS가 8월부터 11월까지 발표하는 단수 및 생산량 추 정치는 두 가지 종류의 실측조사 자료를 바탕으로 한다. 하나는 'Agricultural Yield Survey(또는 Farmer Reported Survey)'이고, 다른 하나는 'Objective Yield Survey(또는 Field Measurement Survey)'이다. 여기서 매월 발표되는 단수 추정치는 전월의 단수 추 정치를 수정하는 방식으로 진행되는 것이 아니라 매월 새로운 추정치를 제시한다. 단 수에 대한 최종 추정치는 수확이 완료된 이후인 이듬해 1월에 발표된다.

〈그림 8-18〉은 미국 옥수수 및 대두의 단수(yield) 동향을 보여주고 있다. 2018/19 년 기준 옥수수의 단수는 181.3부셸/에이커(11.38톤/ha)로 사상 최고치인 한편 10년 및 20년 추세선을 상회할 전망이다. 대두의 단수도 52.8부셸/에이커(4.46톤/ha)로 사상 최고 치인 한편 추세선을 상회할 전망이다.

그림 8-18   미국의 옥수수 및 대두 단수(yield) 동향

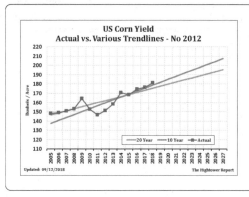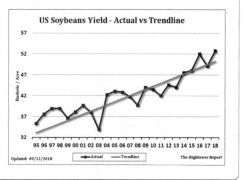

자료: CME Group Inc.(www.cmegroup.com)

〈그림 8-19〉는 미국 소맥의 단수(yield) 동향을 보여주고 있다. 소맥의 단수는 2016/17년 사상 최고치인 52.7부셸/에이커(3.54톤/ha)를 기록하였고, 2018/19년에는 47.4부셸/에이커(3.19톤/ha)을 기록할 전망이다.

그림 8-19   미국의 소맥 단수(yield) 동향

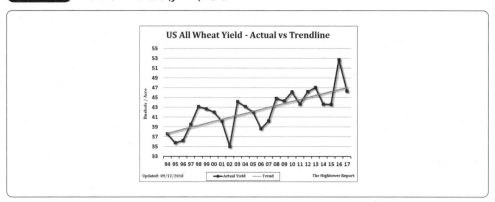

자료: CME Group Inc.(www.cmegroup.com)

(3) 작황(作況; Crop Progress)

농작물의 생육 상황은 최종 수확량에 영향을 미치는 주요 변수이다. 작황에 관한 정보는 미농무부(USDA)가 매주 발표하는 'Crop Progress'를 통해 입수할 수 있다. 'Crop Progress'는 미농무부(USDA)의 NASS가 매주 월요일 오후 4시(동부시간 기준)에 발표한다. 이 보고서는 작물의 파종기에 파종의 진척 속도, 씨앗이 발아(發芽)한 비

그림 8-20　미국의 옥수수 파종 진척 및 작황

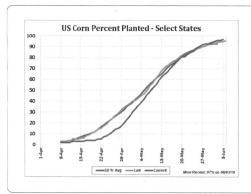 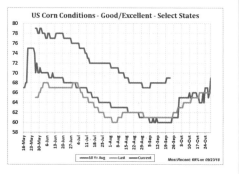

자료: CME Group Inc.(www.cmegroup.com)

율, 그리고 수확기에는 수확의 진척 속도 등을 보여준다. 그리고 'Crop Progress'는 작물의 생육상태를 excellent(수), good(우), fair(미), poor(양), very poor(가)의 5개 범주로 구분하고, 각 범주에 속하는 비율(%)을 구체적인 수치로 제시함으로써 매우 이해하기 쉽도록 되어 있다.

〈그림 8-20〉은 미국의 옥수수 파종 진척 상황 및 작황을 보여주고 있다. 2018년 6월 3일 기준 미국의 옥수수는 97% 파종이 완료된 것으로 나타나고 있으며, 이러한 진척 속도는 작년 및 지난 10년 평균치를 다소 상회하는 수준이다. 그리고 2018년 9월 23일 기준으로 미국에서 재배되는 옥수수 중 우수(good/excellent)한 상태의 비중은 69%로 지난해의 61%, 그리고 과거 10년 평균치 60%보다 높게 나타나고 있다.

〈그림 8-21〉은 미국의 대두 파종 진척 상황 및 작황을 보여주고 있다. 2018년 6월

그림 8-21　미국의 대두 파종 진척 및 작황

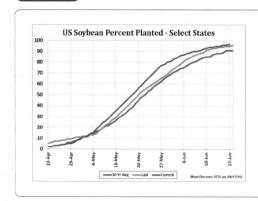 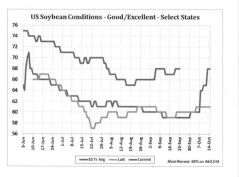

자료: CME Group Inc.(www.cmegroup.com)

그림 8-22 미국의 봄밀(spring wheat) 파종 진척 및 작황

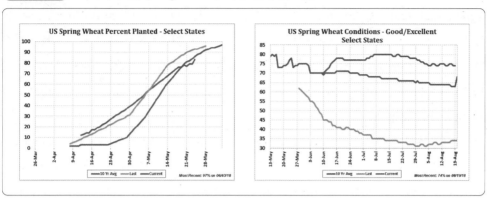

자료: CME Group Inc.(www.cmegroup.com)

17일 기준 미국의 대두는 97% 파종이 완료된 것으로 나타나고 있다. 이러한 진척 속
도는 지난해뿐만 아니라 지난 10년 평균치보다도 높은 수준이어서 대두 파종이 빠르
게 진행되었음을 알 수 있다. 그리고 2018년 9월 23일 기준 미국에서 재배되는 대두
중 우수(good/excellent)한 상태의 비중은 68%로 지난해의 60%, 그리고 과거 10년 평
균치 59%보다 높게 나타나고 있다.

　〈그림 8-22〉는 미국의 봄밀 파종 진척 상황 및 작황을 보여주고 있다. 2018년 6
월 6일 기준 미국의 봄밀은 97% 파종이 완료된 것으로 나타나고 있다. 봄밀은 파종
초기에 예년보다 진척 속도가 늦은 편이었으나, 이후 파종이 빠르게 진척되었음을 알
수 있다. 그리고 2018년 8월 19일 기준 미국에서 재배되는 봄밀 중 우수
(good/excellent)한 상태의 비중은 74%로 지난해의 34%, 그리고 과거 10년 평균치
69%보다 높게 나타나고 있다.

(4) 생산량(Production)

　곡물 생산량은 가장 중요한 공급요인이라고 할 수 있다. 미국의 곡물 생산량에
대한 정보는 미농무부(USDA)의 'Crop Production'에서 입수할 수 있다. 미농무부의
NASS는 매월 곡물의 단수(yield) 및 생산량 추정치를 발표한다. 이 보고서는 World
Agricultural Outlook Board(WAOB)의 'World Agricultural Supply and Demand
Estimates(WASDE)'와 동시에 발표된다. 'Crop Production'은 8, 9, 10, 11월에 특히 더
중요시된다. 그 이유는 6월에 조사된 재배면적 자료와 더불어 단수에 대한 실측조사
를 바탕으로 생산량에 대한 실질적인 예측이 이루어지는 것이 8월부터이기 때문이다.

미국을 포함한 전 세계 곡물 생산량에 대한 정보는 미농무부(USDA)의 World Agricultural Outlook Board(WAOB)가 매월 발간하는 'World Agricultural Supply and Demand Estimates(WASDE)'를 통해 입수할 수 있다. WAOB는 주요 작물에 대한 미국 및 전 세계의 수급 전망치를 만들어내기 위한 관계기관 합동기구라고 할 수 있다. WAOB의 해당 품목 전문가가 Interagency Commodity Estimates Committee(ICEC)의 의장직을 맡는다.

ICEC는 미농무부(USDA) 소속 4개 기관의 대표들로 구성된다. 첫째, Agricultural Marketing Service(AMS)는 곡물의 가격에 대한 정보를 제공한다. 둘째, Economic Research Service(ERS)는 시장상황이 곡물의 수요와 공급에 미치는 영향을 분석한다. 셋째, Farm Service Agency(FSA)는 농업정책이 농가의 행동에 미치는 효과를 고려한다. 넷째, Foreign Agricultural Service(FAS)는 외국의 곡물 수급상황에 대한 정보를 제공한다.

ICEC는 Joint Agricultural Weather Facility(JAWF)가 제공하는 기상 분석 자료도 반영한다. JAWF는 미농무부(USDA)와 상무부(U.S. Dept. of Commerce) 산하의 National Oceanic and Atmospheric Administration(NOAA; 국립해양대기처)에 의해 공동으로 운영된다.

ICEC는 NASS가 'Crop Production'에서 발표하는 미국 내 곡물 생산량 예측치를 'WASDE'에 반영함으로써 미국 및 전 세계 곡물 생산량 예측치를 망라하여 발표한다. 'Crop Production'와 'WASDE'는 매월 9일에서 12일 사이에 농시에 발표되는데, 발표시간은 당일 오후 12시(동부시간 기준)이다.[3]

'WASDE'는 외부와 완전히 차단된 이른바 'lock-up' 환경에서 준비된다. 'WASDE'의 작성에 참여하는 전문가들은 발표 당일 오전 6시까지 미농무부(USDA)의 South Building에 위치한 특별 지정구역에 입실을 완료한다. 출입구에는 무장한 경비원이 배치되고, 창문은 차양을 내리고 봉인하며, 전화기와 인터넷은 완전히 차단하여 외부와 전혀 연락이 닿지 않도록 한다. 모든 발표 자료가 준비 되고나면, 미농무부(USDA) 장관에게 간략하게 브리핑을 한 후 서명을 받고, 12:00시(정오)에 일제히 공표된다. 이와 같이 철저한 보안과 기밀을 유지하는 이유는 극도로 민감한 시장정보가 모든 시장참여자들에게 동시에 공표되도록 하기 위함이다.

---

3 'WASDE'는 2012년까지 오전 8시 30분(동부시간 기준)에 발표되었으나, 2013년 1월부터는 오후 12시(동부시간 기준)로 변경되었다.

'WASDE'는 대차대조표(貸借對照表; balance sheet) 방식의 균형수급표로 작성된다. 먼저 재배면적(area; 백만 에이커)은 파종면적(planted)과 수확면적(harvested)으로 구분된다. 단수(yield)는 에이커당 부셸(bu/acre)로 표시된다. 수확면적에 단수를 곱하면 곧 생산량이 산출된다. 총공급(total supply)은 전년도에서 이월된 기초재고, 당해 연도 생산량, 그리고 수입량의 합계로 산출된다. 그리고 총수요(total use)는 국내 수요(소비)와 해외 수요(수출량)를 합하여 산출된다. 옥수수의 경우 국내 수요는 사료 및 기타 수요, 그리고 식용, 종자 및 산업용 수요를 합한 개념이다.

기말재고(ending stocks)는 총공급에서 총수요를 뺀 것으로서 다음 연도로 이월될 물량이다. 재고/이용률(stocks/use ratio)은 기말재고를 총수요로 나눈 개념으로, 곡물 수급상황을 단적으로 나타내는 지표이다. 재고/이용률이 낮을수록 완충역할을 할 수 있는 재고량이 적다는 뜻이므로 현재의 수급상황이 매우 빠듯하다(tight)는 것을 시사한다.

(1) 총공급(total supply) = 기초재고(beginning stocks) + 생산량(production) + 수입량(imports)

(2) 총수요(total use) = 국내수요(domestic total) + 해외수요(수출; total exports)
   • 국내수요(domestic total) = 사료 및 기타 수요(feed & residual) + 식용, 종자 및 산업용 수요(food, seed & industry)

(3) 기말재고(ending stocks) = 총공급(total supply) - 총수요(total use)

(4) 재고/이용률(stocks/use ratio) = 기말재고(ending stocks) ÷ 총수요(total use) × 100

〈표 8-6〉은 미국의 옥수수 수급보고서를 보여주고 있다. 2018/19년 옥수수 수확면적(harvested area)은 81.8백만 에이커(=33.09백만 ha), 그리고 단수(yield)는 181.3bu/acre(=11.38톤/ha)로 추정된다.[4] 옥수수 생산량(production)은 14,827백만 부셸(=376.62백만 톤), 수출량은 2,400백만 부셸(=61.00백만 톤), 그리고 기말재고량은 1,774백만 부셸(=45.06백만 톤)으로 추정된다. 미국 내 옥수수 총사용량 가운데 바이오에탄올(bioethanol) 제조용으로 사용되는 옥수수의 비율은 44.47%(=5,650÷12,705×100)로 추정된다. 한편 옥수수 재고/이용률(stocks/use ratio)은 11.7%로 전망된다.

---

4 1ha=2.471044acre(역으로 1acre=0.104686ha), 그리고 옥수수 1톤(m/t)=39.36825부셸(bu)이다.

표 8-6 미국 옥수수 수급보고서

USDA SUPPLY/DEMAND US CORN	Sep USDA 16-17	Sep USDA 17-18	Aug USDA 18-19	Sep USDA 18-19
Area (M Acres)				
Planted	**94.0**	**90.2**	**89.1**	**89.1**
Harvested	86.7	82.7	81.8	81.8
Yield (Bu/Acre)	**174.6**	**176.6**	**178.4**	**181.3**
Beginning Stocks (M Bu)	1,737	2,293	2,027	2,002
Production	15,148	14,604	14,586	14,827
Imports	57	40	50	50
Supply, Total	**16,942**	**16,937**	**16,664**	**16,879**
Feed & Residual	5,470	5,450	5,525	5,575
Food, Seed & Industry	6,885	7,060	7,105	7,130
Ethanol for Fuel	5,432	5,600	5,625	5,650
Domestic Total	12,355	12,510	12,630	12,705
Total Exports	2,294	2,425	2,350	2,400
Use, Total	14,649	14,935	14,980	15,105
Ending Stocks	**2,293**	**2,002**	**1,684**	**1,774**
Stocks/Use Ratio	**15.7%**	**13.4%**	**11.2%**	**11.7%**

자료: USDA, "World Agricultural Supply and Demand Estimates," September 12, 2018.

〈표 8-7〉은 전 세계의 옥수수 수급보고서를 보여주고 있다. 2018/19년 기준 전 세계의 옥수수 재고/이용률(stocks/use ratio)은 14.2%로 전망된다.

표 8-7 세계 옥수수 수급보고서

USDA SUPPLY/DEMAND WORLD CORN (Million Metric Tons)	Sep USDA 16-17	Sep USDA 17-18	Aug USDA 18-19	Sep USDA 18-19
Supply				
Beginning Stocks	209.98	227.83	193.33	194.15
Production	**1,078.56**	**1,033.64**	**1,061.05**	**1,069.00**
Imports	135.56	147.55	152.32	153.98
Use				
Feed, Domestic	633.14	652.62	671.40	676.92
Total Domestic	1,060.71	1,067.32	1,098.89	1,106.12
Exports	160.05	146.17	159.61	161.71
Ending Stocks	**227.83**	**194.15**	**155.49**	**157.03**
Stocks/Use Ratio	**21.5%**	**18.2%**	**14.1%**	**14.2%**

자료: USDA, "World Agricultural Supply and Demand Estimates," September 12, 2018.

그림 8-23   미국 및 전 세계의 옥수수 생산량

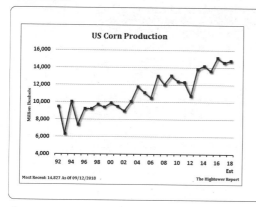
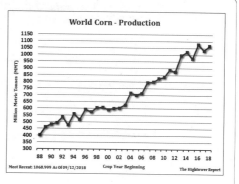

자료: CME Group Inc.(www.cmegroup.com)

〈그림 8-23〉은 미국 및 전 세계의 옥수수 생산량 추이를 보여주고 있다. 미국의 옥수수 생산량은 바이오연료(biofuel), 즉 바이오에탄올(bioethanol)의 수요 증가 등에 힘입어 매년 지속적으로 증가하는 추세이다. 미국의 옥수수 생산량은 2016/17년에 사상 최고치인 15,148백만 부셸(=384,778천 톤)을 기록하였고, 2018/19년에는 14,827백만 부셸(=376,615천 톤)을 기록할 것으로 전망된다. 전 세계 옥수수 생산량은 2016/17년에 사상 최고치인 1,078,555천 톤을 기록하였고, 2018/19년에는 1,068,999천 톤에 이를 것으로 전망된다.

〈표 8-8〉은 미국의 대두 수급보고서를 보여주고 있다. 2018/19년 대두 수확면적(harvested area)은 88.9백만 에이커(=35.96백만 ha), 그리고 단수(yield)는 52.8bu/acre(=3.55톤/ha)로 추정된다.[5] 대두 생산량(production)은 4,693백만 부셸(=127.73백만 톤), 수출량은 2,060백만 부셸(=56.06백만 톤), 그리고 기말재고량은 845백만 부셸(=23.00백만 톤)으로 추정된다. 한편 대두 재고/이용률(stocks/use ratio)은 19.8%로 전망된다.

〈표 8-9〉는 전 세계의 대두 수급보고서를 보여주고 있다. 2018/19년 기준 전 세계의 대두 재고/이용률(stocks/use ratio)은 30.7%로 전망된다.

---

5 1ha=2.471044acre(역으로 1acre=0.104686ha), 그리고 대두 1톤(m/t)=36.7437부셸(bu)이다.

표 8-8 미국 대두 수급보고서

USDA SUPPLY/DEMAND US SOYBEANS	Sep USDA 16-17	Sep USDA 17-18	Aug USDA 18-19	Sep USDA 18-19
Area (MAcres)				
Planted	83.4	90.1	89.6	89.6
Harvested	82.7	89.5	88.9	88.9
Yield (Bu/Acre)	52.0	49.1	51.6	52.8
Beginning Stocks (MBu)	197	302	430	395
Production	4,296	4,392	4,586	4,693
Imports	22	22	25	25
Supply, Total	4,515	4,715	5,040	5,113
Crushings	1,901	2,055	2,060	2,070
Exports	2,166	2,130	2,060	2,060
Seed	105	104	103	103
Residual	41	32	33	34
Use, Total	4,214	4,321	4,256	4,268
Ending Stocks	302	395	785	845
Stocks/Use Ratio	7.2%	9.1%	18.4%	19.8%

자료: USDA, "World Agricultural Supply and Demand Estimates," September 12, 2018.

표 8-9 세계 대두 수급보고서

USDA SUPPLY/DEMAND WORLD SOYBEANS (Million Metric Tons)	Sep USDA 16-17	Sep USDA 17-18	Aug USDA 18-19	Sep USDA 18-19
Supply				
Beginning Stocks	80.42	96.68	95.61	94.74
Production	348.12	336.82	367.10	369.32
Imports	144.35	151.86	154.83	154.12
Use				
Crush, Domestic	287.20	293.69	308.67	308.20
Total Domestic	328.86	337.00	353.64	353.01
Exports	147.36	153.62	157.96	156.90
Ending Stocks	96.68	94.74	105.94	108.26
Stocks/Use Ratio	29.4%	28.1%	30.0%	30.7%

자료: USDA, "World Agricultural Supply and Demand Estimates," September 12, 2018.

그림 8-24   미국 및 전 세계의 대두 생산량 동향

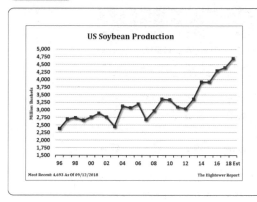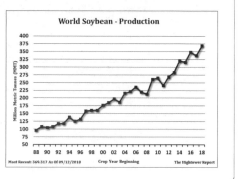

자료: CME Group Inc.(www.cmegroup.com)

〈그림 8-24〉는 미국 및 전 세계의 대두 생산량 추이를 보여주고 있다. 미국의 대두 생산량은 국내외 수요 증가에 힘입어 매년 지속적으로 증가하는 추세이다. 2018/19년 대두 생산량은 사상 최고치인 4,693백만 부셸(＝127.73백만 톤)을 기록할 전망이다. 그리고 전 세계 대두 생산량도 사상 최고치인 369.32백만 톤에 이를 것으로 전망된다.

〈그림 8-25〉는 브라질과 아르헨티나의 대두 생산량 추이를 보여주고 있다. 브라질과 아르헨티나는 대두 수출시장에서 미국과 경쟁관계에 있다. 브라질의 대두 생산량은 매년 가파르게 증가하는 추세에 있으며, 2018/19년에는 사상 최고치인 120.50백만 톤(단수 3.21톤/ha)을 기록할 것으로 전망된다. 아르헨티나의 대두 생산량은 연도

그림 8-25   브라질과 아르헨티나의 대두 생산량 동향

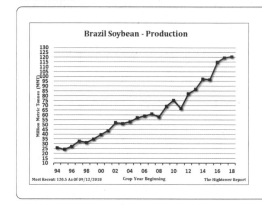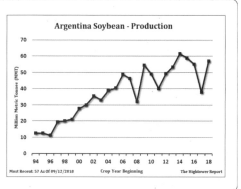

자료: CME Group Inc.(www.cmegroup.com)

표 8-10　미국 소맥 수급보고서

USDA SUPPLY/DEMAND				
US WHEAT	**Sep** **USDA** **16-17**	**Sep** **USDA** **17-18**	**Aug** **USDA** **18-19**	**Sep** **USDA** **18-19**
Area (M Acres)				
Planted	**50.1**	**46.0**	**47.8**	**47.8**
Harvested	43.9	37.6	39.6	39.6
Yield (Bu/Acre)	**52.7**	**46.3**	**47.4**	**47.4**
Beginning Stocks (M Bu)	976	1,181	1,100	1,100
Production	2,309	1,741	1,877	1,877
Imports	118	157	135	135
Total Supply	**3,402**	**3,079**	**3,112**	**3,112**
Food	949	964	970	970
Seed	61	64	62	62
Feed/Residual	161	48	120	120
Domestic Total	1,171	1,077	1,152	1,152
Total Exports	1,051	901	1,025	1,025
Use, Total	2,222	1,978	2,177	2,177
Ending Stocks	**1,181**	**1,100**	**935**	**935**
Stocks/Use Ratio	**53.2%**	**55.6%**	**42.9%**	**42.9%**

자료: USDA, "World Agricultural Supply and Demand Estimates," September 12, 2018.

별로 등락이 다소 심한 편이지만, 2018/19년에는 57.00백만 톤(단수 3.00톤/ha)에 이를 것으로 전망된다.

〈표 8-10〉은 미국의 소맥 수급보고서를 보여주고 있다. 2018/19년 소맥 수확면적(harvested area)은 39.6백만 에이커(=16.01백만 ha), 그리고 단수(yield)는 47.4bu/acre(=3.19톤/ha)로 추정된다.6 소맥 생산량(production)은 1,877백만 부셸(=51.08백만 톤), 수출량은 1,025백만 부셸(=27.90백만 톤), 그리고 기말재고량은 935백만 부셸(=25.45백만 톤)으로 추정된다. 한편 소맥 재고/이용률(stocks/use ratio)은 42.9%로 전망된다.

〈표 8-11〉은 전 세계의 소맥 수급보고서를 보여주고 있다. 2018/19년 기준 전 세계의 소맥 재고/이용률(stocks/use ratio)은 35.0%로 전망된다.

---

6 1ha=2.471044acre(역으로 1acre=0.104686ha), 그리고 소맥 1톤(m/t)=36.7437부셸(bu)이다.

표 8-11   세계 소맥 수급보고서

USDA SUPPLY/DEMAND WORLD WHEAT (Million Metric Tons)	Sep USDA 16-17	Sep USDA 17-18	Aug USDA 18-19	Sep USDA 18-19
Supply				
Beginning Stocks	244.21	257.09	273.07	274.36
Production	**752.08**	**758.27**	**729.63**	**733.00**
Imports	179.11	179.59	181.68	179.12
Use				
Feed, Domestic	147.07	144.38	138.45	140.74
Total Domestic	739.20	741.01	743.74	746.06
Exports	183.34	181.40	183.87	181.39
Ending Stocks	**257.09**	**274.36**	**258.96**	**261.29**
Stocks/Use Ratio	**34.8%**	**37.0%**	**34.8%**	**35.0%**

자료: USDA, "World Agricultural Supply and Demand Estimates," September 12, 2018.

〈그림 8-26〉은 미국 및 전 세계의 소맥 생산량 추이를 보여주고 있다. 미국의 소맥 생산량은 연도별 편차가 큰 편이며, 2018/19년에는 1,877백만 부셸(=51.08백만 톤)을 기록할 전망이다. 전 세계 소맥 생산량은 2017/18년에 사상 최고치인 758.27백만 톤을 기록하였고, 2018/19년에는 733.00백만 톤에 이를 것으로 전망된다.

그림 8-26   미국 및 전 세계의 소맥 생산량 동향

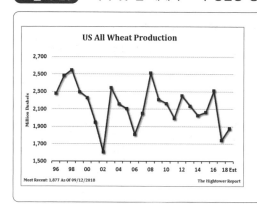
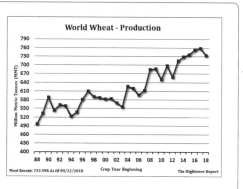

자료: CME Group Inc.(www.cmegroup.com)

〈그림 8-27〉은 호주와 캐나다의 소맥 생산량 추이를 보여주고 있다. 미국과 더불어 호주와 캐나다는 우리나라가 제분용 소맥을 주로 수입하는 나라들이다. 2018/19년 호주의 소맥 생산량은 20.00백만 톤(단수 1.82톤/ha), 그리고 캐나다의 소맥 생산량은 31.50백만 톤(단수 3.21톤/ha)을 기록할 것으로 전망된다.

그림 8-27 호주와 캐나다의 소맥 생산량 동향

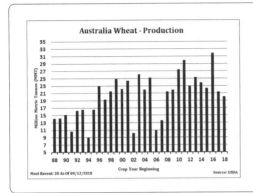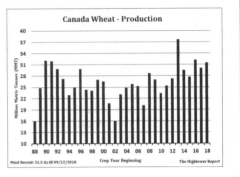

자료: CME Group Inc.(www.cmegroup.com)

(5) 재고량(Stocks)

곡물 재고량은 말 그대로 사용되지 않고 남아있는 물량을 의미하는데, 수급상황에 급격한 변화가 발생할 때 완충작용을 할 수 있다는 점에서 매우 중요하다. 일반적으로 곡물의 재고량과 가격 간에는 강한 음(-)의 상관관계(negative correlation)가 존재한다. 즉, 곡물의 재고량이 많을수록 가격의 약세 요인으로 작용하는 반면, 재고량이 적을수록 가격의 강세 요인으로 작용하게 된다.

미농무부(USDA)의 'Crop Production'과 'WASDE'에서 매월 발표되는 기말재고량은 당해 곡물연도가 끝나는 시점에 남게 될 것으로 예상되는 재고량을 의미한다. 즉, 기말재고는 당해 곡물연도의 총공급에서 총수요를 뺀 물량으로, 다음 연도의 기초재고로 이월될 물량이다.

기말재고량과 관련된 중요한 지표 중 하나가 재고/이용률이다. 이 지표는 기말재고를 총수요로 나눈 개념으로 곡물 수급상황을 단적으로 보여준다. 재고/이용률이 낮을수록 이용량 대비 완충역할을 할 수 있는 재고량, 즉 완충재고(緩衝在庫; buffer stocks)가 적다는 뜻이므로 현재의 수급상황이 매우 빠듯하다는 것을 시사한다.

〈그림 8-28〉은 미국과 전 세계의 옥수수 기말재고량 및 재고/이용률 추이를 보여주고 있다. 2018/19년 기준 미국의 옥수수 기말재고량은 1,774백만 부셸(=45,063천 톤), 재고/이용률은 11.7%로 전망된다. 그리고 2018/19년 기준 전 세계의 옥수수 기말재고량은 157.03백만 톤, 재고/이용률은 14.2%로 전망된다.

그림 8-28 미국과 전 세계의 옥수수 기말재고량 및 재고/이용률 동향

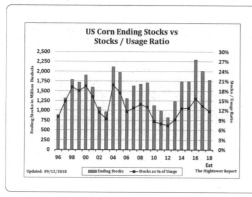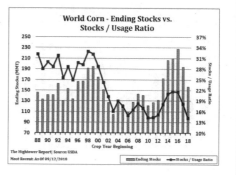

자료: CME Group Inc.(www.cmegroup.com)

〈그림 8-29〉는 미국과 전 세계의 대두 기말재고량 및 재고/이용률 추이를 보여
주고 있다. 2018/19년 기준 미국의 대두 기말재고량은 845백만 부셸(=22,998천 톤),
재고/이용률은 19.8%로 전망된다. 그리고 2018/19년 기준 전 세계의 대두 기말재고
량은 108.26백만 톤, 재고/이용률은 30.7%로 전망된다.

그림 8-29 미국과 전 세계의 대두 기말재고량 및 재고/이용률 동향

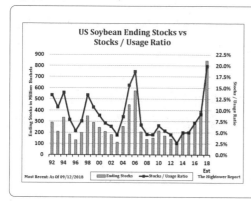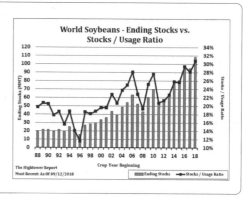

자료: CME Group Inc.(www.cmegroup.com)

〈그림 8-30〉은 미국과 전 세계의 소맥 기말재고량 및 재고/이용률 추이를 보여
주고 있다. 2018/19년 기준 미국의 소맥 기말재고량은 935백만 부셸(=25,448천 톤),
재고/이용률은 42.9%로 전망된다. 그리고 2018/19년 기준 전 세계의 소맥 기말재고
량은 261.29백만 톤, 재고/이용률은 35.0%로 전망된다.

그림 8-30 미국과 전 세계의 소맥 기말재고량 및 재고/이용률 동향

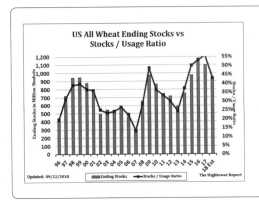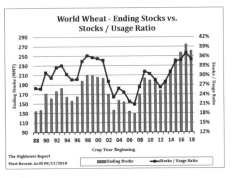

자료: CME Group Inc.(www.cmegroup.com)

  곡물 재고량과 관련하여 시장에서 매우 중요시되는 또 하나의 보고서는 미농무부(USDA)의 'Grain Stocks'이다. 이 보고서는 분기별(quarterly)로 농장 내·외에 저장(on-farm and off-farm storage)되어 있는 곡물 재고량을 발표한다. 'Grain Stocks'는 미농무부(USDA)의 NASS가 매 분기말(12월, 3월, 6월, 9월)에 발표하며, 발표시간은 당일 오후 12시(동부시간 기준)이다. 예컨대, 3월말에 발표되는 'Grain Stocks'는 3월 1일 현재시점에 저장되어 있는 곡물의 재고량을 보여주며, 9월말에 발표되는 'Grain Stocks'는 9월 1일 현재시점의 곡물 재고수준을 보여준다. 다만, 12월 1일 현재시점의 곡물 재고량은 연말이라는 특수성 때문에 12월말에 발표되지 않고, 이듬해 1월 10일 경에 발표된다.

  〈표 8-12〉는 미국의 분기별 곡물 재고량을 보여주고 있다. 2018년 9월 1일 현재 옥수수 재고량은 농장 내(on-farms) 재고량 15,748,730톤(m/t), 농장 외(off-farms) 재고량 38,618,290톤(m/t)을 합하여 총 54,367,010톤(m/t)으로 나타나고 있다. 그리고 소맥 재고량은 농장 내(on-farms) 재고량 17,173,010톤(m/t), 농장 외(off-farms) 재고량 47,563,780톤(m/t)을 합하여 총 64,736,790톤(m/t)으로 나타나고 있다. 한편 대두 재고량은 농장 내(on-farms) 재고량 2,748,770톤(m/t), 농장 외(off-farms) 재고량 9,174,490톤(m/t)을 합하여 총 11,923,260톤(m/t)으로 나타나고 있다.

표 8-12　미국의 분기별 곡물 재고량(Quarterly Grain Stocks by Position and Month)

(단위: metric tons)

Date	2017			2018		
	On farms	Off farms	Total	On farms	Off farms	Total
Corn						
Mar 1	124,668,940	94,339,740	219,008,680	127,056,650	98,813,750	225,870,400
Jun 1	72,174,880	60,649,920	132,824,800	69,855,760	64,892,470	134,748,230
Sep 1	19,990,720	38,261,860	58,252,580	15,748,730	38,618,290	54,367,010
Dec 1	196,579,650	122,624,170	319,203,830			
Wheat						
Mar 1	9,511,830	35,629,900	45,141,740	7,057,260	33,641,970	40,699,230
Jun 1	5,218,720	26,912,010	32,130,720	3,550,950	26,355,910	29,906,860
Sep 1	13,384,600	48,287,850	61,672,450	17,173,010	47,563,780	64,736,790
Dec 1	10,725,100	40,260,900	50,986,000			
Soybeans						
Mar 1	18,193,590	29,132,410	47,326,000	23,269,290	34,136,530	57,405,820
Jun 1	9,049,170	17,237,130	26,286,290	10,260,260	22,924,440	33,184,700
Sep 1	2,392,250	5,815,820	8,208,070	2,748,770	9,174,490	11,923,260
Dec 1	40,415,080	45,604,510	86,019,590			

자료: USDA NASS, "Grain Stocks," September 28, 2018.

(6) 날씨(Weather)

　날씨는 작물의 각 생육단계별로 지대한 영향을 미치기 때문에 단수 및 생산량을 결정하는 중요한 요인으로 작용한다. 날씨는 작물의 파종기, 생육기, 수확기의 모든 단계에 걸쳐 큰 영향을 미치며, 특히 기온과 강수량이 중요한 변수로 작용한다. 옥수수를 중심으로 시기별로 날씨가 미치는 영향을 살펴보면 다음과 같다.

　봄철의 날씨는 옥수수 파종에 큰 영향을 미친다. 미국에서는 대부분 트랙터에 옥수수 파종기(corn planter)를 연결하여 기계 파종을 하는데, 파종할 시기에 비가 많이 내리면 트랙터를 이용한 밭일이 어려워져서 파종이 지연되거나 심지어는 아예 파종을 하지 못하게 된다. 이렇게 되면 단수(yield)가 줄어들거나 재배면적이 감소하여 옥수수 가격의 상승을 초래하게 된다.

　여름철 옥수수 수분기에 건조한 날씨가 지속되거나 반대로 비가 계속 내리면, 수분이 제대로 이루어지지 못해 단수 및 생산량이 크게 줄어드는 결과가 초래된다.

그림 8-31   미국 국립기상청(NWS)의 날씨 예측 정보

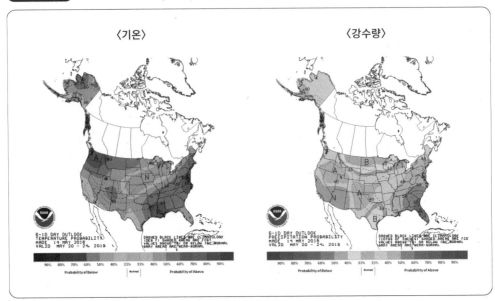

자료: National Weather Service(NWS) Climate Prediction Center의 6-10 Day
Outlook(www.cpc.ncep.noaa.gov/products/predictions/610day/)

이러한 현상이 광범위한 지역에 걸쳐 발생할 경우 옥수수 생산량이 크게 감소하게 되므로 옥수수 가격이 급등할 수 있는 요인이 된다. 반대로 수분기에 날씨가 순조롭다면 단수 및 생산량이 크게 증가하여 옥수수 가격의 하락요인으로 작용하게 된다.

〈그림 8-31〉에서 보는 바와 같이, 날씨에 대한 정보는 미국 국립기상청(National Weather Service; NWS; www.weather.gov)에서 입수할 수 있다. 이 사이트에서는 기상도와 함께 강우지역, 뇌우(雷雨)지역, 홍수지역, 결빙지역 등을 지도에 표시하여 제공한다. 또한 지역별 날씨에 관한 정보도 얻을 수 있다.

2) 수요요인(Demand Factors)

곡물의 수요는 크게 국내 수요(소비)와 해외 수요(수출)로 구분할 수 있다. 옥수수의 경우 국내 소비는 사료용(feed), 식용, 종자 및 산업용(food, seed and industry)으로 나눌 수 있다. 특히 산업용은 연료용 에탄올, 즉 바이오에탄올(bioethanol) 제조용이 큰 비중을 차지한다. 그리고 대두의 경우 국내 소비는 가공용, 즉 착유용(crushing)이 대부분을 차지하며, 가공과정에서 대두유와 대두박이 생산된다. 한편 소맥의 경우 국내 소비는 대부분 식용, 즉 밀가루를 만드는데 사용되며, 품질이 떨어지는 소맥은 사료용으로 이용된다.

(1) 국내 소비(Domestic Consumption)

미국 내 곡물 소비에 관한 정보는 미농무부(USDA)의 'Crop Production'과 'WASDE'에서 얻을 수 있다. 이 보고서는 매월 9일에서 12일 사이에 발표되며, 발표 시간은 당일 정오(동부시간 기준 오후 12시)이다.

〈그림 8-32〉는 미국의 옥수수 총수요 및 국내 소비 동향을 보여주고 있다. 2018/19년 기준 미국의 옥수수 총수요(국내 소비＋해외 수출) 가운데 국내 소비의 비중은 84.1%, 해외 수출의 비중은 15.9%를 차지한다. 한편 국내 소비 가운데 사료용은 43.9%, 그리고 식품, 종자 및 산업용(FSI)은 56.1%를 차지한다. 특히 식품, 종자 및 산업용(FSI) 가운데 바이오에탄올(bioethanol) 생산을 위한 옥수수 소비는 2002년부터 크게 증가하기 시작하였으며, 2018/19년에는 국내 소비의 44.5%를 차지할 전망이다.

그림 8-32 미국의 옥수수 총수요 및 국내 소비 동향

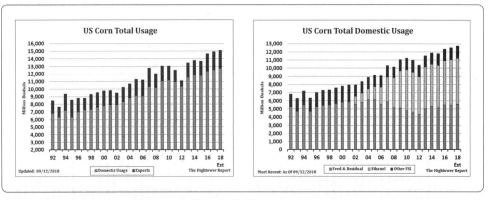

자료: CME Group Inc.(www.cmegroup.com)

〈그림 8-33〉은 미국의 대두 총수요 및 국내 가공용(착유용; crushing) 소비 동향을 보여주고 있다. 2018/19년 기준 미국의 대두 총수요(국내 소비＋해외 수출) 가운데 국내 소비의 비중은 51.7%, 해외 수출의 비중은 48.3%를 차지한다. 그리고 국내 소비 가운데는 가공용(착유용; crushing)이 93.8%로 대부분을 차지한다.

그림 8-33　미국의 대두 총수요 및 국내 가공용(crushing) 소비 동향

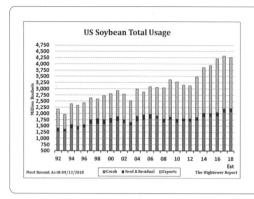
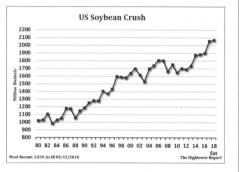

자료: CME Group Inc.(www.cmegroup.com)

〈그림 8-34〉는 미국의 소맥 총수요 및 국내 소비 동향을 보여주고 있다. 2018/19년 기준 미국의 소맥 총수요(국내 소비＋해외 수출) 가운데 국내 소비의 비중은 52.9%, 해외 수출의 비중은 47.1%를 차지한다. 그리고 국내 소비 가운데는 제분용(식용; food)이 84.2%로 대부분을 차지하고, 사료용은 10.4%를 차지한다.

그림 8-34　미국의 소맥 총수요 및 국내 수요 동향

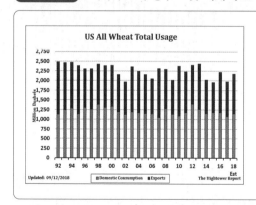
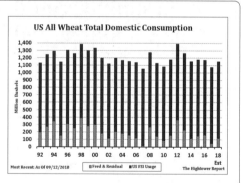

자료: CME Group Inc.(www.cmegroup.com)

(2) 해외 수출(Exports)

곡물의 수출실적은 해외 수요를 반영하는 중요한 변수이다. 곡물의 연간 수출량 추정치에 관한 정보는 미농무부(USDA)의 'Crop Production'과 'WASDE'에서 얻을 수 있다. 미농무부(USDA)는 연간 곡물 수출량 추정치와 더불어 매 주간 단위로 곡물 수

그림 8-35 미국의 옥수수 수출량 및 주간 판매(weekly export sales) 동향

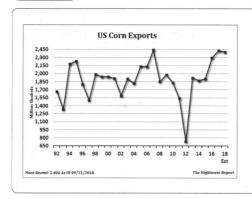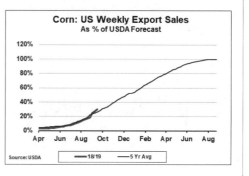

자료: CME Group Inc.(www.cmegroup.com)

출판매실적(weekly export sales)을 발표한다. 'Weekly Export Sales'는 미농무부(USDA) 의 FAS(Foreign Agricultural Service)가 매주 목요일 8시 30분(동부시간 기준)에 발표한다. 연간 곡물 수출량 추정치와 주간 곡물 수출실적을 대비해봄으로써 곡물 수출의 진척 속도, 수출량 추정치(전망치)의 달성도 등을 파악할 수 있다.

〈그림 8-35〉는 미국의 옥수수 수출량 및 주간 판매실적 추이를 보여주고 있다. 미국의 옥수수 수출량은 2012/13년에 극심한 가뭄으로 생산량이 급감함에 따라 730 백만 부셸(=18,540천 톤)로 감소하기도 하였으나, 2018/19년에는 2,400백만 부셸 (=61,000천 톤)을 기록할 전망이다. 한편 2018년 9월말 기준 옥수수 주간 수출실적은 5년 평균치를 다소 상회하고 있다.

〈그림 8-36〉은 미국의 대두 수출량 및 주간 판매실적 추이를 보여주고 있다. 미

그림 8-36 미국의 대두 수출량 및 주간 판매(weekly export sales) 동향

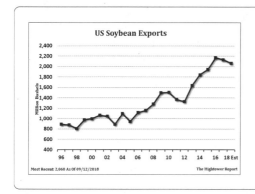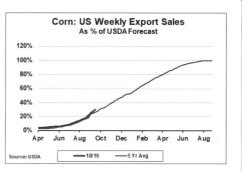

자료: CME Group Inc.(www.cmegroup.com)

그림 8-37   미국의 소맥 수출량 및 주간 판매(weekly export sales) 동향

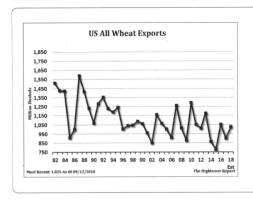
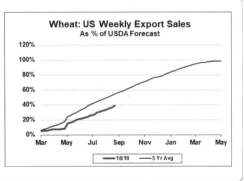

자료: CME Group Inc.(www.cmegroup.com)

국의 대두 수출량은 지속적으로 증가하는 추세이며, 2018/19년에는 2,060백만 부셸 (＝56,064천 톤)을 기록할 전망이다. 한편 2018년 9월말 기준 대두 주간 수출실적은 5년 평균치를 다소 상회하고 있다.

〈그림 8-37〉은 미국의 소맥 수출량 및 주간 판매실적 추이를 보여주고 있다. 미국의 소맥 수출량은 전반적으로 감소하는 추세라고 할 수 있는데, 2018/19년에는 1,025백만 부셸(＝29,000천 톤)을 기록할 전망이다. 한편 2018년 8월말 기준 소맥 주간 판매실적은 5년 평균치를 훨씬 밑돌고 있다.

(3) 달러화의 가치(Value of U.S. Dollar)

곡물 수입국의 입장에서 볼 때 달러화 가치의 변동은 상대적인 구매력의 변동을 의미한다. 일반적으로 해외 수입국 통화 대비 달러화의 가치가 하락하면, 수입국의 구매력이 증가하여 곡물가격의 강세 요인으로 작용한다. 반면 달러화의 가치가 상승하면, 수입국의 구매력이 감소하여 곡물가격의 약세 요인으로 작용하게 된다.

일반적으로 복수의 통화 대비 달러화 가치의 변동을 가장 손쉽게 파악할 수 있는 경제지표는 달러인덱스(U.S. dollar index)이다. 달러인덱스는 세계 주요 6개국 통화 대비 달러화의 평균적 가치를 나타내는 지표이다. 6개국 통화는 유로(EUR), 일본 엔 (JPY), 영국 파운드(GBP), 캐나다 달러(CAD), 스웨덴 크로나(SEK), 스위스 프랑(CHF) 이며, 각국 통화의 비중(가중치)은 해당 국가의 경제 규모에 따라 결정되었다. 구체적으로는 유로 57.6%, 엔 13.6%, 영국 파운드 11.9%, 캐나다 달러 9.1%, 스웨덴 크로나 4.2%, 스위스 프랑 3.6%로 비중(가중치)이 정해져 있다. 달러인덱스는 6개국 통화

에 대비한 달러화 가치를 가중기하평균(加重幾何平均; weighted geometric mean)으로 계산한다.

달러인덱스는 브레튼우즈체제(Bretton Woods system)가 붕괴된 직후인 1973년 3월부터 작성되기 시작했으며, 1973년 3월을 기준시점인 100으로 하여 발표된다. 달러 인덱스가 97.24라면, 주요 6개국 통화 대비 미 달러화 가치가 1973년 3월보다 2.76% 떨어졌다는 것을 뜻한다. 일반적으로 미국 경제가 호황이거나 세계경제가 불안할 때 달러화가 강세를 보이는 경향이 있다. 〈그림 8-38〉에서 보는 바와 같이, 달러인덱스는 1985년 2월에 164.720으로 최고치를 기록하였고, 2008년 3월에는 70.700으로 최저치를 기록한 바 있다.

그림 8-38 달러인덱스(U.S. dollar index)의 변동 추이(1973~2018년)

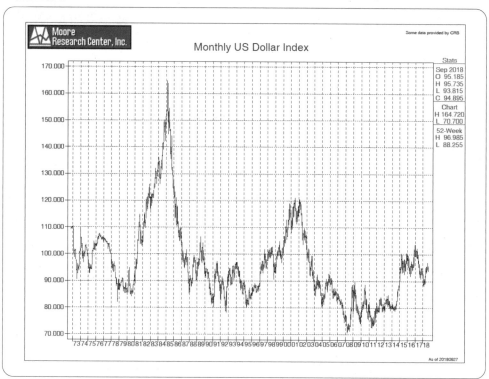

자료: Moore Research Center Inc.(www.mrci.com)

SECTION 02 기술적 분석Technical Analysis

기술적 분석은 "가격에 모든 것이 반영되어 있다"는 전제 하에 시장가격 자체를 분석함으로써 미래의 가격을 예측하고자 하는 접근방법이다. 기술적 분석에서는 가격, 거래량, 미결제약정(OI), 차트 등을 이용하여 앞으로의 가격 움직임을 예측하고자 한다.

1. 기술적 분석의 원리

기술적 분석은 세 가지의 기본전제(원리)를 바탕으로 한다. 첫째, 시장가격의 움직임에 모든 정보가 반영되어 있다. 둘째, 가격은 추세를 가지고 움직인다. 즉, 가격에도 관성(慣性)의 법칙이 작용하기 때문에 일단 상승 또는 하락하는 추세가 한 번 자리 잡으면, 확실한 반전의 징후가 없는 한 기존의 추세가 한동안 그대로 유지된다는 것이다. 셋째, 역사는 반복된다(History repeats itself). 이것은 시장참여자들의 변치 않는 심리현상(심리적 요인)을 반영한다. 즉, 시장참여자들은 과거와 유사한 시장상황에 다시 놓이게 되면, 과거와 똑같은 패턴으로 반응한다는 것이다.

기술적 분석은 매매의 시점(timing)을 포착하는 데 유용한 기법으로 알려져 있다. 그러나 기술적 분석은 가격이 상승하거나 하락하는 근본적인 이유에 대해서는 관심을 기울이지 않고, 현재까지의 가격 움직임을 바탕으로 앞으로의 가격 움직임을 예측하는 데만 집중한다는 비판을 받는다. 또한 기술적 분석은 자기성취적 예언(self-fulfilling prophecy)에 지나지 않는다는 비판도 받는다. 자기성취적 예언이란 어떤 일에 대해서 그렇게 될 것이라고 믿고, 실제로 그렇게 행동함으로써 결국 그렇게 된다는 것이다. 다시 말해서, 많은 사람들이 기술적 분석 도구들을 동일하게 해석하고 같은 방향으로 행동함으로써 예상되는 결과가 그대로 실현된다는 것이다.

기술적 지표들을 활용함에 있어서 가장 난처한 상황은 여러 지표들이 동일한 신호(signal)를 보내지 않고 뒤섞인 신호를 보내는 경우이다. 즉, 동일한 시장상황 하에서 어떤 기술적 지표는 매도 신호로 해석되는 반면, 다른 지표는 중립적이거나 심지어는 매입 신호로 해석되어 상충적인 경우가 발생하기도 한다는 것이다. 이럴 경우에는 부득이 특정 기술적 지표의 정확도에 대한 과거의 경험이나 주관적 판단에 의존할 수밖에 없다.

2. 기술적 분석의 종류

기술적 분석방법은 그 종류를 일일이 헤아릴 수 없을 만큼 무수히 많다. 〈표 8-13〉
에서 보는 바와 같이, 기술적 분석기법을 몇 가지로 유형화해 보면, 차트 분석, 주기
(週期; cycle)이론, 기술적 지표(technical indicator) 등으로 나뉜다. 차트 분석은 가격차
트를 이용하여 지지선(support line), 저항선(resistance line), 추세선(trend line), 채널
(channel), 갭(gap), 패턴(pattern) 등을 분석한다. 주기이론은 가격의 주기를 분석함으
로써 미래의 가격을 예측하고자 하는데, 피보나치 수열(Fibonacci numbers), 엘리엇 파
동이론(Elliott wave principle) 등이 이용된다. 기술적 지표는 시장상황을 하나의 숫자
로 요약한 지표로, 이동평균(moving average), RSI(relative strength index), Stochastic 등
이 포함된다.

표 8-13 기술적 분석기법의 종류

구분	내용	분석도구
차트 분석 (chart analysis)	가격의 추세, 패턴 등 분석	지지선, 저항선, 추세선, 채널, 갭, 패턴 등
주기이론 (cyclical theory)	가격변동의 사이클 분석	피보나치 수열, 엘리엇 파동이론 등
기술적 지표 (technical indicator)	시장상황의 요약지표	이동평균, RSI, Stochastic 등

3. 가격차트의 종류와 내용

차트는 가격의 움직임을 그림으로 표시한 것이다. 선물시장에서 많이 사용되는
차트는 막대차트(bar chart), 촛대차트(candlestick chart), 라인차트(line chart) 등이 있다.
막대차트는 하루 동안의 가격 움직임을 하나의 막대로 축약하여 표시한다. 막대
의 상단에는 당일의 최고가(high)가 표시되고, 하단에는 당일의 최저가(low)가 표시된
다. 막대의 왼쪽에는 시가(open)가 점으로 표시되고, 오른쪽에는 종가(close)가 점으로
표시된다.
촛대차트는 초를 꽂는 촛대의 모양과 같다고 해서 붙여진 이름이다. 촛대 몸통
(real body)의 양끝에는 시가(open)와 종가(close)가 표시된다. 촛대의 위쪽 끝에는 최
고가(high)가 표시되고, 아래쪽 끝에는 최저가(low)가 표시된다. 촛대의 몸통에서 어
느 쪽이 시가이고, 어느 쪽이 종가인지를 구분하기 위한 방법으로 몸통의 색깔을 다

그림 8-39   막대 차트(bar chart)로 표현된 옥수수 선물가격 추이

자료: CME Group Inc.(www.cmegroup.com)

그림 8-40   촛대차트(candlestick chart)로 표현된 옥수수 선물가격 추이

자료: CME Group Inc.(www.cmegroup.com)

르게 표시하는 것이 일반적이다. 즉, 종가가 시가보다 높은 경우에는 몸통을 흰색 또는 녹색으로 표시한다(우리나라에서는 적색으로 표시하고, 양선이라고 부른다). 반면 종가가 시가보다 낮은 경우에는 몸통을 흑색 또는 적색으로 표시한다(우리나라에서는 청색으로 표시하고, 음선이라고 부른다).[7]

----

7 이러한 표시방식의 차이는 아마도 문화적 차이에 기인한다고 볼 수 있다. 우리나라를 비롯한 동양권에서는 시장이 후끈 달아오르는 열기를 반영하여 강세시장(bullish market)을 적색(red; 陽)으로 표시하는 반면 약세시장(bearish market)은 찬물을 끼얹은 듯한 냉기를 반영하여 청색(blue; 陰)으

4. 주요 기술적 지표(Technical Indicator)

1) 이동평균(移動平均; Moving Average)

이동평균은 말 그대로 평균(平均; average)의 개념을 이용한다. 시점 t를 기준으로 n일간의 가격을 평균하는 산식은 다음과 같다.

$$MA(n)_t = \frac{P_t + P_{t-1} + \cdots + P_{t-(n-1)}}{n}$$

이동평균에서 '이동(移動; moving)'이라는 표현은 평균을 산출하는데 포함되는 가격의 구간이 고정되어 있지 않고 날짜의 경과에 따라 이동한다는 의미이다. 즉, 날짜가 하루 경과하면 가장 오래된 날짜의 가격을 제외하고 새로운 날짜의 가격을 추가하여 평균을 산출한다. 가격의 구간이 이동하더라도 평균을 산출하는데 포함되는 날짜의 수(n)는 변동하지 않는다.

위에서 이동평균을 구하는 산식은 각각의 가격에 동일한 가중치, 즉 $\frac{1}{n}$을 부여하고 있다. 즉, 각각의 가격이 현재시점으로부터 멀고 가까움에 관계없이 중요도가 동일한 것으로 취급한다는 것이다. 이와 같은 이동평균을 단순이동평균(SMA; simple moving average)이라고 한다.

이에 반해 평균을 산출하는 데 포함되는 가격의 상대적 중요도, 즉 가중치를 각각 다르게 부여하는 이동평균도 여러 가지가 있다. 그 논리적 근거는 현재시점에 가까운 가격일수록 미래의 가격에 더 큰 영향을 미치고, 현재와 멀어질수록 영향력이 줄어든다는 것이다. 그 영향력의 크기가 현재에서 과거로 거슬러 올라갈수록 지수함수(exponential function)와 같이 급격하게 감소한다고 가정하는 것이 바로 지수이동평균(EMA; exponential moving average) 또는 지수가중이동평균(EWMA; exponentially weighted moving average)이다.

이동평균을 이용하는 거래기법은 하나의 이동평균을 사용하기도 하고, 복수의 이동평균을 사용하기도 한다. 먼저 하나의 이동평균을 사용하는 거래기법에서는 가격이 이동평균선을 상향 돌파할 때 '골든 크로스(golden cross)'라고 표현하며, 매입신

그림 8-41 이동평균(Moving Average; 9, 18일)

자료: CME Group Inc.(www.cmegroup.com)

호(buy signal)로 해석한다. 반대로 가격이 이동평균선을 하향 돌파할 때는 '데드 크로스(dead cross)'라고 표현하며, 매도신호(sell signal)로 해석한다.

두 개의 이동평균을 사용하는 거래기법에서는 단기이동평균과 장기이동평균을 동시에 활용한다. 단기이동평균선이 장기이동평균선을 상향 돌파하는 상황은 골든 크로스로 표현되며, 매입신호로 해석한다. 반대로 단기이동평균이 장기이동평균선을 하향 돌파하는 상황은 데드 크로스로 표현되며, 매도신호로 해석한다. 여기서도 하나의 이동평균을 사용하는 경우와 동일하다고 볼 수 있으며, 다만 단기이동평균이 가격의 역할을 대신하고, 장기이동평균이 이동평균의 역할을 대신한다고 할 수 있다.

2) MACD(Moving Average Convergence and Divergence)

이동평균을 이용한 거래기법은 가격과 이동평균선이 교차하는 점 또는 단기와 장기 이동평균선이 교차하는 점에서 매매 타이밍이 포착되기 때문에 추세의 전환을 감지하는데 늦다는 단점을 지닌다. 이를 보완하기 위한 방법으로 MACD(Moving Average Convergence and Divergence)라고 불리는 기술적 지표가 이용된다.

MACD는 두 개의 이동평균(moving average)을 사용하는데, 여기서 이동평균(MA)은 단순이동평균(SMA)이 아닌 지수이동평균(EMA; exponential moving average)을 사용한다. 그리고 MACD는 단기이동평균(fast moving average)에서 장기이동평균(slow

그림 8-42   MACD(9, 18, 9)

자료: CME Group Inc.(www.cmegroup.com)

moving average)을 뺀 값을 그래프로 나타낸다.

MACD = 단기 지수이동평균(EMA) − 장기 지수이동평균(EMA)

MACD가 0과 교차할 때 골든 크로스 또는 데드 크로스가 발생하여 추세가 전환되는 것으로 인식한다. 즉, MACD가 0을 아래에서 위로 상향 돌파할 경우 골든 크로스로서 매입신호로 인식한다. 반대로 MACD가 0을 위에서 아래로 하향 돌파할 경우는 데드 크로스로서 매도신호로 인식한다.

3) RSI(Relative Strength Index; 상대강화지수)

RSI는 추세의 강도를 나타내기 위해 개발된 지표로, 다음과 같이 계산된다.

$$RSI(n) = \frac{U}{U+D} \times 100$$

여기서, U는 평균 상승폭(up average), 즉 가격 상승폭(positive price change)의 평균을 나타내고, D는 평균 하락폭(down average), 즉 가격 하락폭(negative price change)의 평균을 나타낸다.

RSI를 구하는 산식에서 분모는 n일 동안의 가격 상승폭과 가격 하락폭을 합산한 값, 즉 전체 가격변동 폭을 나타낸다. 그리고 분자는 n일 동안의 가격 상승폭을 나타낸다. 따라서 RSI는 n일 동안의 전체 가격변동 가운데 상승폭이 차지하는 비중을 나타낸다.

예컨대, 14일간의 RSI를 구하는 산식은 다음과 같다.

$$RSI(14) = \frac{14일간의\ 평균\ 상승폭}{14일간의\ 평균\ 상승폭 + 14일간의\ 평균\ 하락폭} \times 100$$

만약 $RSI(14)$가 100이라면, 최근 14일 모두 가격이 상승하였다는 것을 의미한다. 반대로 $RSI(14)$가 0이라면, 최근 14일 모두 가격이 하락하였다는 것을 의미한다.

RSI를 이용하는 거래기법에서는 일반적으로 RSI가 70 이상일 경우 시장이 과매입된(overbought) 상태이고, 반대로 30 이하일 경우에는 시장이 과매도(oversold)된 상태라고 해석한다. 즉, RSI의 값이 70 이상이면, 상승 추세가 과열된 상태라서 현재의 상승 추세가 조만간 끝날 것이라는 신호이다. 따라서 추세 전환에 대비하여 매도할 준비를 해야 한다. 반대로 RSI의 값이 30 이하이면, 하락 추세가 과열된 상태라서 현재의 하락 추세가 조만간 끝날 것이라는 신호이다. 따라서 추세 전환에 대비하여 매입할 준비를 해야 한다. 그러나 RSI는 단지 시장에서 매수세가 강한가 또는 매도세가 강한가를 나타내는 지표에 불과하기 때문에 RSI가 70을 넘더라도 가격은 계속 상승할 가능성이 충분히 있으며, 반대로 RSI가 30을 밑돌더라도 가격은 계속 하락할 가능

그림 8-43 Relative Strength Index(14일)

자료: CME Group Inc.(www.cmegroup.com)

성을 완전히 배제할 수 없다.

4) Stochastic(%K, %D)

Stochastic은 가격이 상승 추세이면 종가는 최고가에 접근하고, 반대로 가격이 하락 추세이면 종가는 최저가에 접근하는 경향이 있다는 경험적 사실을 이용한다. 즉, 가장 최근의 종가와 지난 며칠 동안의 가격범위를 비교하여 종가가 최고가격 근처에서 형성되는 경우가 많다면 상승 추세로 판단하고, 반대로 종가가 최저가격 근처에서 형성된다면 하락 추세로 판단한다.

Stochastic 지표는 %K와 %D로 구성되는데, %K를 구하는 공식은 다음과 같다.

$$\%K = \frac{C - L(n)}{H(n) - L(n)} \times 100$$

여기서, C:최근의 종가(closing price)

$L(n)$: 과거 n일 동안의 최저가격(n-day low)

$H(n)$: 과거 n일 동안의 최고가격(n-day high)

만약 %K의 값이 100을 나타내면, 최근의 종가가 지난 n일 동안 형성된 가격 중에서 최고가격임을 의미한다. 반면 %K의 값이 0을 나타내면, 최근의 종가가 과거 n일간의 가격 중에서 최저가격임을 나타낸다. 일반적으로 %K의 값이 70 이상을 나타내면 상승 추세로 간주하는 반면, %K의 값이 30 이하이면 하락 추세로 간주한다.

%D는 %K의 이동평균(moving average)으로 간주될 수 있는데, 그 산식은 다음과 같다.

$$\%D = \frac{H(k)}{L(k)} \times 100$$

여기서, $H(k)$: [$C - L(n)$, 즉 %K의 분자]의 k일간 합계(또는 평균)

$L(k)$: [$H(n) - L(n)$, 즉 %K의 분모]의 k일간 합계(또는 평균)

Stochastic 지표인 %K와 %D를 이용하여 매매 시점을 포착하는 기법은 RSI와 두 개의 이동평균선을 혼용하여 매매 시점을 포착하는 방법과 유사하다. 즉, %K가 30 이하인 상황(즉, 과매도 상태)에서 %K선이 %D선을 위로 돌파(상향 돌파)하면 매입신호

그림 8-44 Stochastic(14, 5, 3)

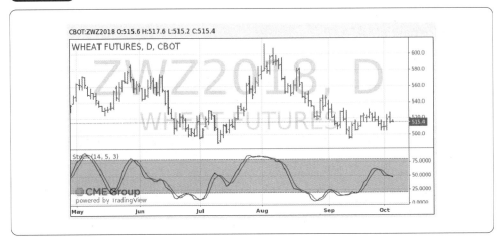

자료: CME Group Inc.(www.cmegroup.com)

로 간주한다. 반대로 %K가 70 이상인 상황(즉, 과매입 상태)에서 %K선이 %D선을 아래로 돌파(하향 돌파)하면 매도신호로 간주한다.

참고문헌 ◆

Bernard, R.(2007), "Under Lock and Key: Inside the Security that Safeguards USDA's Numbers", Farm Journal, Summer 2007.

Chicago Board of Trade(2006), The Chicago Board of Trade Handbook of Futures & Options, New York: New York, McGraw-Hill.

Chicago Mercantile Exchange(2006), An Introduction to Futures and Options, Student Manual.

Chicago Mercantile Exchange(2006), CME Commodity Trading Manual.

Good, D. L., and S. H. Irwin(2006), "Understanding USDA Corn and Soybean Production Forecasts: An Overview of Methods, Performance and Market Impact over 1970-2005", AgMAS Project Research Report 2006-01, Department of Agricultural and Consumer Economics, University of Illinois at Urbana-Champaign.

Good, D. L., and S. H. Irwin(2011), "USDA Corn and Soybean Acreage Estimates and Yield Forecasts: Dispelling Myths and Misunderstandings", Marketing and Outlook Brief 2011-02, Department of Agricultural and Consumer Economics, University of Illinois at Urbana-Champaign.

Hull, J. C.(1998), Introduction to Futures and Options Markets, 3rd ed., Upper Saddle River: New Jersey, Prentice-Hall, Inc.

Hull, J. C.(2000), Options, Futures, & Other Derivatives, 4th ed., Upper Saddle River: New Jersey, Prentice-Hall, Inc.

Irwin, S. H., D. R. Sanders, and D. L. Good(2014), "Evaluation of Selected USDA WAOB and NASS Forecasts and Estimates in Corn and Soybeans", Marketing and Outlook Research Report 2014-01, Department of Agricultural and Consumer Economics, University of Illinois at Urbana-Champaign.

Kolb, R. W.(1999), Futures, Options, and Swaps, 3rd ed., Malden: Massachusetts, Blackwell Publishers Inc.

NASS/USDA(2005), "An Evolving Statistical Service for American Agriculture", National Agricultural Statistics Service, U.S. Department of Agriculture.

NASS/USDA(2006), "The Yield Forecasting Program of NASS", National Agricultural Statistics Service, U.S. Department of Agriculture, Staff Report SMB 06-01.

NASS/WAOB/USDA(1999), "Understanding USDA Crop Forecasts", National Agricultural Statistics Service and World Agricultural Outlook Board, U.S. Department of Agriculture, Miscellaneous Publication, No. 1554.

Purcell, W. D., and S. R. Koontz(1999), Agricultural Futures and Options: Principles and Strategies, 2nd ed., Upper Saddle River: New Jersey, Prentice-Hall, Inc.

Stasko, G. F.(2003), Marketing Grain and Livestock, 2nd ed., Ames: Iowa, Iowa State Press.

SECTION 01 옵션Options의 개념

　　옵션은 특정 상품을 미리 정해진 가격에 사거나 팔 수 있는 권리를 말하며, 그러한 권리가 부여된 계약을 옵션계약(options contract)이라고 한다. 옵션계약을 매매하는 옵션거래는 가격위험의 관리 및 투기적 거래의 새로운 지평을 연 것으로 평가되고 있다.

　　옵션에서 거래대상이 되는 특정 상품을 기초자산(基礎資産; underlying asset)이라고 한다. 기초자산의 종류에는 농산물, 금, 원유, 주식, 채권 등의 현물에서부터 선물계약에 이르기까지 매우 다양하다. 옵션에서 미리 정해진 가격, 즉 옵션을 행사하여 매입하거나 매도하게 되는 특정 가격을 행사가격(行使價格; strike price; exercise price)이라고 한다. 옵션의 매입자는 미리 정해진 가격에 사거나 팔 수 있는 권리를 취득하게 되는데, 그 권리에 대한 대가로 옵션 매도자에게 프리미엄(premium)을 지불한다. 옵션에 부여된 권리를 행사할 수 있는 시기는 일정 기간으로 국한되는데, 해당 기간이 만료되는 날을 옵션 만기일(expiration date; maturity)이라고 한다.

　　옵션거래의 역사는 선물거래에 비하여 상대적으로 매우 짧은 편이다. 시카고상품거래소(CBOT)에서 선물거래는 1865년부터 시작되었으나, 옵션거래는 1982년 10월 1일에 미재무성채권(U.S. Treasury Bond)의 선물옵션이 최초로 상장되면서 비로소 시작되었다. 그 후 1984년 10월 31일에 대두 선물옵션이 상장되었고, 1985년 2월 27일에는 옥수수 선물옵션이 상장되었으며, 1986년 11월 17일에는 소맥 선물옵션이 상장되었다.

SECTION 02 옵션의 유형 및 특성

옵션의 유형은 다양한 기준에 의해 여러 가지로 분류될 수 있다. 첫째, 옵션의 유형은 콜옵션(call option)과 풋옵션(put option)으로 나뉜다. 콜옵션은 매입자에게 기초자산을 정해진 행사가격에 매입할 수 있는 권리(right to buy)를 부여한다. 콜옵션 매입자는 매입할 권리를 취득하는데 대한 대가로 콜옵션 매도자에게 프리미엄을 지불한다. 콜옵션 매도자는 프리미엄을 받는 대신에 콜옵션 매입자가 권리 행사에 나설 경우 기초자산을 정해진 행사가격에 매도해야 하는 의무(obligation to sell)를 지게 된다.

풋옵션은 매입자에게 기초자산을 정해진 가격에 매도할 수 있는 권리(right to sell)를 부여한다. 풋옵션 매입자는 매도할 권리를 취득하는데 대한 대가로 풋옵션 매도자에게 프리미엄을 지불한다. 풋옵션 매도자는 프리미엄을 받는 대신에 풋옵션 매입자가 권리 행사에 나설 경우 기초자산을 정해진 행사가격에 매입해야 하는 의무(obligation to buy)를 지게 된다.

콜옵션과 풋옵션은 각각 그 자체가 하나의 상품으로 매매된다. 즉, 콜옵션 매입(long call)과 콜옵션 매도(short call), 그리고 풋옵션 매입(long put)과 풋옵션 매도(short put)가 각각 존재한다. 콜옵션을 매입한 경우 해당 콜옵션을 청산하고자 한다면, 동일한 콜옵션, 즉 동일한 만기와 행사가격의 콜옵션을 매도(전매)하여 청산하면 된다. 풋옵션을 매입한 경우도 해당 풋옵션을 청산하고자 한다면, 동일한 풋옵션을 매도(전매)하여 청산하면 된다. 옵션을 매도하는 경우도 마찬가지다. 콜옵션을 매도한 경우 해

표 9-1 옵션거래자의 권리와 의무 관계

구분	콜옵션	풋옵션
매입자 (buyer)	매입 권리 (right to buy)	매도 권리 (right to sell)
매도자 (seller)	매도 의무 (obligation to sell)	매입 의무 (obligation to buy)

당 콜옵션을 청산하고자 한다면, 동일한 콜옵션, 즉 동일한 만기와 행사가격의 콜옵션을 매입(환매)하여 청산하면 된다. 풋옵션을 매도한 경우도 해당 풋옵션을 청산하고자 한다면, 동일한 풋옵션을 매입(환매)하여 청산하면 된다.

콜옵션의 개념을 이해하기 위해 다음의 사례를 살펴보도록 하자. 우리는 어느 대기업의 임원이 스톡옵션(stock option)으로 큰 이익을 보았다는 기사를 심심찮게 접하고 매우 부러워하게 된다. 스톡옵션은 일정 수량의 자사 주식을 액면가격 또는 시세보다 낮은 가격으로 매입할 수 있는 권리를 말하며, 주식매입선택권 또는 주식매입청구권으로도 불린다.

스톡옵션과 관련하여 하나의 극적인 상황을 가정해보자. 어느 대기업의 임원이 현재 주가가 5만 원일 때 20만 주의 주식을 10만 원에 살 수 있는 스톡옵션 계약을 체결하였다. 현재 상황에서는 스톡옵션의 행사가격이 시가보다 훨씬 높기 때문에 이 스톡옵션은 아무런 이득이 되지 못한다. 그런데 해당 임원의 경영성과가 탁월한 덕분에 또는 경기 흐름이 좋아진 행운 덕분에 불과 1~2년 사이에 회사실적이 크게 좋아졌다. 그 결과 주가가 15만 원으로 껑충 뛰어올랐다. 그러면 해당 임원은 스톡옵션을 행사하여 주당 10만 원에 20만 주의 주식을 매입한 다음 시가 15만 원에 처분하여 단숨에 100억 원[=(15만 원－10만 원)×20만 주]의 시세차익을 남길 수 있게 된다.

이와 같은 스톡옵션이 콜옵션의 한 사례가 된다. 다만, 스톡옵션이 일반적인 콜옵션과 다른 점이 있다면, 스톡옵션은 성과급제의 일환으로 제공되기 때문에 스톡옵션을 매입하기 위한 비용, 즉 프리미엄이 별도로 들지 않는다는 것이다. 반면 일반적인 콜옵션에서는 매도자에게 프리미엄을 지불하여야만 한다. 한편 주택시장에서 흔히 "딱지"라고 불리는 분양권의 특성을 잘 이해하고 있는 사람이라면, 분양권의 거래방식을 통하여 콜옵션의 메커니즘을 충분히 이해할 수 있을 것이다.

둘째, 옵션의 유형은 현물옵션(spot options; options on spot)과 선물옵션(futures options; options on futures)으로 나뉜다. 현물옵션은 말 그대로 기초자산이 현물인 옵션이고, 선물옵션은 기초자산이 선물계약인 옵션이다. 현물옵션에서 콜옵션을 행사하면 스톡옵션의 경우처럼 정해진 가격에 현물 자산(스톡옵션의 경우 주식)을 매입하게 되며, 풋옵션을 행사하면 정해진 가격에 현물 자산을 매도하게 된다.

선물옵션에서는 정해진 행사가격에 선물계약을 사거나 팔게 된다. 콜옵션 매입자가 옵션을 행사할 경우 정해진 행사가격에 선물 매입포지션(long position)을 취하게 되는 반면, 콜옵션 매도자는 정해진 행사가격에 선물 매도포지션(short position)을 취하게 된다. 한편 풋옵션 매입자가 옵션을 행사할 경우 정해진 행사가격에 선물 매도포

표 9-2 선물옵션의 행사에 따른 선물 포지션의 생성

구분	콜옵션	풋옵션
매입자 (buyer)	선물 매입포지션 (long futures position)	선물 매도포지션 (short futures position)
매도자 (seller)	선물 매도포지션 (short futures position)	선물 매입포지션 (long futures position)

지션(short position)을 취하게 되는 반면, 풋옵션 매도자는 정해진 행사가격에 선물 매입포지션(long position)을 취하게 된다. 시카고상품거래소(CBOT)에서 거래되는 곡물(옥수수, 소맥, 대두 등) 옵션은 모두 이와 같은 선물옵션(options on futures)에 해당한다.

셋째, 옵션의 유형은 유럽식 옵션(European options)과 미국식 옵션(American options)으로 나뉜다. 유럽식 옵션은 만기일에만 행사 가능한 옵션인데 반해 미국식 옵션은 만기일 및 그 이전에 언제라도 행사 가능한 옵션이다. 시카고상품거래소(CBOT)에서 거래되는 곡물(옥수수, 소맥, 대두 등) 옵션은 모두 미국식 옵션에 해당한다.

옵션은 사전적 의미 그대로 '선택할 수 있는 권리(선택권)'이다. 따라서 옵션의 매입자는 자신의 이익에 철저히 부합하는 방향으로 선택할 수 있다. 즉, 옵션을 매입한 사람은 옵션을 반대매매(offset)하여 청산할 수 있는 것은 물론이고, 옵션을 행사하여 기초자산을 매입 또는 매도할 수도 있다. 한편 시장가격이 예상과 반대로 움직여서 매입한 옵션의 가치가 사라지게 되면 해당 옵션을 그대로 소멸(expire)시켜버릴 수도 있다.

SECTION 03 옵션계약의 주요 거래조건

1. 옥수수 옵션(Corn Options)

시카고상품거래소(CBOT)의 옥수수 옵션은 5,000부셸(≒127m/t)의 옥수수 선물 1계약을 기본 거래단위로 한다. 옥수수 옵션의 가격은 부셸당 센트(￠/bu)로 표시되고, 최소가격변동폭(tick size)은 ￠$\frac{1}{8}$/bu(=\$6.25/계약)이다. 행사가격의 간격은 현재 거래되고 있는 옥수수 선물가격과 유사한 수준의 등가격(ATM; at-the-money) 옵션을

| 표 9-3 | 시카고상품거래소(CBOT) 옥수수 옵션계약의 주요 거래조건 |

구분	계약조건
계약단위(contract size)	옥수수 선물 1계약(=5,000bu)
가격표시(price quote)	¢/bu
최소가격변동폭(tick size)	$¢\frac{1}{8}$/bu(=$6.25/계약)
결제월 (contract months)	• Standard option: 3, 5, 7, 9, 12월 • Serial(Monthly) option: 기타 결제월 –최근월물 선물에 대해 행사됨 • 최근월 기준 연속 3개의 결제월 상장

거래시간
(trading hours)
	• 전자거래(CME Globex):
	  (일–금)7:00pm-7:45am, (월–금)8:30am-1:20pm
	• 공개호가(Open Outcry):
	  (월–금)8:30am-1:20pm(post session 포함)

일일가격제한폭 (daily price limit)	일일가격제한폭 없음
최종거래일 (last trading day)	Standard option 및 Serial(Monthly) option: 해당 옵션 결제월 전월의 마지막 거래일보다 최소 2거래일 앞선 마지막 금요일
행사 (exercise)	• 만기일 이전 어느 날이라도 행사 가능(American options) • 최종거래일에 내가격(ITM) 옵션은 자동 행사(automatic exercise)됨

주: 2018년 10월 기준
자료: CME Group Inc.(www.cmegroup.com)

기준으로 상하 50%의 범위에서 ¢5 또는 ¢10 간격으로 설정된다.

옥수수 옵션에서 표준옵션(standard option)은 옥수수 선물계약의 결제월과 동일한 결제월 주기(3, 5, 7, 9, 12월)로 이루어진다. 한편 연속옵션(serial option; monthly option)은 표준옵션의 결제월을 제외한 나머지 결제월(1, 2, 4, 6, 8, 10, 11월)을 대상으로 하며, 근월물 선물계약을 행사대상으로 한다. 예컨대, 만약 11월물 옥수수 콜옵션 1계약을 매입한 후 행사한다면, 정해진 행사가격에 12월물 옥수수 선물 1계약의 매입포지션을 취하게 된다. 결제월은 최근월을 기준으로 연속 3개의 결제월 및 표준옵션이 상장된다. 예컨대, 2018년 10월의 경우 11, 12, 1월 및 표준옵션의 3, 6, 9, 12월이 상장된다. 여기서 2018년 11월물과 2019년 1월물은 연속옵션의 결제월이고, 나머지는 표준옵션의 결제월이다.

시카고상품거래소(CBOT)에서 선물거래는 2015년 7월부터 공개호가에 의한 거래가 전면 중단되고 전자거래만 이루어지고 있다. 그러나 옵션거래는 공개호가에 의한 거래와 전자거래가 병행되고 있다. CME Globex를 통한 전자거래 시간은 (일요일~금요일) 7:00pm-7:45am, (월요일~금요일) 8:30am-1:20pm이고, 공개호가에 의한 거래시간은 (월요일~금요일) 8:30am-1:20pm(post session 포함)이다. 주간 거래시간에는 전자거래와 공개호가에 의한 거래가 병행되고 있다.

옥수수 옵션은 옥수수 선물과는 달리 일일가격제한폭이 없다. 최종거래일(LTD)은 표준옵션과 연속옵션 모두 해당 옵션 결제월 전월의 마지막 거래일보다 최소 2거래일 앞선 마지막 금요일이다. 옥수수 옵션은 미국식 옵션으로 만기 이전에 어느 날이라도 행사가능하며, 최종거래일에 남아 있는 내가격(ITM; in-the-money) 옵션은 자동 행사된다. 옥수수 옵션을 행사하면 그에 상응하는 선물 포지션이 생기게 된다.

2. 소맥 옵션(Wheat Options)

시카고상품거래소(CBOT)의 소맥 옵션은 5,000부셸(≒136m/t)의 소맥 선물 1계약을 기본 거래단위로 한다. 소맥 옵션의 가격은 부셸당 센트(￠/bu)로 표시되고, 최소가격변동폭(tick size)은 $￠\frac{1}{8}$/bu(=$6.25/계약)이다.

소맥 옵션에서 표준옵션(standard option)은 소맥 선물계약의 결제월과 동일한 결제월 주기(3, 5, 7, 9, 12월)로 이루어진다. 한편 연속옵션(serial option; monthly option)은 표준옵션의 결제월을 제외한 나머지 결제월(1, 2, 4, 6, 8, 10, 11월)을 대상으로 하며, 근월물 선물계약을 행사대상으로 한다. 소맥 옵션의 결제월은 최근월을 기준으로 연속 3개의 결제월 및 표준옵션이 상장된다. 예컨대, 2018년 10월의 경우 11, 12, 1월 및 표준옵션의 3, 6, 9, 12월이 상장된다. 여기서 2018년 11월물과 2019년 1월물은 연속옵션의 결제월이고, 나머지는 표준옵션의 결제월이다.

시카고상품거래소(CBOT)에서 선물거래는 2015년 7월부터 공개호가에 의한 거래가 전면 중단되고 전자거래만 이루어지고 있다. 그러나 옵션거래는 공개호가에 의한 거래와 전자거래가 병행되고 있다. CME Globex를 통한 전자거래 시간은 (일요일~금요일) 7:00pm-7:45am, (월요일~금요일) 8:30am-1:20pm이고, 공개호가에 의한 거래시간은 (월요일~금요일) 8:30am-1:20pm(post session 포함)이다. 주간 거래시간에는 전자거래와 공개호가에 의한 거래가 병행되고 있다.

소맥 옵션은 소맥 선물과는 달리 일일가격제한폭이 없다. 최종거래일(LTD)은 표준옵션과 연속옵션 모두 해당 옵션 결제월 전월의 마지막 거래일보다 최소 2거래일 앞선 마지막 금요일이다. 소맥 옵션은 미국식 옵션으로 만기 이전에 어느 날이라도 행사가능하며, 최종거래일에 남아 있는 내가격(ITM; in-the-money) 옵션은 자동 행사된다. 소맥 옵션을 행사하면 그에 상응하는 선물 포지션이 생기게 된다.

표 9-4 시카고상품거래소(CBOT) 소맥 옵션계약의 주요 거래조건

구분	계약조건
계약단위(contract size)	소맥 선물 1계약(=5,000bu)
가격표시(price quote)	¢/bu
최소가격변동폭(tick size)	¢$\frac{1}{8}$/bu(=$6.25/계약)
결제월 (contract months)	• Standard option: 3, 5, 7, 9, 12월 • Serial(Monthly) option: 기타 결제월 –최근월물 선물에 대해 행사됨 • 최근월 기준 연속 3개의 결제월 상장

거래시간
(trading hours)
	• 전자거래(CME Globex):
	  (일–금)7:00pm–7:45am, (월–금)8:30am–1:20pm
	• 공개호가(Open Outcry):
	  (월–금)8:30am–1:20pm(post session 포함)

일일가격제한폭 (daily price limit)	일일가격제한폭 없음
최종거래일 (last trading day)	Standard option 및 Serial(Monthly) option: 해당 옵션 결제월 전월의 마지막 거래일보다 최소 2거래일 앞선 마지막 금요일
행사 (exercise)	• 만기일 이전 어느 날이라도 행사 가능(American options) • 최종거래일에 내가격(ITM) 옵션은 자동 행사(automatic exercise)됨

주: 2018년 10월 기준
자료: CME Group Inc.(www.cmegroup.com)

3. 대두 옵션(Soybean Options)

시카고상품거래소(CBOT)의 대두 옵션은 5,000부셸(≒136m/t)의 대두 선물 1계약을 기본 거래단위로 한다. 대두 옵션의 가격은 부셸당 센트(¢/bu)로 표시되고, 최소가격변동폭(tick size)은 ¢$\frac{1}{8}$/bu(=$6.25/계약)이다. 행사가격의 간격은 현재 거래되고 있는 대두 선물가격과 유사한 수준의 등가격(ATM; at-the-money) 옵션을 기준으로 상하 50%의 범위에서 ¢10 또는 ¢20 간격으로 설정된다.

대두 옵션에서 표준옵션(standard option)은 대두 선물계약의 결제월과 동일한 결제월 주기(1, 3, 5, 7, 8, 9, 11월)로 이루어진다. 한편 연속옵션(serial option; monthly option)은 표준옵션의 결제월을 제외한 나머지 결제월(2, 4, 6, 10, 12월)을 대상으로 하며, 근월물 선물계약을 행사대상으로 한다. 예컨대, 만약 6월물 대두 콜옵션 1계약을 매입한 후 행사한다면, 정해진 행사가격에 7월물 대두 선물 1계약의 매입포지션을 취하게 된다. 결제월은 최근월을 기준으로 연속 3개의 결제월 및 표준옵션이 상장된다. 예컨대, 2018년 10월의 경우 11, 12, 1월 및 표준옵션의 3, 5, 7, 8, 9, 11월이

표 9-5 시카고상품거래소(CBOT) 대두 옵션계약의 주요 거래조건

구분	계약조건
계약단위(contract size)	대두 선물 1계약(=5,000bu)
가격표시(price quote)	¢/bu
최소가격변동폭(tick size)	$¢\frac{1}{8}$/bu(=$6.25/계약)
결제월 (contract months)	• Standard option: 1, 3, 5, 7, 8, 9, 11월 • Serial(Monthly) option: 기타 결제월 　–최근월물 선물에 대해 행사됨 • 최근월 기준 연속 3개의 결제월 상장
거래시간 (trading hours)	• 전자거래(CME Globex): 　(일–금)7:00pm-7:45am, (월–금)8:30am-1:20pm • 공개호가(Open Outcry): 　(월–금)8:30am-1:20pm(post session 포함)
일일가격제한폭 (daily price limit)	일일가격제한폭 없음
최종거래일 (last trading day)	Standard option 및 Serial(Monthly) option: 해당 옵션 결제월 전월의 마지막 거래일보다 최소 2거래일 앞선 마지막 금요일
행사 (exercise)	• 만기일 이전 어느 날이라도 행사 가능(American options) • 최종거래일에 내가격(ITM) 옵션은 자동 행사(automatic exercise)됨

주: 2018년 10월 기준
자료: CME Group Inc.(www.cmegroup.com)

상장된다. 여기서 2018년 12월물은 연속옵션의 결제월이고, 나머지는 표준옵션의 결제월이다.

시카고상품거래소(CBOT)에서 선물거래는 2015년 7월부터 공개호가에 의한 거래가 전면 중단되고 전자거래만 이루어지고 있다. 그러나 옵션거래는 공개호가에 의한 거래와 전자거래가 병행되고 있다. CME Globex를 통한 전자거래 시간은 (일요일~금요일) 7:00pm-7:45am, (월요일~금요일) 8:30am-1:20pm이고, 공개호가에 의한 거래시간은 (월요일~금요일) 8:30am-1:20pm(post session 포함)이다. 주간 거래시간에는 전자거래와 공개호가에 의한 거래가 병행되고 있다.

대두 옵션은 대두 선물과는 달리 일일가격제한폭이 없다. 최종거래일(LTD)은 표준옵션과 연속옵션 모두 해당 옵션 결제월 전월의 마지막 거래일보다 최소 2거래일 앞선 마지막 금요일이다. 대두 옵션은 미국식 옵션으로 만기 이전에 어느 날이라도 행사가능하며, 최종거래일에 남아 있는 내가격(ITM; in-the-money) 옵션은 자동 행사된다. 대두 옵션을 행사하면 그에 상응하는 선물 포지션이 생기게 된다.

4. 대두유 옵션(Soybean Oil Options)

시카고상품거래소(CBOT)의 대두유 옵션은 60,000파운드(≒27m/t)의 대두유 선물 1계약을 기본 거래단위로 한다. 대두유 옵션의 가격은 파운드당 센트(¢/lb)로 표시되고, 최소가격변동폭(tick size)은 ¢$\frac{5}{1,000}$/lb(=$3.00/계약)이다. 행사가격의 간격은 현재 거래되고 있는 대두유 선물가격과 유사한 수준의 등가격(ATM; at-the-money) 옵션을 기준으로 상하 50%의 범위에서 ¢$\frac{1}{2}$(=¢0.5)/lb 간격으로 설정된다.

대두유 옵션에서 표준옵션(standard option)은 대두유 선물계약의 결제월과 동일한 결제월 주기(1, 3, 5, 7, 8, 9, 10, 12월)로 이루어진다. 한편 연속옵션(serial option; monthly option)은 표준옵션의 결제월을 제외한 나머지 결제월(2, 4, 6, 11월)을 대상으로 하며, 근월물 선물계약을 행사대상으로 한다. 예컨대, 만약 2월물 대두유 풋옵션 1계약을 매입한 후 행사한다면, 정해진 행사가격에 3월물 대두유 선물 1계약의 매도 포지션을 취하게 된다. 결제월은 최근월을 기준으로 연속 2개의 결제월 및 표준옵션이 상장된다. 예컨대, 2018년 10월의 경우 11, 12월 및 표준옵션의 1, 3, 5, 7, 8, 9, 10, 12월이 상장된다. 여기서 2018년 11월물은 연속옵션의 결제월이고, 나머지는 표

표 9-6 시카고상품거래소(CBOT) 대두유 옵션계약의 주요 거래조건

구분	계약조건
계약단위(contract size)	대두유 선물 1계약(=60,000lbs)
가격표시(price quote)	¢/lb
최소가격변동폭(tick size)	¢$\frac{5}{1,000}$/lb(=$3.00/계약)
결제월 (contract months)	• Standard option: 1, 3, 5, 7, 8, 9, 10, 12월 • Serial(Monthly) option: 기타 결제월 　–최근월물 선물에 대해 행사됨 • 최근월 기준 연속 2개의 결제월 상장
거래시간 (trading hours)	• 전자거래(CME Globex): 　(일–금)7:00pm–7:45am, (월–금)8:30am–1:20pm • 공개호가(Open Outcry): 　(월–금)8:30am–1:20pm(post session 포함)
일일가격제한폭 (daily price limit)	일일가격제한폭 없음
최종거래일 (last trading day)	Standard option 및 Serial(Monthly) option: 해당 옵션 결제월 전월의 마지막 거래일보다 최소 2거래일 앞선 마지막 금요일
행사 (exercise)	• 만기일 이전 어느 날이라도 행사 가능(American options) • 최종거래일에 내가격(ITM) 옵션은 자동 행사(automatic exercise)됨

주: 2018년 10월 기준
자료: CME Group Inc.(www.cmegroup.com)

준옵션의 결제월이다.

시카고상품거래소(CBOT)에서 선물거래는 2015년 7월부터 공개호가에 의한 거래가 전면 중단되고 전자거래만 이루어지고 있다. 그러나 옵션거래는 공개호가에 의한 거래와 전자거래가 병행되고 있다. CME Globex를 통한 전자거래 시간은 (일요일~금요일) 7:00pm-7:45am, (월요일~금요일) 8:30am-1:20pm이고, 공개호가에 의한 거래시간은 (월요일~금요일) 8:30am-1:20pm(post session 포함)이다. 주간 거래시간에는 전자거래와 공개호가에 의한 거래가 병행되고 있다.

대두유 옵션은 대두유 선물과는 달리 일일가격제한폭이 없다. 최종거래일(LTD)은 표준옵션과 연속옵션 모두 해당 옵션 결제월 전월의 마지막 거래일보다 최소 2거래일 앞선 마지막 금요일이다. 대두유 옵션은 미국식 옵션으로 만기 이전에 어느 날이라도 행사가능하며, 최종거래일에 남아 있는 내가격(ITM; in-the-money) 옵션은 자동 행사된다. 대두유 옵션을 행사하면 그에 상응하는 선물 포지션이 생기게 된다.

5. 대두박 옵션(Soybean Meal Options)

시카고상품거래소(CBOT)의 대두박 옵션은 100short ton의 대두박 선물 1계약을 기본 거래단위로 한다. 대두박 옵션의 가격은 short ton당 달러($/short ton)로 표시되고, 최소가격변동폭(tick size)은 $0.05(=¢5)/short ton(=$5.00/계약)이다. 행사가격의 간격은 현재 거래되고 있는 대두박 선물가격과 유사한 수준의 등가격(ATM; at-the-money) 옵션을 기준으로 상하 50%의 범위에서 설정된다. 행사가격이 $200/short ton 이하일 경우 $5 간격으로 설정되고, 행사가격이 $200/short ton 이상일 경우는 $10 간격으로 설정된다.

대두박 옵션에서 표준옵션(standard option)은 대두박 선물계약의 결제월과 동일한 결제월 주기(1, 3, 5, 7, 8, 9, 10, 12월)로 이루어진다. 한편 연속옵션(serial option; monthly option)은 표준옵션의 결제월을 제외한 나머지 결제월(2, 4, 6, 11월)을 대상으로 하며, 근월물 선물계약을 행사대상으로 한다. 예컨대, 만약 2월물 대두박 풋옵션 1계약을 매입한 후 행사한다면, 정해진 행사가격에 3월물 대두박 선물 1계약의 매도 포지션을 취하게 된다. 결제월은 최근월을 기준으로 연속 2개의 결제월 및 표준옵션이 상장된다. 예컨대, 2018년 10월의 경우 11, 12월 및 표준옵션의 1, 3, 5, 7, 8, 9, 10, 12월이 상장된다. 여기서 2018년 11월물은 연속옵션의 결제월이고, 나머지는 표준옵션의 결제월이다.

시카고상품거래소(CBOT)에서 선물거래는 2015년 7월부터 공개호가에 의한 거래가 전면 중단되고 전자거래만 이루어지고 있다. 그러나 옵션거래는 공개호가에 의한 거래와 전자거래가 병행되고 있다. CME Globex를 통한 전자거래 시간은 (일요일~금요일) 7:00pm-7:45am, (월요일~금요일) 8:30am-1:20pm이고, 공개호가에 의한 거래시간은 (월요일~금요일) 8:30am-1:20pm(post session 포함)이다. 주간 거래시간에는 전자거래와 공개호가에 의한 거래가 병행되고 있다.

대두박 옵션은 대두박 선물과는 달리 일일가격제한폭이 없다. 최종거래일(LTD)은 표준옵션과 연속옵션 모두 해당 옵션 결제월 전월의 마지막 거래일보다 최소 2거래일 앞선 마지막 금요일이다. 대두박 옵션은 미국식 옵션으로 만기 이전에 어느 날이라도 행사가능하며, 최종거래일에 남아 있는 내가격(ITM; in-the-money) 옵션은 자동 행사된다. 대두박 옵션을 행사하면 그에 상응하는 선물 포지션이 생기게 된다.

표 9-7 시카고상품거래소(CBOT) 대두박 옵션계약의 주요 거래조건

구분	계약조건
계약단위(contract size)	대두박 선물 1계약(=100short tons)
가격표시(price quote)	$/short ton
최소가격변동폭(tick size)	$0.05(=￠5)/short ton(=$5.00/계약)
결제월 (contract months)	• Standard option: 1, 3, 5, 7, 8, 9, 10, 12월 • Serial(Monthly) option: 기타 결제월 –최근월물 선물에 대해 행사됨 • 최근월 기준 연속 2개의 결제월 상장
거래시간 (trading hours)	• 전자거래(CME Globex): (일-금)7:00pm-7:45am, (월-금)8:30am-1:20pm • 공개호가(Open Outcry): (월-금)8:30am-1:20pm(post session 포함)
일일가격제한폭 (daily price limit)	일일가격제한폭 없음
최종거래일 (last trading day)	Standard option 및 Serial(Monthly) option: 해당 옵션 결제월 전월의 마지막 거래일보다 최소 2거래일 앞선 마지막 금요일
행사 (exercise)	• 만기일 이전 어느 날이라도 행사 가능(American options) • 최종거래일에 내가격(ITM) 옵션은 자동 행사(automatic exercise)됨

주: 2018년 10월 기준
자료: CME Group Inc.(www.cmegroup.com)

SECTION 04 옵션 프리미엄의 구성 요소

옵션 매입자(option buyer; option holder)는 정해진 행사가격에 기초자산을 매입하거나 매도할 수 있는 권리(의무가 아닌)를 취득하고, 그에 대한 대가로 옵션 매도자에게 프리미엄을 지불한다. 반면 옵션 매도자(option seller; option writer)는 기초자산을 매입하거나 매도할 수 있는 권리를 양도하는 대가로 옵션 매입자로부터 프리미엄을 수취한다. 이와 같이 옵션을 매매하는 과정에서 수수하는 프리미엄이 바로 옵션의 가격이다.

옵션 매입자가 권리 행사에 나설 경우 옵션 매도자는 그에 응해야 하는 의무를 지닌다. 콜옵션의 매입자가 옵션을 행사하면, 매도자는 시장가격보다 훨씬 더 낮은 행사가격일지라도 그 가격에 매도해야 하는 의무가 있다. 한편 풋옵션의 매입자가 옵션을 행사하면, 매도자는 시장가격보다 훨씬 더 높은 행사가격일지라도 그 가격에 매입해야 하는 의무가 있다. 이와 같이 옵션 매입자는 권리를 가지게 되는 반면 옵션 매도자는 의무를 지게 된다. 이러한 권리/의무 관계에 따라 옵션 매입자는 증거금(margin)을 납부하지 않는 반면, 옵션 매도자는 계약 이행의 의무를 다하기 위해 증거금을 납부하여야 한다.

옵션의 가격, 즉 옵션 프리미엄은 내재가치(內在價値; intrinsic value; exercise value)와 시간가치(時間價値; time value; extrinsic value)의 합으로 구성된다. 내재가치(IV)는 옵션을 즉각적으로 행사할 경우 옵션 매입자가 지급받게 되는 금액이다. 콜옵션의 경우 행사가격(X)이 기초자산의 가격(S)보다 낮아야만 내재가치가 존재하고, 그렇지 않을 경우에는 내재가치가 존재하지 않는다. 반면 풋옵션의 경우는 행사가격(X)이 기초자산의 가격(S)보다 높아야만 내재가치가 존재하고, 그렇지 않을 경우에는 내재가치가 존재하지 않는다. 즉,

- 옵션가격(프리미엄) = 내재가치(IV) + 시간가치(TV)
- 콜옵션의 내재가치(IV) = Max(S-X, 0)
- 풋옵션의 내재가치(IV) = Max(X-S, 0)

시간가치(TV)는 만기까지 남은 시간으로부터 발생하는 옵션의 가치이다. 현재로서는 전혀 이익이 안 되는 옵션일지라도 만기까지 아직 충분한 시간이 남아 있다면,

그림 9-1 시간가치의 감소(time decay)

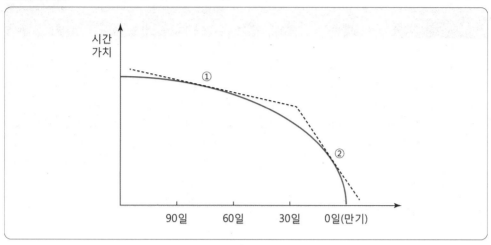

기초자산의 가격 변동으로 인해 이익이 되는 옵션으로 역전될 수 있는 여지가 충분히 있게 된다. 즉, 만기까지 충분한 시간이 남아 있다면 음지(陰地)가 양지(陽地)로 될 수 있는 기회가 얼마든지 있으며, 이러한 기회의 가치가 바로 시간가치이다.

옵션의 시간가치는 시간의 경과에 따라 하락하는 경향을 보이게 되는데, 이를 시간가치의 감소(time decay)라고 한다. 시간가치의 감소는 옵션 만기일이 다가옴에 따라 가속화된다. 그 이유는 옵션의 만기가 점점 가까워짐에 따라 상황이 역전될 수 있는 가능성이 급격히 줄어들게 되기 때문이다.

〈그림 9-1〉에서 시간가치의 감소는 접선의 기울기 변화를 통해서도 확인할 수 있다. ①과 같이 옵션 만기까지 시간이 충분히 남아 있는 경우에는 시간가치 곡선에서 접선의 기울기가 완만하여 시간가치의 감소가 서서히 진행된다. 반면 ②와 같이 옵션 만기가 가까워질수록 접선의 기울기가 점점 증가하여 시간가치의 감소가 급속하게 진행된다.

시카고상품거래소(CBOT)의 옥수수 옵션은 옥수수 선물계약을 기초자산으로 하는 선물옵션이다. 옥수수 옵션을 대상으로 내재가치(IV)와 시간가치(TV)를 계산해보도록 하자. 먼저 기초자산인 옥수수 선물의 가격부터 확인해 보자. 〈표 9-8〉에서 보는 바와 같이, 2018년 7월물(JLY 18)의 정산가격(settlement price)은 ￠395.25/bu 이다.

표 9-8	시카고상품거래소(CBOT)의 옥수수 선물가격

Month	Open	High	Low	Last	Change	Settle	Estimated Volume	Prior Day Open Interest
JLY 18	399'0	402'0	395'0	395'4	-4'0	395'2	137,499	807,621
SEP 18	407'4	410'4	403'4	403'4	-4'0	403'4	26,018	284,564
DEC 18	416'4	419'4	413'0	413'0	-4'0	413'0	49,636	492,594
MAR 19	424'4	427'4	421'2	421'4	-3'6	421'6	9,101	116,427
MAY 19	429'4	432'2	426'2	426'2	-3'4	426'6	1,318	26,339
JLY 19	433'6	436'4	430'4	420'0	-3'4	431'0	4,228	55,366
SEP 19	412'0	413'0	408'6	408'6	-3'0	409'0	1,087	16,728
DEC 19	416'0	417'4	413'2	413'2	-2'6	413'6	3,806	44,885

자료: CME Group Inc.(www.cmegroup.com)

〈표 9-9〉는 2018년 7월물 옥수수 콜옵션의 가격을 보여주고 있다. 옵션가격은 부셸당 센트(￠/bu)로 표시되며, 아포스트로피(apostrophe; ') 기호 뒤의 숫자는 선물가격과 마찬가지로 $\frac{1}{8}$단위로 표시된다. 다만, 차이점은 선물가격의 최소가격변동폭(tick size)이 ￠$\frac{1}{4}$(=￠0.25)인데 비해 옵션가격의 최소가격변동폭은 ￠$\frac{1}{8}$(=￠0.125)이다. 따라서 선물가격에서 아포스트로피(apostrophe; ') 기호 뒤에 등장할 수 있는 숫자는

표 9-9	시카고상품거래소(CBOT)의 옥수수 콜옵션 가격(2018년 7월물)

Strike	Type	Open	High	Low	Last	Change	Settle	Estimated Volume	Prior Day Open Interest
3700	Call	30'0	32'0B	25'7	29'5	-3'6	26'3	91	12,672
3750	Call	-	27'2B	22'0A	-	-3'4	22'0	0	275
3800	Call	22'6	23'0	18'0	18'0	-3'2	18'0	192	22,545
3850	Call	-	18'7B	14'6A	-	-2'7	14'5	0	1,845
3900	Call	14'3	15'7B	11'6	-	-2'3	12'0	608	35,284
3950	Call	13'1	13'1	9'6	-	-1'7	9'6	153	5,714
4000	Call	9'6	11'2	7'7	-	-1'5	7'7	2,313	49,587
4050	Call	8'5	8'7B	6'3	-	-1'4	6'3	1,337	8,376
4100	Call	6'3	7'3	5'1	5'1	-1'2	5'1	1,357	23,956
4150	Call	5'2	6'0	4'0	-	-1'1	4'0	1,297	7,334
4200	Call	4'1	4'7B	3'1	-	-'7	3'2	11,329	25,079
4250	Call	4'0	4'0	2'5A	-	-'6	2'4	810	5,117
4300	Call	2'6	3'1	2'0	-	-'5	2'0	2,598	18,333
4350	Call	2'1	2'4B	1'5	-	-'5	1'4	57	4,630
4400	Call	2'0	2'0	1'2A	-	-'4	1'2	652	16,976
4450	Call	1'4	1'5	1'0	-	-'3	1'0	95	1,137
4500	Call	1'3	1'3	'7	-	-'2	'7	1,241	22,228

자료: CME Group Inc.(www.cmegroup.com)

| 표 9-10 | 콜옵션 프리미엄의 내재가치(IV)와 시간가치(TV) |

선물가격	행사가격	프리미엄(P)	내재가치(IV)	시간가치(TV)
395.25	390	12.000	5.25	6.750
	395	9.750	0.25	9.500
	400	7.875	0	7.875
	405	6.375	0	6.375

¢$\frac{1}{4}$($=$¢$\frac{2}{8}$)의 배수인 0, 2, 4 및 6이지만, 옵션가격에서는 0부터 7까지의 숫자가 모두 등장할 수 있다. 예컨대, 선물가격과 유사한 행사가격(strike price)인 395 콜옵션의 정산가격은 9'6으로 표시되고 있는데, 이 가격은 $9+\frac{6}{8}$, 즉 ¢9.75/bu을 의미한다.

〈표 9-9〉에서 만약 행사가격 395 콜옵션 20계약을 당일의 최저가(low)에 매입한 후 최고가(high)에 매도하였다면 거래손익은 얼마나 될까? 당일의 최저가는 ¢9.75/bu이고, 최고가는 ¢13.125/bu이므로 거래이익은 $3,375[=(¢13.125/bu－¢9.75/bu)×5,000bu×20계약]이 된다.

한편 〈표 9-10〉에서와 같이, 기초자산의 가격(선물가격; ¢395.25/bu)을 중심으로 주변 행사가격의 콜옵션 프리미엄에 대한 내재가치(IV)와 시간가치(TV)를 계산해보자. 먼저 행사가격 390 콜옵션의 프리미엄은 ¢12.00으로, 내재가치는 ¢5.25, 그리고 시간가치는 ¢6.75이다. 그 이유는 콜옵션을 행사하면 ¢390에 선물 매입포지션을 취하게 되는데, 이를 시장가격인 ¢395.25에 즉각적으로 매도하면 ¢5.25의 이익, 즉 내재가치를 얻을 수 있기 때문이다. 프리미엄 ¢12.00에서 내재가치 ¢5.25를 빼면 시간가치는 ¢6.75가 된다. 한편 행사가격 405 콜옵션의 프리미엄은 ¢6.375이고, 모두 시간가치로만 구성된다. 그 이유는 행사가격이 기초자산의 가격(선물가격)보다 높아서 내재가치가 존재하지 않기 때문이다.

〈표 9-11〉은 2018년 7월물 옥수수 풋옵션의 가격을 보여주고 있다. 선물가격과 유사한 행사가격인 395 풋옵션의 정산가격은 9'4로 표시되고 있는데, 이 가격은 $9+\frac{4}{8}$, 즉 ¢9.50/bu을 의미한다.

〈표 9-11〉에서 만약 행사가격 395 풋옵션 10계약을 당일의 시가(open)에 매입한 후 최고가(high)에 매도하였다면 거래손익은 얼마나 될까? 당일의 시가는 ¢6.625/bu이고, 최고가는 ¢9.375/bu이므로 거래이익은 $1,375[=(¢9.375/bu－¢6.625/bu)×5,000bu×10계약]이 된다.

한편 〈표 9-12〉에서와 같이, 기초자산의 가격(선물가격; ¢395.25/bu)을 중심으로

표 9-11 시카고상품거래소(CBOT)의 옥수수 풋옵션 가격(2018년 7월물)

Strike	Type	Open	High	Low	Last	Change	Settle	Estimated Volume	Prior Day Open Interest
3450	Put	-	-	-	-	UNCH	'2	0	906
3500	Put	'2	'2	'2	-	UNCH	'2	42	9,441
3550	Put	-	-	-	-	UNCH	'3	0	1,433
3600	Put	'4	'4	'3	-	UNCH	'4	429	14,786
3650	Put	-	-	-	-	+'1	'6	30	3,252
3700	Put	1'0	1'0	'6A	-	+'2	1'1	88	15,836
3750	Put	1'3	1'5B	1'1A	-	+'4	1'6	43	6,666
3800	Put	1'4	2'6	1'4	-	+'6	2'6	1,164	28,723
3850	Put	3'0	4'3	2'5A	-	+1'2	4'4	581	13,698
3900	Put	4'5	6'6	4'2A	5'4	+1'5	6'6	2,032	27,517
3950	Put	6'5	9'3	6'4A	-	+2'1	9'4	978	10,025
4000	Put	9'2	12'6	9'1A	-	+2'3	12'5	468	19,002
4050	Put	12'6	16'1B	12'2A	-	+2'4	16'1	100	2,711
4100	Put	17'2	19'6	15'5A	-	+2'6	19'7	41	4,647
4150	Put	-	23'5B	19'3A	-	+2'7	23'6	0	578

자료: CME Group Inc.(www.cmegroup.com)

주변 행사가격의 풋옵션 프리미엄에 대한 내재가치(IV)와 시간가치(TV)를 계산해보자. 먼저 행사가격 390 풋옵션의 프리미엄은 ₵6.75로, 모두 시간가치로만 구성된다. 그 이유는 행사가격이 기초자산의 가격(선물가격)보다 낮아서 내재가치가 존재하지 않기 때문이다. 한편 행사가격 405 풋옵션의 프리미엄은 ₵16.125로, 내재가치는 ₵9.75, 그리고 시간가치는 ₵6.375가 된다. 그 이유는 풋옵션을 행사하면 ₵405에 선물 매도포지션을 취하게 되는데, 이를 시장가격인 ₵395.25에 즉각적으로 매입하면 ₵9.75의 이익, 즉 내재가치를 얻을 수 있기 때문이다. 프리미엄 ₵16.125에서 내재가치 ₵9.75를 빼면 시간가치는 ₵6.375가 된다.

표 9-12 풋옵션 프리미엄의 내재가치(IV)와 시간가치(TV)

선물가격	행사가격	프리미엄(P)	내재가치(IV)	시간가치(TV)
395.25	390	6.750	0	6.750
	395	9.500	0	9.500
	400	12.625	4.75	7.875
	405	16.125	9.75	6.375

SECTION 05 옵션의 Moneyness

Moneyness라는 표현을 우리말로 옮기기에 적당한 단어를 찾기가 쉽지 않다. 굳이 거칠게 해석하자면 '돈 되는 상태'인가 아닌가를 나타내는 용어로 이해할 수 있다. 달리 표현하자면, 옵션의 내재가치(IV)가 존재하느냐 또는 존재하지 않느냐의 의미로도 해석할 수 있다.

Moneyness에 따라 옵션을 분류하면, 첫째, In-the-money 옵션(ITM; 내가격 옵션; 內價格 옵션)은 즉각적인 행사로 이익이 발생하는 상태를 나타낸다. 둘째, At-the-money 옵션(ATM; 등가격 옵션; 等價格 옵션)은 즉각적인 행사로 손익의 발생이 없는 상태를 나타낸다. 셋째, Out-of-the-money 옵션(OTM; 외가격 옵션; 外價格 옵션)은 즉각적인 행사로 손실이 발생하는 상태를 나타낸다.

콜옵션의 경우 In-the-money(ITM) 옵션이 되기 위해서는 행사가격(X)이 기초자산의 가격(S)보다 낮아야 한다. 그리고 At-the-money(ATM) 옵션이 되기 위해서는 행사가격(X)과 기초자산의 가격(S)이 동일해야 한다. Out-of-the-money(OTM) 옵션이 되기 위한 조건은 행사가격(X)이 기초자산의 가격(S)보다 높아야 한다.

풋옵션의 경우 In-the-money(ITM) 옵션이 되기 위해서는 행사가격(X)이 기초자산의 가격(S)보다 높아야 한다. 그리고 At-the-money(ATM) 옵션이 되기 위해서는 행사가격(X)이 기초자산의 가격(S)과 동일해야 한다. Out-of-the-money(OTM) 옵션이 되기 위한 조건은 행사가격(X)이 기초자산의 가격(S)보다 낮아야 한다.

In-the-money(ITM) 옵션과 Out-of-the-money(OTM) 옵션에서 즉각적인 행사로 아주 큰 이익이나 손실이 발생하는 상태를 표현할 때는 'deep'이라는 단어를 덧붙여 사용한다. 즉, Deep in-the-money(ITM) 옵션(심내가격 옵션; 深內價格 옵션)은 즉각적인 행사로 아주 큰 이익이 발생하는 상태를 나타낸다. 반면 Deep out-of-the-money(OTM) 옵션(심외가격 옵션; 深外價格 옵션)은 즉각적인 행사로 아주 큰 손실이

표 9-13 옵션의 Moneyness

구분	콜옵션	풋옵션
내가격(ITM; in-the-money)	S > X	S < X
등가격(ATM; at-the-money)	S = X	S = X
외가격(OTM; out-of-the-money)	S < X	S > X

주: S는 기초자산의 가격(선물옵션의 경우는 선물가격), X는 행사가격을 나타낸다.

발생하는 상태를 나타낸다.

SECTION 06 옵션의 손익구조Payoff Structure

콜옵션 거래는 콜옵션 매입(long call)과 콜옵션 매도(short call)로 이루어진다. 그리고 풋옵션 거래는 풋옵션 매입(long put)과 풋옵션 매도(short put)로 이루어진다. 옵션의 매입자와 매도자는 서로 정반대의 권리/의무를 지니게 되는 만큼 손익구조도 정반대로 나타난다.

콜옵션 매입자는 기초자산의 가격이 〔행사가격＋프리미엄〕보다 높을 경우 이익을 보게 되지만, 기초자산의 가격이 행사가격보다 낮을 경우에는 프리미엄만 날리게 된다. 반대로 콜옵션 매도자는 기초자산의 가격이 행사가격보다 낮을 경우 매입자가 아무런 행동도 취하지 않을 것이므로 수취한 프리미엄을 고스란히 간직하게 된다. 그렇지만 기초자산의 가격이 〔행사가격＋프리미엄〕보다 높을 경우에는 손실을 보게 된다.

한편 풋옵션 매입자는 기초자산의 가격이 〔행사가격－프리미엄〕보다 낮을 경우 이익을 보게 되지만, 기초자산의 가격이 행사가격보다 높을 경우에는 프리미엄만 날리게 된다. 반대로 풋옵션 매도자는 기초자산의 가격이 행사가격보다 높을 경우 매입자가 아무런 행동도 취하지 않을 것이므로 수취한 프리미엄을 고스란히 간직하게 된다. 그렇지만 기초자산의 가격이 〔행사가격－프리미엄〕보다 낮을 경우에는 손실을 보게 된다.

〈그림 9-2〉와 〈그림 9-3〉은 콜옵션과 풋옵션의 만기 손익구조(payoff at expiration)를 나타내고 있다. 선물의 손익구조는 선형적(線形的; linear; 직선적) 또는 대칭적(symmetric)으로 나타나는데 비해 옵션의 손익구조는 비선형적(非線形的; non-linear) 또는 비대칭적(asymmetric)으로 나타난다. 선물 매입포지션의 경우 가격이 상승하면 이익이 발생하고, 반대로 가격이 하락하면 손실이 발생하게 된다. 선물 매도포지션의 경우도 가격이 하락하면 이익이 발생하고, 반대로 가격이 상승하면 손실이 발생하게 된다. 따라서 선물의 손익구조는 직선적인 또는 좌우 대칭적인 구조를 갖는다.

한편 옵션의 손익구조는 콜옵션과 풋옵션 모두 기초자산의 가격(S)과 행사가격(X)이 동일한 지점에서 굴절(屈折; kink)이 나타나는 특성을 보인다. 따라서 옵션의 손

그림 9-2 콜옵션의 만기 손익구조(payoff at expiration)

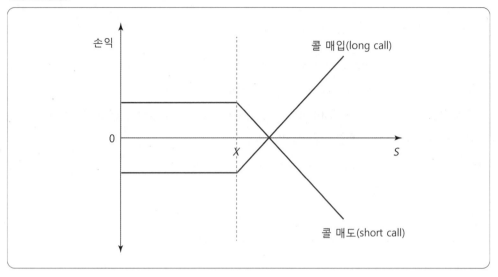

익구조는 비선형적인 또는 좌우 비대칭적인 구조를 갖는다. 이와 같이 옵션이 비선형적인 또는 비대칭적인 손익구조를 갖는 특성을 이용하여 다양한 거래전략을 만들어낼 수 있다. 즉, 콜옵션 매입(long call)과 매도(short call), 풋옵션 매입(long put)과 매도(short put)의 4가지 거래를 다양한 방식으로 결합함으로써 수많은 거래전략을 창출해낼 수 있다.

그림 9-3 풋옵션의 만기 손익구조(payoff at expiration)

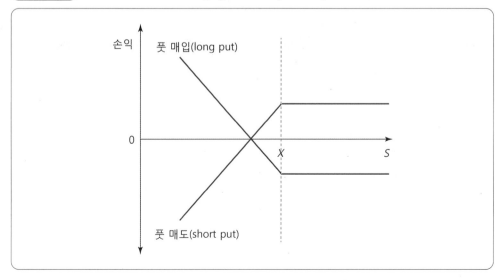

참고문헌 ◆───────────────────────────────────

Bobin, C. A.(1990), Agricultural Options: Trading, Risk Management, and Hedging, New York: New York, John Wiley & Sons, Inc.

Catlett, L. B., and J. D. Libbin(1999), Investing in Futures & Options Markets, Albany: New York, Delmar Publishers.

Chicago Board of Trade(1998), Agricultural Options for the Beginner, General Information Series 2.

Chicago Board of Trade(2006), The Chicago Board of Trade Handbook of Futures & Options, New York: New York, McGraw-Hill.

Chicago Board of Trade(2006), An Introduction to Trading CBOT Agricultural Futures and Options.

Chicago Mercantile Exchange(2006), An Introduction to Futures and Options, Student Manual.

CME Group Inc(2015), Self-Study Guide to Hedging with Grain and Oilseed Futures and Options.

Hull, J. C.(2000), Options, Futures, & Other Derivatives, 4th ed., Upper Saddle River: New Jersey, Prentice-Hall, Inc.

Kolb, R. W.(1999), Futures, Options, and Swaps, 3rd ed., Malden: Massachusetts, Blackwell Publishers Inc.

Natenberg, S.(1994), Option Volatility & Pricing: Advanced Trading Strategies and Techniques, Chicago: Illinois, Irwin.

SECTION 01 옵션가격의 결정요인

옵션가격, 즉 옵션 프리미엄(premium)은 기초자산의 가격, 행사가격, 옵션 만기일까지 남은 기간(잔존만기), 기초자산의 가격변동성, 이자율 등에 의해 영향을 받는다.

1. 기초자산(Underlying Asset)의 가격

콜옵션은 기초자산의 가격이 상승하여 행사가격과 멀어질수록 가치가 증가하는 반면 기초자산의 가격이 하락할수록 가치가 감소한다. 그 이유는 기초자산의 가격이 행사가격보다 높아질수록 상대적으로 더 낮은 행사가격에 매입할 수 있기 때문이다. 반면 풋옵션은 기초자산의 가격이 하락하여 행사가격과 멀어질수록 가치가 증가하는 반면 기초자산의 가격이 상승할수록 가치가 감소한다. 그 이유는 기초자산의 가격이 행사가격보다 낮아질수록 상대적으로 더 높은 행사가격에 매도할 수 있기 때문이다.

2. 행사가격(Strike Price; Exercise Price)

콜옵션은 행사가격이 낮아질수록 가치가 상승하는 반면 행사가격이 높아질수록 가치가 하락한다. 그 이유는 행사가격이 낮을수록 상대적으로 더 낮은 가격에 기초자산을 매입할 수 있기 때문이다. 반면 풋옵션은 행사가격이 높아질수록 가치가 상승하는 반면 행사가격이 낮아질수록 가치가 하락한다. 그 이유는 행사가격이 높을수록 상대적으로 더 높은 가격에 기초자산을 매도할 수 있기 때문이다.

3. 잔존만기(殘存滿期; Time to Maturity)

옵션의 만기까지 남은 기간(잔존만기)이 길어질수록 옵션의 가치가 증가하는 반면 잔존만기가 짧아질수록 옵션의 가치는 감소한다. 이것은 콜옵션과 풋옵션 모두에 해당한다. 그 이유는 잔존만기가 길게 남아있을수록 기초자산의 가격 변동으로 인해 상황이 역전될 가능성이 그만큼 더 커지기 때문이다.

4. 기초자산의 가격변동성(Volatility)

기초자산의 가격변동성이 클수록 옵션의 가치가 증가하는 반면 기초자산의 가격변동성이 작을수록 옵션의 가치는 감소한다. 이것은 콜옵션과 풋옵션 모두에 해당한다. 그 이유는 기초자산의 가격 변동이 클수록 외가격(OTM)이나 등가격(ATM) 옵션이 내가격(ITM) 옵션으로 전환되는 등 상황이 역전될 가능성이 더 커지기 때문이다.

5. 이자율(Interest Rate)

이자율이 옵션가격에 미치는 영향은 다른 요인들의 영향만큼 명쾌하게 설명되기는 어렵다. 일반적으로 이자율이 상승하면, 농산물을 비롯한 상품 가격의 기대상승률(expected growth rate)도 상승하는 경향을 보인다. 이것은 궁극적으로 기초자산의 가격이 상승하는 것과 마찬가지의 결과를 초래한다. 따라서 콜옵션은 이자율이 상승할수록 가치가 증가하는 반면 이자율이 하락할수록 가치가 감소한다. 한편 풋옵션은 이

표 10-1 옵션가격 결정 요인이 프리미엄에 미치는 영향

요 인	콜옵션	풋옵션
기초자산의 가격	+	−
행사가격	−	+
잔존만기	+	+
가격변동성	+	+
이자율	+	−

자율이 상승할수록 가치가 감소하는 반면 이자율이 하락할수록 가치가 증가한다.

SECTION **02 옵션가격 곡선**Option Pricing Curve

〈그림 10-1〉은 행사가격이 X인 콜옵션의 가격(프리미엄)과 기초자산의 가격(선물가격; F) 간의 관계를 나타내고 있다.[1] 옵션계약의 만기 시 콜옵션의 가격은 행사가격에서 굴절(屈折; kink)이 이루어지는 직선으로 표시되고 있다. 즉, 기초자산의 가격(F)이 행사가격(X)보다 낮으면 콜옵션의 가치는 0이 되고, 행사가격보다 높을수록 가치가 증가한다. 만기 시 콜옵션의 가치는 순전히 내재가치(IV)로만 이루어진다. 한편 옵션 만기일 이전에 콜옵션의 가격(프리미엄)과 기초자산의 가격(선물가격; F) 간의 관계는 곡선으로 표시되고 있다.

〈그림 10-2〉는 행사가격이 X인 풋옵션의 가격(프리미엄)과 기초자산의 가격(선물가격; F) 간의 관계를 나타내고 있다. 옵션계약의 만기 시 풋옵션의 가격은 행사가격

그림 10-1 **콜옵션 가격의 곡선**

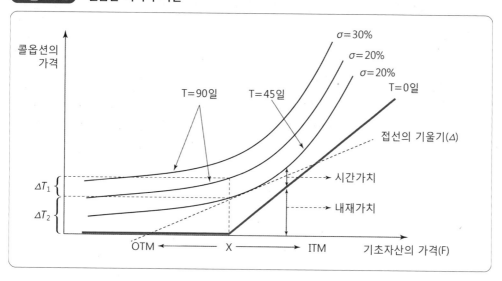

---

1 시카고상품거래소(CBOT)에서 거래되는 농산물 옵션은 기초자산이 선물계약인 선물옵션이다. 따라서 본 장에서는 선물옵션을 중심으로 다룬다.

그림 10-2 풋옵션 가격의 곡선

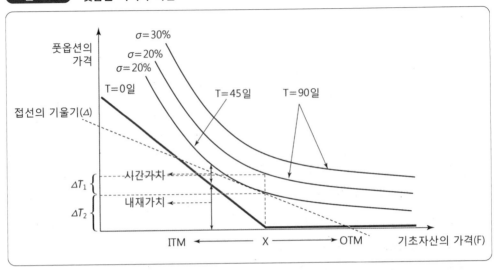

에서 굴절(屈折; kink)이 이루어지는 직선으로 표시되고 있다. 즉, 기초자산의 가격(F)
이 행사가격(X)보다 높으면 풋옵션의 가치는 0이 되고, 행사가격보다 낮을수록 가치
가 증가한다. 만기 시 풋옵션의 가치는 순전히 내재가치(IV)로만 이루어진다. 한편 옵
션 만기일 이전에 풋옵션의 가격(프리미엄)과 기초자산의 가격(선물가격; F) 간의 관계
는 곡선으로 표시되고 있다.

〈그림 10-1〉과 〈그림 10-2〉의 옵션가격 곡선을 통하여 다음 사항들을 확인할
수 있다.

첫째, 옵션의 가격은 내재가치(IV)와 시간가치(TV)의 합으로 구성된다. 그리고 옵
션은 ATM(등가격; F=X) 상태일 때 시간가치(TV)가 최대가 된다.

둘째, 옵션의 시간가치는 잔존만기(time to maturity)가 줄어들수록 보다 급속하게
줄어든다(time decay). 예컨대, 만기가 90일에서 45일로 줄어드는 경우와 만기가 45일
에서 0으로 줄어드는 경우는 다 같이 45일의 시간이 경과하는 것이지만, 시간가치의
감소는 전자(ΔT_1)에 비해 후자(ΔT_2)가 훨씬 더 크다는 것을 알 수 있다. 즉,

$$\Delta T_1 (T = 90일 \ \to \ T = 45일) \ < \ \Delta T_2 (T = 45일 \ \to \ T = 0일)$$

셋째, 옵션의 가격은 동일한 잔존만기를 가지더라도 기초자산의 가격변동성
(volatility; σ)이 클수록 더 높아진다. 예컨대, 만기가 90일, 기초자산의 가격변동성이

30%인 옵션의 프리미엄이 만기가 90일, 기초자산의 가격변동성이 20%인 옵션의 프리미엄보다 더 높다는 것을 확인할 수 있다. 즉,

$$c(T = 90일, \sigma = 30\%) \; > \; c(T = 90일, \sigma = 20\%)$$
$$p(T = 90일, \sigma = 30\%) \; > \; p(T = 90일, \sigma = 20\%)$$

넷째, 옵션가격 곡선에서 접선의 기울기는 기초자산(F)의 가격 변동에 따른 옵션 프리미엄의 변동, 즉 옵션 델타(Δ)를 나타낸다. 즉,

$$콜옵션의 \ 델타: \; \Delta_{call} = \frac{\partial c}{\partial F}$$

$$풋옵션의 \ 델타: \; \Delta_{put} = \frac{\partial p}{\partial F}$$

마지막으로, 옵션의 내재가치가 커질수록 기초자산의 가격 변동과 옵션가격의 변동 간에 상관관계가 높아지는 반면, 옵션의 내재가치가 매우 작거나 없을수록 기초자산의 가격 변동과 옵션가격의 변동 간에는 상관관계가 낮아진다. 그 결과 Deep ITM(심내가격) 옵션의 경우 기초자산의 가격과 옵션 프리미엄은 1:1로 변동하는 반면, Deep OTM(심외가격) 옵션의 경우는 기초자산의 가격 변동에 대응한 옵션 프리미엄의 변동이 거의 없다.

SECTION 03 Put-Call Parity풋-콜 등가관계; 풋-콜 等價關係

동일한 행사가격과 만기를 지닌 유럽형 콜옵션과 풋옵션의 프리미엄 간에는 다음과 같은 균형관계가 성립되어야 하는데, 이를 put-call parity(풋-콜 등가관계)라고 한다. 이러한 균형관계는 차익거래(arbitrage)가 발생하지 않을 조건을 나타낸다.

$$c + Xe^{-rT} = p + Fe^{-rT} \quad \text{··} \; ❶$$

여기서, c는 콜 프리미엄, Xe^{-rT}는 행사가격(X)의 현재가치, p는 풋 프리미엄, 그리고 Fe^{-rT}는 선물가격(F)의 현재가치를 의미한다.

위의 풋-콜 등가관계를 달리 표현하면,

$$c - p = Fe^{-rT} - Xe^{-rT} = (F - X)e^{-rT}$$ ·· ❷

위의 식 ❷에서 선물가격과 행사가격이 같은 경우(즉, $F = X$인 경우) 동일한 만기와 행사가격의 콜옵션과 풋옵션은 프리미엄이 서로 같아야 한다. 그리고 선물가격이 행사가격보다 높은 경우(즉, $F > X$인 경우)는 콜옵션 프리미엄이 풋옵션 프리미엄보다 더 커야 한다. 한편 콜옵션 프리미엄과 풋옵션 프리미엄 간의 차이는 선물가격과 행사가격 간 차이의 현재가치와 같아야 한다.

위의 식 ❷에서 현재가치를 구하는 할인계수(e^{-rT})는 1에 가까운 값($e^{-rT} \approx 1$)이기 때문에 어림셈법(approximation)으로 풋-콜 등가관계를 표현하면 다음과 같다.

$$c - p \approx F - X$$ ·· ❸

즉, 동일한 행사가격과 만기를 가진 콜옵션과 풋옵션의 프리미엄 차이는 선물가격과 행사가격 간의 차이와 동일하다는 의미가 된다.

위와 같은 어림셈법이 실제 거래상황에서 유용한 경우가 종종 있다. 특히 선물시장에서 가격의 급격한 등락으로 인해 상한가(limit up) 또는 하한가(limit down)가 형성되면 선물계약은 일일가격제한폭(daily price limit)에 묶여 더 이상 거래가 이루어지지 못한다. 곡물 선물시장에서는 여름철에 날씨 전망이 급변하는 이른바 'weather market'이 진행될 때 이러한 일이 간혹 발생하곤 한다.

곡물 선물시장에서 일일가격제한폭에 도달하면 선물계약은 더 이상 거래되지 못하지만, 옵션계약은 일일가격제한폭의 적용을 받지 않기 때문에 여전히 거래가 이루어진다. 이 경우 풋-콜 등가관계를 이용하면, 콜옵션과 풋옵션의 프리미엄, 그리고 행사가격에 대한 정보를 알고 있기 때문에 선물가격을 구해낼 수 있다. 즉, 선물시장의 일일가격제한폭이 없다면 선물가격이 실제 거래될 수 있는 수준을 가늠해낼 수 있다.

SECTION 04 블랙-숄즈 옵션가격 결정 모형Black-Scholes Option Pricing Model

블랙-숄즈 모형(Black-Scholes Model)은 Fischer S. Black과 Myron S. Scholes가 1973년에 발표한 유럽형 옵션(European option)의 가격결정 모형이다.2 블랙-숄즈 모형을 도출하는 과정에는 편미분 방정식(偏微分方程式; partial differential equation) 등 난해한 수학적 기법이 사용된다. 블랙-숄즈 모형에 투입되는 5가지의 변수는 다음과 같다.

① 기초자산의 가격, 즉 선물가격(F)
② 행사가격(X)
③ 잔존만기(T)
④ 기초자산(선물계약)의 가격변동성(σ)
⑤ 이자율(r)

위의 5가지 변수들을 블랙-숄즈 모형에 투입하면 옵션의 이론가격, 즉 이론상의 콜옵션 프리미엄(c)과 풋옵션 프리미엄(p)이 구해진다. 즉, 블랙-숄즈 모형에서 콜옵션 프리미엄(c)과 풋옵션 프리미엄(p)은 위의 5가지 변수들로 이루어진 함수이다. 다시 표현하면,

그림 10-3 블랙-숄즈(Black-Scholes) 옵션가격 결정 모형

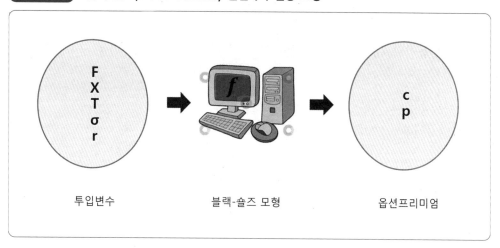

투입변수　　　　　　블랙-숄즈 모형　　　　　　옵션프리미엄

---

2 Black, Fischer and Myron Scholes(1973), "The Pricing of Options and Corporate Liabilities," *Journal of Political Economy*, 81(3), 637-654.

$$c = f(F, X, T, \sigma, r) \dotfill \textbf{④}$$

$$p = f(F, X, T, \sigma, r) \dotfill \textbf{⑤}$$

블랙-숄즈 모형에서 콜옵션 프리미엄(c)은 다음과 같이 계산된다.

$$c = e^{-rT}\left[FN(d_1) - XN(d_2)\right] \dotfill \textbf{⑥}$$

여기서, d_1과 d_2는 각각 위험요소(risk factor)를 나타내며, 다음과 같이 계산된다.

$$d_1 = \frac{\ln\left(\dfrac{F}{X}\right) + \dfrac{\sigma^2 T}{2}}{\sigma\sqrt{T}} \dotfill \textbf{⑦}$$

$$d_2 = \frac{\ln\left(\dfrac{F}{X}\right) - \dfrac{\sigma^2 T}{2}}{\sigma\sqrt{T}} = d_1 - \sigma\sqrt{T} \dotfill \textbf{⑧}$$

여기서, $e^{(\cdot)}$는 연속복리 계산을 위한 지수함수(exponential function)를 나타내고, $\ln(\cdot)$은 자연로그함수(natural logarithm)를 나타낸다. $N(d_1)$과 $N(d_2)$는 각각 d_1과 d_2에서 구한 표준정규 누적확률밀도함수(standard normal cumulative density function)의 값을 나타낸다. 각각의 값들은 Excel에서 제공되는 함수 =NORMSDIST( )를 이용하여 구할 수 있으며, $N(-d_1) = 1 - N(d_1)$이다.

풋-콜 등가관계(put-call parity)를 이용하여 풋옵션 프리미엄(p)을 구하면 다음과 같다.

$$p = e^{-rT}\left[XN(-d_2) - FN(-d_1)\right] \dotfill \textbf{⑨}$$

예를 들어, 옥수수 선물가격 ￠577.25/bu, 행사가격 ￠570.00/bu, 이자율 5.5%, 잔존만기 35일, 그리고 가격변동성 2.46%를 가정하고 블랙-숄즈 모형을 이용하여 콜옵션과 풋옵션의 프리미엄을 각각 구해보자. 〈표 10-2〉에서 보는 것처럼, 내가격(ITM) 상태의 콜옵션 프리미엄은 ￠7.2990/bu, 그리고 외가격(OTM) 상태의 풋옵션 프리미엄은 ￠0.0871/bu이 된다.

표 10-2 블랙-숄즈 모형을 이용한 콜옵션 및 풋옵션 프리미엄의 산출

투입변수		엑셀(Excel) 계산식	프리미엄
F	선물가격		577.25
X	행사가격		570
r	이자율		5.5%
T	잔존만기(=t/365)		0.0959
σ	가격변동성		2.46%
d_1	=[ln(F/X)+(σ^2×T)/2]/[σ×sqrt(T)]		1.6653
d_2	=d_1−σ×sqrt(T)		1.6577
$N(d_1)$	=NORMSDIST(d_1)		0.9521
$N(d_2)$	=NORMSDIST(d_2)		0.9513
$N(-d_1)$	=1 − $N(d_1)$		0.0479
$N(-d_2)$	=1 − $N(d_2)$		0.0487
Call premium	=exp(−r×T)×[F×$N(d_1)$−X×$N(d_2)$]		7.2990
Put premium	=exp(−r×T)×[X×$N(-d_2)$−F×$N(-d_1)$]		0.0871

한편 블랙-숄즈 모형으로부터 옵션가격의 민감도를 나타내는 델타(delta; Δ; δ)를 구할 수 있다. 델타(Δ; δ)는 기초자산인 선물가격이 변동할 때 이로 말미암아 옵션 프리미엄이 얼마나 변동하는지를 나타내는 지표이다. 델타는 옵션 프리미엄을 구하는 산식을 선물가격으로 미분하여 구할 수 있다. 콜옵션의 델타(Δ_{call})와 풋옵션의 델타(Δ_{put})는 각각 다음과 같이 계산된다.

$$\Delta_{call} = \frac{\partial c}{\partial F} = e^{-rT}[N(d_1)] \quad \text{⑩}$$

$$\Delta_{put} = \frac{\partial p}{\partial F} = -e^{-rT}[N(-d_1)] = e^{-rT}[N(d_1)-1] \quad \text{⑪}$$

위의 조건을 그대로 이용하여 콜옵션 및 풋옵션의 델타(delta)를 각각 구해 보자. 〈표 10-3〉에서 보는 것처럼, 행사가격 ¢570.00/bu의 콜옵션 및 풋옵션 델타는 각각 0.9471, −0.0477이 된다.

표 10-3 블랙-숄즈 모형을 이용한 콜옵션 및 풋옵션 델타(delta)의 산출

투입변수	엑셀(Excel) 계산식	델타(delta)
F	선물가격	577.25
X	행사가격	570
r	이자율	5.5%
T	잔존만기(=t/365)	0.0959
σ	가격변동성	2.46%
d_1	=[ln(F/X)+(σ^2×T)/2]/[σ×sqrt(T)]	1.6653
$N(d_1)$	=NORMSDIST(d_1)	0.9521
$N(-d_1)$	=1 − N(d_1)	0.0479
Call delta	=exp(−r×T)×N(d_1)	0.9471
Put delta	=exp(−r×T)×[N(d_1)−1]	−0.0477

블랙-숄즈 모형에 투입되는 5가지 변수들 가운데 선물가격(F), 행사가격(X), 잔존만기(T), 그리고 이자율(r)은 현재시점에서 즉각적으로 파악될 수 있는 정보다. 그러나 기초자산(선물계약)의 가격변동성(σ)은 옵션 만기일까지 기초자산의 가격, 즉 선물가격이 얼마나 변동할 것인가에 관련된 문제이기 때문에 가격변동성의 크기를 직접적으로 관측하는 것이 불가능하다. 따라서 이 문제를 해결하기 위해서는 가격변동성에 대한 보다 체계적인 이해가 필요하다.

SECTION 05 가격변동성Volatility

선물가격의 변동성은 일반적으로 연속복리(連續複利; continuous compounding)로 나타낸 수익률의 표준편차(standard deviation of returns)로 정의되며, 흔히 백분율(%)로 표현한다.

1. 역사적 변동성(Historical Volatility)

블랙-숄즈 모형에서 기초자산의 가격변동성은 선물가격이 옵션 계약시점부터 만기일까지 변동하게 될 미래의 변동성(future volatility)을 의미한다. 그런데, 미래의 일정기간 동안 실현될 선물가격의 변동성을 사전에 정확히 예측한다는 것은 사실상 불가능하다. 따라서 그 대안으로서 과거의 선물가격 자료를 이용하여 미래의 가격변동성을 추정하는 방법이 주로 이용된다. 그리고 여기서 구해진 가격변동성을 역사적 변동성(historical volatility) 또는 과거변동성이라고 한다. 다시 말해서, 블랙-숄즈 모형에서는 과거자료를 이용하여 구한 역사적 변동성을 미래변동성의 대리변수(代理變數; proxy variable)로 사용한다.

과거 선물가격 자료를 이용하여 역사적 변동성을 구하는 과정은 다음과 같다.

첫째, 선물가격의 상대적 변동을 나타내는 상대가격(price relative)을 구한다.

$$PR_t = \frac{P_t}{P_{t-1}} \quad \text{⑫}$$

여기서, P_{t-1}은 전일의 가격, 그리고 P_t는 금일의 가격을 나타낸다.

둘째, 상대가격에 자연로그(natural logarithm)를 취하여 로그수익률(logarithmic returns; log returns)을 구한다.

$$\ln PR_t = \ln\left(\frac{P_t}{P_{t-1}}\right) = \ln P_t - \ln P_{t-1} \quad \text{⑬}$$

셋째, 로그수익률의 평균(average)을 구한다.

$$\overline{\ln PR} = \frac{1}{n}\sum_{t=1}^{n}\ln PR_t \quad \text{⑭}$$

마지막으로, 로그수익률의 표준편차(standard deviation)를 구한다.

$$\sigma_{\ln PR_t} = \sqrt{\frac{\sum_{t=1}^{n} (\ln PR_t - \overline{\ln PR})^2}{n-1}}$$ .... ⑮

위에서 구한 로그수익률의 표준편차가 곧 가격변동성이 된다.

〈표 10-4〉는 옥수수 선물가격의 일일자료를 이용하여 역사적 변동성을 계산한 결과를 보여주고 있다. 31개의 일일 가격자료를 이용하여 로그수익률을 산출한 다음 로그수익률의 표준편차($\sigma_{\ln PR_t}$)를 구하여 가격변동성을 도출하였다. 그 결과 일일변동

표 10-4 옥수수 선물가격을 이용한 역사적 변동성의 계산

날짜	선물가격	상대가격 ($PR_t = P_t / P_{t-1}$)	로그수익률 ($\ln PR_t = \ln P_t - \ln P_{t-1}$)
0	447.50		
1	464.50	1.0380	0.0373
2	466.25	1.0038	0.0038
3	462.50	0.9920	−0.0081
4	470.75	1.0178	0.0177
5	478.25	1.0159	0.0158
6	483.50	1.0110	0.0109
7	495.00	1.0238	0.0235
8	495.25	1.0005	0.0005
9	496.00	1.0015	0.0015
10	513.25	1.0348	0.0342
11	508.25	0.9903	−0.0098
12	505.25	0.9941	−0.0059
13	505.00	0.9995	−0.0005
14	499.25	0.9886	−0.0115
15	521.75	1.0451	0.0441
16	512.75	0.9828	−0.0174
17	500.00	0.9751	−0.0252
18	505.00	1.0100	0.0100
19	495.75	0.9817	−0.0185
20	465.75	0.9395	−0.0624
21	471.50	1.0123	0.0123
22	491.00	1.0414	0.0405
23	488.50	0.9949	−0.0051
24	498.25	1.0200	0.0198
25	528.25	1.0602	0.0585
26	555.75	1.0521	0.0507
27	579.00	1.0418	0.0410
28	569.25	0.9832	−0.0170
29	567.25	0.9965	−0.0035
30	563.00	0.9925	−0.0075
가격변동성($\sigma_{\ln PR_t}$)		0.0262	

성(daily volatility)은 0.0262, 즉 2.62%로 나타나고 있다.

선물가격의 일일자료(자료 간격 1일)를 이용하여 구한 일일변동성(daily volatility)을 연간변동성(annual volatility)으로 변환하기 위해서는 일일변동성에 거래일수의 제곱근을 곱하여야 한다. 즉,

$$\text{연간변동성}(\sigma_{Yearly}) = \text{일일변동성}(\sigma_{Daily}) \times \sqrt{\text{거래일수}} \quad\text{⑯}$$

곡물 선물시장의 연간 거래일수는 평균 250일 수준이다. 따라서 일일변동성을 연간변동성으로 변환하기 위한 거래일수로는 일반적으로 250일이 사용된다.

그리고 주간자료(자료 간격 1주일)를 이용하여 구한 주간변동성(weekly volatility)을 연간변동성(annual volatility)으로 변환하기 위해서는 주간변동성에 1년의 주간 수(52주)의 제곱근을 곱하여야 한다. 즉,

$$\text{연간변동성}(\sigma_{Yearly}) = \text{주간변동성}(\sigma_{Weekly}) \times \sqrt{52\text{주}} \quad\text{⑰}$$

한편 월간자료(자료 간격 1개월)를 이용하여 구한 월간변동성(monthly volatility)을 연간변동성(annual volatility)으로 변환하기 위해서는 월간변동성에 1년의 개월 수(12월)의 제곱근을 곱하여야 한다. 즉,

$$\text{연간변동성}(\sigma_{Yearly}) = \text{월간변동성}(\sigma_{Monthly}) \times \sqrt{12\text{월}} \quad\text{⑱}$$

로그수익률(logarithmic returns)의 계산 과정

로그수익률(logarithmic returns), 즉 연속복리수익률(continuously compounded rates of return)이 도출되는 과정은 다음과 같다.

먼저, 전기(전일)의 가격(P_{t-1})이 연속복리(連續複利)로 불어나 금기(금일)의 가격(P_t)이 된다면 다음과 같이 표현된다.

(1) $P_{t-1}e^{rT} = P_t \Rightarrow e^{rT} = \dfrac{P_t}{P_{t-1}}$

위 식(1)의 양변에 자연로그(natural logarithm)를 취하면,

(2) $rT = \ln\left(\dfrac{P_t}{P_{t-1}}\right) = \ln P_t - \ln P_{t-1} \quad [\because \ \ln e^{f(x)} = f(x)]$

(3) $r = \dfrac{\ln P_t - \ln P_{t-1}}{T} \Rightarrow$ 로그수익률(logarithmic returns)

여기서, 만약 $T = 1$이면, r은 일간수익률(일일수익률; daily returns)이 된다.

2. 내재변동성(内在變動性; Implied Volatility)

역사적 변동성을 이용하여 옵션 프리미엄을 도출하는 과정에서는 기초자산(선물계약)의 가격변동성을 먼저 구한 다음 다른 변수들과 함께 블랙-숄즈 모형에 대입하여 콜옵션과 풋옵션의 프리미엄을 산출하였다. 이러한 계산과정을 역순으로 밟아 구해진 가격변동성을 내재변동성(implied volatility)이라고 한다. 즉, 내재변동성은 현재 옵션시장에서 실제로 거래되고 있는 콜옵션 및 풋옵션의 프리미엄을 역으로 옵션가격 결정모형(블랙-숄즈 모형)에 대입함으로써 실제 거래되고 있는 프리미엄 속에 내재되어 있는 기초자산(선물계약)의 가격변동성을 계산한 값이다.

앞서 살펴본 블랙-숄즈 모형에서 기초자산의 가격변동성(σ)을 옵션 프리미엄 및 기타 변수들의 역함수(逆函數; inverse function)로 표현하는 것은 사실상 불가능하다. 따라서 콜옵션 및 풋옵션의 프리미엄을 구하는 산식을 역산함으로써 기초자산의 가

그림 10-4   내재변동성(implied volatility)의 도출 과정

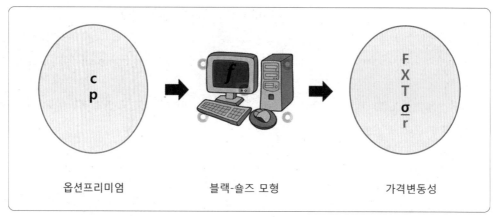

옵션프리미엄   블랙-숄즈 모형   가격변동성

격변동성(σ)을 직접적으로 구할 수가 없다. 즉, 콜옵션의 프리미엄을 구하는 산식 $c = f(F, X, T, \sigma, r)$을 역함수 $\sigma = f^{-1}(F, X, T, c, r)$의 형태로 변환하거나 풋옵션의 프리미엄을 구하는 산식 $p = f(F, X, T, \sigma, r)$을 역함수 $\sigma = f^{-1}(F, X, T, p, r)$의 형태로 변환하는 것이 불가능하다는 것이다.

　이러한 문제를 해결하기 위하여 일반적으로 시행착오(試行錯誤; trial and error)를 통한 반복탐색과정(iterative search process)이 이용된다. 이 방법은 직관적으로 추정해 낸 가격변동성의 수치를 초기 값(initial value)으로 삼아 옵션가격 결정모형(블랙-숄즈 모형)에 대입한 다음 실제 옵션 프리미엄과 가장 근사한 값이 나올 때까지 가격변동 성의 수치를 변경하며 반복 시행을 거듭하는 것이다. 반복 시행 결과 실제 옵션 프리 미엄과 일치하는 가격변동성이 구해지면, 그 수치가 곧 내재변동성, 즉 현재의 프리 미엄 속에 내재되어 있는 가격변동성의 크기가 된다.

3. 실현된 변동성(Realized Volatility)

　실현된 변동성은 말 그대로 옵션의 만기가 될 때까지 실제로 관측된 기초자산의 가격 변동을 사후적으로 계산한 값을 말한다.

그림 10-5 가격변동성(volatility)의 유형

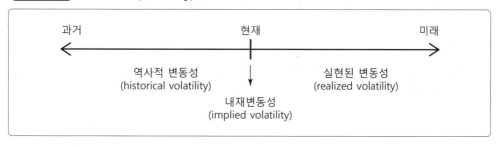

SECTION 06 **옵션가격의 민감도**^{Option Greeks}

앞서 살펴본 것처럼 옵션가격(프리미엄)은 기초자산의 가격(선물가격), 행사가격, 잔존만기, 기초자산의 가격변동성, 그리고 이자율에 의해 영향을 받는다. 여기서 행사가격을 제외한 나머지 각 변수들의 값이 변동할 때 옵션가격이 어떻게 달라지는지가 주요 관심의 대상이 된다. 이와 같이 옵션가격을 결정하는 변수들이 변동함에 따라 실제로 옵션가격이 얼마나 변동하는지를 나타내는 지표를 옵션가격의 민감도라고 표현한다. 옵션가격의 민감도 지표는 알파(A)로 시작해서 오메가($Ω$)로 끝나는 그리스어(Greek) 중에서 몇 개의 문자로 표현되기 때문에 흔히 'Option Greeks'라고 한다. 행사가격이 달라지면 옵션은 완전히 다른 상품이 되기 때문에 행사가격의 변동에 대응한 옵션가격 민감도 지표는 존재하지 않는다.

1. 델타(Delta; $Δ$; $δ$)

델타는 기초자산의 가격, 즉 선물가격(F)의 변화에 대응하여 옵션가격이 반응하는 정도를 나타낸다. 블랙-숄즈 모형에서 콜옵션의 델타($Δ_{call}$)는 콜옵션 산식을 선물가격으로 미분하여 구하고, 풋옵션의 델타($Δ_{put}$)는 풋옵션 산식을 선물가격으로 미분하여 구한다. 즉,

$$Δ_{call} = \frac{\partial c}{\partial F} > 0, \quad Δ_{put} = \frac{\partial p}{\partial F} < 0 \quad \text{⑲}$$

콜옵션은 기초자산의 가격, 즉 선물가격이 상승할수록 가치가 커지기 때문에 콜옵션의 델타는 양(+)의 값을 갖는다. 반면 풋옵션은 기초자산의 가격, 즉 선물가격이 상승할수록 가치가 작아지기 때문에 풋옵션의 델타는 음(−)의 값을 갖는다.

옵션가격 곡선에서 델타의 기하학적 의미는 접선의 기울기를 뜻한다. 콜옵션의 델타 값은 선물가격이 상승할수록 1의 값에 근접하여 선물가격과 프리미엄이 거의 1:1로 움직이는 심내가격(deep ITM) 상태를 나타내는 반면, 선물가격이 하락할수록 0의 값에 근접하여 심외가격(deep OTM) 상태를 나타낸다. 한편 풋옵션의 델타 값은 선물가격이 상승할수록 0의 값에 근접하여 심외가격(deep OTM) 상태를 나타내는 반면,

선물가격이 하락할수록 -1의 값에 근접하여 선물가격과 프리미엄이 거의 1:1로 움직이는 심내가격(deep ITM) 상태를 나타낸다.

델타는 기초자산(선물계약)의 가격변동에 대응하여 옵션으로 헤징할 경우 이에 필요한 옵션계약의 수를 나타내는 헤지비율(hedge ratio)과도 관련되어 있다. 옵션의 헤지비율은 델타 값의 역수와 같다. 즉,

$$\frac{1}{델타(\Delta)} = 헤지비율(hedge\ ratio)$$

예컨대, 만약 콜옵션의 델타가 0.25라면, 헤지비율은 4가 된다. 즉, 선물가격이 한 단위 변화하는 데 따른 선물 포지션의 가치 변화를 상쇄하기 위해서는 콜옵션 4계약이 필요하다는 것이다. 이와 같은 방식으로 델타를 이용하는 헤징을 델타헤지(delta hedge) 또는 델타중립 헤지(delta neutral hedge)라고 한다.

델타중립 헤지(delta neutral hedge)라는 표현은 델타헤지를 할 경우 전체 포트폴리오의 델타 값이 0, 즉 델타 중립(delta neutral)으로 된다는 데서 연유한다. 그러나 옵션의 델타 값은 선물가격의 변화에 따라 달라지므로 델타 중립적인 헤지상태를 정확히 유지하기 위해서는 선물가격이 변동할 때마다 새로운 헤지비율을 계산하여 옵션계약의 수를 변경하여야 하는 어려움이 따른다.

2. 쎄타(Theta; Θ; θ)

쎄타는 잔존만기(T)의 변화에 대응한 옵션가격의 반응도를 나타낸다. 블랙-숄즈 모형에서 콜옵션의 쎄타(Θ_{call})는 콜옵션 산식을 잔존만기(T)로 미분하여 구하고, 풋옵션의 쎄타(Θ_{put})는 풋옵션 산식을 잔존만기(T)로 미분하여 구한다. 즉,

$$\Theta_{call} = \frac{\partial c}{\partial T} < 0, \quad \Theta_{put} = \frac{\partial p}{\partial T} < 0 \quad \cdots\cdots\cdots\cdots\cdots\cdots\cdots\cdots\cdots\cdots\cdots\cdots\cdots\cdots ⑳$$

옵션은 시간이 경과할수록, 즉 만기일이 가까워질수록 시간가치가 감소(time decay)하여 그 가치가 줄어들게 된다. 이를 반영하여 시간의 경과에 따른 옵션가격의 변화, 즉 쎄타를 구하면 콜옵션과 풋옵션 모두 음(-)의 값이 나오게 된다.

3. 감마(Gamma; Γ; γ)

감마는 기초자산의 가격, 즉 선물가격(F)의 변화에 대응한 델타(Δ)의 변화 정도를 나타낸다. 블랙-숄즈 모형에서 콜옵션의 감마(Γ_{call})는 콜옵션 산식을 선물가격(F)으로 2차 미분(second derivative)하여 구하고, 풋옵션의 감마(Γ_{put})는 풋옵션 산식을 선물가격(F)으로 2차 미분(second derivative)하여 구한다. 즉,

$$\Gamma_{call} = \frac{\partial \Delta_{call}}{\partial F} = \frac{\partial^2 c}{\partial F^2}, \quad \Gamma_{put} = \frac{\partial \Delta_{put}}{\partial F} = \frac{\partial^2 p}{\partial F^2} \quad \cdots\cdots\cdots\cdots\cdots\cdots\cdots \text{㉑}$$

옵션가격 곡선에서 델타는 기하학적으로 접선의 기울기(slope of tangent line)를 나타내는 한편 2차 도함수(second derivative)인 감마는 접선의 기울기의 변화, 즉 곡률(曲率; curvature; 굽은 정도)을 나타낸다. 콜옵션과 풋옵션의 감마는 모두 옵션을 매입할 경우 양(+)의 값을 갖는 반면 매도할 경우에는 음(-)의 값을 갖는다.

4. 베가(Vega; Λ; λ)

베가는 기초자산의 가격변동성(σ)이 변화할 때 옵션가격이 얼마나 변동하는가를 나타낸다. 베가를 대신하는 그리스 문자로 흔히 람다(lambda; Λ; λ)를 사용한다. 블랙-숄즈 모형에서 콜옵션의 베가(Λ_{call})는 콜옵션 산식을 가격변동성(σ)으로 미분하여 구하고, 풋옵션의 베가(Λ_{put})는 풋옵션 산식을 가격변동성(σ)으로 미분하여 구한다. 즉,

$$\Lambda_{call} = \frac{\partial c}{\partial \sigma} > 0, \quad \Lambda_{put} = \frac{\partial p}{\partial \sigma} > 0 \quad \cdots\cdots\cdots\cdots\cdots\cdots\cdots \text{㉒}$$

옵션거래는 변동성 거래라고 불릴 만큼 가격변동성은 옵션거래에서 매우 중요한 변수이다. 다른 변수들이 일정하다고 가정할 때 기초자산의 가격변동성이 높을수록 옵션가격은 상승하기 때문에 콜옵션과 풋옵션의 베가는 모두 양(+)의 값을 갖는다.

5. 로(Rho; P; ρ)

로는 이자율(r)의 변화에 대한 옵션가격의 변화 정도를 나타낸다. 블랙-숄즈 모형에서 콜옵션의 로(P_{call})는 콜옵션 산식을 이자율(r)로 미분하여 구하고, 풋옵션의 로(P_{put})는 풋옵션 산식을 이자율(r)로 미분하여 구한다. 즉,

$$P_{call} = \frac{\partial c}{\partial r} > 0, \quad P_{put} = \frac{\partial p}{\partial r} < 0 \quad\cdots\cdots\cdots\cdots ㉓$$

이자율이 상승하면 콜옵션의 가치는 증가하는 반면 풋옵션의 가치는 감소한다. 이를 반영하여 콜옵션의 로는 양(+)의 값을 갖는 반면 풋옵션의 로는 음(−)의 값을 갖는다.

참고문헌 ◆

Bobin, C. A.(1990), Agricultural Options: Trading, Risk Management, and Hedging, New York: New York, John Wiley & Sons, Inc.

Chicago Board of Trade(1998), Agricultural Options for the Beginner, General Information Series 2.

Chicago Board of Trade(2006), The Chicago Board of Trade Handbook of Futures & Options, New York: New York, McGraw-Hill.

Chicago Board of Trade(2006), An Introduction to Trading CBOT Agricultural Futures and Options.

Chicago Mercantile Exchange(2006), An Introduction to Futures and Options, Student Manual.

Hull, J. C.(2000), Options, Futures, & Other Derivatives, 4th ed., Upper Saddle River: New Jersey, Prentice-Hall, Inc.

Kolb, R. W.(1999), Futures, Options, and Swaps, 3rd ed., Malden: Massachusetts, Blackwell Publishers Inc.

Natenberg, S.(1994), Option Volatility & Pricing: Advanced Trading Strategies and Techniques, Chicago: Illinois, Irwin.

SECTION **01** 매도헤지 Short Hedge

선물을 이용한 헤징에서 살펴본 것처럼, 헤징의 기본 메커니즘은 어느 한 시장 (현물시장)에서의 손실을 다른 시장(선물시장)에서의 이익으로 상쇄시키는 것이다. 현물을 보유한 경우 현물가격이 하락하면 손실을 보게 되는데, 이 경우 선물을 이용한 헤징방법은 선물계약을 매도하여 가격 하락 시 이익이 발생하도록 하는 것이다. 실제로 가격이 하락하면, 현물에서는 손실이 발생하지만, 선물에서는 이익이 발생하여 손익을 상쇄시킬 수 있으며, 이를 통하여 목표가격을 실현할 수 있다.

선물 대신 옵션을 이용하여 헤징할 경우 옵션의 4가지 손익구조(콜 매입, 콜 매도, 풋 매입, 그리고 풋 매도) 중에서 가격이 하락할 때 이익이 발생하는 것은 무엇인가? 그것은 바로 풋옵션 매입(long put)의 손익구조이다. 따라서 현물을 보유한 경우 가격 하락이 우려될 때는 풋옵션을 매입함으로써 현물가격의 하락에 따른 손실을 풋옵션 매입에서 발생하는 이익으로 상쇄되도록 하면 된다. 즉, 옵션을 이용한 가장 손쉬운 매도헤지(short hedge)의 방법은 바로 풋옵션을 매입(long put)하는 것이다.

풋옵션 매입자는 풋옵션을 매입함으로써 최저매도가격(minimum selling price), 즉 하한가격(下限價格; floor price)을 설정할 수 있다. 풋옵션 매입자는 기초자산의 가격 (선물가격)이 행사가격 이하로 내려갈 경우 풋옵션이 이익을 발생시켜 주기 때문에 현물가격의 하락에 따른 손실로부터 보호받을 수 있다. 즉, 현물가격의 하락에 따른 손실을 풋옵션의 이익으로 상쇄시킴으로써 가격이 하락하더라도 순매도가격(NSP; net selling price)이 일정 수준에서 제한되어 최저매도가격(하한가격)을 확보할 수 있게 된다.

반면 기초자산의 가격(선물가격)이 행사가격 이상으로 올라갈 경우는 풋옵션이 가치를 상실하게 되므로 풋옵션을 그냥 소멸시켜버리고, 높아진 시장가격(현물가격)에 현물을 매도하면 된다. 이와 같이 풋옵션 매입자는 가격이 하락할 경우 가격 하락으로부터 보호받을 수 있을 뿐만 아니라 가격이 상승할 경우에는 높은 가격에 매도할 기회를 가지게 된다.

1. 선물 매도와 풋옵션 매입에 의한 매도헤지(Short Hedge)의 비교

현물을 보유한 경우 가격 하락 위험에 대처하기 위하여 매도헤지를 할 때 선물계약을 매도하는 거래와 풋옵션을 매입하는 거래는 서로 어떤 차이가 있는지 비교해 보도록 하자.

첫째, 선물계약을 매도하면 목표가격 수준에서 순매도가격(NSP)을 고정(lock-in)시킬 수 있는 반면, 풋옵션을 매입하면 최저매도가격, 즉 하한가격을 설정할 수 있다. 선물을 이용한 매도헤지에서는 베이시스의 변동이 없을 경우 목표가격을 그대로 실현하는 완전헤지(perfect hedge)가 이루어진다.

둘째, 선물계약을 매도하면 증거금(margin)을 납부해야 하고, 따라서 마진 콜(margin call)이 발생할 가능성이 존재한다. 한편 풋옵션을 매입하면 프리미엄을 지불하고 행사가격에 매도할 권리를 취득하는 것이기 때문에 증거금을 납부해야 할 의무나 마진 콜(margin call)이 발생할 가능성으로부터 완전히 벗어나게 된다.

셋째, 현물을 보유한 상태에서 선물계약을 매도하면, 가격이 하락하더라도 현물의 손실과 선물의 이익이 서로 상쇄되기 때문에 가격 하락으로부터 보호받게 된다. 반대로 가격이 상승할 경우에는 현물에서 발생하는 이익이 선물에서 발생하는 손실에 의해 상쇄되기 때문에 가격이 상승하더라도 추가적인 이익을 실현할 수 없다. 한편 현물을 보유한 상태에서 풋옵션을 매입하면, 가격이 하락할 경우 현물에서 발생하는 손실을 풋옵션에서 발생하는 이익으로 상쇄할 수 있다. 반대로 가격이 상승할 경우에는 풋옵션을 그냥 소멸시켜버리고, 높아진 시장가격에 현물을 매도함으로써 가격 상승에 따른 혜택을 누릴 수 있다.

표 11-1 선물 매도와 풋옵션 매입에 의한 매도헤지(short hedge)의 비교

선물 매도(short futures)	풋옵션 매입(long put)
목표가격 수준에서 순매도가격(NSP) 고정(lock-in)	최저매도가격, 즉 하한가격(floor price) 설정
선물계약의 매입자와 매도자 모두 증거금(margin) 납입	풋옵션 매입자는 증거금을 납부하지 않는 반면, 풋옵션 매도자는 증거금 납부
선물계약의 매입자와 매도자 모두 마진 콜 (margin call) 발생 가능	풋옵션 매입자는 마진 콜을 당하지 않는 반면, 풋옵션 매도자는 마진 콜 가능
선물 매도포지션 설정에 따른 비용 • 중개수수료 • 증거금에 대한 이자 기회비용	풋옵션 매입에 따른 비용 • 중개수수료 • 옵션 프리미엄
선물 매도포지션을 설정하면 가격 하락으로부터 보호받을 수 있으나, 가격이 상승할 경우에는 가격 상승에 따른 이익 실현 불가	풋옵션 매입자는 선물가격이 행사가격과 지불한 프리미엄의 합계 이상으로 상승할 경우 가격 상승에 따른 혜택을 볼 수 있음

2. 단순 현물 보유, 선물 매도헤지, 그리고 옵션 매도헤지의 비교

〈그림 11-1〉은 단순 현물 보유, 선물 매도헤지, 그리고 옵션 매도헤지를 비교한 것이다. 옵션의 손익구조를 나타내는 그림과 달리 〈그림 11-1〉의 가로축에는 선물가격, 세로축에는 현물가격 또는 순매도가격(NSP)이 표현되어 있는 것에 주의하자.

첫째, 단순 현물 보유는 선물이나 옵션과 같은 헤징수단을 이용하지 않고 단순히 현물을 보유(long spot; long cash)하였다가 매도하는 것을 말한다. 따라서 현물가격이 올라가면 순매도가격(NSP)이 상승하고, 반대로 현물가격이 내려가면 순매도가격(NSP)이 하락하는 모습을 보이게 된다.

둘째, 선물 매도헤지는 현물을 보유한 상태에서 선물계약을 매도하여 헤징 (=long spot+short futures)하는 것을 말한다. 선물을 이용한 매도헤지에서는 가격의 등락에 관계없이 순매도가격(NSP)이 목표가격, 즉 현재시점의 현물가격 수준에서 고정되기 때문에 순매도가격이 수평의 직선으로 표현되고 있다.

셋째, 옵션 매도헤지는 현물을 보유한 상태에서 풋옵션을 매입하여 헤징(=long spot+long put)하는 것을 말한다. 현물 보유와 풋옵션 매입을 결합한 옵션 매도헤지에서는 순매도가격(NSP)이 행사가격을 기준으로 꺾인 직선으로 표현되고 있다.[1]

여기서 옵션 매도헤지에 대해 좀 더 구체적으로 살펴보도록 하자. 우선 선물가

---

1 이와 같이 기초자산을 보유한 상태에서 가격 하락에 따른 손실 위험에 대처하기 위해 풋옵션을 매입하는 것을 '보호적 풋(protective put) 매입'이라고 한다.

그림 11-1   단순 현물 보유, 선물 매도헤지, 그리고 옵션 매도헤지의 비교

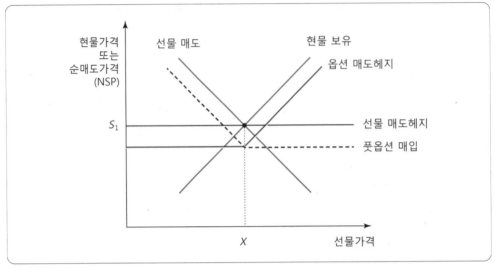

주: 베이시스는 0, 등가격(ATM) 풋옵션 매입 가정

격이 행사가격보다 낮아질 경우 풋옵션 매입에서 발생하는 이익으로 현물가격의 하락에 따른 손실을 상쇄할 수 있기 때문에 순매도가격(NSP)은 수평선이 된다. 즉, 옵션 매도헤지를 통하여 수취하게 되는 순매도가격(NSP)의 하한이 결정된다. 여기서 옵션 매도헤지의 순매도가격은 선물 매도헤지의 순매도가격보다는 낮다.

반대로 선물가격이 행사가격보다 높아질 경우에는 풋옵션이 가치를 상실하게 된다. 따라서 풋옵션은 그냥 소멸시켜버리고, 보유한 현물을 시장가격대로 판매하게 된다. 이 경우 단순히 현물을 보유하고 있다가 상승한 가격에 현물을 처분하는 첫 번째 대안(代案)과 비교해보면, 현물을 시장가격대로 판매하는 것은 동일하지만, 풋옵션을 매입하기 위해 지불한 프리미엄만큼 비용의 차이가 존재한다. 그 비용을 감안하면, 옵션 매도헤지의 순매도가격은 단순히 현물을 보유하였다가 판매하는 경우보다 풋옵션 프리미엄만큼 낮아지게 된다.

위의 세 가지 대안을 종합적으로 비교해 보도록 하자.

먼저 선물가격이 행사가격 이하로 하락할 때 가장 좋은 결과(가장 높은 순매도가격)를 낳는 것은 선물 매도헤지이다. 반면 가장 나쁜 결과(가장 낮은 순매도가격)는 단순히 현물을 보유하고 있다가 판매하여 가격 하락에 따른 손실을 고스란히 입게 되는 경우이다. 즉, 아무런 헤징수단 없이 속수무책으로 가격 하락의 피해를 입는 경우이다.

반대로 선물가격이 행사가격 이상으로 상승할 때 가장 좋은 결과(가장 높은 순매도가격)를 낳는 것은 단순 현물 매도, 즉 단순히 현물을 보유하고 있다가 용케 높아진 현물가격에 판매하는 경우이다. 반면 가장 나쁜 결과(가장 낮은 순매도가격)는 선물 매도헤지이다.

한편 옵션 매도헤지의 성과는 어떠한가? 옵션 매도헤지는 선물가격이 행사가격 이상으로 상승하거나 또는 행사가격 이하로 하락하는 경우에도 항상 차선(second best)의 결과를 가져다준다. 즉, 옵션을 이용한 매도헤지는 결코 최상의 결과(가장 높은 순매도가격)를 가져다주지는 않지만, 반대로 최악의 결과(가장 낮은 순매도가격)를 가져다주지도 않는다. 그러나 옵션 매도헤지는 선물가격이 행사가격 근처에서 머물다 끝날 경우 풋옵션 프리미엄만 버려지게 되므로 최악의 결과(가장 낮은 순매도가격)를 가져오게 된다.

3. 풋옵션 매입에 의한 매도헤지(Short Hedge)

다음의 사례를 통하여 풋옵션 매입에 의한 매도헤지에 대해 구체적으로 살펴보도록 하자.

• 상황

Y社는 현재 옥수수 5,000부셸(bu)을 보유하고 있으며, 한 달 후에 옥수수를 판매할 예정이다. 한 달 동안 기다리는 사이에 옥수수 가격이 하락한다면 손실을 입게 되므로 가격 하락에 대한 대비가 필요하다. 3월 1일 현재 옥수수 현물가격은 ￠514.50/bu이고, 5월물 선물가격은 ￠519.50/bu에 거래되고 있다.

• 전략

Y社는 옥수수 가격의 하락에 대비하고자 하는 한편 옥수수 가격이 상승할 경우에는 가격 상승에 따른 혜택도 누리고자 한다. 따라서 선물계약을 매도하여 헤징하기보다는 풋옵션을 매입하여 헤징하기로 한다. Y社는 등가격(ATM) 수준인 행사가격 ￠520의 5월물 풋옵션 1계약을 ￠1.25/bu에 매입한다. 시카고상품거래소(CBOT)에서 거래되는 옥수수 옵션은 기초자산이 선물계약인 선물옵션이며, 기본 거래단위는 옥수수 선물 1계약, 즉 5,000부셸(bu)이다.

◆ 결과

Y社는 4월 5일에 그동안 보유해온 옥수수 5,000부셸(bu)을 ¢500.00/bu에 매도하였다. 당일 5월물 옥수수 선물가격은 ¢503.50/bu이며, 따라서 베이시스는 −¢3.50/bu(¢3.50 under May)이다.

옵션은 선택권이며, 따라서 풋옵션 매입자는 철저하게 자신의 이익에 부합하는 방향으로 선택할 수 있다. 풋옵션 매입자는 시장상황에 따라서 옵션을 행사할 수도 있고, 옵션을 반대매매하여 프리미엄 차액을 실현할 수도 있으며, 아무런 이익이 되지 않는 경우에는 옵션을 그냥 소멸시켜버릴 수도 있다.

1) 풋옵션을 행사할 경우 매도헤지의 결과

먼저 매입한 풋옵션을 행사하는 경우 매도헤지 결과에 대해 살펴보자. Y社는 4월 5일에 5,000부셸(bu)의 옥수수를 ¢500.00/bu에 매도함과 동시에 풋옵션을 행사하였다. 그 결과 행사가격인 ¢520에 5월물 선물 매도포지션(short position) 1개가 생기게 되었다. 이 선물 포지션을 당일의 선물가격 ¢503.50/bu에 매입(환매)한 결과 ¢16.50/bu의 이익(풋옵션의 내재가치)이 발생하였다. 최종적으로 순매도가격(NSP)은 옥수수를 판매한 가격(¢500.00/bu)에다 풋옵션을 행사하여 생긴 선물 포지션을 청산하여 얻은 이익(¢16.50/bu)을 합산하고, 풋옵션을 매입하기 위해 지불한 프리미엄(¢1.25/bu)을 차감하여 구해진다. 즉, 풋옵션 행사에 따른 순매도가격(NSP)은 〈표 11-2〉에서 보는 바와 같이 ¢515.25/bu이 된다.

표 11-2 풋옵션을 행사할 경우 매도헤지의 결과

날짜	현물거래	옵션거래
3월 1일	−옥수수 보유 −옥수수 현물가격: ¢514.50	−5월물 선물가격: ¢519.50 −행사가격 ¢520의 5월물 풋옵션 매입: ¢1.25
4월 5일	−옥수수 매도: ¢500.00	−풋옵션 행사, 5월물 선물 매도포지션 수취: ¢520 −5월물 선물가격: ¢503.50 −5월물 선물 환매: ¢503.50 −선물거래 이익: ¢16.50(=¢520−¢503.50)
	순매도가격(NSP): ¢515.25=¢500.00+¢16.50−¢1.25	

매입한 풋옵션을 행사할 경우 순매도가격(NSP)을 구하는 산식은 〈표 11-3〉과 같다.

표 11-3 풋옵션을 행사할 경우 순매도가격(NSP)의 계산

현물 매도가격 (cash sale price)	+ 풋옵션 행사 이익 (profit from exercising put)	– 풋옵션 매입가격 (put premium paid)	= 순매도가격 (net selling price)
¢500.00	+ ¢16.50	– ¢1.25	= ¢515.25

2) 풋옵션을 매도할 경우 매도헤지의 결과

이번에는 매입한 풋옵션을 반대매매하여 청산하는 경우 매도헤지 결과에 대해 살펴보자. Y社는 4월 5일에 5,000부셸(bu)의 옥수수를 ¢500.00/bu에 매도함과 동시에 행사가격 ¢520의 5월물 풋옵션 1계약을 ¢17.00에 매도(전매)하였다. 그 결과 ¢15.75/bu의 프리미엄 차액이 발생하였다. 최종적으로 순매도가격(NSP)은 옥수수를 판매한 가격(¢500.00/bu)에다 풋옵션을 매도하여 받은 프리미엄(¢17.00/bu)을 합산하고, 풋옵션을 매입하기 위해 지불한 프리미엄(¢1.25/bu)을 차감하여 구해진다. 즉, 풋옵션 매도에 따른 순매도가격(NSP)은 〈표 11-4〉에서 보는 바와 같이 ¢515.75/bu이 된다.

표 11-4 풋옵션을 매도할 경우 매도헤지의 결과

날짜	현물거래	옵션거래
3월 1일	–옥수수 보유 –옥수수 현물가격: ¢514.50	–5월물 선물가격: ¢519.50 –행사가격 ¢520의 5월물 풋옵션 매입: ¢1.25
4월 5일	–옥수수 매도: ¢500.00	–5월물 선물가격: ¢503.50 –행사가격 ¢520의 5월물 풋옵션 가격: ¢17.00 –풋옵션 매도: ¢17.00 –옵션거래 이익: ¢15.75(=¢17.00-¢1.25)
순매도가격(NSP): ¢515.75=¢500.00+¢15.75(옵션거래 이익)		

매입한 풋옵션을 반대매매하여 청산할 경우 순매도가격(NSP)을 구하는 산식은 〈표 11-5〉와 같다.

표 11-5 풋옵션을 매도할 경우 순매도가격(NSP)의 계산

현물 매도가격 (cash sale price)	+ 풋옵션 매도가격 (put premium received)	– 풋옵션 매입가격 (put premium paid)	= 순매도가격 (net selling price)
¢500.00	+ ¢17.00	– ¢1.25	= ¢515.75

위의 예제에서 풋옵션을 행사할 경우 순매도가격(NSP)이 ¢515.25/bu이고, 풋옵
션을 매도할 경우는 순매도가격(NSP)이 ¢515.75/bu로 양자 간에는 ¢0.50/bu의 차
이가 난다. 이와 같이 순매도가격(NSP)이 서로 차이가 나는 이유는 무엇일까? 그 이
유는 바로 풋옵션 프리미엄에 남아있는 시간가치(time value)에 기인한다.

풋옵션의 프리미엄은 내재가치(IV)와 시간가치(TV)의 합으로 구성되는데, 풋옵션
을 행사하면 내재가치만을 실현하고 시간가치는 상실하게 된다. 위의 예제에서 풋옵
션을 행사할 경우 실현하게 되는 이익은 내재가치(IV)인 ¢16.50/bu(=행사가격
¢520.00/bu-선물가격 ¢503.50/bu)로 국한된다. 반면 풋옵션을 매도할 경우는 프리미
엄 ¢17.00/bu에 담긴 내재가치 ¢16.50/bu과 시간가치 ¢0.50/bu을 모두 실현할
수 있다. 그 결과 풋옵션을 매도할 경우의 순매도가격(NSP)이 풋옵션을 행사할 경우
의 순매도가격(NSP)보다 시간가치 ¢0.50/bu만큼 더 높아지게 된다.

일반적으로 옵션을 매입한 경우 옵션을 행사하기보다는 옵션을 매도하는 것이
보다 유리한데, 그 이유는 다음과 같다.

첫째, 옵션을 행사할 경우 옵션 프리미엄의 내재가치(IV)만을 얻게 될 뿐 남아있
는 시간가치(TV)는 버려지게 되기 때문이다.

둘째, 옵션을 행사할 경우 추가적인 중개수수료(brokerage fee)가 발생하기 때문
이다. 일반적으로 해외 농산물 선물거래의 경우 중개수수료는 매매가 종결될 때 왕복
(往復) 기준(round-turn basis)으로 납부한다. 예컨대, 중개수수료가 $35/계약이라면, 선
물계약의 매입(매도) 후 전매(환매)가 이루어지는 시점에 계약당 $35의 중개수수료가
한꺼번에 징구된다.

한편 농산물 옵션거래의 경우 중개수수료는 매매가 체결될 때 편도(片道) 기준
(per-side basis)으로 납부한다. 예컨대, 중개수수료가 $35/계약이라면, 옵션계약의 최
초 매입(매도) 시 계약당 $17.50의 중개수수료가 징구되고, 나중에 전매(환매)가 이루
어지는 시점에 계약당 $17.50의 중개수수료가 다시 징구된다. 이와 같이 옵션거래의
중개수수료가 편도 기준으로 발생하는 것은 옵션을 반대매매하여 청산하는 경우가
많지만, 옵션을 만기에 그대로 소멸시키는 경우도 적지 않다는 점을 고려한 것이다.
옵션을 소멸시킬 경우에는 최초의 매입 또는 매도 시점에만 편도 기준($17.50/계약)의
중개수수료가 발생한다.

옵션을 매입한 후 행사하게 되면, 옵션의 최초 매입 시 편도 기준의 중개수수료
($17.50/계약)가 먼저 발생한다. 그리고 옵션을 행사하여 선물 포지션으로 전환한 다음
선물 포지션을 청산하면 왕복 기준의 중개수수료($35/계약)가 다시 발생한다. 즉, 총

$52.50/계약의 중개수수료가 발생한다. 따라서 옵션을 매입했다가 전매하는 경우에 지불해야 하는 중개수수료(총 $35/계약)보다 편도 기준의 중개수수료($17.50/계약)를 한 번 더 지불해야 하는 셈이 된다. 즉, 옵션을 행사하는 것이 반대매매하여 청산하는 것보다 거래비용(중개수수료)이 더 많이 들게 된다.

3) 풋옵션을 소멸시킬 경우 매도헤지의 결과

우려했던 것과 달리 옥수수 가격이 상승하면 풋옵션은 가치를 잃게 되므로 매입한 풋옵션은 만기에 가서 그대로 소멸되도록 내버려둔다. 가격 상승으로 인해 매입한 풋옵션을 그냥 소멸시킬 경우 매도헤지 결과에 대해 살펴보자.

옥수수 가격이 크게 상승한 가운데 Y社는 5,000부셸(bu)의 옥수수를 ¢532.75/bu에 판매하고, 가치를 상실한 풋옵션은 그대로 소멸되도록 하였다. 그 결과 순매도가격(NSP)은 옥수수를 판매한 가격(¢532.75/bu)에서 풋옵션을 매입하기 위해 지불한 프리미엄(¢1.25/bu)을 차감하여 구해진다. 즉, 풋옵션 소멸에 따른 순매도가격(NSP)은 〈표 11-6〉에서 보는 바와 같이 ¢531.50/bu이 된다. 이 사례에서 보는 바와 같이, 풋옵션을 매입하여 매도헤지를 한 경우 가격이 상승하면 풋옵션은 그냥 소멸시키고, 높아진 시장가격에 현물을 매도함으로써 가격 상승에 따른 혜택을 누릴 수 있다.

표 11-6 풋옵션을 소멸시킬 경우 매도헤지의 결과

날짜	현물거래	옵션거래
3월 1일	-옥수수 보유 -옥수수 현물가격: ¢514.50	-5월물 선물가격: ¢519.50 -행사가격 ¢520의 5월물 풋옵션 매입: ¢1.25
4월 5일	-옥수수 매도: ¢532.75	-풋옵션 소멸(expire)
순매도가격(NSP): ¢531.50=¢532.75-¢1.25(프리미엄)		

가격이 상승하여 매입한 풋옵션을 그냥 소멸시킬 경우 순매도가격(NSP)을 구하는 산식은 〈표 11-7〉과 같다.

표 11-7 풋옵션을 소멸시킬 경우 순매도가격(NSP)의 계산

현물 매도가격 (cash sale price)	- 풋옵션 매입가격 (put premium paid)	= 순매도가격 (net selling price)
¢532.75	- ¢1.25	= ¢531.50

4. 단순 현물 보유, 선물 매도헤지, 그리고 옵션 매도헤지의 순매도가격(NSP) 비교

위의 예제에서 풋옵션을 매입하여 헤징하면, 풋옵션을 행사하기보다는 반대매매하여 청산하는 것이 보다 유리하다는 사실을 확인하였다. 이제 ① 아무런 헤징수단 없이 단순히 현물을 보유하였다가 매도하는 경우, ② 현물을 보유한 상태에서 선물계약을 매도하여 헤지하는 경우(즉, 선물을 이용한 매도헤지), 그리고 ③ 현물을 보유한 상태에서 풋옵션을 매입하여 헤지하는 경우(즉, 풋옵션을 이용한 매도헤지) 각각의 순매도가격(NSP)을 비교해보도록 하자.

① 단순 현물 보유의 순매도가격(NSP): ¢500.00/bu
순매도가격은 옥수수 현물을 매도한 가격, 즉 ¢500.00/bu이다.

② 선물을 이용한 매도헤지의 순매도가격(NSP): ¢516.00/bu
순매도가격은 옥수수 현물을 매도한 가격에다 선물거래 이익을 합산한 가격, 즉 ¢516.00/bu[= ¢500.00/bu + (¢519.50/bu − ¢503.50/bu)]이다.

③ 풋옵션을 이용한 매도헤지의 순매도가격(NSP): ¢515.75/bu
순매도가격은 옥수수 현물을 매도한 가격에다 옵션 프리미엄의 차액을 합산한 가격, 즉 ¢515.75/bu[= ¢500.00/bu + (¢17.00/bu − ¢1.25/bu)]이다.

위의 예제에서와 같이 옥수수 가격이 하락할 때 가장 불리한 결과(가장 낮은 순매도가격)를 가져오는 것은 단순히 현물을 보유하였다가 판매하는 경우이다. 그리고 가장 유리한 결과(가장 높은 순매도가격)를 가져오는 것은 선물을 매도하여 헤지하는 경우이다. 한편 풋옵션을 매입하여 헤지하는 경우는 선물을 이용한 헤지보다는 못하지만, 단순히 현물을 보유하는 경우보다는 훨씬 더 유리한 차선(second best)의 결과를 낳는다는 것을 확인할 수 있다.

SECTION **02 매입헤지**Long Hedge

매입헤지는 장차 현물을 구매하여야 하는 상황에서 가격 상승 위험에 대처하는 방법이다. 현물가격이 상승할 경우 더 높은 가격에 구매해야 하므로 손실이 발생하게 되는데, 이 경우 선물을 이용한 헤징방법은 선물계약을 매입하여 가격 상승 시 이익이 발생하도록 하는 것이다. 실제로 가격이 상승하면, 현물에서는 손실이 발생하지만, 선물에서는 이익이 발생하여 손익을 상쇄시킬 수 있으며, 이를 통하여 목표가격을 실현할 수 있다.

선물 대신 옵션을 이용하여 헤징할 경우 옵션의 4가지 손익구조(콜 매입, 콜 매도, 풋 매입, 그리고 풋 매도) 중에서 가격이 상승할 때 이익이 발생하는 것은 무엇인가? 그 것은 바로 콜옵션 매입(long call)의 손익구조이다. 따라서 장차 현물을 구매하여야 하는 상황에서 가격 상승이 우려될 때는 콜옵션을 매입함으로써 현물가격의 상승에 따른 손실을 콜옵션 매입에서 발생하는 이익으로 상쇄되도록 하면 된다. 즉, 옵션을 이용한 가장 손쉬운 매입헤지(long hedge)의 방법은 바로 콜옵션을 매입(long call)하는 것이다.

콜옵션 매입자는 콜옵션을 매입함으로써 최고매입가격(maximum buying price), 즉 상한가격(上限價格; ceiling price)을 설정할 수 있다. 콜옵션 매입자는 기초자산의 가격(선물가격)이 행사가격 이상으로 올라갈 경우 콜옵션이 이익을 발생시켜 주기 때문에 현물가격의 상승에 따른 손실로부터 보호받을 수 있다. 즉, 현물가격의 상승에 따른 손실을 콜옵션의 이익으로 상쇄시킴으로써 가격이 상승하더라도 순매입가격(NBP)이 일정 수준에서 제한되어 최고매입가격(상한가격)을 확보할 수 있게 된다.

반면 기초자산의 가격(선물가격)이 행사가격 이하로 내려갈 경우는 콜옵션이 가치를 상실하게 되므로 콜옵션을 그냥 소멸시켜버리고, 낮아진 시장가격(현물가격)에 현물을 매입하면 된다. 이와 같이 콜옵션 매입자는 가격이 상승할 경우 가격 상승으로부터 보호받을 수 있을 뿐만 아니라 가격이 하락할 경우에는 낮은 가격에 매입할 기회를 가지게 된다.

1. 선물 매입과 콜옵션 매입에 의한 매입헤지(Long Hedge)의 비교

장차 현물을 매입해야 하는 상황에서 가격 상승 위험에 대처하기 위하여 매입헤지를 할 때 선물계약을 매입하는 거래와 콜옵션을 매입하는 거래는 서로 어떤 차이가 있는지 비교해보도록 하자.

첫째, 선물계약을 매입하면 목표가격 수준에서 순매입가격(NBP)을 고정(lock-in)시킬 수 있는 반면, 콜옵션을 매입하면 최고매입가격, 즉 상한가격(ceiling price)을 설정할 수 있다. 선물을 이용한 매입헤지에서는 베이시스의 변동이 없을 경우 목표가격을 그대로 실현하는 완전헤지(perfect hedge)가 이루어진다.

둘째, 선물계약을 매입하면 증거금(margin)을 납부해야 하고, 따라서 마진 콜(margin call)이 발생할 가능성이 존재한다. 한편 콜옵션을 매입하면 프리미엄을 지불하고 행사가격에 매입할 권리를 취득하는 것이기 때문에 증거금을 납부해야 할 의무나 마진 콜(margin call)이 발생할 가능성으로부터 완전히 벗어나게 된다.

셋째, 장차 현물을 매입하여야 하는 상황에서 선물계약을 매입하면, 가격이 상승하더라도 현물의 손실과 선물의 이익이 서로 상쇄되기 때문에 가격 상승으로부터 보호받게 된다. 반대로 가격이 하락할 경우에는 현물에서 발생하는 이익이 선물에서 발생하는 손실에 의해 상쇄되기 때문에 가격이 하락하더라도 추가적인 이익을 실현할 수 없다. 한편 장차 현물을 매입하여야 하는 상황에서 콜옵션을 매입하면, 가격이 상승할 경우 현물에서 발생하는 손실을 콜옵션에서 발생하는 이익으로 상쇄할 수 있다. 반대로 가격이 하락할 경우에는 콜옵션을 그냥 소멸시켜버리고, 낮아진 시장가격에 현물을 매입함으로써 가격 하락에 따른 혜택을 누릴 수 있다.

표 11-8　선물 매입과 콜옵션 매입에 의한 매입헤지(long hedge)의 비교

선물 매입(long futures)	콜옵션 매입(long call)
목표가격 수준에서 순매입가격(NBP) 고정(lock-in)	최고매입가격, 즉 상한가격(ceiling price) 설정
선물계약의 매입자와 매도자 모두 증거금(margin) 납입	콜옵션 매입자는 증거금을 납부하지 않는 반면, 콜옵션 매도자는 증거금 납부
선물계약의 매입자와 매도자 모두 마진 콜(margin call) 발생 가능	콜옵션 매입자는 마진 콜을 당하지 않는 반면, 콜옵션 매도자는 마진 콜 가능
선물 매입포지션 설정에 따른 비용 • 중개수수료 • 증거금에 대한 이자 기회비용	콜옵션 매입에 따른 비용 • 중개수수료 • 옵션 프리미엄
선물 매입포지션을 설정하면 가격 상승으로부터 보호받을 수 있으나, 가격이 하락할 경우에는 가격 하락에 따른 이익 실현 불가	콜옵션 매입자는 선물가격이 행사가격과 지불한 프리미엄의 차액 이하로 하락할 경우 가격 하락에 따른 혜택을 볼 수 있음

2. 단순 현물 매입, 선물 매입헤지, 그리고 옵션 매입헤지의 비교

〈그림 11-2〉는 단순 현물 매입, 선물 매입헤지, 그리고 옵션 매입헤지를 비교한 것이다. 옵션의 손익구조를 나타내는 그림과 달리 〈그림 11-2〉의 가로축에는 선물가격, 세로축에는 현물가격 또는 순매입가격(NBP)이 표현되어 있는 것에 주의하자.

첫째, 단순 현물 매입은 현재 현물을 보유하고 있지 않고 장차 현물을 구매하여야 하는 상황에서(short spot; short cash) 선물이나 옵션과 같은 헤징수단을 이용하지 않고 당시의 시장가격대로 현물을 매입하는 것을 말한다. 따라서 현물가격이 상승하면 순매입가격(NBP)이 올라가고, 반대로 현물가격이 하락하면 순매입가격이 내려가는 모습을 보이게 된다.

둘째, 선물 매입헤지는 장차 현물을 구매하여야 하는 상황에서 선물계약을 매입하여 헤징(=short spot+long futures)하는 것을 말한다. 선물을 이용한 매입헤지에서는 가격의 등락에 관계없이 순매입가격(NBP)이 목표가격(즉, 현재시점의 현물가격) 수준에서 고정되기 때문에 순매입가격이 수평의 직선으로 표현되고 있다.

셋째, 옵션 매입헤지는 장차 현물을 구매하여야 하는 상황에서 콜옵션을 매입하여 헤징(=short spot+long call)하는 것을 말한다. 옵션 매입헤지에서는 순매입가격(NBP)이 행사가격을 기준으로 꺾인 직선으로 표현되고 있다.

여기서 옵션 매입헤지에 대해 좀 더 구체적으로 살펴보도록 하자. 먼저 선물가

그림 11-2 단순 현물 매입, 선물 매입헤지, 그리고 옵션 매입헤지의 비교

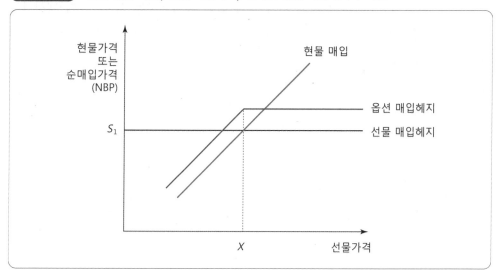

주: 베이시스는 0, 등가격(ATM) 콜옵션 매입 가정

격이 행사가격보다 높아질 경우 콜옵션 매입에서 발생하는 이익으로 현물가격의 상승에 따른 손실을 상쇄할 수 있기 때문에 순매입가격(NBP)은 수평선이 된다. 즉, 옵션 매입헤지를 통하여 지불하게 되는 순매입가격(NBP)의 상한이 결정된다. 여기서 옵션 매입헤지의 순매입가격(NBP)은 선물 매입헤지의 순매입가격보다 높다.

반대로 선물가격이 행사가격보다 낮아질 경우에는 콜옵션이 가치를 상실하게 된다. 따라서 콜옵션은 그냥 소멸시켜버리고, 낮아진 시장가격대로 현물을 구매하게 된다. 이 경우 시장가격대로 그냥 현물을 구매하는 첫 번째 대안(代案)과 비교해보면, 현물을 시장가격대로 구매하는 것은 동일하지만, 콜옵션을 매입하기 위해 지불한 프리미엄만큼 비용의 차이가 존재한다. 그 비용을 감안하면, 순매입가격(NBP)은 단순히 현물을 시세대로 구매하는 경우보다 콜옵션 프리미엄만큼 높아지게 된다.

위의 세 가지 대안을 종합적으로 비교해 보도록 하자.

먼저 선물가격이 행사가격 이상으로 상승할 때 가장 좋은 결과(가장 낮은 순매입가격)를 낳는 것은 선물 매입헤지이다. 반면 가장 나쁜 결과(가장 높은 순매입가격)는 단순히 시세대로 현물을 구매하여 가격 상승에 따른 손실을 고스란히 입게 되는 경우이다. 즉, 아무런 헤징수단 없이 속수무책으로 가격 상승의 피해를 입는 경우이다.

반대로 선물가격이 행사가격 이하로 하락할 때 가장 좋은 결과(가장 낮은 순매입가격)를 낳는 것은 단순 현물 매입, 즉 아무런 헤징수단 없이 무턱대고 기다리다가 용케 낮아진 현물가격에 구매하는 경우이다. 반면 가장 나쁜 결과(가장 높은 순매입가격)는 선물 매입헤지이다.

한편 옵션 매입헤지의 성과는 어떠한가? 옵션 매입헤지는 선물가격이 행사가격 이상으로 상승하거나 또는 행사가격 이하로 하락하는 경우에도 항상 차선(second best)의 결과를 가져다준다. 즉, 옵션을 이용한 매입헤지는 결코 최상의 결과(가장 낮은 순매입가격)를 가져다주지는 않지만, 반대로 최악의 결과(가장 높은 순매입가격)를 가져다주지도 않는다. 그러나 옵션 매입헤지는 선물가격이 행사가격 근처에서 머물다 끝날 경우 콜옵션 프리미엄만 버려지게 되므로 최악의 결과(가장 높은 순매입가격)를 가져오게 된다.

3. 콜옵션 매입에 의한 매입헤지(Long Hedge)

다음의 사례를 통하여 콜옵션 매입에 의한 매입헤지에 대해 구체적으로 살펴보도록 하자.

• 상황

Y社는 옥수수를 원료로 한 가공제품을 생산하고 있으며, 한 달 후에 5,000부셸 (bu)의 옥수수를 구매할 예정이다. 한 달 동안 기다리는 사이에 옥수수 가격이 상승한다면 손실을 입게 되므로 가격 상승에 대한 대비가 필요하다. 2월 15일 현재 5월물 옥수수 선물가격은 ₵514.75/bu에 거래되고 있다.

• 전략

Y社는 옥수수 가격의 상승에 대비하고자 하는 한편 옥수수 가격이 하락할 경우에는 가격 하락에 따른 혜택도 누리고자 한다. 따라서 선물계약을 매입하여 헤징하기보다는 콜옵션을 매입하여 헤징하기로 한다. Y社는 등가격(ATM) 수준인 행사가격 ₵515의 5월물 콜옵션 1계약을 ₵1.75/bu에 매입한다. 시카고상품거래소(CBOT)에서 거래되는 옥수수 옵션은 기초자산이 선물계약인 선물옵션이며, 기본 거래단위는 옥수수 선물 1계약, 즉 5,000부셸(bu)이다.

• 결과

Y社는 3월 15일에 옥수수 5,000부셸(bu)을 ₵517.75/bu에 매입하였다. 당일 5월물 옥수수 선물가격은 ₵526.50/bu이며, 따라서 베이시스는 −₵8.75/bu(₵8.75 under May)이다.

옵션은 말 그대로 선택권이며, 따라서 콜옵션 매입자는 철저하게 자신의 이익에 부합하는 방향으로 선택할 수 있다. 콜옵션 매입자는 시장상황에 따라서 옵션을 행사할 수도 있고, 옵션을 반대매매하여 프리미엄 차액을 실현할 수도 있으며, 아무런 이익이 되지 않는 경우에는 옵션을 그냥 소멸시켜버릴 수도 있다.

1) 콜옵션을 행사할 경우 매입헤지의 결과

먼저 매입한 콜옵션을 행사하는 경우 매입헤지 결과에 대해 살펴보자. Y社는 3월 15일에 5,000부셸(bu)의 옥수수를 ₵517.75/bu에 매입함과 동시에 콜옵션을 행사하였다. 그 결과 행사가격인 ₵515에 5월물 선물 매입포지션(long position) 1개가 생기게 되었다. 이 선물 매입포지션을 당일의 선물가격 ₵526.50/bu에 매도(전매)한 결과 ₵11.50/bu의 이익(콜옵션의 내재가치)이 발생하였다. 최종적으로 순매입가격 (NBP)은 옥수수 현물을 구매한 가격(₵517.75/bu)에서 콜옵션을 행사하여 생긴 선물

표 11-9 콜옵션을 행사할 경우 매입헤지의 결과

날짜	현물거래	옵션거래
2월 15일		-5월물 선물가격: ￠514.75 -행사가격 ￠515의 5월물 콜옵션 매입: ￠1.75
3월 15일	-옥수수 5,000부셸(bu) 매입: ￠517.75/bu	-콜옵션 행사, 5월물 선물 매입포지션 수취: ￠515 -5월물 선물가격: ￠526.50 -5월물 선물 전매: ￠526.50 -선물거래 이익: ￠11.50(=￠526.50-￠515)
	순매입가격(NBP): ￠508.00=￠517.75-￠11.50+￠1.75(프리미엄)	

포지션을 청산하여 얻은 이익(￠11.50/bu)을 차감하고, 콜옵션을 매입하기 위해 지불한 프리미엄(￠1.75/bu)을 합산하여 구해진다. 즉, 콜옵션 행사에 따른 순매입가격(NBP)은 〈표 11-9〉에서 보는 바와 같이 ￠508.00/bu이 된다.

매입한 콜옵션을 행사할 경우 순매입가격(NBP)을 구하는 산식은 〈표 11-10〉과 같다.

표 11-10 콜옵션을 행사할 경우 순매입가격(NBP)의 계산

현물 매입가격 (cash purchase price)	-콜옵션 행사 이익 (profit from exercising call)	+ 콜옵션 매입가격 (call premium paid)	= 순매입가격 (net buying price)
￠517.75	－ ￠11.50	+ ￠1.75	= ￠508.00

2) 콜옵션을 매도할 경우 매입헤지의 결과

이번에는 매입한 콜옵션을 반대매매하여 청산하는 경우 매입헤지 결과에 대해 살펴보자. Y社는 3월 15일에 5,000부셸(bu)의 옥수수를 ￠517.75/bu에 매입함과 동시에 행사가격 ￠515의 5월물 콜옵션 1계약을 ￠12.25에 매도(전매)하였다. 그 결과

표 11-11 콜옵션을 매도할 경우 매입헤지의 결과

날짜	현물거래	옵션거래
2월 15일		-5월물 선물가격: ￠514.75 -행사가격 ￠515의 5월물 콜옵션 매입: ￠1.75
3월 15일	-옥수수 5,000부셸(bu) 매입: ￠517.75/bu	-5월물 선물가격: ￠526.50 -행사가격 ￠515의 5월물 콜옵션 가격: ￠12.25 -콜옵션 매도: ￠12.25 -옵션거래 이익: ￠10.50(=￠12.25-￠1.75)
	순매입가격(NBP): ￠507.25/bu=￠517.75-￠10.50(옵션거래 이익)	

¢10.50/bu의 프리미엄 차액이 발생하였다. 최종적으로 순매입가격(NBP)은 옥수수를 구매한 가격(¢517.75/bu)에서 콜옵션을 매도하여 받은 프리미엄(¢12.25/bu)을 차감하고, 콜옵션을 매입하기 위해 지불한 프리미엄(¢1.75/bu)을 합산하여 구해진다. 즉, 콜옵션 매도에 따른 순매입가격(NBP)은 〈표 11-11〉에서 보는 바와 같이 ¢507.25/bu이 된다.

매입한 콜옵션을 반대매매하여 청산할 경우 순매입가격(NBP)을 구하는 산식은 〈표 11-12〉와 같다.

표 11-12 콜옵션을 매도할 경우 순매입가격(NBP)의 계산

현물 매입가격 (cash purchase price)	– 콜옵션 매도가격 (call premium received)	+ 콜옵션 매입가격 (call premium paid)	= 순매입가격 (net buying price)
¢517.75	– ¢12.25	+ ¢1.75	= ¢507.25/bu

위의 예제에서 콜옵션을 행사할 경우 순매입가격(NBP)이 ¢508.00/bu이고, 콜옵션을 매도할 경우 순매입가격(NBP)은 ¢507.25/bu로 ¢0.75/bu의 차이가 난다. 이와 같이 순매입가격(NBP)이 서로 차이가 나는 이유는 무엇일까? 그 이유는 바로 콜옵션 프리미엄에 남아있는 시간가치(TV)에 기인한다.

콜옵션의 프리미엄은 내재가치(IV)와 시간가치(TV)의 합으로 구성되는데, 콜옵션을 행사하면 내재가치만을 실현하고 시간가치는 상실하게 된다. 위의 예제에서 콜옵션을 행사할 경우 실현하게 되는 이익은 내재가치(IV)인 ¢11.50/bu(=선물가격 ¢526.50/bu−행사가격 ¢515.00/bu)로 국한된다. 반면 콜옵션을 매도할 경우는 프리미엄 ¢12.25/bu에 담긴 내재가치 ¢11.50/bu과 시간가치 ¢0.75/bu을 모두 실현할 수 있다. 그 결과 콜옵션을 매도할 경우의 순매입가격(NBP)이 콜옵션을 행사할 경우의 순매입가격(NBP)보다 시간가치인 ¢0.75/bu만큼 더 낮아지게 된다.

풋옵션의 경우와 마찬가지로 콜옵션도 옵션을 행사하기보다는 옵션을 매도하는 것이 보다 유리하다. 그 이유는 무엇보다도 옵션을 행사할 경우 옵션 프리미엄의 내재가치(IV)만을 얻게 될 뿐 남아있는 시간가치(TV)는 버려지게 되기 때문이다. 그리고 옵션을 행사할 경우는 추가적인 중개수수료(brokerage fee)가 발생하기 때문에 거래비용 측면에서도 보다 불리하기 때문이다.

표 11-13 콜옵션을 소멸시킬 경우 매입헤지의 결과

날자	현물거래	옵션거래
2월 15일		–5월물 선물가격: ￠514.75 –행사가격 ￠515의 5월물 콜옵션 매입: ￠1.75
3월 15일	–옥수수 5,000부셸(bu) 매입: ￠502.25/bu	–콜옵션 소멸(expire)
	순매입가격(NBP): ￠504.00/bu=￠502.25+￠1.75(프리미엄)	

3) 콜옵션을 소멸(Expire)시킬 경우 매입헤지의 결과

우려했던 것과 달리 옥수수 가격이 하락하면 콜옵션은 가치를 잃게 되므로 매입한 콜옵션은 만기에 가서 그대로 소멸되도록 내버려둔다. 가격 하락으로 매입한 콜옵션을 그냥 소멸시킬 경우 매입헤지 결과에 대해 살펴보자.

옥수수 가격이 크게 하락한 가운데 Y社는 5,000부셸(bu)의 옥수수를 ￠502.25/bu에 구매하고, 가치를 상실한 콜옵션은 그대로 소멸되도록 하였다. 그 결과 순매입가격(NBP)은 옥수수를 구매한 가격(￠502.25/bu)에다 콜옵션을 매입하기 위해 지불한 프리미엄(￠1.75/bu)을 합산하여 구해진다. 즉, 콜옵션 소멸에 따른 순매입가격(NBP)은 〈표 11-13〉에서 보는 바와 같이 ￠504.00/bu이 된다. 이 사례에서 보는 바와 같이, 콜옵션을 매입하여 매입헤지를 한 경우 가격이 하락하면 콜옵션은 그냥 소멸시켜버리고, 낮이진 시장가격에 현물을 매입함으로써 가격 하락에 따른 혜택을 누릴 수 있다.

가격이 하락하여 매입한 콜옵션을 그냥 소멸시킬 경우 순매입가격(NBP)을 구하는 산식은 〈표 11-14〉와 같다.

표 11-14 콜옵션을 소멸시킬 경우 순매입가격(NBP)의 계산

현물 매입가격 (cash purchase price)	+ 콜옵션 매입가격 (call premium paid)	= 순매입가격 (net buying price)
￠502.25	+ ￠1.75	= ￠504.00/bu

4. 단순 현물 매입, 선물 매입헤지, 그리고 옵션 매입헤지의 순매입가격(NBP) 비교

위의 예제에서 콜옵션을 매입하여 헤징하면, 콜옵션을 행사하기보다는 반대매매하여 청산하는 것이 보다 유리하다는 사실을 확인하였다. 이제 ① 아무런 헤징수단 없이 단순히 현물을 매입하는 경우, ② 장차 현물을 매입하여야 하는 상황에서 선물계약을 매입하여 헤징하는 경우(즉, 선물을 이용한 매입헤지), 그리고 ③ 장차 현물을 매입하여야 하는 상황에서 콜옵션을 매입하여 헤징하는 경우(즉, 콜옵션을 이용한 매입헤지) 각각의 순매입가격(NBP)을 비교해보도록 하자.

① 단순 현물 매입의 순매입가격(NBP): ￠517.75/bu

순매입가격은 옥수수 현물을 매입한 가격, 즉 ￠517.75/bu이다.

② 선물을 이용한 매입헤지의 순매입가격(NBP): ￠506.00/bu

순매입가격은 옥수수 현물을 매입한 가격에다 선물거래 이익을 차감한 가격, 즉 ￠506.00/bu[＝ ￠517.75/bu－(￠526.50/bu－￠514.75/bu)]이다.

③ 콜옵션을 이용한 매입헤지의 순매입가격(NBP): ￠507.25/bu

순매입가격은 옥수수 현물을 매입한 가격에서 옵션 프리미엄의 차액을 차감한 가격, 즉 ￠507.25/bu[＝ ￠517.75/bu－(￠12.25/bu－￠1.75/bu)]이다.

위의 예제에서와 같이 옥수수 가격이 상승할 때 가장 불리한 결과(가장 높은 순매입가격)를 가져오는 것은 아무런 헤징수단 없이 단순히 현물을 구매하는 경우이다. 그리고 가장 유리한 결과(가장 낮은 순매입가격)를 가져오는 것은 선물을 매입하여 헤지하는 경우이다. 한편 콜옵션을 매입하여 헤지하는 경우는 선물을 이용한 헤지보다는 못하지만, 단순히 현물을 매입하는 경우보다는 훨씬 더 유리한 차선(second best)의 결과를 낳는다는 것을 확인할 수 있다.

참고문헌 ◆

Bobin, C. A.(1990), Agricultural Options: Trading, Risk Management, and Hedging, New York: New York, John Wiley & Sons, Inc.

Catlett, L. B., and J. D. Libbin(1999), Investing in Futures & Options Markets, Albany: New York, Delmar Publishers.

Chicago Board of Trade(2006), The Chicago Board of Trade Handbook of Futures & Options, New York: New York, McGraw-Hill.

Chicago Board of Trade(2006), An Introduction to Trading CBOT Agricultural Futures and Options.

Chicago Mercantile Exchange(2006), An Introduction to Futures and Options, Student Manual.

CME Group Inc(2015), Self-Study Guide to Hedging with Grain and Oilseed Futures and Options.

Hull, J. C.(2000), Options, Futures, & Other Derivatives, 4th ed., Upper Saddle River: New Jersey, Prentice-Hall, Inc.

Kolb, R. W.(1999), Futures, Options, and Swaps, 3rd ed., Malden: Massachusetts, Blackwell Publishers Inc.

Natenberg, S.(1994), Option Volatility & Pricing: Advanced Trading Strategies and Techniques, Chicago: Illinois, Irwin.

Purcell, W. D., and S. R. Koontz(1999), Agricultural Futures and Options: Principles and Strategies, 2nd ed., Upper Saddle River: New Jersey, Prentice-Hall, Inc.

옵션은 선물과 달리 비선형적(非線型的; nonlinear)인 손익구조(payoff structure)를 가지기 때문에 옵션의 결합(콜옵션 매입, 콜옵션 매도, 풋옵션 매입, 풋옵션 매도)을 통하여 매우 다양한 거래전략을 만들어 낼 수 있다. 다만, 옵션을 이용한 거래전략에서 한 가지 유의해야 할 사항은 수많은 옵션 거래전략들 가운데 일부만이 헤징을 위한 목적에 유용하고, 나머지는 대부분 투기적인 성격을 지닌다는 점이다.

SECTION 01 합성선물合成先物; Synthetic Futures

동일한 만기와 행사가격의 콜옵션과 풋옵션을 결합하면 선물을 매입하거나 매도하는 것과 동일한 포지션을 만들어 낼 수 있는데, 이를 합성선물(合成先物; synthetic futures)이라고 한다. 합성선물을 이용하는 이유는 선물을 직접 거래하기가 어렵거나 거래비용이 더 적게 들기 때문인 경우도 있고, 콜옵션 및 풋옵션의 프리미엄에 의해 더 큰 이익을 기대할 수 있는 경우도 있기 때문이다.

1. 합성선물 매도(Synthetic Short Futures)

동일한 만기와 행사가격의 풋옵션을 매입하고 동시에 콜옵션을 매도하면 선물시

그림 12-1 합성선물 매도(synthetic short futures)

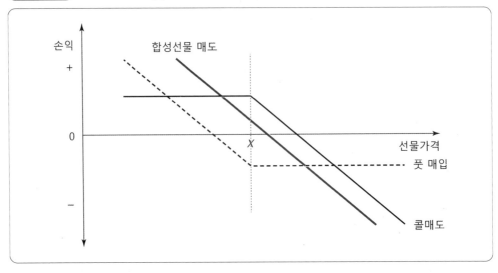

장에서 매도 포지션을 취하는 것과 동일한 결과를 가져다주는데, 이를 합성선물 매도 (synthetic short futures)라고 한다. 즉, 풋옵션 매입(long put)＋콜옵션 매도(short call)＝ 합성선물 매도(synthetic short futures)이다.

옵션 만기에 선물가격이 행사가격 이하로 하락하면, 콜옵션은 가치를 잃게 되고 풋옵션은 내가격(ITM) 상태가 된다. 반면 선물가격이 행사가격 이상으로 상승하면, 풋옵션은 가치를 잃게 되고 콜옵션은 내가격(ITM) 상태가 된다. 따라서 풋옵션을 매 입하고 콜옵션을 매도하는 합성선물 매도(synthetic short futures)는 선물시장에서 매도 포지션을 취하는 것과 동일한 결과를 가져다준다.

2. 합성선물 매입(Synthetic Long Futures)

동일한 만기와 행사가격의 콜옵션을 매입하고 동시에 풋옵션을 매도하면 선물시 장에서 매입 포지션을 취하는 것과 동일한 결과를 가져다주는데, 이를 합성선물 매입 (synthetic long futures)이라고 한다. 즉, 콜옵션 매입(long call)＋풋옵션 매도(short put)＝ 합성선물 매입(synthetic long futures)이다.

옵션 만기에 선물가격이 행사가격 이상으로 상승하면, 풋옵션은 가치를 잃게 되 고 콜옵션은 내가격(ITM) 상태가 된다. 반면 선물가격이 행사가격 이하로 하락하면, 콜옵션은 가치를 잃게 되고 풋옵션은 내가격(ITM) 상태가 된다. 따라서 콜옵션을 매

그림 12-2 합성선물 매입(synthetic long futures)

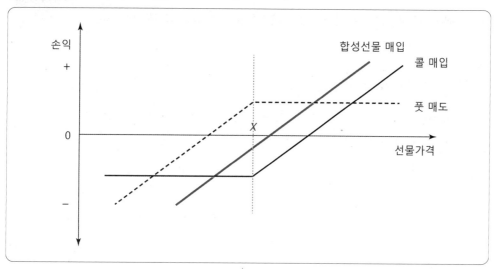

입하고 풋옵션을 매도하는 합성선물 매입(synthetic long futures)은 선물시장에서 매입
포지션을 취하는 것과 동일한 결과를 가져다준다.

SECTION **02** **차익거래**Arbitrage

Put-call parity(풋-콜 등가관계)는 옵션가격이 균형 상태를 이룰 조건인 동시에 차
익거래(arbitrage)가 발생하지 않을 조건을 나타낸다. 즉,

$$c + Xe^{-rT} = p + Fe^{-rT} \text{ 또는 } c - p = (F - X)e^{-rT} \text{ .... } \textbf{①}$$

여기서, c는 콜 프리미엄, Xe^{-rT}는 행사가격(X)의 현재가치, p는 풋 프리미엄,
그리고 Fe^{-rT}는 선물가격(F)의 현재가치를 의미한다.
이러한 풋-콜 등가관계가 성립하지 않을 때 차익거래의 기회가 발생한다. 차익
거래의 기본전략은 상대적으로 고평가되어 있는 상품을 매도하고, 동시에 저평가되
어 있는 상품을 매입하는 것이다. 이후 두 상품의 가격관계가 정상적인 수준으로 회

귀하게 되면 가격 불균형이 해소된 폭만큼 차익거래 이익으로 남게 된다. 옵션을 이용한 차익거래의 유형은 대표적으로 컨버전(conversion)과 리버설(reversal)이 있다.

1. 컨버전(Conversion)

합성선물(synthetic futures)과 실제 선물(futures)은 동일한 손익구조를 가지기 때문에 본질적으로 동일한 상품으로 간주된다. 그런데, 만약 동일한 상품이 서로 다른 가격에 거래된다면, 보다 싼 가격에 거래되는 상품을 매입하고 동시에 보다 비싼 가격에 거래되는 상품을 매도하여 이익을 얻는 차익거래가 이루어질 수 있다.

풋-콜 등가관계가 시사하는 바는 합성선물의 가격이 실제 선물의 가격과 동일해야 한다는 것이다(즉, $c-p = F-X$).[1] 풋-콜 등가관계가 다음과 같이 일시적으로 불균형 상태에 있을 때 이루어지는 차익거래를 컨버전(conversion)이라고 한다.

$$c+Xe^{-rT} > p+Fe^{-rT} \text{ 또는 } c-p > (F-X)e^{-rT} \quad\text{.................................} ❷$$

그림 12-3   컨버전(conversion)

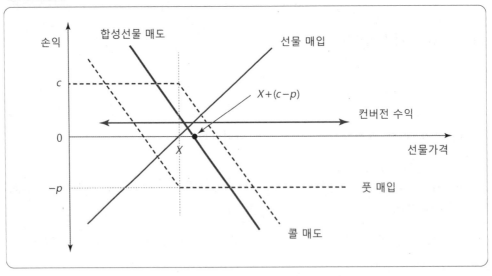

---

[1] Put-call parity(풋-콜 등가관계)에서 이자에 대한 고려를 잠시 접어두면 차익거래를 이해하기가 보다 용이하다. 실제로 e^{-rT}는 거의 1에 가까운 값이기 때문에 이자에 대한 고려는 잠시 접어두어도 무방하다. 그러면, 풋-콜 등가관계는 $c-p = F-X$로 보다 단순하게 표현될 수 있다.

$c-p > (F-X)e^{-rT}$의 관계를 놓고 보면, 합성선물이 실제 선물에 비해 상대적으로 고평가된 상태라는 것을 알 수 있다. 따라서 이러한 상황에 맞는 차익거래 전략은 상대적으로 저평가된 실제 선물을 선물시장에서 매입하는 동시에 고평가된 합성선물을 옵션시장에서 매도(=콜옵션 매도+풋옵션 매입)하는 것이다. 즉,

> 컨버전 = 선물 매입(long futures) + 합성선물 매도(synthetic short futures)
>   = 선물 매입(long futures) + 콜 매도(short call) + 풋 매입(long put)

선물을 이용한 차익거래에서 차익거래의 손익은 만기 시 선물가격의 수준과 상관없이 현물가격과 선물가격 간의 차이, 그리고 보유비용에 의해 일정하게 확정된다. 옵션을 이용한 차익거래에서도 만기 시 컨버전의 수익(π)은 선물가격의 수준과 상관없이 일정하게 확정되는데, 그 금액은 다음과 같다.

$$\pi = (c-p) - (F-X) \quad\cdots\cdots\cdots\cdots\cdots\cdots\cdots\cdots\cdots\cdots\cdots\cdots\cdots\cdots\cdots\cdots ❸$$

2. 리버설(Reversal)

리버설(reversal)은 리버스 컨버전(reverse conversion)이라고도 하는데, 명칭 그대로 컨버전과 정반대되는 차익거래다. 즉, 리버설은 풋-콜 등가관계가 다음과 같이 일시적으로 불균형 상태에 있을 때 이루어진다.

$$c + Xe^{-rT} < p + Fe^{-rT} \text{ 또는 } c-p < (F-X)e^{-rT} \quad\cdots\cdots\cdots\cdots\cdots\cdots\cdots ❹$$

$c-p < (F-X)e^{-rT}$의 관계를 놓고 보면, 실제 선물이 합성선물에 비해 상대적으로 고평가된 상태라는 것을 알 수 있다. 따라서 이러한 상황에 맞는 차익거래 전략은 상대적으로 저평가된 합성선물을 옵션시장에서 매입(=콜옵션 매입+풋옵션 매도)하는 동시에 고평가된 실제 선물을 선물시장에서 매도하는 것이다. 즉,

> 리버설 = 합성선물 매입(synthetic long futures) + 선물 매도(short futures)
>   = 콜 매입(long call) + 풋 매도(short put) + 선물 매도(short futures)

그림 12-4 리버설(reversal)

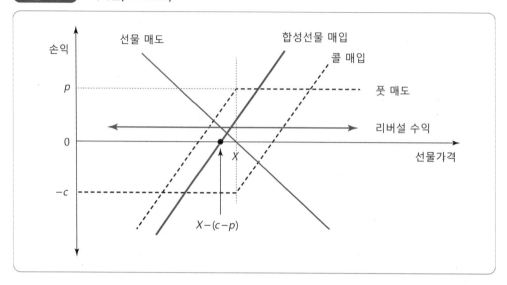

그리고 만기 시 리버설의 수익(π)은 선물가격의 수준과 상관없이 일정하게 확정되는데, 그 금액은 다음과 같다.

$$\pi = (F-X) - (c-p) \quad \text{❺}$$

SECTION 03 스프레드Spread 거래

스프레드 거래는 콜옵션이나 풋옵션 중에서 어느 한 유형의 옵션을 선택한 후 행사가격이 서로 다른 두 옵션을 동시에 매입하고 매도하는 전략을 말한다. 이와 같이 스프레드 거래에 동원되는 두 옵션의 만기는 같으나 행사가격이 서로 다른 경우 수직적 스프레드(vertical spread)라고 한다.2 스프레드 거래는 최대한으로 거둘 수 있

―――――――

2 반대로 행사가격은 같으나 만기가 서로 다른 스프레드 거래는 '수평적 스프레드(horizontal spread)' 라고 한다.

는 이익과 손실의 폭이 제한되는 특성을 가지고 있다. 따라서 스프레드 거래는 가격 상승이나 하락이 예상되지만 확신이 강하지 않을 때 이용하는 보수적인 거래전략으로 분류된다.

1. 강세스프레드(Bull Spread) 또는 매입스프레드(Long Spread)

강세스프레드(bull spread)는 가격 상승이 예상되나(bullish) 확신이 크지 않을 때 주로 이용한다. 강세스프레드는 궁극적으로 매입포지션(long position)을 취하는 효과가 있기 때문에, 즉 가격이 상승할 때 이익이 발생하기 때문에 매입스프레드(long spread)라고도 부른다. 선물을 이용한 강세스프레드에서 근월물을 매입하고 동시에 원월물을 매도하는 것처럼, 옵션을 이용한 강세스프레드에서는 행사가격이 낮은 옵션을 매입하고 동시에 행사가격이 높은 옵션을 매도한다.

1) 콜옵션을 이용한 강세스프레드(Bull Call Spread; Long Call Spread)

행사가격이 낮은 내가격(ITM) 콜옵션을 매입하고, 동시에 행사가격이 높은 외가격(OTM) 콜옵션을 매도하는 거래전략이다. 이러한 스프레드 거래는 낮은 행사가격의 콜옵션을 매입하기 위해 지불하는 프리미엄이 높은 행사가격의 콜옵션을 매도하여 수취하는 프리미엄보다 크기 때문에 프리미엄의 순지출이 발생하는 debit spread가

그림 12-5 콜옵션을 이용한 강세스프레드(bull call spread)

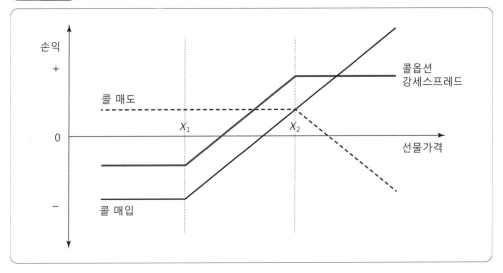

된다.

만약 옵션 만기에 선물가격이 낮은 행사가격(X_1) 이하로 하락하면, 내가격(ITM) 콜옵션에 지불한 프리미엄이 외가격(OTM) 콜옵션으로부터 수취한 프리미엄보다 크기 때문에 손실을 입게 된다. 만약 선물가격이 낮은 행사가격(X_1)보다 높지만 높은 행사가격(X_2)보다는 낮다면, 매입한 콜옵션의 내재가치(IV)와 매도한 콜옵션으로부터 수취한 프리미엄의 합계가 매입한 콜옵션에 지불된 프리미엄보다 클 경우 이익을 보게 된다. 그리고 만약 선물가격이 높은 행사가격(X_2) 이상이라면, 매입한 콜옵션의 내재가치와 매도한 콜옵션으로부터 수취한 프리미엄을 합한 금액이 매입한 콜옵션에 지불된 프리미엄과 매도한 콜옵션에 대해 지불해야 할 내재가치(IV)를 합한 금액보다 클 경우 이익을 실현하게 된다.

콜옵션을 이용한 강세스프레드(bull call spread)와 관련하여 주목할 점은 거래자가 매입포지션(long position)을 취하게 되지만, 이익 및 손실의 폭이 제한된다는 것이다. 즉, 선물가격이 상승하면 이익을 보고 반대로 선물가격이 하락하면 손실을 보게 되지만, 손실폭은 두 프리미엄의 차액으로 한정된다는 점이다. 다시 말해서, 거래자는 제한된 손실을 실현하는 대신 제한된 이익을 실현할 수밖에 없게 된다는 것이다.

2) 풋옵션을 이용한 강세스프레드(Bull Put Spread; Long Put Spread)

행사가격이 낮은 외가격(OTM) 풋옵션을 매입하고, 동시에 행사가격이 높은 내가

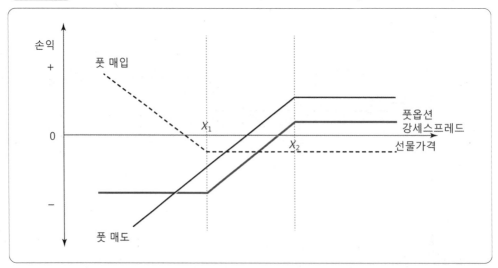

그림 12-6 풋옵션을 이용한 강세스프레드(bull put spread)

격(ITM) 풋옵션을 매도하는 거래전략이다. 이러한 스프레드 거래는 낮은 행사가격의 풋옵션을 매입하기 위해 지불하는 프리미엄보다 높은 행사가격의 풋옵션을 매도하여 수취하는 프리미엄이 더 크기 때문에 프리미엄의 순유입이 발생하는 credit spread가 된다.

옵션 만기에 만약 선물가격이 높은 행사가격(X_2) 이상으로 상승하면, 내가격 (ITM) 풋옵션으로부터 수취한 프리미엄이 외가격(OTM) 풋옵션에 지불한 프리미엄보다 크기 때문에 이익을 보게 된다. 만약 선물가격이 낮은 행사가격(X_1)보다 높지만 높은 행사가격(X_2)보다는 낮다면, 매도한 풋옵션으로부터 받은 프리미엄이 매입한 풋옵션에 지불된 프리미엄과 매도한 풋옵션에 대해 지불해야 할 내재가치(IV)의 합계보다 크기 때문에 이익을 보게 된다. 그리고 만약 선물가격이 낮은 행사가격(X_1) 이하라면, 매도한 풋옵션으로부터 수취한 프리미엄이 매입한 풋옵션에 지불된 프리미엄과 매도한 풋옵션에 대해 지불해야 할 내재가치(IV)를 합한 금액보다 작기 때문에 손실을 보게 된다.

풋옵션을 이용한 강세스프레드(bull put spread)에서도 거래자가 매입포지션(long position)을 취하게 되지만, 이익 및 손실의 폭은 제한된다. 즉, 거래자는 제한된 손실을 실현하는 대신 또한 제한된 이익을 실현하게 된다.

2. 약세스프레드(Bear Spread) 또는 매도스프레드(Short Spread)

약세스프레드(bear spread)는 가격 하락이 예상되나(bearish) 확신이 크지 않을 때 주로 이용한다. 약세스프레드는 궁극적으로 매도포지션(short position)을 취하는 효과가 있기 때문에, 즉 가격이 하락할 때 이익이 발생하기 때문에 매도스프레드(short spread)라고도 부른다. 선물을 이용한 약세스프레드에서 근월물을 매도하고 동시에 원월물을 매입하는 것처럼, 옵션을 이용한 약세스프레드에서는 행사가격이 낮은 옵션을 매도하고 동시에 행사가격이 높은 옵션을 매입한다.

1) 콜옵션을 이용한 약세스프레드(Bear Call Spread; Short Call Spread)

행사가격이 낮은 내가격(ITM) 콜옵션을 매도하고, 동시에 행사가격이 높은 외가격(OTM) 콜옵션을 매입하는 거래전략이다. 이러한 스프레드 거래는 낮은 행사가격의 콜옵션을 매도하여 수취하는 프리미엄이 높은 행사가격의 콜옵션을 매입하기 위해 지불하는 프리미엄보다 더 크기 때문에 프리미엄의 순유입이 발생하는 credit spread

그림 12-7   콜옵션을 이용한 약세스프레드(bear call spread)

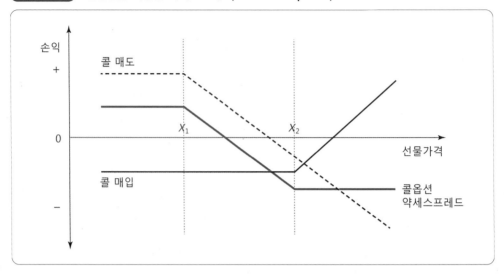

가 된다.

2) 풋옵션을 이용한 약세스프레드(Bear Put Spread; Short Put Spread)

행사가격이 낮은 외가격(OTM) 풋옵션을 매도하고, 동시에 행사가격이 높은 내가격(ITM) 풋옵션을 매입하는 거래전략이다. 이러한 스프레드 거래는 낮은 행사가격의 풋옵션을 매도하여 수취하는 프리미엄이 높은 행사가격의 풋옵션을 매입하기 위해

그림 12-8   풋옵션을 이용한 약세스프레드(bear put spread)

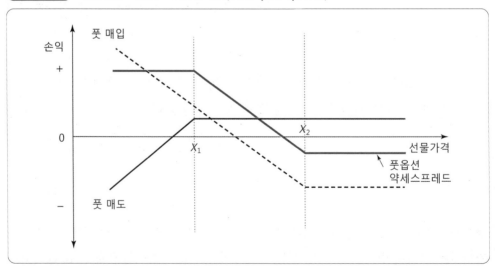

지불하는 프리미엄보다 작기 때문에 프리미엄의 순지출이 발생하는 debit spread가 된다.

약세스프레드에서도 강세스프레드와 마찬가지로 선물가격이 낮은 행사가격(X_1) 이하로 하락할 경우, 선물가격이 두 행사가격(X_1과 X_2) 사이에 있을 경우, 그리고 선물가격이 높은 행사가격(X_2) 이상으로 상승할 경우 각각의 옵션 손익 및 스프레드 손익을 비교할 수 있다. 결론적으로 약세스프레드의 요점은 거래자가 매도포지션(short position)을 취하게 된다는 것과 아울러 이익 및 손실에 대한 잠재적 가능성이 제한된다는 것이다.

SECTION 04 스트래들Straddle

스트래들(straddle)은 동일한 만기와 행사가격의 콜옵션과 풋옵션을 동시에 매입하거나 매도하는 거래전략이다. 스트래들 전략은 일반적으로 현재의 선물가격과 유사한 행사가격의 등가격(ATM) 콜옵션과 풋옵션을 동시에 매입하거나 매도한다. 스트래들 전략에서는 가격이 오르느냐 또는 내리느냐의 방향성보다는 가격이 얼마나 크게 오르거나 내리느냐의 변동성이 보다 중요하기 때문에 변동성 거래전략으로 분류된다.

1. 매도 스트래들(Short Straddle)

매도 스트래들(short straddle)은 동일한 만기와 행사가격의 등가격(ATM) 콜옵션과 풋옵션을 동시에 매도하는 거래전략이다. 매도 스트래들은 향후 가격변동성이 감소하여 선물가격이 현재 수준에서 머물 것으로 예상될 때 적합한 거래전략이다.

거래자는 콜옵션과 풋옵션을 동시에 매도함으로써 프리미엄 수익($c + p$)을 얻게 된다. 만약 옵션 만기에 선물가격이 행사가격(X_1) 근처에 머물게 되면, 수취한 프리미엄은 고스란히 이익으로 남게 된다. 따라서 매도 스트래들을 통하여 얻을 수 있는 최대 이익은 두 옵션을 매도하여 수취한 프리미엄 총액($c + p$)이 된다.

그러나 만약 선물가격이 손익분기점을 벗어나 급격하게 하락하거나 상승하면 손

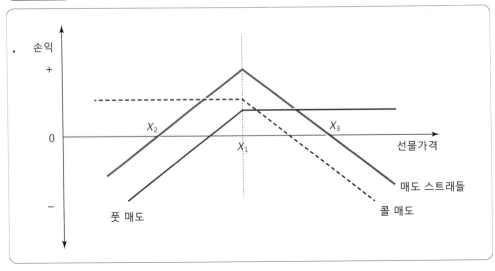

그림 12-9 매도 스트래들(short straddle)

해를 입게 된다. 즉, 선물가격이 손익분기점인 $X_2(=X_1-(c+p))$ 이하로 하락하거나 반대로 손익분기점인 $X_3(=X_1+(c+p))$ 이상으로 상승하게 되면 손실이 발생하게 된다.

매도 스트래들은 1995년 영국 베어링스(Barings) 은행의 파산을 몰고 온 Nick Leeson이 사용했던 거래전략으로 보다 잘 알려져 있다. Leeson은 싱가포르국제금융거래소(SIMEX; Singapore International Monetary Exchange)에서 NIKKEI 225 옵션을 이용하여 내량의 스트래들을 매도하였다. 당시 그는 NIKKEI 225 선물이 19,000수준에서 커다란 변동 없이 안정된 움직임을 거듭할 것으로 예측하고, 행사가격 18,500에서 19,500 범위의 매도 스트래들을 대량으로 거래하였다.

그의 예측이 실제로 맞아떨어져서 NIKKEI 225 선물이 19,000수준에 머물렀더라면, 그는 스트래들의 매도로 막대한 프리미엄을 벌어들였을 것이다. 그러나 불행히도 1995년 1월 17일에 고베(神戸) 대지진이 발생하는 바람에 NIKKEI 225 선물이 17,000 수준으로 폭락하였고, 이로 인해 13억 달러 이상의 손실을 입은 것으로 드러났다. 베어링스 은행은 미국이 프랑스로부터 루이지애나(Louisiana)를 매입할 때 돈을 빌려줬을 만큼 유서 깊은 은행이었으나, 200여 년의 전통을 뒤로 한 채 결국 몰락하고 말았다.

그림 12-10 매입 스트래들(long straddle)

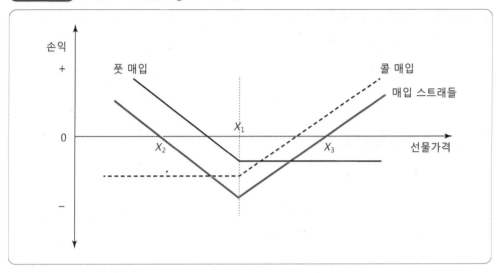

2. 매입 스트래들(Long Straddle)

매입 스트래들(long straddle)은 매도 스트래들과 정반대로 동일한 만기와 행사가격의 등가격(ATM) 콜옵션과 풋옵션을 동시에 매입하는 거래전략이다. 매입 스트래들은 향후 가격변동성이 증가하여 선물가격이 어느 방향으로든 크게 움직일 것으로 예상될 때 적합한 거래전략이다.

거래자는 콜옵션과 풋옵션을 동시에 매입함으로써 프리미엄$(c+p)$을 지불하게 된다. 만약 옵션 만기에 선물가격이 행사가격(X_1) 근처에 머물게 되면, 지불한 프리미엄 총액만큼 고스란히 손해를 보게 된다. 따라서 매입 스트래들을 통하여 발생할 수 있는 최대 손실은 두 옵션을 매입하는데 지불한 프리미엄 총액$(c+p)$이 된다.

그러나 만약 선물가격이 손익분기점을 벗어나 급격하게 하락하거나 상승하면 이익을 보게 된다. 즉, 선물가격이 손익분기점인 $X_2 (=X_1-(c+p))$ 이하로 하락하거나 반대로 손익분기점인 $X_3 (=X_1+(c+p))$ 이상으로 상승하게 되면 이익이 발생하게 된다.

결론적으로 매도 스트래들은 향후 선물가격이 안정적으로 유지될 것으로 예상될 때 유용한 거래전략이다. 반면 매입 스트래들은 향후 선물가격이 어느 방향으로든 큰 폭으로 움직일 것으로 예상될 때 매력적인 전략이다. 이러한 선물가격의 변동은 옵션 프리미엄의 수준과 결부지어 설명될 수 있다. 즉, 매도 스트래들에서는 두 옵션의 프리미엄이 너무 높은 상태여서 향후 가격변동성이 감소함에 따라 옵션가격이 하락할 것이라는 인식을 바탕으로 하고 있다. 반면 매입 스트래들에서는 두 옵션의 프리미엄이 너무 낮은 상태여서 향후 가격변동성이 증대됨에 따라 옵션가격이 상승할 것이라는 인식을 바탕으로 하고 있다.

SECTION 05 스트랭글Strangle

스트래들(straddle)은 동일한 행사가격의 등가격(ATM) 콜옵션과 풋옵션을 동시에 매입하거나 매도하는 거래전략이다. 한편 스트랭글(strangle)은 행사가격이 서로 다른 외가격(OTM) 콜옵션과 풋옵션을 동시에 매입하거나 매도하는 거래전략이다. 스트랭글 전략에서는 외가격(OTM) 옵션들을 거래하기 때문에 콜옵션의 행사가격이 풋옵션의 행사가격보다 높게 된다. 스트래들과 마찬가지로 스트랭글도 방향성보다는 변동성이 보다 중요한 거래전략이다.

1. 매도 스트랭글(Short Strangle)

매도 스트랭글(short strangle)은 낮은 행사가격의 풋옵션과 높은 행사가격의 콜옵션을 동시에 매도하는 거래전략이다. 매도 스트래들(short straddle)과 유사하게 향후 가격변동성이 감소할 것으로 예상될 때 적합한 거래전략이다.

거래자는 콜옵션과 풋옵션을 동시에 매도함으로써 프리미엄 수익$(c+p)$을 얻게 된다. 그러나 매도 스트랭글에서는 일반적으로 외가격(OTM) 옵션들을 매도하기 때문에 등가격(ATM) 옵션들을 매도하는 매도 스트래들에 비해 최초 거래 시 수취하는 프리미엄 총액이 보다 적다. 한편 매도 스트래들에 비해 최대 이익이 상대적으로 감소하는 대신 이익이 발생하는 선물가격의 범위(구간)가 보다 확대된다.

만약 옵션 만기에 선물가격이 행사가격 X_1과 X_2 사이에 머물게 되면, 수취한 프리미엄은 고스란히 이익으로 남게 된다. 따라서 매도 스트랭글을 통하여 얻을 수 있는 최대 이익은 두 옵션을 매도하여 수취한 프리미엄 총액$(c+p)$이 된다. 그러나 만약 선물가격이 손익분기점을 벗어나 급격하게 하락하거나 상승하면 손해를 입게 된다. 즉, 선물가격이 손익분기점인 $X_3(=X_1-(c+p))$ 이하로 하락하거나 반대로 손익분

그림 12-11 매도 스트랭글(short strangle)

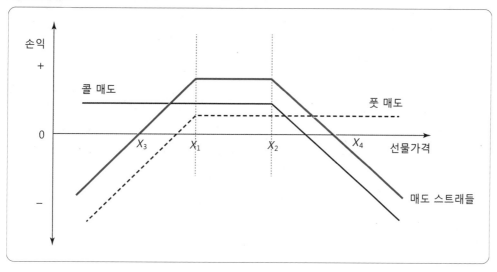

기점인 $X_4(=X_2+(c+p))$ 이상으로 상승하게 되면 손실이 발생하게 된다.

2. 매입 스트랭글(Long Strangle)

매입 스트랭글(long strangle)은 낮은 행사가격의 풋옵션과 높은 행사가격의 콜옵션을 동시에 매입하는 거래전략이다. 매입 스트래들(long straddle)과 유사하게 향후 가격변동성이 증가할 것으로 예상될 때 적합한 거래전략이다.

거래자는 콜옵션과 풋옵션을 동시에 매입함으로써 프리미엄($c+p$)을 지불하게 된다. 그러나 매입 스트랭글에서는 일반적으로 외가격(OTM) 옵션들을 매입하기 때문에 등가격(ATM) 옵션들을 매입하는 매입 스트래들에 비해 최초 거래 시 지불하는 프리미엄 총액이 보다 적다. 한편 매입 스트래들에 비해 최대 손실액이 상대적으로 감소하는 대신 손실이 발생하는 선물가격의 범위(구간)가 보다 확대된다.

만약 옵션 만기에 선물가격이 행사가격 X_1과 X_2 사이에 머물게 되면, 지불한 프리미엄만큼 고스란히 손실이 발생하게 된다. 따라서 매입 스트랭글을 통하여 발생할 수 있는 최대 손실액은 두 옵션을 매입하는데 지불한 프리미엄 총액($c+p$)이 된다. 그러나 만약 선물가격이 손익분기점을 벗어나 급격하게 하락하거나 상승하면 이익을 보게 된다. 즉, 선물가격이 손익분기점인 $X_3(=X_1-(c+p))$ 이하로 하락하거나 반대로 손익분기점인 $X_4(=X_2+(c+p))$ 이상으로 상승하게 되면 이익이 발생하게 된다.

그림 12-12   매입 스트랭글(long strangle)

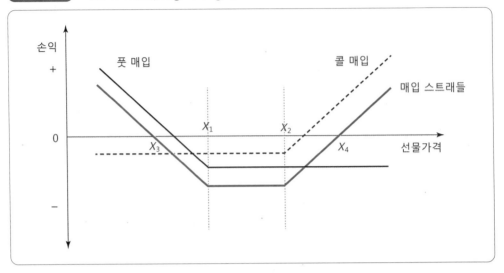

SECTION **06**   **펜스**Fence

펜스(fence)는 기초자산의 가격 근처에서 실현 가능한 수익의 범위를 설정하고자 할 때 흔히 이용되는 거래전략이다. 펜스는 다른 옵션거래 전략들과는 달리 헤지목적 으로 자주 이용된다. 펜스는 기초자산과 더불어 2~3개의 옵션을 조합하여 사용한다. 펜스는 하한가격을 설정하여 최대 손실을 일정 수준으로 제한하는 한편 상한가격을 설정하여 최대 이익을 일정 수준으로 제한한다. 펜스는 'range forward', 'cylinder', 'tunnel', 'window' 등으로도 불리며, 특히 금리상품에 사용되는 경우에는 흔히 'collar'로 불린다.

1. 매입 펜스(Long Fence) 또는 강세 펜스(Bull Fence)

매입 펜스(long fence)는 기초자산(현물; 곡물)을 보유하고 있는 상태에서 기초자산 의 가격보다 낮은 외가격(OTM) 풋옵션을 매입하는 동시에 기초자산의 가격보다 높은 외가격(OTM) 콜옵션을 매도하는 거래전략이다. 보유한 자산(곡물)에 대응하여 풋옵션

그림 12-13 매입 펜스(long fence; bull fence)

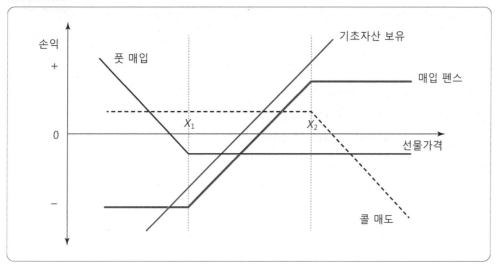

을 매입함으로써 가격 하락으로부터 보호받을 수 있는 한편, 콜옵션을 매도하여 받은 프리미엄으로 풋옵션을 매입하는데 드는 프리미엄의 일부 또는 전부를 충당할 수 있다.

매입 펜스는 '보호적 풋(protective put) 매입'과 '커버드 콜(covered call) 매도'가 결합된 전략으로 해석할 수 있다. 먼저 기초자산을 보유한 상태에서 풋옵션을 매입하게 되면 '보호적 풋(protective put) 매입'이 된다. 즉, 가격 하락으로 인한 기초자산의 가치 하락을 풋옵션이 보호해주게 된다. 한편 풋옵션의 매입비용을 충당하기 위해 매도하는 콜옵션과 기초자산(곡물)이 결합되면 '커버드 콜(covered call) 매도'가 된다. 즉, 가격 상승으로 인한 콜옵션 매도의 손실을 기초자산이 커버(cover)해주게 된다. 〈그림 12-13〉에서 보는 바와 같이, 매입 펜스의 손익구조는 제3절에서 다룬 강세스프레드(bull call spread; bull put spread)의 손익구조와 동일하다.

매입 펜스 전략은 가격이 비교적 높은 상황에서 추가적으로 좀 더 상승 여력이 있다고 판단될 때 사용한다. 거래자는 기초자산의 가격이 매입한 풋옵션의 행사가격과 매도한 콜옵션의 행사가격 사이에 머물러 제한된 범위에서나마 추가적인 이익을 기대할 수 있다고 판단할 때 이 전략을 사용한다. 거래자는 기초자산의 가격이 매입한 풋옵션의 행사가격 이하로 하락할 경우 풋옵션으로부터 보호받는다. 반면 기초자산의 가격이 매도한 콜옵션의 행사가격 이상으로 상승할 경우에는 가격 상승으로 인한 이익을 기꺼이 포기하고자 한다. 따라서 매입 펜스 전략은 시장이 매우 강세여서 큰 폭의 가격 상승을 기대하는 거래자에게는 적합하지 않다고 할 수 있다.

위의 매입 펜스 전략에서는 두 개의 옵션, 즉 외가격(OTM) 풋옵션 매입과 외가격(OTM) 콜옵션 매도를 이용하였으나, 세 개의 옵션을 이용하는 경우도 많다. 즉, 기초자산을 보유한 상태에서 기초자산의 가격과 유사한 등가격(ATM) 풋옵션을 매입하는 동시에 기초자산의 가격보다 높은 외가격(OTM) 콜옵션을 매도한다. 이와 더불어 하나의 옵션을 더 추가하는데, 그것은 바로 매입한 풋옵션보다 더 낮은 행사가격(예컨대, 기초자산 가격의 80% 수준)의 풋옵션을 매도하는 것이다. 이와 같이 외가격(OTM) 풋옵션을 하나 더 매도함으로써 등가격(ATM) 풋옵션을 매입하는데 드는 비용을 보다 더 상쇄시킬 수 있는 것이다. 그리고 외가격(OTM) 콜옵션을 매도할 때 행사가격을 선택하는 방법은 세 개의 옵션 프리미엄 합계가 0에 근접하도록 하는 행사가격을 선택하는 것이 일반적이다.

2. 매도 펜스(Short Fence) 또는 약세 펜스(Bear Fence)

매도 펜스(short fence)는 기초자산(현물; 곡물)을 보유하고 있지 않은 상태에서 기초자산의 가격보다 높은 외가격(OTM) 콜옵션을 매입하는 동시에 기초자산의 가격보다 낮은 외가격(OTM) 풋옵션을 매도하는 거래전략이다. 기초자산(곡물)을 보유하지 않은 상태에서 콜옵션을 매입함으로써 가격 상승으로부터 보호받을 수 있는 한편, 풋옵션을 매도하여 받은 프리미엄으로 콜옵션을 매입하는데 드는 프리미엄의 일부 또는 전부를 충당할 수 있다.

매도 펜스는 '보호적 콜(protective call) 매입'과 '커버드 풋(covered put) 매도'가 결합된 전략으로 해석할 수 있다. 먼저 기초자산을 보유하지 않은 상태에서 콜옵션을 매입하게 되면 '보호적 콜(protective call) 매입'이 된다. 즉, 매입한 콜옵션이 기초자산의 가격 상승으로부터 보호해주게 된다. 한편 콜옵션의 매입비용을 충당하기 위해 매도하는 풋옵션과 기초자산(곡물)의 매도포지션(short position)이 결합되면 '커버드 풋(covered put) 매도'가 된다. 즉, 가격 하락으로 인한 풋옵션 매도의 손실을 기초자산이 커버(cover)해주게 된다. 〈그림 12-14〉에서 보는 바와 같이, 매도 펜스의 손익구조는 제3절에서 다룬 약세스프레드(bear call spread; bear put spread)의 손익구조와 동일하다.

그림 12-14 매도 펜스(short fence; bear fence)

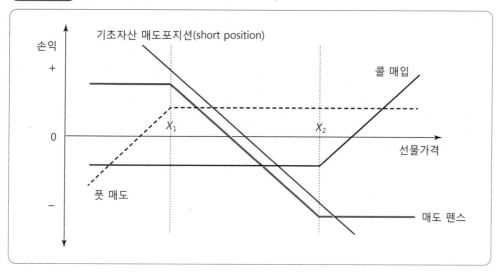

참고문헌 ◆

Bobin, C. A.(1990), Agricultural Options: Trading, Risk Management, and Hedging, New York: New York, John Wiley & Sons, Inc.

Catlett, L. B., and J. D. Libbin(1999), Investing in Futures & Options Markets, Albany: New York, Delmar Publishers.

Catlett, L. B., and J. D. Libbin(2007), Risk Management in Agriculture: A Guide to Futures, Options, and Swaps, Clifton Park: New York, Thompson Delmar Learning.

Chicago Board of Trade(1995), CBOT Agricultural Option Strategies Menu, Option Trading Series 1.

Chicago Board of Trade(1995), Trading Ag Option Volatility, Option Trading Series 2.

Chicago Board of Trade(1998), Agricultural Options for the Beginner, General Information Series 2.

Chicago Board of Trade(2006), The Chicago Board of Trade Handbook of Futures & Options, New York: New York, McGraw-Hill.

Chicago Mercantile Exchange(2006), An Introduction to Futures and Options, Student Manual.

Hull, J. C.(1998), Introduction to Futures and Options Markets, 3rd ed., Upper Saddle River: New Jersey, Prentice-Hall, Inc.

Hull, J. C.(2000), Options, Futures, & Other Derivatives, 4th ed., Upper Saddle River: New Jersey, Prentice-Hall, Inc.

Kolb, R. W.(1999), Futures, Options, and Swaps, 3rd ed., Malden: Massachusetts, Blackwell Publishers Inc.

Natenberg, S.(1994), Option Volatility & Pricing: Advanced Trading Strategies and Techniques, Chicago: Illinois, Irwin.

Purcell, W. D., and S. R. Koontz(1999), Agricultural Futures and Options: Principles and Strategies, 2nd ed., Upper Saddle River: New Jersey, Prentice-Hall, Inc.

ㅈ

ㅊ

저자 소개

윤 병삼(尹 炳三; bsyoon@cbnu.ac.kr)

현, 충북대학교 농업경제학과 교수
미국 Oklahoma State University 졸업(농업경제학 박사)
고려대학교 경영대학원 졸업(경영학 석사)
서울대학교 농경제학과 졸업(경제학사)
한국농수산식품유통공사(aT) 국제곡물정보분석협의회 위원장
한국파생상품시장연구회 회장
한국거래소(KRX) 파생상품개발위원회 위원
(사)한국선물협회 기획/조사팀장
동양선물(주) 법인팀 과장

농산물 선물·옵션-이론 및 실무-

초판발행	2019년 5월 30일
지은이	윤병삼
펴낸이	안종만·안상준
편 집	전채린
기획/마케팅	김한유
표지디자인	박현정
제 작	우인도·고철민
펴낸곳	(주) 박영사
	서울특별시 종로구 새문안로3길 36, 1601
	등록 1959. 3. 11. 제300-1959-1호(倫)
전 화	02)733-6771
f a x	02)736-4818
e-mail	pys@pybook.co.kr
homepage	www.pybook.co.kr
ISBN	979-11-303-0588-2 93320

정 가   29,000원